Der Krieg in Briefen
1938 - 1949

Feldpost von Dieter Schoeller
an seine Frau Ruth

**Herausgegeben und kommentiert von
Karin Gunnemann-Schoeller**

Englische Erstausgabe:
„The War in Letters"
Karin Gunnemann-Schoeller © 2017 - All rights reserved
ISBN: 978 1 54491 956 0

Deutsche Erstausgabe:
August 2023
Lektorat und Layout von Christiane Schoeller und Rahel Holenstein © 2023
ISBN: 978 3 75784 750 0

Herstellung und Verlag: BoD – Books on Demand, Norderstedt

Außerdem erschienen von Karin Verena Gunnemann:
„Heinrich Mann's Novels and Essays", Camden House 2002

Für meine Eltern, meine Kinder und die ganze Familie

Inhalt

Vorwort und Dank	9
Stammbaum	12
Kriegsvorbereitungen: 1938 - 1939	15
Kriegserklärung: 3. September 1939	25
Einberufung und Einsatz in Polen: Oktober 1939 - Juli 1940	29
Frankreich: Juli 1940 - Januar 1942	57
Russland: Januar 1942 - Februar 1943	125
Verwundet: 25. Februar 1943	225
Zeit der Heilung in Schliersee: März 1943 - Februar 1944	233
Rückkehr an die Russissche Front: Februar - Juli 1944	249
Russische Offensive und letzte Kämpfe: Juli 1944 - April 1945	271
Kriegsende: 7. Mai 1945	339
Neuhaus: Mai 1945	341
Heimkehr: 10. Juni 1945	353
Wiederaufbau in Düren: 1945 - 1949	355
Nachwort	373
Bildnachweis	377

Vorwort und Dank
von Christiane Schoeller

Für uns Enkel, Großneffen und -nichten, die wir in einem ganz anderen Zeitalter, weit entfernt von Kriegen geboren wurden und natürlich für unsere eigenen Kinder und zukünftigen Enkel, die aufgrund der Klimakrisen, Flüchtlingsdramen und zunehmender Kriege ganz neue Herausforderungen zu meistern haben, ist dieses Buch von Karin ein großer Schatz. Von der inneren Haltung unseres Ahnen und Verwandten, seiner gesunden Mischung aus Demut und Mut, können wir lernen.

Karin veröffentlichte zunächst das Buch „The War in Letters" 2017 auf Englisch. Für diese Ausgabe hatte sie von ihrem Sohn Joshua, der historisch recherchierte, ihrem Mann Jon und guten Freunden, die lektorierten, tatkräftige Unterstützung. Meine Mutter Monika, Karins Schwägerin ermutigte sie, eine deutsche Fassung zu schreiben, die sie vor hatte zu lektorieren. Als diese dann 2018 vorlag, wurde Monika kurz darauf schwer krank und starb bereits ein Jahr später. Zum Glück hat sich jetzt, nach fünf Jahren, Karins Sohn Martin dafür eingesetzt, zu ihrem 85. Geburtstag in diesem Sommer, die Veröffentlichung des Manuskripts gemeinsam mit mir zu realisieren. Dann sprang – und dafür bin ich wirklich sehr, sehr dankbar – meine Zürcher Freundin Rahel Holenstein mit ins Boot, die nicht nur das ganze Buch mit mir zusammen Korrektur gelesen hat, sondern bald die entscheidende Frage stellte, als es um das Layout und die Umschlaggestaltung, die sie übernommen hat, ging: „Wo sind denn die Briefe?" – schließlich heißt das Buch „Der Krieg in Briefen"! Genau das war es, was mir bei der englischen Ausgabe so gefehlt hatte: die Originalsprache und -schrift von Dieter zu lesen und zu sehen. Also wurde zunächst Jon im Berghaus in Georgia beauftragt, unbemerkt Fotos der dort aufbewahrten Briefe zu machen. Einige Wochen später tauchte auch in meinen Archivmappen eine Handvoll Feldpost von Opa auf, die Karin bereits Monika geschickt hatte! Auf diese Weise sehen wir

Vorwort und Dank

in diesem Buch die verschiedenen Formate, die die Feldpost hatte und können erkennen, dass es mal feines weißes Papier, mit Tinte beschrieben, mal bräunliches mit Bleistift, war. Sogar ein hauchdünner Luftpostbrief ist erhalten.

Bedanken möchte ich mich sehr herzlich auch bei Anne-Marie Holenstein, Mutter von Rahel, Kommilitonin und Freundin von Bernd und Monika aus den Zürcher Studienjahren, für ihr umsichtiges Schlusslektorat. Auf besondere Weise liefen für dieses Buchprojekt die deutschschweizer Freundes- und Familienfäden neu zusammen.

Meine Eltern Bernd und Monika haben acht Jahre in Zürich gelebt, wo Rahel und ich im Sommer 1968 geboren wurden. Nun wohnt Martin auch bereits über ein Jahrzehnt mit seiner Schweizer Frau Sibyl und ihrer gemeinsamen Tochter Mia in Zürich. Sein Sohn Kai lebt in Amerika. Ich bin mit meiner Familie vor knapp zwanzig Jahren an den Bodensee, unweit der Schweizer Grenze gezogen.

Die Kinder von Verena Tammann und deren Enkel, sind alle in der Schweiz geblieben, teils in Basel, teils am Genfer See, mit Ausnahme von Andreas' Sohn Thomas, der in Texas lebt. Die Kinder von Bertes und Karin sind, bis auf die jüngste Tochter Verena in Bayern geblieben, wie auch die Kinder und Enkel von Edith und Franz Ludwig.

Nur die Nachfahren von Ruth und Dieter hat es in alle Winde verstreut: die Stationen von Bernd waren Paris – Zürich – München – Frankfurt, wo er 2008 verstarb. Er wurde übrigens ein begeisterter Deutsch- Französisch- und Kunstgeschichtslehrer und schnitt bis zu seinem Lebensende gerne Grimassen. Karin wagte sich am weitesten weg von ihrer Heimat. Inspiriert vielleicht von dem netten Bill und dem köstlichen Kaugummi, gründete sie schon mit Anfang zwanzig an der Ostküste Amerikas eine fünfköpfige Familie und lebt jetzt seit vielen Jahrzehnten mit ihrem zweiten Mann Jon in Atlanta Georgia, wo sie Ende der 90er Jahre in Germanistik promovierte. Karin und Jons Sohn Joshua hat drei Kinder, und wohnt mit seiner Familie in Tennessee. Karins Sohn Robin, der dieses Jahr 60 Jahre alt wird, hat sich früh dem Buddhismus zuge-

Juli 2023

wandt und lebt, nachdem er über zwei Jahrzehnte Mönch war, nun mit seiner Frau in Thailand.

Der jüngste Sohn von Ruth und Dieter, Christoph, wurde anthroposophischer Arzt, lebte mit seiner sechsköpfigen Familie in Schloß Hamborn, wo er beruflich im Altenwerk mit älteren Menschen in intensivem Kontakt war und sehr geschätzt wurde. Jetzt wohnt er mit seiner Partnerin in Jena.

Meiner Patentante Karin möchte ich nun den größten Dank aussprechen für dieses kostbare Geschenk, das sie der ganzen Familie gemacht hat mit der akribischen Aufarbeitung der Feldpost ihres Vaters Dieter und der Briefe ihrer Mutter Ruth an deren Schwester Verena und Eltern „Petz" und „Mollen".

Alle, die wir beteiligt waren an diesem Buch, möchten Dir, liebe Karin von Herzen gratulieren zu Deinem 85. Geburtstag am 30. August 2023!

11

Stammbaum

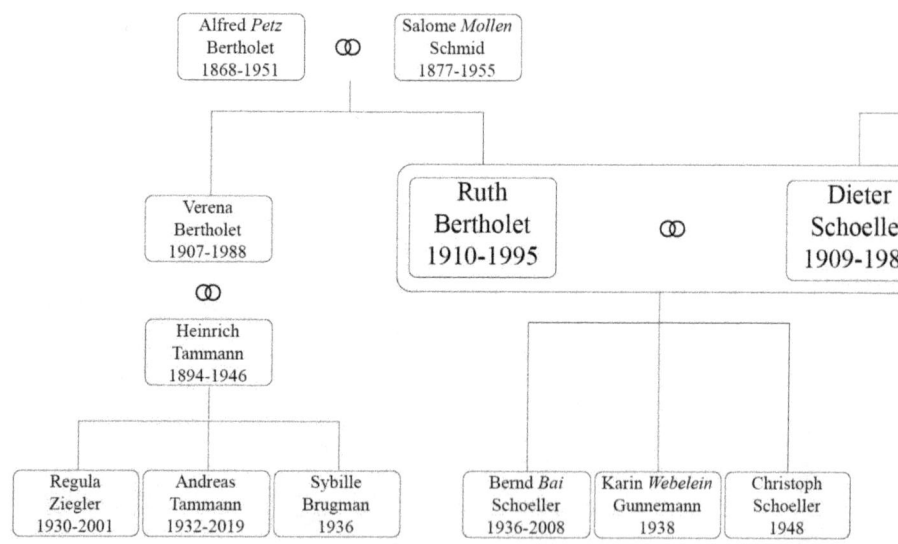

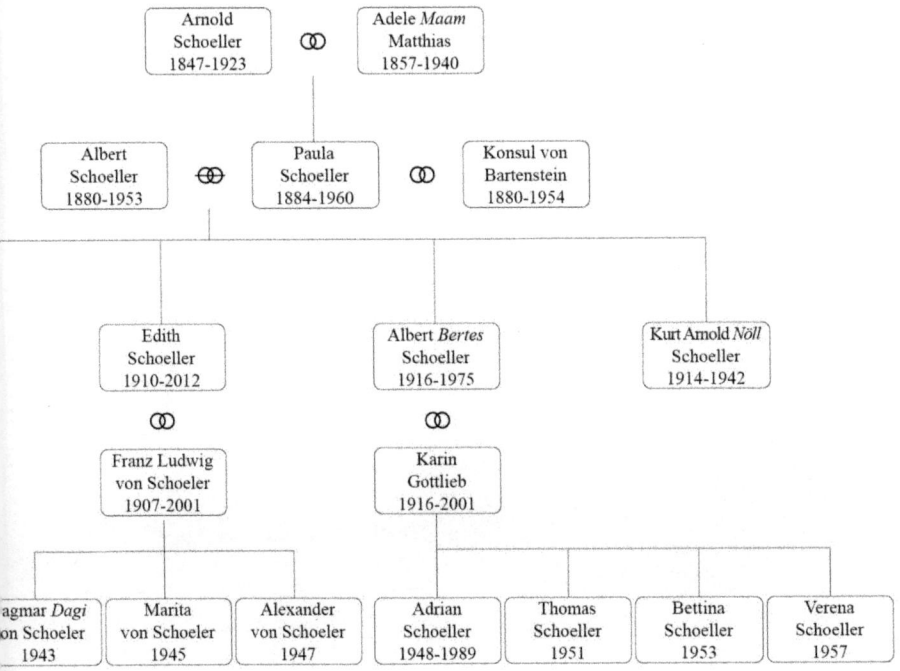

Kriegsvorbereitungen
1938 - 1939

Ende August 1938, zehn Tage bevor ich, Karin zur Welt kommen sollte, zogen meine Eltern Dieter und Ruth Schoeller mit meinem zweijährigen Bruder Bernd von ihrem kleinen Reihenhaus am Fluss in die Villa Arnold Schoeller. Die Villa war im Besitz der Großeltern meines Vaters im rheinischen Düren.

Zu dieser Zeit konnte die Familie Schoeller auf eine mehr als 600 Jahre alte Geschichte des Unternehmertums und eine mehr als 800 Jahre alte Familiengeschichte zurückblicken. Mitte des 18. Jahrhunderts etablierten sich die Schoellers in Düren in der Textil- und Papierindustrie, mit Hilfe des günstigen Wassers der Rur. Ihre Produkte waren von weltweitem Ruf und wurden auf verschiedenen Weltausstellungen im 19. Jahrhundert mit Preisen ausgezeichnet. Im Jahr 1938 leitete mein Vater zusammen mit seinem Vetter Fritz von Eynern die Tuchfabrik Leopold Schoeller und Söhne, die 1799 in Düren gegründet worden war und berühmte feine Wollstoffe herstellte.

Meine Eltern hatten beschlossen, dass die Geburt ihres zweiten Kindes mit Hilfe einer Hebamme zuhause in der komfortablen Villa meiner Urgroßmutter (der in der Familie so berühmten „Maam") stattfinden sollte. Maam hatte für dieses große Ereignis ihr eigenes Schlafzimmer zur Verfügung gestellt und war für die Zeit nach Neuhaus, in ihr Landhaus in Bayern gezogen. Im Jahr 1882 hatte mein Urgroßvater sich eine typische Dürener „Villa" aus der Zeit der Jahrhundertwende bauen lassen: eine Nachahmung der klassizistischen Villa des berühmten Stahl- und Waffen-Herstellers Krupp in kleinerem Format. Das Haus war üppig ausgestattet mit französischen und englischen Möbeln, mit Gold umrahmten Bildern auf seidenen Tapeten, lebensgroßen Familienporträts, Skulpturen, Marmorsäulen, wertvollen Hölzern und exotischen Pflanzen, die der Gärtner in eigenen Treibhäusern für den Wintergarten züchtete.

Kriegsvorbereitungen

In einem Brief an ihre Schwester Verena berichtete meine Mutter, dass sie sich zu ihrem eigenen Erstaunen hier wohlfühlen würde, es sei sogar „fast gemütlich" an diesem opulenten Ort. Sie lag auf der ruhigen Terrasse, von welcher aus man den herrlichen Garten überschauen konnte, der mit den danebenliegenden Villen anderer Schoeller-Familien geteilt wurde und eine parkähnliche Anlage bildete. Sie liebte die exotischen Bäume, die prachtvollen Blumenbeete, die drei Treibhäuser, die Laube, das Tempelchen und die beiden Teiche im Nebengrundstück. In einer dieser Villen waren mein Vater und seine drei Geschwister aufgewachsen, und bis zu ihrem Lebensende erzählten sie mit Begeisterung, wie phantastisch es gewesen war, mit ihren Kusinen und Vettern in diesem riesigen Gartengelände zu spielen.

Die Villa meiner Grosseltern in Düren, 1938

Nein, antwortete meine Mutter auf die Frage ihrer Schwester in demselben Brief, sie hatte bisher nichts bemerkt von den riesigen Grenzbefestigungen, die in diesem Teil des Rheinlands errichtet worden waren:

„den Drahtverhauen, Unterständen und Panzergräben, die aus dem Boden zu schießen schienen." Aber sie war auch schon lange nicht mehr draußen gewesen. Sie wusste nur, dass Arbeiter gezwungen wurden, diese Arbeit zu verrichten. Erschreckende Anzeichen für die Vorbereitung auf eine militärische Mobilisierung in Deutschland.

Meine Geburt am 30. August verlief erstaunlich schnell und leicht, auch wenn sich mein Vater, wie später erzählt wurde, nicht gerade als „Held" herausgestellt hatte, als er gebeten wurde, Wasser für die Sterilisierung der Instrumente zum Kochen zu bringen. Als sich mein Vater in einem Brief von 1941 an diese Nacht erinnerte, berichtete er ein wenig beschämt, dass er mein erstes Schreien mit großer Freude unten in der Eingangsdiele gehört hatte.

Das geordnete Leben im Haus meiner Urgroßeltern mit seinem friedlichen Luxus stand in scharfem Kontrast zu dem wachsenden Bewusstsein, dass sich Deutschland unwiderruflich auf dem Weg zu einer Konfrontation mit dem Rest Europas befand. Das Land war jetzt seit mehr als fünf Jahren unter nationalsozialistischer Herrschaft und Hitler war dabei, die Verordnungen des Versailler Vertrags von 1919 mit seinen Bedingungen für Deutschland eine nach der anderen abzubauen. 1935 setzte er die Wiedereinsetzung der allgemeinen Wehrpflicht durch. Zudem hatte er damit begonnen, wieder eine deutsche Luftwaffe aufzubauen. Im Februar 1938 erklärte sich Hitler zum Oberbefehlshaber der Wehrmacht und machte seinen Plan, eine neue Ordnung in Europa unter deutscher Vorherrschaft zu schaffen, öffentlich. Im folgenden Monat gelang es ihm, die Begeisterung unter den Deutsch-Nationalisten in Österreich auszunützen und das Land zu einem „Anschluss" an das Reich zu zwingen. Davon überzeugt, dass weder England noch Frankreich auf seine Aggression militärisch antworten würden, hatte Hitler als Nächstes vor, die deutschsprachigen Teile der Tschechoslowakei und das Sudetenland zu annektieren. Als er im August eine aufrührerische antitschechische Rede hielt und befahl, dass deutsche Truppen an die Grenze des Landes ziehen sollten, schien die Drohung eines Krieges Wirklichkeit zu werden. Die

Kriegsvorbereitungen

Gefahr wurde jedoch noch einmal abgewendet, als sich England, Frankreich, Deutschland und Italien in dem kontroversen „Münchner Abkommen" am 30. September 1938 darauf einigten, dass deutsche Truppen das Sudetenland besetzen durften. Hitlers Bluff hatte Erfolg. Tschechische Bauern im Sudetengebiet mussten ihre Höfe sofort aufgeben und den deutschen Truppen Platz machen.

Nein, schrieb meine Mutter Anfang Oktober 1938 an Verena, Gasmasken waren noch nicht an die Bevölkerung im Rheinland ausgeteilt worden, wie in Hannover wo die Schwester lebte. Und glücklicherweise war der Albtraum der letzten Monate von einem erneuten Krieg durch das Münchner Abkommen noch einmal beigelegt worden, indem die englischen und französischen Ministerpräsidenten Hitlers Anforderungen nachgegeben hatten. Neville Chamberlain hatte am 30. September zu ihrer Beruhigung erklärt: der „Frieden für unsere Zeit" sei gesichert.

Intensive Spannungen und offen ausgetragene Gewalt innerhalb Deutschlands wurden sichtbarer. Meine Mutter hatte ein Erlebnis, als sie im November auf dem Rückweg von einem Besuch bei ihrer Schwester im Zug nach Düren saß. Kaum zu Hause angekommen berichtete sie folgendes: „Leider fand mein Abreisetag noch einen sehr betrüblichen Abschluss, der mich wahnsinnig deprimiert hat. In unserem Eisenbahnwagen befanden sich viele jüdische Flüchtlinge, kleine Kinder mit verzweifelten Müttern – ein erschütterndes Bild. Sie wussten sicher gar nicht wohin, irrten wie aufgescheuchte Vögel umher. In Köln muss es wüst zugegangen sein, die Hohe Straße war noch gesperrt. Auch hier wurde wie wohl überall die Synagoge abgebrannt." Meine Mutter bezog sich dabei auf die Folgen der fürchterlichen „Kristallnacht" am 9. November 1938. Mitglieder der Nazi Partei und der S.A. hatten eine organisierte Hetzjagd auf die jüdische Bevölkerung unternommen, bei der Synagogen und tausende von jüdischen Geschäften im ganzen Land zerstört und 30 000 Juden in Konzentrationslager abgeführt worden waren.

In der Ahnung eines bevorstehenden Krieges, trotz wiederholter Friedensbeteuerungen seitens der Parteiführung, hatte sich mein Vater dazu entschlossen, Freiwilligendienst zu leisten, um zu verhindern, dass er als einfacher Soldat eingezogen werden würde. Im Jahr 1937 und im darauffolgenden Winter 1938 wurde er zuerst nach Bielefeld und dann nach Westpreußen zu einer militärischen Grundausbildung geschickt. Die bestand nach seinen eigenen Worten vor allem im „Anschreien", in „unerträglichen körperlichen Übungen" und „miserablem Essen". Meine Mutter schreibt sarkastisch über den zweiten Dienst, dass mein Vater jetzt in Baracken besser untergebracht sei als im letzten Jahr. Auch dürfe er hier Pyjamas tragen „was von einem freien Geist spricht!" Im Mai 1939 wurde mein Vater zu einem sechswöchigen Militärdienst nach Aachen direkt an der Grenze beordert - besser als in Richtung Polen, wie meine Mutter meinte. Als sie im Juni ihre Eltern besuchte, die in Berlin lebten, bemerkte sie, dass „verschiedene junge Soldaten aus dem Bekanntenkreis gen Osten verschickt wurden. Es ist nicht auszudenken!"

Anfang August 1939 wurden Hitlers Vorbereitungen auf einen Krieg im Osten so besorgniserregend, dass meine Eltern schweren Herzens die Entscheidung trafen, dass meine Mutter mit uns Kindern Düren verlassen sollte, um in Neuhaus unterzukommen. Dies für den Fall, dass England und Frankreich auf Hitlers Aggressionen reagieren würden.

Neuhaus hieß der Ort, an dem meine Urgroßmutter Maam und ihr Mann Arnold im Jahr 1910 ein „kleines Landhaus" wie sie es nannten, gebaut hatten, nah am Schliersee in den Oberbayrischen Alpen. Neben großzügigen Wohnflächen hatte das „kleine Landhaus" sieben Schlafzimmer und einen herrlichen, großen Garten mit Wiesen, Waldstücken und einem entzückenden Holzhäuschen. Ein wahres Paradies für Kinder. Außer wenn die Familie meiner Urgroßeltern oder ihre Freunde zu einem kurzen Besuch kamen, stand das Haus leer, so dass es kein Problem für uns war, dort als erste „Flüchtlinge" einzuziehen.

In unserer Abwesenheit verbrachte mein Vater seine Tage wie gewohnt mit Arbeit in der Fabrik, Besuchen bei der Großfamilie und den vielen Freunden in Düren, mit Tennis und Schwimmen. Für den Spätherbst hatten meine Eltern eine Italienreise geplant, wenn es die

Devisenknappheit erlauben würde. Der 23. August brachte aber ein neues Anzeichen für die brennende Lage in Europa. Der deutsche Außenminister Ribbentrop hatte einen Nichtangriffspakt mit Russland unterzeichnet, der für zehn Jahre Frieden zwischen den beiden Ländern garantierte und die Unterstützung eines dritten Landes verbot. In seinen Erinnerungen beschreibt Albert Speer (Architekt Hitlers ab 1934 und ab 1942 Reichsminister für Bewaffnung und Munition) Hitlers Reaktion als er diese Nachricht empfing: „Während des Abendessens wurde Hitler ein Zettel gereicht. Er überflog ihn, starrte hochrot werdend einen Augenblick vor sich hin, schlug auf den Tisch, dass die Gläser klirrten und rief mit überkippender Stimme: Ich hab sie! Ich hab sie!", was heißen sollte, dass von russischer Seite kein Widerstand zu fürchten war, wenn er seine Armee in Polen einmarschieren lassen würde. Als ein englischer Pressevertreter den Freundschaftspakt zwischen Hitler und Stalin bestätigt sah und hörte, dass in ganz Berlin die Kirchenglocken zum Sieg läuteten, soll er fatalistisch vorausgesagt haben: „Das ist das Grabgeläut des Britischen Empires." Auch mein Vater schrieb an diesem Tag besorgt an meine Mutter: „Man steht heute ganz unter dem Eindruck des unerwarteten Abkommens mit Russland. Wie es sich auswirken wird, weiß man natürlich nicht, aber es ist jedenfalls ein großer Schlag für die Polen, die jetzt auch von Osten nicht gesichert sind. Immerhin eine große diplomatische Leistung und ein Beweis dafür, dass man auch Realpolitik und nicht nur Gefühlspolitik betreiben kann." Die Reaktion der Engländer und Franzosen auf den Molotov-Ribbentrop-Vertrag war die Zusage an Polen, dass sie im Fall eines deutschen Angriffs hinter ihnen stehen würden. Ein Versprechen, das zur Verzweiflung der Polen dann aber nicht gehalten wurde.

In der letzten Augustwoche wurde die Spannung in Deutschland immer intensiver, besonders auch deshalb, weil die Bevölkerung nichts über die Lage in Bezug auf Polen erfuhr. Die Nachrichten im Radio waren völlig nichtssagend und Gerüchte schwirrten hin und her über eine wichtige Reichstagssitzung, eine Reise Molotovs nach Deutschland und über eine Sitzung im britischen Unterhaus. Mein Vater hatte den Eindruck, dass sich alle Beteiligten stark bemühten, einen Krieg zu vermeiden, denn, so fragte er sich „wer übernimmt die Verantwortung für einen solchen Wahnsinn? Das kann meiner Ansicht nach keiner und die Folgen sind unausdenkbar für ganz Europa. Daher habe ich weiter gute Hoffnung auf eine Beruhigung." Hitler war dank einer Nachricht vom englischen Geheimdienst davon überzeugt, dass die Westmächte, wie schon beim Münchner Abkommen, trotz ihres Ultimatums in Bezug auf einen Angriff auf Polen, noch einmal nachgeben würden. Die Stärke des polnischen Widerstands, hieß es in dieser Nachricht, wurde als so schwach eingeschätzt, dass England davon abgeraten wurde, sich in einen so hoffnungslosen Krieg einzumischen.

Mein Vater jedoch fand die politische Situation bedrohlich genug, um das Familiensilber zur Sicherheit auf die Bank zu bringen. Frustrierend war auch, dass die Telefonverbindungen mit uns in Neuhaus immer schwieriger wurden. Er stellte sich vor, wie meine Mutter, obwohl wir Kinder bei ihr waren, sich in dem großen Haus einsam fühlen musste. Sie hatte niemanden, mit dem sie die höchst besorgniserregenden Ereignisse hätte besprechen können. Wenigstens gab es noch die Post, und mein Vater freute sich an den Beschreibungen meiner Mutter über herrliches Sommerwetter, Stunden an der Badehütte und von Bergwanderungen. Waren die Kinder doch das Wichtigste in dieser ungewissen Zeit, und in Neuhaus waren sie geschützt vor den aufreibenden Sorgen der Erwachsenen. Einen Tag vor dem Einzug der deutschen Truppen in Polen schrieb mein Vater: „Man gewöhnt sich allmählich an die Dauerkrise. Ich habe es mir schon abgewöhnt, morgens um 7 Uhr ans Radio zu springen. Es ist ja möglich, dass sich dieser unangenehme Zustand noch einige Zeit hinzieht. Dass ein Krieg entsteht, halte ich für ziemlich ausgeschlossen. Inzwischen hat jeder den Beweis dafür gegeben, dass sie keine Lust dazu hatten. Aber die Lösung????"

Aber am 1. September 1939 war es dann doch so weit. Deutsche Truppen stürmten die polnische Grenze und die Polen waren dem Vorstoß von Hitlers erstem „Blitzkrieg" mit seinen massiven Panzerdivisionen, unterstützt von der Luftwaffe, keine vierzehn Tage lang gewachsen. Nach entsetzlichen Opfern kapitulierten die letzten polnischen Einheiten am 6. Oktober, ohne dass sie Unterstützung in irgendeiner Art von England oder Frankreich bekommen hatten.

Die briefliche Reaktion meines Vaters auf die Invasion von Polen klingt wie ein „letztes Testament". Jetzt, wo seine Hoffnung auf eine friedliche Lösung enttäuscht worden war, schrieb er, „müssen wir den Kopf hochhalten und unser Schicksal so gut es geht mit Fassung tragen. Wenn ich einberufen werde, bekommst Du ein Telegramm und selbstverständlich gebe ich Nachrichten so oft ich nur kann." Dann folgt eine Liste von praktischen Anweisungen an meine Mutter für diesen Fall, wie zum Beispiel wo sie wichtige Schlüssel und Papiere finden konnte und an wen sie sich wenden sollte, falls sie Geld brauchte. Er endete dieses sachliche Schreiben mit der Aufforderung an meine Mutter: „Sei recht tapfer und halt den Kopf oben. So will ich es auch machen."

Meine Mutter reagierte sehr viel gefühlvoller auf das Geschehen desselben Tages. Sie schrieb an ihre Schwester: „Ist das ein unglückseliges Datum! Dass es wirklich so weit gekommen ist! Was sind wir für armselige Wesen, dass wir so gegen unseren Willen in einen Krieg getrieben werden können... Man kommt sich vor wie ein Traumwandler, so unfassbar ist die Wirklichkeit." Ihre Worte spiegelten die allgemeine Stimmung in Deutschland wider. Im Gegensatz zur Begeisterung des breiten Volkes zu Beginn des Ersten Weltkriegs war die Stimmung in Berlin im September 1939 offensichtlich düster und deprimiert. Die meisten Menschen hatten Angst vor der Zukunft und empfanden den Krieg als etwas ihnen Aufgezwungenes. Noch hatten die Engländer und Franzosen nicht eingegriffen. Bestand also doch noch „ein Fünkchen Hoffnung?"

Die Hoffnung meiner Mutter Ruth war folgende: Für den Fall, dass Verenas Mann Heinrich, der Chirurg war, eingezogen werden sollte, wäre es nicht beruhigend, wenn auch sie mit ihren drei Kindern nach Neuhaus kommen würde? Denn „man ist in seinem Elend so leicht vereinsamt ganz ohne jemanden, der einem nahe steht." Gleich am nächsten Tag fuhr meine Mutter nach Düren, weil man damit rechnen musste, dass mein Vater im Kriegsfall sofort eingezogen werden würde, so wie sein jüngerer Bruder Kurt Arnold, von allen Nöll genannt, dessen schmerzlichen Abschied ins Militär sie in Neuhaus gerade miterlebt hatte.

Kriegserklärung
3. September 1939

Meine Mutter war gerade in Düren angekommen, als England und Frankreich auf den Einmarsch der deutschen Truppen in Polen mit einer Kriegserklärung an Deutschland antworteten. Für meine Eltern war es natürlich tröstlich, dass sie an diesem beängstigenden Tag beieinander waren, aber die neue Lage wirkte sich sehr schnell auf das tägliche Leben in Düren aus. Der sofortige Boykott Englands auf alle Waren, die sonst nach Deutschland geschickt worden waren, hatte katastrophale Auswirkungen auf die Fabrik meines Vaters. Alle Woll-Länder standen jetzt im Krieg gegen Deutschland und es war zu befürchten, dass die Fabrik in Kürze geschlossen werden musste. Alle inländische Produktion wurde verboten. Sogar Strickwolle wurde sehr schnell knapp, und was sollte man ohne sie machen, schrieb meine Mutter an Verena, wenn man Handschuhe oder wollene Unterwäsche brauchte? Sie hoffte, dass England seine Reaktion auf Hitlers aggressive Polenpolitik auf einen Wirtschaftskrieg beschränken und Frankreich auf einen militärischen Eingriff ganz verzichten würde, denn ein Durchbruch des Westwalls, den Deutschland vor kurzem noch verstärkt hatte, war fast undenkbar. Man brauchte einen solchen Strohhalm der Hoffnung, schrieb meine Mutter, denn ohne ihn „kann man es eigentlich gar nicht aushalten. Düren gleicht einem Heerlager. Man stolpert über Soldaten. Die hier liegen sind am Westwall und in Mittel-und Norddeutschland gibt es Nachschub in Kasernen, Schulen usw. Halten wir den Daumen, dass diese Zurückhaltung der anderen ein gutes Zeichen ist!"

Hitler zeigte sich anfangs verblüfft, als die Westmächte ihr Ultimatum wahrmachten und auf den Einfall in Polen mit einer Kriegserklärung antworteten, aber sehr bald versicherte er sich selbst und seinem Stab, dass England und Frankreich ihnen nur den Krieg erklärt hätten, um vor der ganzen Welt ihr Gesicht zu wahren. Es folgte eine Zeit der unheimlichen Stille, in der die deutsche Bevölkerung nicht wusste, was sie zu erwarten hatte als Nation, der man den Krieg erklärt hatte. In der Zwischenzeit jedoch drangen Nazitruppen in Polen vor zur Verwirklichung von Hitlers angekündigtem Vorhaben, mehr „Lebensraum" für Deutschland zu schaffen. Vor allem Juden und die polnische Elite waren furchtbaren Ausrottungsaktionen ausgeliefert, ebenso wie Intellektuelle, Beamte und Besitzbürger, also all die, die sich am ehesten der völligen Germanisierung des Landes widersetzen würden. Unter den ununterbrochenen deutschen Angriffen, verstärkt durch die Luftwaffe, kapitulierte Polen am 27. September. Am 6. Oktober war der Krieg zu Ende, ohne dass Polen die versprochene Unterstützung von England und Frankreich bekommen hatte. Polen war so zum ersten Opfer von Hitlers sogenannter „Blitzkrieg" Taktik geworden.

Im Westen herrschte Mitte September fast noch völlige Ruhe und die Zukunft war ungewiss, besonders da Chamberlain erklärt hatte, dass „die Tür zu einem Frieden" noch nicht geschlossen sei. Wieder folgte eine Zeit der angespannten Ungewissheit. Am 11. Oktober schrieb mein Vater: „Das Problem (der Einigung auf Frieden) ist eben zu schwer, als dass es schnell gelöst werden könnte. Wie es scheint, bestehen noch immer Aussichten. Hier ist man teils optimistisch, teils pessimistisch. Ohne Hoffnung auf eine nicht allzu ferne Beendigung ist niemand.... Das geduldige Abwarten lernt man jedenfalls in diesem komischen Krieg." Inzwischen hatten England und Frankreich Hitlers Friedensangebot, den Status Quo zu akzeptieren, abgelehnt.

In der ersten Oktoberwoche überlegten meine Eltern, ob meine Mutter mit uns Kindern nach Düren zurückkommen sollte, für den Fall, dass es in den nächsten zwei Wochen keine englischen Luftangriffe auf deutschem Gebiet geben würde. Eine Trennung in einer solch angsterfüllten Zeit war unerträglich, und mein Vater fürchtete, dass sich meine Mutter in Neuhaus zu allein und isoliert fühlen würde, während er sich bei seiner Arbeit und im großen Familien- und Freundeskreis gut mit anderen austauschen konnte. Aus der Sicht meiner Eltern war Düren weniger gefährdet für Angriffe aus dem Westen als irgendeine Großstadt, außer wenn Deutschland Belgiens Neutralität brechen sollte, ein Gewaltakt, den sie sich nicht vorstellen konnten. Als Vorsorge gegen englische Luftangriffe, mussten bei Dunkelheit alle Fenster verhängt werden und überall wurden Familien gezwungen, Truppen aufzunehmen.

Mein Vater berichtete, dass in Düren an die 7000 Soldaten stationiert waren, um sich von den Anstrengungen des Polenfeldzugs zu erholen. Militärpersonal hatte das Haus meiner Urgroßmutter okkupiert. Zwei Offiziere mit ihrem Privatkoch waren dort eingezogen, zwei weitere Offiziere kamen regelmäßig zu den Mahlzeiten und zahlreiche Soldaten „bevölkerten" täglich die Küche und den Vorraum. Letzte Woche war sein Bruder Albert, von allen Bertes genannt, der einen hohen Posten in der Armee innehatte, zu Besuch gekommen, und die lebhafte Unterhaltung mit den Offizieren hatte bis in die frühen Morgenstunden angehalten. Von Woche zu Woche wartete man auf entscheidende Nachrichten, die diese „merkwürdige Ruhe" von englischer und französischer Seite beenden würden, aber es blieb still. Die Franzosen hatten Brücken hinüber nach Deutschland gesprengt, ein Zeichen, dass eine kurzfristige Invasion nicht geplant war. Auf der anderen Seite gab es Anzeichen für die Vorbereitungen auf einen langen Krieg. Wie seltsam dieser Zustand des Wartens war! Offensichtlich wollte keine der Parteien einen Krieg anfangen. Auf jeden Fall, meinte mein Vater, war es unwahrscheinlich, dass eine militärische Bodenaktion vor dem kommenden Winter stattfinden würde.

Einberufung und Einsatz in Polen
Oktober 1939 - Juli 1940

Am 25. Oktober jedoch bekam mein Vater selbst zu spüren, was passierte, wenn man meinte, sich mit Friedensgedanken trösten zu können. Hitler, ermutigt von dem schnellen Sieg über Polen, hatte begonnen, seine Reservisten einzuziehen. An diesem Tag erhielt auch mein Vater den Befehl, sich noch in derselben Woche mit fünf anderen Dürenern bei einem Ersatz-Bataillon in Paderborn zu melden. Hitler fürchtete Aufstände in Polen und eine starke Besatzungsmacht war erforderlich, um für Ordnung zu sorgen. Mein Vater gehörte zu denen, die zu diesem Zweck einberufen wurden, und wahrscheinlich sollte er auch bei der Ausbildung von ungedienten älteren Jahrgängen helfen. Natürlich sei dies, wie er schrieb, eine „schwere Nachricht", aber da er es durch seinen Freiwilligendienst bis zum Unteroffizier gebracht hatte, und es sich nur um ein Ersatz-Bataillon handelte, würde der Dienst wohl hoffentlich nicht so schwer sein wie die letzten Male. Wenn er nur meine Mutter per Telefon in Neuhaus erreichen könnte, um mit ihr dieses beunruhigende Geschehen zu besprechen. Er hatte nun schon vier Stunden auf eine Telefonverbindung gewartet. Er würde ihr seine Feldpostnummer mitteilen, sobald er sie wüsste.

Erst jetzt, schrieb mein Vater, wurde ihm bewusst, wie bitter der Krieg war, auch ohne dass viel geschossen wurde und er fügte hinzu: „Es geht ja nun sehr vielen anderen Familien ebenso wie uns. Das muss uns ein Trost sein.... Nachdem so viele alte Leute eingezogen sind, ist es ja recht, dass auch wir Jüngeren mithelfen. Wie mag die Sache nur weitergehen? Man weiß weniger denn je. Nur so viel, dass Unternehmungen zu Lande wegen der starken Befestigungen auf der anderen Seite gar keine Aussicht haben und daher wohl auch nicht in Frage kommen werden."

Meine Mutter nahm die Nachricht über die Einberufung meines Vaters erstaunlich sachlich auf, „getröstet" von der Tatsache, dass er nicht

„an die Front", sondern nach Polen geschickt wurde. Aber die Frage meines dreijährigen Bruders Bernd an meine Mutter zeigt die Angst vor einem Krieg, mit der die Erwachsenen um ihn herum kämpften. „Und wenn alle Leuten erstorben sinnen, was dann?" meinte er in seiner Art, die Silbe „en" an die Worte zu hängen. Schon Ende Oktober, es war noch nicht einmal Winter, war das große Haus in Neuhaus fast unmöglich warm zu halten, wie sollte das später gehen? Meine Mutter fragte sich, wohin sie wohl am besten mit uns Kindern ziehen sollte, jetzt, da durch die Abwesenheit meines Vaters Düren als Wohnort noch ungemütlicher geworden war. Sie würde aus Düren die Sachen zusammenpacken müssen, die mein Vater noch brauchte, und vor allem würde sie versuchen zu verhindern, dass ihr Haus zu einem Einquartierungsort für deutsche Soldaten würde, wie das überall im Westen der Fall war.

Drei Tage nach der Einberufung, am 28. Oktober 1939 schrieb mein Vater seinen ersten Brief als Wehrpflichtiger an meine Mutter. Das war der Erste von vielen hunderten, die über mehr als fünf Jahre verteilt folgen sollten. Er schrieb, dass sein Transport gen Osten in neun Tagen losgehen würde, dass er aber noch nicht genau wusste, wo er stationiert sein würde, wahrscheinlich in der früheren deutschen Gegend von Bromberg und Graudenz, also wenigstens nicht wo es am kältesten war. „Ich meine, gerade weil man so gar nicht weiß wie dieser Krieg weiter geht, können wir zufrieden sein, dass ich vorläufig im Osten bin, wo ja nicht einmal nachts verdunkelt sein wird. Wenn es doch nur nicht allzu lang dauern würde!" Es folgt die Beschreibung seiner ersten Eindrücke seines Bataillons, das noch recht durcheinander war, weil es erst vor kurzem zusammengestellt worden war. Der Führer der 1. Kompanie, zu der er gehörte, war ein Reserveoffizier, im Zivilleben ein Justizinspektor, was einen „nicht allzu strengen Betrieb" versprach. Der Leutnant, ein 25-jähriger Medizinstudent, machte einen „ganz netten Eindruck", während die Unteroffiziere und Feldwebel meist gerade ihre zweijährige Dienstzeit hinter sich hatten, der NSV (Nationalsozialistische Volkswohlfahrt) angehörten und in der Partei tätig waren. In seiner, den ganzen Krieg überdauernden Selbstironie, schrieb mein Vater: „Ich werde also wohl ordentlich politisch geschult werden." Zu keiner Zeit ist er gezwungen worden, in die Nationalsozialistische Partei einzutreten. Ein Lichtblick war, dass fast alle in seinem Bataillon aus dem Rheinland stammten, also mit einem „vergnüglichen Betrieb" gerechnet werden konnte, da die Rheinländer für ihren Humor bekannt sind. Er hatte eine gute Ausrüstung bekommen: Uniform, Mantel, Wäsche, Socken und sogar einen wollenen Kopfwärmer in Voraussicht auf die Kälte im Osten.

Schon vor der Abreise war das Bataillon meines Vaters von morgens 6 bis abends 19 Uhr voll beschäftigt. Aber der Betrieb schien ihm im Vergleich zu seiner „früheren Soldatentätigkeit sehr gemütlich zu sein." Seine Arbeit bestand vor allem darin, andere Leute so herumzukommandieren, wie man es früher mit ihm gemacht hatte. Junge Rekruten von 17-21 Jahren sollten so gut wie möglich ausgebildet werden. Auf die Dauer eine ziemlich stumpfsinnige Sache, aber nicht anstrengend. Wenigstens war man meist an der frischen Luft, immerhin ein Vorteil. Mein Vater teilte die Ansicht einer seiner Freunde, der meinte, es sei gut, dass auch Leute aus ihren Kreisen mitmachten, damit niemand hinterher sagen könnte, dass man in dieser Zeit nicht seine Pflicht getan hätte. Seine verdreckte Bude war jetzt ganz gemütlich geworden, nachdem zwei Untergebene sie in Ordnung gebracht hatten und er die Bilder von uns dreien hinter den Spiegel gesteckt hatte.

Der genaue Abreisetag stand noch immer nicht fest, aber dafür wussten sie jetzt den Ort, an dem sie stationiert sein würden: Kulm an der Weichsel, immerhin früheres deutsches Gebiet. „Uff! Wie wird es da wohl aussehen? Hoffentlich nicht allzu schmierig", fragte sich mein Vater. „Das wäre das Einzige, was mir schwer würde. Ich nehme an, dass wir in ehemaligen polnischen Kasernen untergebracht werden." Seine Kameraden seien sehr nett, schrieb er, und sie waren alle in der gleichen Lage, kurzfristig ausgebildet, verheiratet und Familienväter. Es war erstaunlich, wie wenig man aus den Zeitungen erfahren konnte und wie wenig geschah. Er hatte gedacht, es läge am Wetter, aber auch jetzt bei gutem Wetter blieb es ruhig. Alles schien ungewisser denn je. „Man sieht keine Möglichkeiten mehr für ein rasches Ende, aber man kann sich auch gar nicht vorstellen, wie es überhaupt aufhören soll... Es ist nicht so ganz einfach, was wir durchmachen müssen. So eine harte Zeit hinterlässt aber ja auch ihr Gutes in uns. Wir wollen daher nicht klagen und nur hoffen, dass es zu einem guten Ende führt." Mein Vater beendete seinen Brief mit einer Ermutigung an meine Mutter, sein tapferes „Pitterchen", das war einer seiner Kosenamen für sie. „Was bleibt uns anderes übrig, als unser Schicksal so gut es geht zu ertragen."

Meine Mutter hatte inzwischen den Verlust und das Leid, den ein Krieg mit sich bringt, aus erster Hand erlebt. Der Bruder einer guten Freundin von ihr (meine Patentante), war in Polen gefallen, und nun war sie nach Neuhaus gekommen, um bei meiner Mutter Trost zu suchen. Ihr Mann war ebenfalls eingezogen worden und so konnten sie sich über ihre Sorgen austauschen. Seit Ende Oktober 1939 berichtete meine Mutter über Knappheit von frischem Gemüse in Neuhaus. Von dem Zeitpunkt an gab es einen regen Austausch von Waren aller Art zwischen uns und Hannover, wo Verena, die Schwester meiner Mutter, immer noch lebte. Von Anfang an und fast bis zum Ende des Krieges war es erstaunlich, wie gut die Post funktionierte. Nicht nur innerhalb Deutschlands, sondern auch an die entlegensten Stellen der Front. Die alte Freundschaft mit einem der Bauern in Neuhaus (dem Asenbauer) ermöglichte es, dass meine Mutter immer mit frischer Milch rechnen konnte, was eine große Erleichterung war.

Am 10. November 1939 schickte mein Vater eine Ansichtskarte, geschrieben im Zug, der ihn ostwärts beförderte. „Der schöne Gau Mark Brandenburg", hieß es auf der Karte. Sie zeigte eine friedliche, weite Landschaft mit dem Schloss Küstin an der sich dahinschlängelnden Oder. Zwei Drittel der Fahrt war hinter ihnen und alles ging gut. Am Ende brauchten sie jedoch 44 Stunden, bis sie ihr Ziel erreicht hatten. Kulm, eine kleine Stadt im Norden Polens, ungefähr 20 Kilometer von Bromberg entfernt. Das war der berüchtigte Ort, an dem polnische

Oktober 1939 - Juli 1940

Widerstandskräfte in Reaktion auf die deutschen Grausamkeiten in Polen, eine große Anzahl von deutsch-polnischen Zivilisten ermordet hatten. Der vierzig Wagen lange Militärtransport, geladen mit tausend Truppenmitgliedern und ihren Fahrzeugen, kam nur langsam vorwärts und musste häufig Umwege machen wegen gesprengter Brücken und beschädigter Schienen. Aber jetzt, am Abend des 11. Novembers waren sie in Kulm angekommen. Die Einfahrt in die Stadt war eindrucksvoll gewesen, schrieb mein Vater, weil es noch architektonische Schätze aus der Zeit gab, als dieses Gebiet ein Teil Deutschlands war. Auch die Baracken, wo sie untergebracht wurden, stammten aus dieser Zeit. Sie waren herrlich gelegen mit einem weiten Blick auf das reizvolle Weichseltal. Erschreckend jedoch war ihr Inneres, sodass mein Vater und seine Kameraden erst einmal damit beschäftigt waren, ihre „unglaublich verlotterte Stube", die sie zu viert bewohnen sollten, etwas in Ordnung zu bringen. „Die Spinde müssen geschrubbt werden, das Ofenrohr fehlt, der Tisch ist ohne Decke und klebt vor Dreck." Es war unangenehm kalt. Strohsäcke und Bettwäsche gab es keine. Jeder hatte eine Wolldecke und als Kopfkissen einen Wäschesack. Erfreulich war, dass sich die erwarteten Wanzen bisher noch nicht gezeigt hatten, auch nicht hinter der regenbogenfarbenen Tapete – „einem Monstrum an Geschmacklosigkeit" – die sich auf halber Höhe um die Betten zog. Würde meine Mutter ihm bitte ein paar Zigaretten schicken, eine kleine Flasche Rasierwasser, ein Küchentuch und ein kleines Tuch zum Abwaschen von Geschirr, außerdem Streichhölzer, die es hier nicht gab, und vor allem, bitte, bitte etwas Marmelade. Mein Vater, dessen bisheriges Leben so privilegiert und verwöhnt gewesen war, erlebte hier zum ersten Mal, was es hieß, mit Dreck, Unordnung und Verzicht umzugehen. Es wird einem gleich zu Beginn dieser schlimmen Zustände klar, wie ihm Ironie und Selbstironie und seine von Natur aus positive Einstellung dabei halfen, Distanz zu schaffen und mit den schlimmsten Erfahrungen fertigzuwerden.

„An die Zukunft mag ich nicht allzu viel denken", schrieb er. Auf die Dauer würde es hier natürlich trostlos langweilig sein. Um nicht „ganz zu vertrotteln", würde er so viel wie möglich schreiben und lesen wollen. Verena hatte ihm schon versprochen, ihn mit Büchern zu versorgen und vielleicht könnte meine Mutter ihm ab und zu eine Illustrierte oder eine Monatszeitschrift schicken? Der Dienst würde am Montag beginnen und bestand sicher vor allem aus Anschreien von Rekruten, deren Disziplin natürlich unter der langen Unterbrechung gelitten hatte. Seine drei Stubenkameraden, alles Unteroffiziere, waren ihm sehr sympathisch und das half. Auf dem letzten Briefumschlag hatte mein Vater seine neue Adresse angegeben: Uffz. Dieter Schoeller 1 Komp. J.-Ers.-Bat. 317 Kulm/Weichsel.

Meine Mutter war noch immer nicht sicher, wo sie mit uns Kindern am liebsten hin wollte. Wenn sie zu ihren Eltern nach Berlin ziehen würde, wäre sie näher bei meinem Vater für den Fall, dass er irgendwann einmal für ein paar Tage Urlaub bekäme. Er hatte ihr geraten, der Neuhauser Kälte nach Düren zu entfliehen, obwohl er zugeben musste, dass es nach Hitlers letzter Rede wahrscheinlicher denn je war, dass es zu einem weiteren militärischen Konflikt kommen würde. Er glaubte immer noch nicht an eine große Aktion im Westen „aber für unmöglich halte ich es nicht", schrieb er. „Wir leben in einem spartanischen Staat, in dem man wenig Rücksichten auf Menschenleben nimmt." Auffallend war, dass Hitler in seiner Rede immer nur von einem Krieg gegen England gesprochen hatte. Frankreich war kaum erwähnt worden. Mein Vater ließ sich die Frankfurter Zeitung zuschicken. Dort hatte er gelesen, dass in Deutschland an jedem zweiten Tag ein neues Unterseeboot gebaut würde. Der Konflikt zwischen den europäischen Ländern würde lange dauern. „Was für ein hartes Schicksal für unsere Generation!"

Noch immer schwankte meine Mutter zwischen einem Umzug von Neuhaus nach Düren oder Berlin, aber diese Entscheidung zehrte nicht so sehr an ihr, wie das Verhalten meines Bruders Bernd. Sie schrieb Mitte November an Verena, dass er sie mehr denn je zur Strecke brächte. „Er ist geradezu grausam lebhaft und ungezogen." Wie konnte sie ihn nur zu Gehorsam erziehen? Sie brauchte unbedingt eine Hilfe, wusste aber,

Oktober 1939 - Juli 1940

dass viele junge Frauen zum Roten Kreuz eingezogen worden waren. Kurze Zeit später fand meine Mutter dann doch eine zuverlässige und dauerhafte Unterstützung für die Kindererziehung, was sie aber nicht vor dramatischen Konflikten mit Bernd bewahrte.

Wenigstens waren die Nachrichten von meinem Vater im Moment gut. Er hatte von verschiedenen Familienmitgliedern insgesamt zwanzig Lebensmittelpakete bekommen, inklusive der regulären Butterrationen, die ihm seine Großmutter Maam von ihrem Gut in Ostpreußen zukommen ließ. Da sein Dienst körperlich nicht besonders anstrengend war, bat er meine Mutter, ihm nichts mehr von der kostbaren Schweizer Schokolade zu schicken und sie für sich und uns Kinder aufzubewahren, denn wir brauchten die Kalorien sehr viel nötiger als er. Sie verwöhne ihn zu sehr.

Seine Arbeit, schrieb er, bestand neben dem ab und zu nachts „Wache spielen" am Schießstand, aus der Ausbildung von fünfzehn, etwa zwanzigjährigen Rekruten. Er musste im Gelände mit ihnen exerzieren, sie auf lange Märsche nehmen, ihnen das Schießen beibringen, und er war verantwortlich für ihr persönliches Wohlbefinden. Das alles ging bereits schon recht gut, auch wenn es nicht immer ganz einfach war, Strenge („Gebrüll") und Milde richtig zu verteilen. „Ähnlich wie bei der Erziehung unseres Alten." Gemeint war Bernd. Eigentlich war die Aufgabe ganz dankbar und man eignete sich allerlei Menschenkenntniss und Erfahrungen an, die nicht nutzlos waren. Die meisten der Rekruten waren sehr willig. Aber von Zeit zu Zeit musste er „großen Krach schlagen" damit sie sich nicht gehen ließen. Morgens vor Dienstbeginn wurde die Uniform kontrolliert, und wenn etwas nicht stimmte, wurden sie angepfiffen oder zum Nachexerzieren gemeldet. Gestern hatten sie einen langen Marsch gemacht, aber es war nicht anstrengend gewesen, denn als ausbildender Unteroffizier brauchte er weder Tornister noch Gewehr zu schleppen.

Die Umgebung von Kulm war ein rein landwirtschaftliches Gebiet, fruchtbar und mit großen Gütern, erklärte mein Vater. Die Landarbeiter schienen sehr arm zu sein und auch Kulm selbst, eine Stadt, die offensichtlich durch deutsche Kultur geprägt war, machte einen sehr armen Eindruck. Sie hatten einen kleinen Rundgang durch die Stadt gemacht und dabei das Kulmer Nonnenkloster besucht, das zum Teil aus der Ordensritterzeit, also aus dem 13. Jahrhundert stammte. Der Anblick der Kirche mit einem Barockaltar und bilderreichen holzgetäfelten Wänden bewegte ihn zu der Aussage: „Welch ein Gegensatz zwischen der Atmosphäre in der Kirche und dem widerlichen, verlogenen und gehässigen Treiben in der Welt!" Gesprochen wurde in Kulm fast nur Polnisch und es war offensichtlich, dass sie als Besatzungsmacht nicht willkommen waren. Die national eingestellten Polen wurden immer noch ausgewiesen und ihre Geschäfte, ein Drittel aller vorhandenen, geschlossen. Die noch bestehenden Geschäfte waren ungepflegte Kramlädchen und die Restaurants „finstere und primitive Kneipen." Zu essen gab es so gut wie nichts in der Stadt, aber ihre eigene Verpflegung war ja „einigermaßen anständig." Über seine Sicherheit, so meinte mein Vater, sollte sich meine Mutter keine Sorgen machen, denn Kulm war abends hell beleuchtet und auf 10 000 Einwohner kamen ca. 5000 Soldaten. Was meinem Vater Freude machte war der polnische Sprachunterricht, bei dem sie ihre Zungen zerbrachen und der Kopf rauchte, weil es so gar keine Ähnlichkeit mit dem Deutschen oder einer anderen bekannten Sprache gab. Auch das abendliche Schachspielen mit seinen Kameraden war eine angenehme Abwechslung.

Von da an, und während all der Kriegsjahre, war das brennendste Thema ihrer Korrespondenz, wann es wohl den nächsten Urlaub gäbe. Zu dieser Zeit handelte es sich besonders um die Weihnachtszeit: würde dies ihr erstes getrenntes Weihnachten sein? Würde verheirateten Männern mit kleinen Kindern Vorrang gegeben werden? Für den Fall, dass er nur ein paar Tage frei bekäme, könnten sie sich in Berlin treffen, um so wenig wie möglich Zeit beim Zugfahren zu verlieren? Wann würde die Entscheidung fallen, wer über Weihnachten Urlaub bekam? Es kursierten Gerüchte über die Sorge, dass wenn zu viele auf einmal frei bekämen, die Truppe geschwächt wäre für den Fall eines polnischen Aufstands. Auch über den Plan einer Versetzung weiter nach Osten wurde gemunkelt.

Mein Vater endete diese Überlegungen mit den Worten: „Wir müssens abwarten und, wie in allem heutzutage, das uns zugedachte Schicksal gleichmütig tragen... Der unglückselige Krieg wird munter weitergehen, wohl kaum zu Lande in der nächsten Zeit aber verstärkt zu Wasser mit der Gegenblockade als Kampfaufgabe. Wie man in Bremen sagte, soll jeden zweiten Tag ein neues deutsches U-Boot fertig werden. Warten, warten, immer geduldig warten: das lernt man in dieser Zeit... O, wie wird man sein Dasein und das Zusammensein mit allen Lieben genießen, wenn eines Tages irgendwann die Sache mal aufhört." Im Moment wusste er wirklich nicht, warum er hier noch herumsaß, aber wenn die neuen Rekruten eintreffen würden, gäbe es dann wieder genug Arbeit.

Am 6. Dezember teilte meine Mutter meinem Vater mit, dass sie dringend nach Düren reisen müsse. Es gab eine neue Verordnung, die besagte, dass alle unbewohnten Häuser links vom Rhein zur Stationierung deutscher Truppen vorbereitet werden müssten. Sie wollte sich vergewissern, dass alle Wertgegenstände und alle besseren Möbel in Sicherheit gebracht würden.

Mein Vater befand sich unter den Glücklichen, denen es erlaubt war, Weihnachten mit ihren Familien zu feiern. Sie würden sich in Berlin treffen, denn meine Mutter war vorübergehend zu ihren Eltern dorthin gezogen. Mein Vater hatte ein besonders herzliches Verhältnis zu seinen Schwiegereltern. Mein Schweizer Großvater Alfred Bertholet, der Professor Emeritus für Theologie an der Berliner Universität war, und meine Großmutter, auch gebürtige Schweizerin, führten einen lebendigen Haushalt Im Gehege 2 in Dahlem. Bedeutende Berliner Künstler und Intellektuelle trafen sich hier regelmäßig zu Festen, Diskussionen und Hauskonzerten. Es war diese Atmosphäre des kulturellen und geistigen Austauschs, in der sich mein Vater zuhause fühlte und die er sich jedes Mal herbeisehnte, wenn er auf Urlaub kam. In einem Brief an Verena beschrieb meine Mutter die gemeinsamen Weihnachtstage als eine „himmlische Zeit, wenn nur nicht das Gespenst der ungewissen Zukunft immer im Hintergrund gedroht hätte."

Bei seiner Rückkehr nach Kulm fühlte sich mein Vater erneut überwältigt von dem „stumpfsinnigen und primitiven Dasein", das er hier führen musste, in welchem Bratkartoffeln und abendliche Kartenspiele die einzige Abwechslung waren. Nur das viele Lesen war ein wunderbarer Ausgleich.

Das Schlaf- und Lesezimmer, Polen 1940

Er bat meine Mutter doch bitte bald wieder Bücher zu schicken, die er, sobald gelesen, an sie zurückgehen lassen würde, damit sie hier nicht leiden müssten. „Als übliches Sonntagsvergnügen" war wieder einmal um fünf Uhr nachmittags das Licht ausgegangen, ohne Aussicht auf Reparatur, was den einzigen Vorteil hatte, dass das Radio, das sonst ununterbrochen Unterhaltungsmusik und beunruhigende Nachrichten über die politische Lage von Skandinavien bis zum Nahen Osten von sich

Oktober 1939 - Juli 1940

gab, zum Schweigen gebracht war. Meist „wütete" das „Wunschkonzert", die größte Attraktion für die Soldaten. Für „gute Musik" hatte hier leider kein Mensch Verständnis. Er gab zu, dass „wenn man nicht ein elefantenartig dickes Fell" hätte, man manchmal verzweifeln müsste.

Im Januar 1940 verstärkte sich die Lebensmittelknappheit in Berlin. Sogar wenn man die Ausdauer zu langem Anstehen hatte, gab es frisches Gemüse nur rationiert und sogar dann nur selten, sodass Verena ihren Eltern und uns aus Hannover Pakete mit aller Art von Kohl und Eiern schickte. Meine Mutter hatte den Eindruck „dass die Menschen an einer Einkaufstollwut erkrankt" waren. Im Kaufhaus Wertheim liefen sie um Porzellan- und Glaswaren herum und kauften panisch ein. Das Unangenehmste war die Knappheit an Kohle. Vorläufig konnte das Haus, in dem wir lebten, noch geheizt werden, während sich viele der Bekannten meiner Großeltern mit einem Ofen begnügen mussten oder sogar ganz ohne Brennmaterial waren.

Die zugefrorene Weichsel im Winter 1940/41

Im Norden Polens, wo mein Vater stationiert war, wurde es ebenfalls bitterkalt. Am 11. Januar schrieb mein Vater von minus 30 Grad Celsius Kälte. Die Weichsel war zugefroren und statt der Fähre ging man jetzt zu Fuß über das Eis in die Stadt, wo Schlitten das einzige Verkehrsmittel waren. Die kleinen Pferdeglocken mit ihrem Gebimmel und der wolkenlos blaue Himmel bei winterlicher Kälte erinnerten meinen Vater an glückliche Tage beim Skilaufen. Tage, die nun in großer, unerreichbarer Ferne lagen. „Uff", schrieb mein Vater, „wie man wissen würde, das Leben zu genießen, wenn eines Tages der Frieden zurückkäme!" Nur jetzt, wenn man gelernt hatte, so viel zu entbehren, verstand man die Sorglosigkeit, mit der man die schönen Momente des Lebens hingenommen hatte. Jetzt erst verstand er wirklich, wie teuer ihm seine Familie und wie glücklich man war, Vertrauen auf eine normale Zukunft haben zu können. Wenn alles gut ausginge, würde ihn diese schwere Zeit etwas sehr Wertvolles gelehrt haben, nämlich das Gefühl der Dankbarkeit für alles Schöne im Leben.

Glücklicherweise, schrieb mein Vater, mache ihm die Arbeit mit seinen neuen zweiundzwanzig „Helden", den neuen Rekruten, die er unter sich hatte, viel Spaß. Sie bewirkten, dass die Tage schnell vorbeigingen und ihm wenig Zeit zum Nachdenken blieb. Es war seine Verantwortung dafür zu sorgen, dass die Knöpfe und all die kleinen Haken ihrer Uniformen geschlossen waren, ihre Hüte richtig auf ihren Köpfen saßen und ihre Haltung nicht zu lächerlich aussah. Dank seiner Geduld und ihrer Bereitwilligkeit zu lernen, hoffte er sie zu annehmbaren Soldaten auszubilden. Er litt ein wenig unter dem Berg von Regeln, die er ihnen einbläuen musste. Er sah die Herausforderung beim Ausbilden der Rekruten in der Übung an Präzision und sprachlicher Genauigkeit beim Geben von Befehlen. Wie glücklich schätzte er doch seine Rolle als Unteroffizier. Wenn er sich vorstellte, wie die einfachen Soldaten mit 15 anderen in einem Zimmer zu hausen, war er froh, stattdessen die privilegierte Aufgabe zu haben, diese wasserscheuen Kerle in die Dusche zu jagen!

In seiner Art, eher das Positive an einer Situation zu sehen, schrieb mein Vater über die wichtigen Einsichten in die menschliche Natur, die er im Umgang mit diesen jungen Leuten gewann. Fast alle stammten aus einfachen Verhältnissen und er war dabei, ihnen Umgangsformen beizubringen, was ihm später im Kontakt mit seinen Fabrikarbeitern hilfreich sein würde. Die Heeresleitung war darauf bedacht, neben der Arbeit auch etwas Abwechslung zu bieten. Meist schaurig schlechte Kinovorstellungen in ungeheizten Räumen oder wie vor zwei Tagen ein Wettbewerb im Schießen mit Pistolen, bei dem er immerhin zwei Flaschen Bier gewonnen hatte.

Am 24. Januar 1940, dem Vorabend seines einunddreißigsten Geburtstags, fand mein Vater Zeit und Ruhe, um seine Gedanken über den Krieg, seine eigene Rolle darin und die Zukunft der Menschheit in einem Brief an meine Mutter auszudrücken. War es nicht ein Trost, meinte er, dass, obwohl dieser furchtbare Krieg nun schon seit fünf Monaten andauerte, die menschliche Vernunft noch nicht ganz ausgeschaltet war, und dass die blinde und hemmungslose Zerstörung bisher noch nicht eingesetzt hatte? Hatten nicht vielleicht doch die drei beteiligten Länder begriffen, dass ein totaler Krieg ein Europa hinterlassen würde, das sich nie, oder erst nach Jahrhunderten wieder von einem solchen Schlag erholen könnte? Für meine Mutter, meinte er, sei es noch viel schwerer, diese fürchterliche Ungewissheit zu ertragen als für ihn, der sich so außerhalb des täglichen Geschehens fühlte, dass er sich manchmal wie in einem Nervensanatorium vorkäme. Anders wäre das allerdings für die Truppen, die in vorderster Linie an der Front lagen. Das Allerschwerste sei für ihn natürlich, dass er gerade in dieser harten Zeit nicht bei uns sein durfte, um alles gemeinsam zu tragen. Er bewunderte, wie tapfer meine Mutter ihr Leben meisterte.

Was ihn anging, war es ihm ein Rätsel, wo er die Kraft hernahm, diese Tage der Langeweile aber auch der höchsten Spannung, mit Ruhe und Gleichmut zu ertragen. Er gab jedoch zu, dass ihm etwas abhanden gekommen war: die Fähigkeit sich richtig zu freuen. Über jedem Tag lag so etwas wie ein dicker, schwerer Nebel, durch den die Sonne ein für alle

Mal verdeckt wurde, bis der Krieg zu Ende sein würde. Es gab kleine Aufhellungen in dem undurchsichtigen Nebel und das waren die Nachrichten von und die Gedanken an uns, das Lesen und dann so ganz materielle Dinge, wie die Freude an etwas Essbarem und das Schlafen. Meine Mutter hatte anscheinend von der Möglichkeit geschrieben, dass Gott ihnen den Krieg als Strafe geschickt hatte, weil Er mit den Menschen nicht zufrieden war. Mein Vater antwortete darauf: „Das mag schon so sein. Jedenfalls müssen wir als Christen dieses Schicksal tragen und der Glaube daran, dass es von Gott kommt, muss uns die Kraft dazu geben. Es setzt sich schließlich nur der Mensch im Leben durch, der sich allen Gewalten zum Trotz erhält, der sich durchkämpft und der die Aufgaben erfüllt, die ihm gestellt sind. Auch in dieser schweren Zeit muss man das fertigbringen." Es war nur möglich einen Sinn in diesem Krieg zu sehen, wenn man daran glauben könnte, dass nach seinem Ende eine sehr lange Zeit des Friedens käme, dass die Sinnlosigkeit dieses Krieges den Menschen die Augen öffnen würde und sie die Verhältnisse auf der Erde so regeln lernten, dass ein Friedensschluss nicht schon wieder den Keim zu einem neuen Krieg in sich trug. Es läge in der Natur des Menschen immer von neuem zu hoffen, und das sei gut so, denn wenn es keine Hoffnung auf langen Frieden gäbe, dann müsste man am Fortbestand der Menschheit zweifeln. Dann würde eines Tages der Mensch das Opfer seiner eigenen Erfindungen werden, die es erlauben, alles Menschliche in ein paar Tagen oder sogar Stunden zu vernichten. „Wir wollen hoffen und glauben, dass der Mensch zu etwas anderem bestimmt ist, als das Opfer seiner eigenen Erfindungen zu werden." Viele liebe, reichhaltige Päckchen waren zu seinem Geburtstag angekommen und mit Gänseleber, Cognac und Schokolade feierten er und seine Kameraden ein fröhliches Fest.

Für meinen Vater hatte die gute Arbeit, die er mit seinen Rekruten geleistet hatte, gemischte Konsequenzen. Seine Gruppe war als die beste unter allen bewertet worden, was zur Folge hatte, dass er ausgewählt wurde, an einem sechswöchigen Trainingskurs für militärische Führer teilzunehmen. Das Trainingslager befand sich in Obergruppe bei Graudenz, nicht weit von Gdansk. Meiner Mutter gestand er, dass es ihm nicht leichtfiel, die Menschen und den Ort zu verlassen, an die er sich jetzt gewöhnt hatte, wenn auch diese neue Aufgabe eine Ehre für ihn war und ihm womöglich auf dem Weg zu seiner Berufung zum Oberleutnant helfen würde. In einem ausführlichen Brief berichtete er von seiner Fahrt nach Nordosten und seinen ersten Tagen auf dem neuen Posten. Sie waren mit dem Zug nach Graudenz gefahren, aber da die Brücke am Bahnhof zerstört war, mussten sie die Weichsel auf einer Fußbrücke überqueren. Von da war es dann nur noch zehn Minuten im Zug zu der Stelle, von der aus sie einen zwei Kilometer langen Marsch zu ihrem Ziel machen mussten. Die schweren Rucksäcke und die vollen Koffer, die sie schleppen mussten, machte diese eigentlich kurze Strecke zur Strapaze.

Sie sollten in einem alten Priesterseminar untergebracht werden, das von außen gar nicht so schlecht aussah. Als sie jedoch ankamen stellte sich heraus, dass das Gebäude von Arbeitern wimmelte, inklusive polnischer Kriegsgefangenen, die dabei waren, die Schäden von gefrorenen Wasserleitungen zu beheben. Es gab zwar keine Waschräume, aber jeder hatte seine eigene Waschschüssel. Man musste sich also an eine gewisse Dreckschicht gewöhnen! Ein Ess- und Wohnzimmer war noch im Bau. Die Betten waren anständig. Sie hatten Strohsäcke und alle achtundzwanzig Ausbilder schliefen in einem großen Raum. Die „Zöglinge", wie sie mein Vater nannte, waren Gefreite im Alter von 25 bis 26 Jahren, die zweieinhalb Jahre gedient hatten und die mein Vater mit seinen paar Dienstmonaten jetzt weiterbilden sollte. Jeder von seinem Rang hatte neun junge Männer unter sich, eine Zahl, die sich besser übersehen ließ als die zweiundzwanzig, die er in Kulm unter sich hatte. Jedenfalls würde es hier weniger stumpfsinnig zugehen. Zwei Mal die Woche waren Vorträge angesagt und der besser trainierte Geist der Neuankömmlinge zeigte sich in ihrer ernsteren Auffassung von der Arbeit, die den jüngeren Burschen fehlte. Sie mussten zu achtzig Mann in einem Saal schlafen, der wohl einmal eine Kapelle gewesen war, denn es gab an einem Ende noch eine Orgel. Im Augenblick war es noch fürchterlich kalt. Aber es hieß, es sollten Öfen aufgestellt werden. Der Dienst war ziemlich anstrengend, weil man jeden Tag 5-7 Sunden draußen in Schnee, Sturm und Kälte zu üben hatte.

Mein Vater freute sich, dass die Post aus Deutschland diesen verlorenen Ort innerhalb kurzer Zeit erreichte, denn es gab gute Zugverbindungen von hier nach Berlin. Er hatte bereits zwei Briefe von meiner Mutter bekommen. Besonders gefiel ihm der Brief, in dem sie so lebendig beschrieb, wie wir Kinder vor dem Einschlafen (sie horchte manchmal an unserer Tür) die Ereignisse des Tages diskutierten und in dem sie davon erzählte, dass sie mich belauscht hatte, wie ich mich mit den Sonnenstrahlen, die durchs Fenster kamen unterhielt. „Wir müssen all diese Brief-Schätze mit Erinnerungen an unsere Kinder gut aufheben", schlug mein Vater vor, „und sie später, wenn wir mal Zeit haben, zusammen wieder lesen." (Kein einziger Brief meiner Mutter an meinen Vater hat die Wirren des Krieges überlebt). So dankbar war er über den Pumpernickel, den meine Mutter ihm geschickt hatte und der zusammen mit den weißen Brötchen, die er hier kaufen konnte, ein echter Hochgenuss war. Zu seiner Überraschung wurde hier gut und mit Finesse gekocht, viel besser als in Kulm. Gestern zum Beispiel bekamen sie einen riesigen Topf Nudeln mit Backpflaumen in reichlich Vollmilch. Ein geradezu herrliches Gericht! Zwei Mal die Woche gab es warme Mahlzeiten. Da sie hier so richtig auf dem Land lebten, gab so allerlei Gutes wie Eier, Wurst und Milch.

Was an diesem „gottverlassenen Ort" völlig fehlte, waren irgendwelche Nachrichten über diesen seltsamen Krieg. Man war hier in Obergruppe noch mehr „hinter dem Mond" als in Kulm. Später haben Historiker darüber geschrieben, wie jedes beteiligte Land seinen eigenen Ausdruck geprägt hat für den gespenstischen Kriegszustand, in dem nichts zu passieren schien. Churchill hatte diese Zeit zwischen dem 3. September 1939, als England Deutschland den Krieg erklärt hatte, und Deutschlands Angriff auf Frankreich am 10. Mai 1940 den „Twilight

War" genannt. Die Amerikaner hatten den Ausdruck „The Phony War" geprägt. Die Franzosen sprachen von einem „drôle de guerre" und die Deutschen hatten für diesen Zustand ein Wortspiel kreiert und nannten ihn den „Sitzkrieg" in Anlehnung an den Begriff „Blitzkrieg". Die Stagnation des Geschehens bewirkte, dass meine Eltern von Zeit zu Zeit die Hoffnung aussprachen, dass, so lange im Westen keine Kämpfe stattfinden würden, es vielleicht doch noch zu Friedensverhandlungen kommen könnte. Mein Vater fragte, ob meine Mutter in Berlin vielleicht aktuelle Nachrichten erhalten hatte über die Folgen der verschiedenen diplomatischen Verhandlungen zwischen den neutralen Nordstaaten, Deutschland, Italien und England.

Über die Ostertage war meinem Vater ein Urlaub zugesagt worden. Man kann sich die riesige Enttäuschung vorstellen, als meine Eltern in letzter Minute erfuhren, dass aus ihren Plänen nichts werden würde. Die Erklärung hieß: überfüllte Züge. Was man den Betroffenen nicht erklärte war, dass Hitler massiv damit begonnen hatte, deutsche Truppen in Richtung Westen zu transportieren. Statt, wie geplant, mit uns in Berlin Ostern zu feiern, tröstete sich mein Vater damit zu lesen und lange Briefe zu schreiben und mit dem Waschen seiner Socken und Taschentücher. Aufgaben, die man selbst besorgen musste, wogegen die Militärwäsche für sie gemacht wurde. Auch nahm er Unterricht im Stopfen. „Es ist keine so große Kunst, wie ich anfangs dachte", meinte er. Das Radio war Gift. Der Kleinempfänger lief die ganze Zeit, und weil er eine sehr geringe Trennschärfe hatte, hörte man meistens zwei Sender gleichzeitig. Seine Mitbewohner hatten überhaupt keinen Sinn für klassische Musik. Die von der Regierung streng zensierten Wunschkonzerte standen unter dem Motto „Die Front reicht ihrer Heimat jetzt die Hände, die Heimat aber reicht der Front die Hand". Schlager aus Musikfilmen und Soldatenlieder mussten es sein, um gebilligt zu werden. Aber heute, am Morgen des Karfreitag wurde zu seiner großen Freude die Matthäuspassion übertragen und die vertrauten Klänge, die er hin und wieder durch das Stimmengewirr und beim Waschen hörte, erweckten in ihm

Sehnsucht nach besseren Zeiten. Zufällig hatte er die schöne Stelle des Evangelisten erwischt, an der er über Petrus sang „und er ging hinaus und weinte bitterlich". So tief ihn diese Musik bewegte und seine Sehnsucht nach uns noch verstärkte, merkte er doch auch, wie er jetzt gelernt hatte, „sich anzupassen und sich in Unvermeidliches zu fügen". Durch den Krieg war eine „stoische Ruhe" über ihn gekommen, die zwar nicht ununterbrochen anhielt, die aber jedenfalls seine Grundeinstellung zum Leben bestimmte. „Mir hat ein klares Selbstbewusstsein und so eine gewisse Ruhe gegenüber den Ereignissen immer sehr gefehlt", gestand er meiner Mutter. Wahrscheinlich lag das daran, dass seine äußere Entwicklung, nämlich die große Verantwortung in der Fabrik (bereits an seiner Konfirmation hatte ihn sein Vater zum „geborenen Tuchmacher" erklärt), Heirat und Kinder, verhältnismäßig früh und schnell vor sich gegangen waren, während seine innere Reife hinterherhinkte. „Durch das erschütternde Kriegserlebnis und durch die ungeheure Umstellung in meinem Leben, die darum so groß ist, weil die äußeren Lebensumstände radikal von einem Extrem zum anderen umgeschlagen sind, habe ich eine Wandlung durchgemacht, die ich jetzt immer deutlicher verspüre. Manche Menschen und Dinge, die mir früher imponiert haben, sind in meiner Achtung gesunken und auf der anderen Seite kommt mir das, was das Leben lebenswert macht, klarer zu Bewusstsein."

Währenddessen wurde das Leben meiner Mutter im Frühjahr 1940 in Berlin durch langes Anstehen für Lebensmittel und die Rationierung aller Produkte, inklusive des Gebrauchs von Wasser, bestimmt. Am überraschendsten klingt ihre Nachricht, dass sie während dieser Zeit noch Lebensmittelpakete mit Butter und Geflügel aus Wilkau, dem schlesischen Gut der Großeltern, erhielt. Frisches Obst war kaum zu bekommen und Brennstoff war knapp, aber sonst verlief das Leben in Berlin wie gewöhnlich, besonders was die kulturellen Angebote betraf. Meine Mutter schrieb von häufigen Konzert- Opern- und Theaterbesuchen, geselligen Anlässen im Haus ihrer Eltern und Ausflügen in die schöne Umgebung von Berlin mit uns Kindern. Sie schaffte es sogar wieder,

Oktober 1939 - Juli 1940

Gesangsstunden zu nehmen und damit ihr Musikstudium fortzusetzen, das sie in den zwanziger Jahren begonnen hatte.

Vielleicht war die Hoffnung auf einen Frieden doch noch berechtigt, da es bisher keine Angriffe der Alliierten im Westen gegeben hatte, meinte meine Mutter. Aber nahm sie die Postkarte, die überall verkauft wurde, auf der sie meinem Vater geschrieben hatte, nicht ernst? Sie zeigte das strenge Gesicht Bismarcks, des „eisernen Kanzlers", unterzeichnet mit den Worten: "Eine feige Politik hat noch immer Unglück gebracht." Ein Teil von Hitlers „mutiger Politik", war sein Befehl, dass jedes Haus im Rheinland, das entweder leer stand oder nicht voll besetzt war, ab sofort bereit sein musste, eine maximale Zahl an Militärs aufzunehmen. Ende März ließ meine Mutter uns Kinder in der Obhut der Großeltern und einer Kinderfrau und machte sich sofort auf den Weg nach Düren, um alles aus dem Haus in Sicherheit zu bringen.

Die Besetzung von Dänemark und Norwegen am 9. April 1940 durch deutsche Truppen, bedeutete das Ende aller Hoffnungen auf eine friedliche Lösung der Konflikte. England konnte wohl kaum mit ansehen wie Deutschland, um die eigene Stahlindustrie für den Waffenbau zu stärken, diese Länder unter seinen Einfluss brachte. Fünf Tage später landeten englische Truppen in Norwegen und lösten die ersten scharfen Kämpfe zwischen Deutschland und den Alliierten aus. Mein Vater reflektierte das Geschehen, indem er schrieb: „Sollte es England nicht gelingen, uns die Positionen im Norden wieder zu nehmen, wird das englische Prestige stark sinken und auch die USA werden dann wenig Lust haben, sich noch einzumischen."

Einberufung und Einsatz in Polen

Wenn ich schon in der Frühe hier fortkomme wäre ich 19.54 oder 22.23 in Charlottenburg. Komme ich erst Mittags fort, so wäre ich erst 1.39 in Charlottenburg. Ob es dann wohl noch eine Möglichkeit gibt, nach Dahlem zu kommen? Man kann wohl damit rechnen, dass die Züge pünktlich sind und könnte evtl. an den späten Zug ein Taxi bestellen oder? Sobald ich Sicheres weiss, bekommst Du ein Telegramm. Hoffentlich wird nun dieses Mal etwas aus dem Urlaub. Nach den Erfahrungen von Ostern wollen wir uns lieber noch nicht zu sehr darauf freuen. Es wäre doch sehr schön, wenn wir beide für 2-3 Tage zum Maam fahren könnten. Auch in der Fabrik möchte ich gerne mal schnell nach dem Rechten sehen.

Der Krieg hat nun also ein ganz anderes Gesicht bekommen. Wie sich die Besetzung Norwegens u. Dänemarks auswirken wird, kann man noch nicht absehen. Wirtschaftlich hat es für Deutschland ja grosse Vorteile. Strategisch wohl auch, da wie es scheint, unsere Luftwaffe der englischen Flotte gewachsen ist. Norwegen u. Dänemark werden nun auch die grösste Last unseres Krieges gegen England zu tragen haben und wirtschaftlich stark leiden. Du denkst sicher oft an Grete, von der wir alle glaubten, dass sie dort oben in Sicherheit lebe. Sollte es England nicht gelingen, uns die Positionen im Norden wieder zu nehmen, dann wird das englische Prestige stark sinken und auch die U.S.A. werden dann wenig Lust haben, sich noch einzumischen. Es hängt eben alles von den kriegerischen Ereignissen der nächsten Wochen ab, die im Norden gewiss lebhaft bleiben werden. - Leb wohl für heute mein Liebes. Dein alter Dieter.

Oktober 1939 - Juli 1940

19ten oder 22ten in Charlottenburg komme ich mit Mittags fort, so wäre ich erst 1h in Charlottenburg. Ob es dann wohl noch eine Möglichkeit gibt, nach Dahlem zu kommen? Man kann wohl damit rechnen, dass die Züge pünktlich sind, und könnte evtl. an den späten Zug ein Taxi bestellen oder? Sobald ich Sicheres weiss, bekommst Du ein Telegramm. Hoffentlich wird uns dies Mal etwas aus dem Urlaub. Nach den Erfahrungen von Ostern wollen wir uns lieber noch nicht zu früh darauf freuen. Es wäre doch sehr schön wenn wir beide für 2-3 Tage zum Maam fahren könnten. Auch in der Fabrik möchte ich gerne mal schnell nach dem Rechten sehen.

Der Krieg hat nun also ein ganz anderes Gesicht bekommen. Wie sich die Besetzung Norwegens u. Dänemarks auswirken wird, kann man noch nicht absehen. Wirtschaftlich hat es für Deutschland ja grosse Vorteile. Strategisch wohl auch, da wie es scheint, unsere Luftwaffe der englischen Flotte gewachsen ist. Norwegen u. Dänemark werden nun auch die grösste Last unseres Krieges gegen England zu tragen haben und wirtschaftlich stark leiden. Du denkst sicher oft an Grete, von der wir alle glaubten dass sie dort oben in Sicherheit lebe. Sollte es England nicht gelingen, uns die Positionen im Norden wieder zu nehmen, dann wird das englische Prestige stark sinken und auch die U.S.A. werden dann wenig Lust haben, sich noch einzumischen. Es hängt eben alles von den kriegerischen Ereignissen der nächsten Wochen ab, die nun von den ganzen Abschnitt bleiben werden. - Leb wohl für heute mein Lieber. Dein alter Dieter.

Brief vom 12. April 1940, Seite 2

Trotz dieser verschärften Krisensituation wurde meinem Vater ein vierzehntägiger Urlaub genehmigt, um seine im Sterben liegende, viel geliebte Großmutter Maam, in Düren zu besuchen. Bei vollem Bewusstsein nahm sie sein Kommen wahr und die Anwesenden an ihrem Sterbebett waren tief berührt von einem ihrer letzten Aussprüche: „Die Erde ist doch so schön!" Sie starb am 24. April 1940. Zurück in Berlin erlebten wir noch ein paar erfüllte Tage zusammen, bevor mein Vater nach Polen zurückmusste. Man hatte ihn nicht mehr nach Obergruppe befohlen, sondern wieder nach Kulm, wo Gerüchte umgingen, dass einiges Militärpersonal nach Westen versetzt würde. Am 9. und 10. Mai fiel die deutsche Armee im neutralen Belgien und dann in Holland ein. Beide Länder wurden durch schwere Luftangriffe überrascht. Es war offensichtlich, dass der sogenannte „Sitzkrieg" zu Ende war. Die Deutschen bombardierten Antwerpen und die Alliierten antworteten mit einem Angriff auf Freiburg im Breisgau. Die Zahl der Opfer auf beiden Seiten, meist Zivilisten, war erschreckend. Paris wurde evakuiert. Chamberlain dankte ab und Churchill, „ the indomitable leader" (der unbezwingbare Führer), wie man ihn nannte, wurde Premierminister von England. Tief betroffen schrieb mein Vater am 11. Mai: „Welche Massen von Menschen und Maschinen prallen da auf dem kleinen belgischen Raum zusammen! Ob durch die Luftwaffe und ihre moralische Wirkung (gemeint ist der für die Zivilbevölkerung demoralisierende Bombenterror) schnellere Entscheidungen möglich sein würden als im ersten Weltkrieg? Die Sturzbomber haben eine Heulvorrichtung, die eine ganz tolle moralische Wirkung haben soll. Es fehlen so ganz die Beispiele aus früheren Kriegen, sodass man sich kaum eine Vorstellung von dem Fortgang machen kann." Es verbreitete sich das Gerücht von einer „neuen Waffe", mit fürchterlichen Auswirkungen, die die deutsche Armee anwenden würde. Wie tröstlich es war, dass seine Großmutter Maam dieses Blutbad nicht mehr hatte erleben müssen und dass sie alle noch in einer relativ friedlichen Zeit hatten beisammen sein können.

Wenn man sich den Wehrmachtsbericht anhörte und erfuhr, dass es

Oktober 1939 - Juli 1940

an einem Tag 72 durch die Flak abgeschossene Flugzeuge gegeben hatte, konnte man sich vorstellen, welche Menge an Waffen eingesetzt wurden. Aus einem Brief seines Bruders Bertes an ihre Mutter war hervorgegangen, dass er als Offizier beim Einmarsch in Holland dabei gewesen sein musste. Am 14. Mai schrieb mein Vater: „Ich denke sehr viel an ihn und alle die tapferen Menschen, die da ihr Leben einsetzen müssen", und vier Tage später heißt es in einem Brief: „Alles, was man selbst erlebt oder tut, erscheint einem jetzt ganz unwichtig im Vergleich zu den harten Kämpfen, die sich in Belgien abspielen. Die Leistungen, die da von unseren Truppen vollbracht werden, sind ungeheuer. Ich hätte nie geglaubt, dass es möglich wäre, Festungen wie etwa Lüttich, in so kurzer Zeit einzunehmen." Und nun war auch der erste Zusammenprall mit englischen und französischen Kräften erfolgreich ausgegangen. Er hoffte nur, dass es gelingen würde, den Angriff durch die klare Überlegenheit der deutschen Waffen in Bewegung zu halten, um zu verhindern, dass sich die Situation von 1914/18 wiederholen würde, in der sich die feindlichen Armeen jahrelang gegenseitig zermürbten. Es musste die deutsche Absicht sein, durch Schnelligkeit und immer neue Angriffe, den Feldzug so bald wie möglich zu Ende zu bringen und dann zu versuchen, einen Friedensvertrag abzuschließen. Oder war ein Großangriff der Luftwaffe auf England unvermeidlich? Es war ja erstaunlich, dass es ihn bisher noch nicht gegeben hatte, obwohl die Engländer, wie es schien, „fast täglich Besuche im Rheinland und Westfalen" machten. Die Franzosen und die Engländer schienen sich über den Einsatz ihrer Truppen nicht ganz einig zu sein, da jeder sein eigenes Land verteidigen wollte. Wie es schien, zogen sich die Engländer in Richtung Küste zurück, während die Franzosen sich mehr nach Westen orientierten. Für die strategische Lage Deutschlands war es natürlich von Vorteil, auf diese Weise die Verbindung zwischen den beiden feindlichen Ländern abzubrechen. Was in den Briefen meines Vaters aus dieser Zeit unter anderem fehlt, ist eine Erwähnung des fürchterlichen Angriffs auf Rotterdam am 14. Mai 1940. Obwohl die Zahl der Opfer aus Propagandagründen wahrscheinlich in den Berichten übertrieben wurde, stimmt es, dass an dem Tag die deutsche Luftwaffe die Stadt erbarmungslos zerstört hat. In der Geschichte blieb Rotterdam ein typisches Beispiel für die schonungslose Brutalität des nationalsozialistischen Deutschlands. Zusammen mit der späteren Bombardierung von englischen Städten schürte es die öffentliche Meinung in England dahingehend, dass eine wahllose Bombardierung deutscher Städte als Vergeltung gerechtfertigt war.

Anfang Juni hatte mein Vater einen zweiwöchigen Urlaub bekommen. Wieder verbrachten wir herrliche Tage als Familie zusammen in Berlin, aber der Abschied von ihm war traumatisch. Bernd, der jetzt knapp über vier Jahre alt war, verstand zum ersten Mal, was es hieß, seinen so sehr geliebten Vater wieder in den Krieg gehen zu lassen. Meine Mutter beschreibt in einem Brief an Verena, wie Bernd heftig weinend fragte: „Mama, wann ist denn der Krieg zu Ende?" Auf meine ständige Antwort, das weiß kein Mensch, meinte er schließlich: ‚Nur der da oben' und zeigte mit dem Finger gegen den Himmel." In demselben Brief meinte meine Mutter, dass die deutschen Erfolge so überwältigend seien, dass man manchmal an ein baldiges Kriegsende zu glauben wage, und dass das auch die Überzeugung meines Vaters sei.

Am 10. Juni 1940 überquerten die ersten deutschen Panzer die Seine und am selben Tag ergab sich Norwegen den deutschen Truppen. Am 14. Juni fiel Paris und deutsche Panzer rollten über die Champs-Elysées in die Stadt. Am selben Tag, als die Franzosen ihre Niederlage verkünden mussten, erklärte Italien den Alliierten den Krieg. Es erboste meinen Vater sehr, dass die Italiener jetzt, wo Frankreich kapituliert hatte und die deutschen Truppen vor Grenoble standen, voll Stolz berichteten, dass es aufgrund ihrer Stärke große militärische Fortschritte im Alpengebiet gäbe. Schämten sich die Italiener denn gar nicht, so etwas zu behaupten, nachdem sie so lange gezögert hatten, die Deutschen in diesem Krieg zu unterstützen?

Am 22. Juni bekam mein Vater die schreckliche Nachricht, dass Wolfgang, der Verlobte seiner Schwester Edith, an den Wunden, die er im Kampf in Frankreich erlitten hatte, gestorben war. Die Familie hatte ihn wie einen Bruder geliebt und die Hochzeit war für das Ende des Monats geplant. Am Tag davor hatte meine Mutter von ihrer ersten Nacht im Keller geschrieben. Es war der 21. Juni, als die Engländer ihre Bombenangriffe auf deutsche Städte erweiterten und jetzt auch Berlin einschlossen. Es hatte leichte Schäden im Potsdamer Gebiet gegeben. Meine Mutter berichtete, dass Bernd den nächtlichen „Ausflug" in den Keller „höchst interessant" gefunden habe. Schweren Herzens, weil es die Trennung von ihren Eltern bedeutete, machte sich meine Mutter sofort auf, packte alles, was sie im Zug mitnehmen konnte, und floh mit uns Kindern zurück nach Neuhaus.

In einem Brief vom 7. Juli schrieb mein Vater von seiner großen Hoffnung, dass es nun sehr bald Frieden geben würde und sie als Familie in ihr gemütliches Häuschen in Düren zurückkehren könnten. Die offensichtlich überwältigende Macht von Hitlers Kriegsmaschinerie würde England bald in die Knie zwingen und einen ungehinderten Reiseverkehr ermöglichen. Allerhand Gerüchte gingen um „wie die Fliegen in einem Pferdestall", dass seine Division bis zum 15. August demobilisiert werden sollte. Es stand fest, dass gewisse Feldeinheiten, für die sie bisher den Ersatz stellten, schon in der allernächsten Zeit aufgelöst werden sollten. England würde sicher nicht mehr sehr lange durchhalten, meinte mein Vater am 18. Juli. Könnte sich meine Mutter bitte darum kümmern, dass er etwas an Zivilkleidung bekäme?

Mein Vater war erleichtert, uns drei nun in den sicheren bayrischen Bergen zu wissen. Der Friedensvertrag mit Frankreich, der am 25. Juni unterschrieben worden war, hatte auch seine Arbeit in Polen erleichtert. Er dankte meiner Mutter für die verschiedenen Päckchen, die er von ihr bekommen hatte, Geschirrtücher, ja, sogar Schokolade, Knäckebrot und mehr Zigaretten. Hatten sie die vier Pfund Zucker, die er ihr als Hilfe fürs Einmachen geschickt hatte, erreicht? Seit kurzem waren in Polen Zucker und alle Lebensmittel, außer frischem Obst, leichter als sonst zu haben. Gerade vor ein paar Tagen waren zwanzig neue Rekruten, für deren Ausbildung er verantwortlich war, in Kulm eingetroffen. Mit feiner Ironie beschrieb er im nächsten Brief an meine Mutter, wie diese jungen Leute zwar willig, aber auch völlig ungeschickt beim Lernen der militärischen Disziplin waren, besonders wenn sie schießen sollten und Angst hatten, dass ein Gewehr vielleicht auch rückwärts feuern könnte!

Es setzte erneut eine Zeit der Ruhe zwischen den Feinden ein, während Hitler darauf wartete, dass England einen Friedensvertrag vorschlagen würde. Er hatte am 19. Juli den Engländern ein formelles Friedensangebot vorgelegt. Als Churchill jedoch mit der Forderung antwortete, dass sich Deutschland an die Grenzen von 1938 zurückziehen müsse, leitete Hitler das erste Stadium seiner sogenannten „Operation Seelöwe" ein. Das war der Code für die Eroberung von Großbritannien. Meine Mutter schrieb an ihre Schwester, dass es sich Hitler nach dem glorreichen Einzug in Paris sicher nicht nehmen lassen würde, dasselbe in London zu tun. England, meinte mein Vater, würde sich tapfer wehren, schon um seine Ehre zu wahren, aber ihr Kampf gegen die deutsche Luftwaffe sei aussichtslos. Er hoffte, dass Churchill das sehr bald begreifen würde, bevor ein Großteil seines Landes zerstört würde. Das deutsche Kriegsziel schien ihm „die Beseitigung der englischen Vorherrschaft in Europa, nicht aber die Zerstörung des Empires" zu sein. England, so meinte er, sollte den aussichtslosen Kampf aufgeben, um wenigstens Teile seines Empires zu retten. Wie völlig überrascht die furchtbar naiven Engländer sein würden, wenn die Deutschen tatsächlich einen Großangriff anfangen würden.

Frankreich
Juli 1940 - Januar 1942

Am 22. Juli schickte mein Vater eine höchst überraschende Nachricht an uns. Offensichtlich unter Zeitdruck auf eine Postkarte gekritzelt, worauf das Bild dreier Nazi-Kampfflugzeuge war, mit dem Titel versehen „Unsere Luftwaffe. Eine Kette Sturzkampfflugzeuge". Er schrieb, dass er gerade davon unterrichtet worden war, dass er ab sofort versetzt würde. Könnte meine Mutter raten wohin? Nach Mittelfrankreich! Wie alle Offiziersanwärter, die noch nicht beim Feldtruppenteil gewesen waren, hatte er den Befehl erhalten, sich dorthin zu begeben, um binnen kurzem zum Feldwebel befördert zu werden. So viel er wusste, konnte man es nur auf diese Weise, also nach einer Bewährungsfrist von acht Wochen, aus dem Ersatzheer, in dem er jetzt war, in den Feldtruppenteil schaffen. Auf derselben Karte meinte er, er würde sich auf die Veränderung freuen, auch wenn es nun offensichtlich war, dass seine Hoffnung auf ein nahes Kriegsende und seine Träume von einer Entlassung bis zum 15. August, vergebens gewesen waren. Am selben Tag verfasste er einen längeren Bericht, in dem er schrieb, dass schätzungsweise 30 Mann aus seiner Kulmer Garnison in drei Tagen an eine Sammelstelle in Köln „verfrachtet" würden. Wenn es auch immer ein wenig schmerzlich war, eine gewohnte Umgebung zu verlassen, würde es ihm diesmal nicht schwerfallen, denn das Leben hier war zwar bequem aber doch arg stumpfsinnig. In Frankreich würde es sehr viel interessanter sein und er freute sich darauf, seine Französischkenntnisse aufzufrischen. Aber er hoffte natürlich vor allem, dass er bald wieder heimkommen könnte. Das würde davon abhängen, wie lange es dauerte, „bis England weich wird" und das könnte nicht mehr allzu lange dauern, denn ehe die Herbstnebel kämen, müsste man mit England fertig sein. Meine Mutter sollte sich keine Sorgen machen, dass er nach England geschickt würde. Die hierfür vorgesehenen Truppen, meinte er, seien seit langem für diese Aufgabe ausgebildet und standen schon seit einiger Zeit an ihren Ausgangspunkten. Bitter jedoch war es, dass sie, ohne seine neue Feldpostnummer zu kennen, ihm einige Zeit nicht schreiben könnte. Er beruhigte sie damit, dass er sich einige Postkarten besorgt hatte, auf denen er ihr Nachricht geben wollte, während der lange Zug langsam nach Westen rollte. Das Ziel der Reise hatten sie noch nicht erfahren. In seiner gewöhnlichen Ironie meinte er: „Grosse Heldentaten kann man mit unseren kurzfristig ausgebildeten Leuten noch nicht verbringen, daher glaube ich nicht an einen Einsatz in vorderer Linie."

Es war meinem Vater tatsächlich möglich, von unterwegs mehrere kurze Nachrichten zu schreiben, die er an verschiedenen Orten abschicken konnte. Nach einer dreißigstündigen Fahrt hatte der lange Transport endlich die deutsche Grenze erreicht, wo ihnen heißer Kaffee angeboten wurde. Das Reiseziel war ihnen immer noch unbekannt. Auf dem Weg nach Antwerpen schrieb er, dass das Tempo des Transports derartig sei, dass sie wohl beinahe halb so lange bis zu ihrem Bestimmungsort brauchen würden, wie die sibirische Bahn von Moskau nach Wladiwostok. Da sie aber nur zu dritt in einem Abteil seien, konnte er ausgestreckt ausgezeichnet schlafen und man sah eine Menge Interessantes. Einen längeren Bericht schrieb er aus Le Mans, nachdem die Reise bis dahin 6 Tage und 6 Nächte gedauert hatte. Es war erstaunlich, wie gut man eine derartig lange Reise vertrug, schrieb er. Er fühlte sich dabei „ausgezeichnet". Auf der Strecke von Lille bis Amiens war allerlei von der Auswirkung der Luftangriffe zu sehen: zerstörte Fabriken, Bahnhöfe und Häuser. Alle Brücken waren notdürftig wieder aufgebaut. Erschütternd war der Eindruck von dem furchtbaren Flüchtlingselend. Immer wieder fuhren Züge mit vielen Frauen und Kindern an ihnen vorbei, vollgestopft bis zum letzten Platz. Am Gare du Nord in Paris durften sie aussteigen und frühstücken. Der Blick von der Bahnhofsperre hinaus auf die Straßen war schmerzlich bei den Gedanken an die schönen gemeinsamen Pariser Tage im Oktober 1938. Wie weh es ihm tat, diese schöne Stadt, die ihn an glückliche Besuche in früheren Jahren erinnerte, jetzt verwundet

Juli 1940 - Januar 1942

zu sehen und unter der deutschen Besatzung!

Es ging dann weiter über Versailles, Chartres nach Le Mans, vorbei an hübschen sauberen Dörfern und Städtchen und wunderbaren Baumbeständen. Am Morgen waren sie durch Le Mans zur Frontsammelstelle marschiert, wo jeder seine Verpflegung bekam. Vom Krieg merkte man hier gar nichts, und es gab so ziemlich alles zu kaufen zu lächerlich niedrigen Preisen. Man zahlte mit deutschem Hartgeld oder für die Truppen vergebenen Geldscheinen. Wenn Nantes der Endpunkt ihrer Fahrt sein sollte, dann würden sie wohl noch heute Abend da ankommen und von dort aus wahrscheinlich auf verschiedene Orte in der Umgebung verteilt. Aber der letzte Reisebrief ist vom 4. August aus Pontivy in der Bretagne. Dies war immer noch nicht sein endgültiger Bestimmungsort, aber es war die Sammelstelle für die neu Angekommenen, die von hier aus auf drei verschiedene Regimente verteilt werden sollten, teils zur Gefangenenbewachung, teils zur Besatzung an der Südküste oder in der Nähe der Südküste der Bretagne. In Pontivy war er als einer der 30 Offiziersanwärter in einer Klosterschule untergebracht, und meine Mutter konnte nicht ahnen wie „unbeschreiblich üppig" sie dort lebten, es war „einfach wie auf einer paradiesischen Ferienreise!" Sie wäre begeistert von der Vegetation, den süßen Kastanienbäumen, den herrlichsten südlichen Nadelbäumen, den Buchen und den Glyzinien an den Häusern. Und was es hier alles zu kaufen gab und zu welch niedrigen Preisen! „Man schämt sich beinahe, nur 1 RM für eine Flasche pfundigsten Burgunder oder 50 Pf. für ein üppiges Mittagessen zu zahlen." Man durfte alle 4 Wochen 50 Gramm an Waren nach Hause schicken, und er hatte bereits ein Paar kräftige braune Halbschuhe für Bernd gekauft. Sie hatten umgerechnet RM 4.50 gekostet! „Man darf es gar nicht laut sagen, wie gut es uns hier geht. Und wir haben nichts dazu beigetragen, wodurch wir es verdient hätten. Solange wir hier sind, haben wir noch keinen Dienst außer der Verpflichtung, morgens einen zweistündigen Marsch unter uns zu unternehmen und nachmittags 3 Stunden ins Strandbad zu gehen", schrieb er. Anzeichen von englischen Fliegern gab es nicht und er fühlte

Frankreich

sich zurückgeworfen in den Zustand des Abwartens und Nichtwissens. Die französische Bevölkerung war überaus freundlich und restlos glücklich, wenn man französisch sprach. Es war erstaunlich, mit welcher Ruhe sie diesen Schicksalsschlag trug. Nicht einmal eine revolutionäre Bewegung, die man doch eigentlich erwarten könnte, schien es zu geben. Schon der Krieg hatte wenig Begeisterung im Volk gefunden und jetzt schien man froh zu sein, dass alles vorbei war. Natürlich waren sie hier in einem Teil Frankreichs, wo es keine Kämpfe gegeben hatte. Er selbst fühlte sich von zwei schlimmen Lastern befallen, der Sucht nach Kuchen und der Sucht nach Einkäufen. Heute morgen hatte er in einer kleinen Patisserie gefrühstückt und hatte „10 Blätterteigteilchen vertilgt, so gut wie ich sie noch nie gegessen habe. Unvorstellbar gut...! Was für ein herrliches Land! Herrlich für eine Ferienreise von uns beiden." Er hatte für mich ein Paar weiße Schühchen erstanden und für meine Mutter mehrere Paare Strümpfe, die sie bald in Neuhaus erwarten könnte. Das einzig Bittere an seinem jetzigen Zustand war, dass er meiner Mutter seine neue Feldpostadresse noch immer nicht angeben konnte, und er deshalb so arg lange keine Nachrichten von uns bekommen würde. Er würde von jetzt ab seine Briefe nummerieren, damit meine Mutter nachprüfen könnte, ob sie sie alle bekommen hatte. Dann endlich, am 12. August kannte er seine neue Adresse.

Zwei Tage später, in Brief 2, berichtete mein Vater, dass sein Teil des Regiments am Vortag über Lorient, einer Hafenstadt an der südlichen Küste der Bretagne, nach Hennebont, einer kleinen Hafenstadt neun Kilometer nördlich gebracht worden war, wo ihre Hauptaufgabe aus der Bewachung von Gefangenen bestehen würde. Die Gefangenen waren auf dem Hof eines alten staatlichen Gestüts untergebracht, das in einem prächtigen Park gelegen war, wieder mit den üppigsten Bäumen, wie man sie in Deutschland höchstens vielleicht in Badenweiler finden könnte. Ein Teil der Gefangenen wohnte in den Ställen, die anderen hausten in einem Zeltlager. Anfangs waren es 6000 Gefangene gewesen, aber durch Versetzungen und Entlassungen waren sie jetzt auf 3500 reduziert. Das

Lager war mit Stacheldraht umgeben und er als Teil der deutschen Besatzung hatte die Gefangenen zu bewachen. Wenn nicht zufälligerweise Trommer, einer seiner alten Stubenkameraden in Polen, in die gleiche Kompanie gekommen wäre, hätte er sich sicher anfangs sehr einsam und verlassen gefühlt und das Einleben wäre schwierig gewesen. Aber so fand er diese Aufgabe nicht so unerfreulich, wie er sie sich vorgestellt hatte, denn „man sah nirgends verbitterte Gesichter. Die Leute schienen mit ihrem Schicksal einigermaßen zufrieden zu sein." Manchmal unterhielt er sich mit dem einen oder anderen und erfuhr, dass viele gar nicht an den Kämpfen beteiligt gewesen waren. Unter ihnen gab es Engländer, Polen und Marokkaner. Um 8 Uhr morgens wurden sie von den Deutschen gezählt, und dann rückten die meisten von ihnen zu irgendwelchen Arbeiten aus. Sorgen hatten die Bewachenden meist nur mit den Frauen und Müttern der Gefangenen. Da diese wohl Post empfangen aber selbst nicht schreiben durften, kamen die Angehörigen oft aus weiter Entfernung hierher, um ihre Männer zu sehen. Die Gefangenen durften keinen Besuch empfangen, aber es war manchmal unmöglich einer alten Frau, die von weither gekommen war, um ihren Sohn zu sehen, eine solche Bitte abzuschlagen. Mein Vater wartete nun, nach einer dreiwöchigen Unterbrechung, mit wachsender Ungeduld auf eine Nachricht von uns. In den letzten Tagen waren die Kämpfe um England sehr viel heftiger geworden. Wie sehr er sich wünschte, dass es noch vor Beginn des Winters eine Entscheidung geben könnte, jedoch konnte man kaum erwarten, „dass sich derartig große weltgeschichtliche Umwälzungen in wenigen Wochen abspielen?"

Nach zehn Tagen wurde das Gefangenenlager aufgelöst und die Kompanie meines Vaters an die Küste befohlen, wo sie Wache zu halten hatte. „Ich freue mich, ans Meer zu kommen", schrieb er, wo es Ende August doch noch schön warm war. „Unsere Pläne waren zwar anders, und ich muss nun ohne Dich hier am Meer stehen. So recht genießen kann ich es nicht wegen etwas Heimweh. Wenn es doch bald heimwärts ginge!" Aber mit dem Heimweh würde es gleich besser werden, wenn er endlich die erste Nachricht von uns bekäme. Wenige Tage später war es dann so weit: ein Bündel Briefe von zuhause, mit entzückenden Bildern von Bernd und mir, und sogar einem Päckchen Zigaretten erreichten ihn. Was für eine große Freude, und wie glücklich er war, dass es uns allen gut ging!

Als „Neuling" in der Kompanie hatte er nicht gewusst, dass es dem Militär streng untersagt war, in ihren Briefen eine genaue Angabe ihres Stellungsortes zu geben. Deshalb würde meine Mutter von jetzt ab nur Beschreibungen seiner neuen Umgebungen bekommen und keine Ortsbezeichnungen mehr. Am 23. August berichtete er von einem „paradiesischen Stückchen Erde", auf dem er sich jetzt befand. Gleich oberhalb des Meeres mit herrlichen Stimmungen am Abend und am Morgen und einem, etwas rötlich schimmernden riesigen Sandstrand gleich unter ihnen, an dem man die ausgefallensten Muscheln finden konnte. Noch nie in seinem Leben hatte er eine Meerlandschaft in seiner ganzen Schönheit so intensiv erlebt. Wenn nur meine Mutter jetzt bei ihm sein könnte! Er war mit sechs Kameraden seiner Kompanie hierhin geschickt worden, um innerhalb von zweieinhalb Tagen das nächste Quartier vorzubereiten. Nach einem Marsch von 1600 km quer durch Frankreich, und das nach den schlafarmen Nächten während ihrer Gefangenenbewachung, sollte sich, so hieß es, seine Kompanie erst einmal ausruhen. Bei dem neuen Quartier handelte es sich um ein 100 Jahre altes Fort, das seit der Zeit des Ersten Weltkrieges, als deutsche Zivilgefangene hier untergebracht gewesen waren, nicht mehr bewohnt worden war. Meine Mutter konnte sich sicher den verkommenen Zustand vorstellen, in dem sich diese Behausung befand. „Ich habe selten in meinem Leben so intensiv gearbeitet wie in den letzten Tagen", schrieb er. Die Hauptarbeit machten natürlich sehr tüchtige Handwerker und Soldaten. Aber er hatte alles zu überwachen und richtig einzuteilen, sodass die Räume in kürzester Zeit bewohnbar waren, wenn die Kompanie einrücken würde. Das größte Problem war, wo sie frisches Wasser hernehmen sollten. Mehrmals am Tag sauste er mit dem Fahrrad zum Hafen, um den Transport von Sachen zu organisieren. Die beste Gelegenheit sein Französisch aufzufrischen! Er war von morgens sechs bis abends zehn beschäftigt, aber es machte Spaß, und er bekam bei der Ankunft der Kompanie ein Lob für die geleistete Arbeit. „Ich tue die Dienste eines Zugführers, was im Allgemeinen die Aufgabe eines Feldwebels oder Leutnants ist. Der Stern, für den ich nun lange genug geschuftet habe, wird mir wohl auch eines Tages, wenn die Zeit da ist, verliehen werden", schrieb er in der Hoffnung, recht bald befördert zu werden. „Man macht doch allerlei gute Erfahrungen in einer solchen Zeit", meinte er. „Ich habe gelernt, auf Bequemlichkeiten voll und ganz zu verzichten." Als Schlafgelegenheit benutzten sie Hängematten, die sie in einem ehemaligen französischen Marinearsenal gefunden hatten, und in denen sie halb sitzend die Nacht verbrachten. Süßwasser brauchte er nur noch zum Rasieren und Zähneputzen. Im Übrigen reinigte das tägliche Bad im Meer. An Bettwäsche war nicht zu denken. Tisch und Stuhl gab es natürlich in seinem Gewölbe auch nicht. Beim Einschlafen hörte man den Putz von den Wänden rieseln, was klang, wie wenn Mäuse oder Ratten unterwegs wären. Es war anscheinend Befehl gegeben worden, dass sich die Kompanie nach all den Strapazen etwas erholen sollte, sodass jeder den Nachmittag für sich hatte, um den Strand zu genießen und das tat er von ganzem Herzen. „In einer so herrlichen, großartigen und friedlichen Natur kommen allerlei schöne Gedanken. Wie klein erscheinen dann alle Taten der wimmelnden kurzlebenden Menschen", schrieb er. Die Verpflegung war ausgezeichnet und Trommer und er waren hin und wieder in ein einfaches, aber sehr sauberes Gasthaus gegangen, in dem es für 90 Pfennig ein viergängiges gutes Essen gab. 1 Kilogramm Hummer kostete RM 1.75!

Aus dem letzten Brief meiner Mutter erfuhr mein Vater von den Schwierigkeiten, die sie in Neuhaus hatte, wenn seine Mutter Paula und sein Stiefvater Bartenstein, der „Konsul von Portugal" zu Besuch kamen. Reinhold Bartenstein war ein herrischer Mann, der mir mit seinem strengen Blick, seiner lauten Stimme und den buschigen Augenbrauen jedes Mal einen Schrecken einjagte. Ende der zwanziger Jahre hatte sich in dem solid harmonisch scheinenden Elternhaus meines Vaters ein Skandal abgespielt, der sich auch auf das Leben der Kinder auswirken sollte. Ein Zimmermädchen wurde schwanger mit dem Kind meines Großvaters. Um die Ehre ihrer Tochter Paula zu retten, handelte Großmutter Maam mit ihrer wohl bekannten Entschiedenheit: der Schwiegersohn wurde sofort enterbt und rausgeworfen. Es dauerte nicht lange bis sich Paula von neuem verheiratete, dieses Mal mit Konsul Reinhold Bartenstein, dem Direktor der Deutschen Bank in Dortmund. Sein Titel „Konsul von Portugal" basierte nicht auf einem diplomatischen Dienst für dieses Land, sondern war ein Ehrentitel, den sich Männer beschafften, die nicht das Glück hatten, in eine aristokratische oder sonst wie bemerkenswerte Familie hineingeboren worden zu sein. Als Ehemann der einzigen Erbin des Besitzes Arnold Schoellers, somit auch von Neuhaus, sah er sich als Herrscher dieses Hauses, der bestimmen konnte, wer wann in ihm wohnen durfte. Im Laufe des Krieges und während der langen Jahre, die meine Mutter mit uns in Neuhaus lebte, kam es leider oft zu unerfreulichen, für meine Mutter höchst aufreibenden Situationen. Bernds schlechte Manieren, die Grimassen, die er schnitt und seine allgemeine Ungezogenheit waren aus Sicht des Konsuls offensichtlich ein Zeichen des erzieherischen Unvermögens meiner Mutter. Er stellte infrage, ob diese Frau, die trotz ihrer deutschen Staatsbürgerschaft im übrigen Schweizerin war, überhaupt ein Recht hatte, diese Kriegsjahre in Neuhaus zu verbringen! Meine Mutter erwog, ob sie vielleicht mit uns zurück nach Berlin zu ihren Eltern ziehen sollte. Aber das Leben dort war sehr unsicher geworden, besonders jetzt nach dem 25. August, als die Royal Air Force zum ersten Mal einen Großangriff auf die Stadt geflogen hatte, bei dem der Flugplatz Tempelhof und Siemensstadt beschädigt worden waren. Mein Vater ermutigte meine Mutter, trotz der Beleidigungen seines Stiefvaters in Neuhaus zu bleiben. Er würde in diesem Sinne an seine Mutter schreiben und sie daran erinnern, wie wichtig es war, in dieser schweren Zeit einander zu helfen. Seine Geschwister standen sowieso fest hinter meiner Mutter.

Juli 1940 - Januar 1942

Am 3. September 1940 erinnerte sich mein Vater daran, dass an diesem Tag vor einem Jahr England Deutschland den Krieg erklärt hatte. „Heut vor einem Jahr war jener bittere Tag, der für uns den Anfang von allerlei Entbehrungen bedeutete. Ich möchte ihn nicht noch einmal erleben, denn in der Vorstellung sah damals die Zukunft noch sehr viel härter aus als sie sich nachher für uns gestaltete. Nun haben wir doch wohl das schwerste Stück dieses entbehrungsreichen Weges zurückgelegt. Man kann doch immerhin das gute Ende ahnen", so schrieb er an diesem Tag. Hinter dieser erstaunlichen Aussage stand die Hoffnung meines Vaters, dass es England ähnlich ergehen würde wie vor wenigen Monaten Frankreich: wenn erst die englischen Flieger durch die Luftwaffe unschädlich gemacht worden wären und der Hauptangriff begann, dann würde „es gewiss schnell gehen, denn London ist doch verflixt nah an der deutschen Ausgangsstellung und wenn London einmal erledigt ist, dann wird es den Engländern ähnlich zu Mute sein wie den Franzosen nach dem Fall von Paris." Etwas später jedoch schrieb er, dass es zwar im Augenblick „an allen Ecken und Enden im britischen Weltreich krachte", dass es aber mit dem Zusammenbruch Englands doch wohl noch etwas dauern würde. „Eigentlich kann ja auch etwas so Riesiges wie das englische Weltreich nicht in wenigen Wochen zusammenbrechen. Ich bin nur dafür, dass wir hier von anderen, die seit einiger Zeit wieder in der Heimat sind, eines Tages mal abgelöst werden, wenn es sich über den Winter hinzieht." Auch wenn es den Truppen wie denen meines Vaters weitgehend verheimlicht wurde, befanden sich England und Deutschland zurzeit in einen massiven Luftkrieg. Nach der Bombardierung von Warschau und Rotterdam zu Beginn des Krieges hatten sich beide, die Deutschen und die Engländer, zunächst mit Angriffen aus Rücksicht auf die gegenseitige Zivilbevölkerung zurückgehalten. Aber in der Nacht zum 24. August warf die deutsche Luftwaffe Bomben auf London ab, unabsichtlich, wie sie erklärten, was zur Folge hatte, dass am folgenden Tag, wie von meiner Mutter berichtet wurde, achtzig Bomber der Royal Air Force Berlin bombardierten. Das wiederum nahm Hitler als grünes

Licht für den unbegrenzten Angriff auf London und Umgebung. Am 7. September, vier Tage nachdem mein Vater von der Ahnung eines „guten Endes" geschrieben hatte, die man nun in der Entwicklung des Krieges haben könnte, begann Deutschland seinen systematischen Blitzkrieg auf London.

Meine Mutter versuchte ihre Eltern dazu zu überreden, Berlin, wo die nächtlichen Bombenangriffe immer beängstigender wurden, sofort zu verlassen. Die Aufenthalte im Keller erschöpften sie zu sehr. Sogar der Konsul hatte ihnen angeboten, nach Neuhaus und sogar in unser Haus zu ziehen. Und dann war da Verena mit ihren drei Kindern, die es immer noch in Hannover aushielt, in dieser Stadt im Nordwesten Deutschlands, über deren Bombardierung von Seiten der Royal Air Force man täglich in den Zeitungen las. Wäre es möglich für sie in der Nähe etwas zu mieten, damit in diesen furchterregenden Zeiten alle zusammen in Neuhaus sein könnten?

Inzwischen war mein Vater wieder an eine andere Stelle in der Bretagne versetzt worden. Meine Mutter erhielt eine Postkarte, auf der der Name der Insel, auf der er jetzt war, wie befohlen ausgestrichen war. Es musste die Isle de Groix sein, meinte sie, ungefähr vierzehn Kilometer von der Küste entfernt. Wieder schrieb mein Vater von sehr primitiven Verhältnissen in einem alten Fort, wo es weder Betten noch fließendes Wasser gab. Aber wie in der letzten Unterbringung war ein phantastischer Sandstrand gleich unter ihnen gelegen, wo sie täglich erfrischende Bäder im Atlantik genossen. Wenn nur meine Mutter und wir Kinder bei ihm sein könnten! Wie viel Spaß wir zusammen hätten in diesen sonnigen Sommertagen! Auf jeden Fall sollten sie, wenn dieser furchtbare Krieg einmal vorbei sein würde, versuchen, eine Frankreichreise zu machen, auf der sie die Stätten seines jetzigen Wirkens besuchten. Er konnte sich ja wirklich nicht über sein Schicksal beklagen, aber die Trennung von seiner Familie in diesen schönsten Jahren war „schon ein bitteres Los". Er führte „so ein richtiges Landknecht-Leben. Schlafen und Essen sind die einzigen Genüsse, die man sich leistet. Der Kopf hat nicht viel zu tun." Könnte meine Mutter ihm bitte noch einmal ein leicht zu tragendes Buch schicken? Die bestellte Frankfurter Zeitung hatte ihn noch nicht erreicht. Er wusste, dass in ein paar Tagen ein Familienfest in Neuhaus geplant war, an dem Bertes´ Braut Karin, den „konsularischen Majestäten vorgeführt" werden sollte. Alle seine Geschwister würden anwesend sein. Wie gerne er da dabei wäre! Es war nun schon fast vier Monate her, dass er bei uns gewesen war, und von Urlaub war keine Rede. Sein Karingelein würde ihn wahrscheinlich nicht einmal mehr wiedererkennen! Das einzig Gute an dieser Situation war, dass er durch die Entbehrung immer mehr lernte, worin die wahren Werte im Leben bestanden, besonders das Zusammensein mit denen, die man lieb hatte.

Nach einem Aufenthalt von nur vier Wochen auf der Insel brachte ein Dampfer die Kompanie meines Vaters wieder ans Festland, in eine kleine Stadt mit 8000 Einwohnern. Am 17. September 1940 schrieb er: „Ich hatte den ehrenvollen Auftrag, die Kompanie von der Küste hierher zu führen. Die Sonne schien, sodass es uns ordentlich warm wurde bei dem Marsch von 10 km." Die Unterkunft war „höchst anständig", wenn auch das Zimmer winzig war für drei Personen. Mit richtigen Betten, sogar Frottiertüchern und elektrischem Licht, kam sich mein Vater „recht vornehm" vor. Da mehrere Leute in höheren Positionen in Urlaub waren, musste mein Vater „den ganzen Dienst leiten", was er als eine „schöne Aufgabe" ansah, die aber nicht immer ganz einfach war, da er doch erst 6 Wochen bei der Kompanie gewesen war. „Heute hatte ich 84 Mann nach L. (Lorient?) ins Kino zu führen. Hin- und Rückreise mit der Bahn, Marsch durch die Stadt, wobei ich würdevoll 3 Schritte vorauszumarschieren hatte." Bei den Stadtbesuchen, die nun folgten, fand sich mein Vater erneut „von zwei Lastern grausig angefallen, nämlich vom Kuchenhunger und von der Einkaufslust", die wohl mit der vierwöchigen Inselverbannung zusammenhingen. „Der Magen regiert. Es ist beinahe zum schämen, wie sehr ich mich über kulinarische Genüsse freue." Vor lauter Eifer hatte er den Fehler gemacht, für meine Mutter statt einer regulären Seife, eine Abmagerungsseife zu kaufen, die er aber zum Glück umtauschen konnte! Im Ganzen war er mit seinen vielen Einkäufen für uns zufrieden, bis auf die Gummistiefel, die sich meine Mutter für Neuhaus gewünscht hatte. Eine Verkäuferin meinte, er solle doch die typischen Holzschuhe nehmen, die die bretonischen Bäuerinnen trügen, denn sie seien auf jeden Fall hygienischer als Gummistiefel. Die Frage war nur, ob man sich mit ihnen in Deutschland sehen lassen konnte. Da nun, neben dem deutschen Militär, auch die französische Zivilbevölkerung langsam die kommende Verknappung an Waren zu ahnen begann, war der Andrang und Umsatz gewaltig. Die Gewichtsgrenze bei der Feldpost lag bei 500 Gramm, sodass er die vielen Stränge Wolle, und wohl auch die zu schweren Schuhe für Bernd, in einzelnen Päckchen schicken musste.

Seine Arbeit, schrieb mein Vater, machte ihm Spaß. Immerhin hatte er jetzt ständig die Verantwortung für ungefähr 40 Mann. Lustig war vor allem das „Kriegspielen morgens im Gelände, wo wir wegen der vielen Hecken, Büsche und Mäuerchen einen spannenden Indianerkrieg mit Anschleichen, Baumschützen und überraschenden Vorstössen machen." Er hoffte sehr, dass ihm recht bald der langsam wirklich verdiente Feldwebelstern verliehen würde. Ganz einfach war es nicht für einen neu Hinzugekommenen, denn die älteren Kämpfer im Bataillon wurden natürlich bevorzugt behandelt. Wenigstens wurde ihm jetzt die Frankfurter Zeitung täglich zugeschickt. Sie war, so meinte er, „schon eine hervorragende Zeitung, gerade wenn man nicht nur Neuigkeiten, sondern allgemein Wissenswertes erfahren will." Größte Sorge machte ihm das Problem, ob der Großangriff auf England, der endlich zum Ende dieses Krieges führen würde, noch vor dem Winter stattfinden könnte. Am 17. September hatte Hitler das deutsche Landungsunternehmen „Seelöwe" auf ein späteres Datum verschoben, aber der intensive Luftkrieg zwischen den beiden Ländern ging in aller Härte weiter. Das bessere Wetter der letzten Tage und die verstärkte Tätigkeit der Luftwaffe machten meinen Vater wieder zuversichtlicher, aber die englischen Flieger wehrten sich sehr zäh. Die Frage war, wie lange die Nerven der Londoner Bevölkerung es noch aushielten. Er stellte sich vor, wie furchtbar es für siebeneinhalb Millionen Menschen sein musste, die auf engem Raum zusammengedrängt waren, sich Tag für Tag und Nacht für Nacht in Lebensgefahr zu befinden. „Nachdem der Krieg solche Formen angenommen hat, wünscht man sich mehr als bisher ein rasches Ende."

In seinem Bataillon ging, wie damals in Kulm, das Gerücht von einer baldigen „Heimkehr ins Reich" um. Aber sie hatten ja gelernt, wie schnell ein solches Gerücht verfliegen konnte. Jedenfalls war die Royal Air Force alles andere als besiegt und machte deshalb eine Invasion der Insel zu riskant. Es blieb ihnen also „nichts anderes übrig, als stillzuhalten und Fatalist zu sein. Wäre man es nicht, so würde einen der immer wieder vergebliche Versuch, sich dagegen aufzulehnen, zermürben." Wenn er zurückdachte an die große Bitternis ihrer Trennung, die nun schon fast ein Jahr andauerte, gelang es ihm, diese Zeit als „eine Art Läuterung" zu empfinden, die ihn erst reif gemacht hatte, die vielen guten Gaben des Schicksals richtig zu erkennen. Waren diese harten Tage nicht wie eine Prüfung ihrer Ehe zu verstehen, die in starkem Maße gezeigt hatte, wie „viele, viele sehr feste Bande uns zusammenhalten? Und es hat ein Jeder von uns darüber nachdenken können, wie wir uns das gemeinsame Leben noch schöner und inhaltsreicher gestalten könnten." Wie gut war es, dass sie jung waren und noch die Kraft hatten zu einem Neuanfang, wenn einmal alles vorbei- und sicher sehr umgestaltet sein würde. Er jedenfalls fühlte sich „geladen mit Arbeitseifer und allerlei Plänen und Gedanken". Dass auch sie sich nicht unterkriegen lassen würde, sah er aus ihren vitalen Briefen. Seit letzter Woche, schrieb mein Vater, sei in seinem soldatischen Alltag eine Änderung eingetreten. Mit drei anderen Offiziersanwärtern habe er jetzt „die Ehre, jeden Abend im Offizierskasino zu Abend zu speisen. Ein weißes Tischtuch und gut gekochtes warmes Essen in netter Umgebung sind eine ganz erfreuliche Sache. Die Offiziere sind Reservisten älteren Jahrgangs, meistens Weltkriegsteilnehmer, Lehrer, Beamte und ein Chemiker... Nach dem Essen sitzt man da und raucht. Wenn man als kleiner Uffz. gefragt wird, darf man sich an der Unterhaltung beteiligen." Das einzig Unangenehme an dieser neuen Ehre war nur, dass die Teilnahme Pflicht war, und wenn man nicht erschien, man sich beim Kommandanten abmelden musste unter Angabe des Grundes.

Mit den immer intensiver werdenden Luftangriffen auf Berlin und Hannover wurde Neuhaus Ende September zum vorübergehenden Zufluchtsort für meine Schweizer Großeltern und für Verenas Kinder Regula (11), Andreas (8) und Sibylle (5). Bernd musste endlich lernen, seine Spielsachen mit seiner gleichaltrigen Kusine zu teilen. Ich hatte in Andreas einen „Beschützer" vor Bernds „Angriffen" und alle zusammen verbrachten wir Tage mit lustigen, wilden Spielen im Haus und Garten. Mit Hilfe von Milch, die wir bei einem befreundeten Bauern am See, dem Asenbauer, holten und den reichhaltigen Obst-und Gemüsepaketen von Verena, war unsere Ernährung gesichert. Aber eine sich ankündigende Kohlenknappheit machte meiner Mutter Sorgen wenn sie daran dachte, wie das große Haus im Winter einigermaßen warm zu halten sein würde. Wenn sie mit uns Kindern die Wahl hatte, im kommenden Winter hier zu frieren oder mit ihren Eltern nach Berlin zurückzukehren, wo man jede Nacht mit Zeiten im Keller rechnen musste, was sollte sie tun? Der Ernst der Lage in Berlin wurde den Erwachsenen klar, als die Berliner Bevölkerung mit Decken und Gasmasken ausgerüstet wurde. Falls meine Großeltern ihr Haus dort aufgeben würden, müssten sie damit rechnen, dass es ab sofort entweder fürs Militär oder für Familien mit Kindern beschlagnahmt werden würde.

Der Oktober kam und die Urlaubsfrage war immer noch nicht gelöst. Würde mein Vater für die drei Wochen und fünf Reisetage, die ihm zustanden, sehr bald fahren dürfen, oder würden meine Eltern noch bis in den November hinein warten müssen? Und wo sollten sie sich am besten treffen? Doch wohl in Neuhaus, auch wenn das Haus kühl war, denn dort könnten sie ganz still für sich sein, und mein Vater würde im nah gelegenen München seinen „Hunger nach Theater, Konzerten, Museen und Großstadtleben" stillen können. Wie sehr er hoffte, meiner Mutter viel abnehmen zu können, besonders bei der „Zähmung" von Bernd, der manchmal meine Mutter mit seinen Dramen und Ungezogenheiten, wie dem Spucken von Spinat an die Wand, bis an den Rand der Verzweiflung brachte. Am 20. Oktober verwirklichte sich ihre Hoffnung auf Urlaub und mein Vater reiste über Konstanz, um seine noch tief trauernde Schwester Edith zu besuchen, nach Neuhaus, wo wir bis zum 8. November „wunderbar schöne" Familientage erlebten. Meine Mutter fand meinen Vater „sehr vergnügt und wohlaussehend und nicht so ‚unteressen' wie damals aus Polen." Waren sie „unverbesserliche Optimisten", wenn sie hofften, dass die Besatzungsarmee in Frankreich bald aufgehoben würde?

Die Rückkehr ins Soldatenleben war dieses Mal für meinen Vater besonders schwer, weil es mit uns „so unbeschreiblich schön" gewesen war, und er wusste, dass jetzt wieder eine unabsehbar lange Zeit der Trennung vor ihnen lag. Nicht nur war seine Umgebung das direkte Gegenteil von den herzerwärmenden Tagen mit seiner Familie. Sein Freund Trommer war auf eine Dienstreise geschickt worden, sodass er seine Stube augenblicklich ganz alleine bewohnte. Die sowohl seelische als auch körperliche Umstellung, die man da mitmachen musste, war eine Radikalkur ersten Ranges, meinte mein Vater. „Unser liebes, gutes Neuhaus", wie sehr er es genossen hatte! Früher hatte er die Schönheiten von Neuhaus als etwas Selbstverständliches hingenommen, aber dieses Mal hatte er sie mehr als sonst in sich aufgenommen, die Spaziergänge mit uns Kindern, die Spiele, die Brecherspitzbesteigung und die Unterhaltungen mit Bernd und mir. Jeder Tag und jedes Erlebnis war ihm als ein herrliches Geschenk vorgekommen, wie auch die anregenden Tage in München. Er würde sich jetzt auf einen im höchsten Maße stumpfsinnigen Dienst einstellen müssen, der daraus bestand, an einem Tag die Hafenanlagen von Lorient zu bewachen und sich am nächsten Tag von dieser Tätigkeit auszuruhen. Glücklicherweise hatte er sich zwei Hilfsmittel gegen die drohende Verdummung ausgedacht: Intensives Lesen und systematische französische Sprachstudien. Auf diese Weise würde es ihm gelingen, sich den Winter erträglich zu machen. Ach ja, und würde meine Mutter

Frankreich

ihm bitte ab und zu einmal einige Päckchen Zigaretten schicken.

Am 17. November schrieb mein Vater, dass sich zur Zeit der Krieg besonders auf diplomatischem Gebiet abzuspielen schien. Er fragte sich, ob Russland wohl eines Tages dem deutsch-italienisch-japanischen Bündnis beitreten würde. Sie selbst hatten soeben von 22-23 Uhr Fliegeralarm gehabt. Er war gerade bei seiner ersten Hafenwache gewesen, und in seinem Betonunterstand fühlte er sich ganz sicher. Es war erstaunlich, dass die englischen Angriffe so wenig wirkungsvoll waren. Man hatte den Eindruck, als ob die Engländer in jeder geeigneten Nacht ein bis zwei Flugzeuge damit beauftragten, der ganzen Küste entlangzufliegen, um Fliegeralarm zu veranlassen und gelegentlich auch mal ein „Bömbchen" fallen zu lassen, während die Deutschen bei dem Großangriff auf Coventry gleich mit 500 Fliegern rangegangen waren. Dabei war doch Lorient ein militärisch ziemlich wichtiger Punkt, als der Ort, von dem aus deutsche U-Boote losgeschickt wurden. Erst 1943/44 würden die Alliierten dieses Gebiet massiv bombardieren. Im Moment schien der Feind Rücksicht zu nehmen auf das Bedürfnis nach Schlaf der deutschen Besatzung, indem er seine paar Flugzeuge entweder am frühen Abend oder kurz vor Sonnenaufgang schickte!

Der Brief vom 25. November ist ein gutes Beispiel für die feine Selbstironie und den gesunden oft humorvollen Abstand, den er zum täglichen Geschehen hatte und der meinem Vater half, die Härte der langen Kriegsjahre zu überstehen. An diesem Tag berichtete er über die lang erwartete Beförderung zum Feldwebel. „Es ist geschafft!! Heute wurde ich mit Wirkung vom 1.11.40 zum Feldwebel befördert. Auf meinen Schulterklappen prangen silberne Sterne. Sonst ist äußerlich keine Veränderung an mir festzustellen. Als Feldwebel ist man zwar berechtigt, einen langen Säbel zu tragen. Das kommt aber praktisch nie vor." Der Feldwebel war die letzte Stufe vor der Beförderung zum Leutnant, die wiederum ganz vom Bataillonskommandanten und dem Kompaniechef abhing. Wenn er Glück hatte, würde er in drei Monaten gewählt. Mein Vater meinte, dass ihm, nach der Beförderung, der Betrieb wieder etwas mehr Spaß machte, und er unterschrieb den Brief mit einer Reihe von Kosenamen, die er für seine Frau erfunden hatte: „Der Frau Feldwebel Karoline Hasler-Schümmler viele Grüße von ihrem Dieter."

Da mein Vater gerade Urlaub gehabt hatte, würde es ihm nicht möglich sein, Weihnachten mit uns zu feiern, eine harte Aussicht. Er versuchte das Beste daraus zu machen, indem er sich in den Einkauf von Weihnachtsgeschenken für uns und die weitere Familie stürzte. Es war eine Tätigkeit, die ihm großen Spaß machte. Bei dem Zulassungsgewicht von nur einem Kilogramm pro Päckchen, hatte er bisher 18 von solchen gepackt, bis alle Spielsachen, Schuhe, Pantoffeln, Strümpfe, Schürzen, Parfums, Seifen, Cremes, kleine Flaschen Cognac und „marrons glacés" untergebracht waren. Und natürlich gab es Dinge, die er gerne für uns gekauft hätte, die aber kein feldpostmäßiges Format hatten. Ein jedes Päckchen war beziffert, damit sie wüssten, wenn etwas verloren ging und mit einem großen W gekennzeichnet, was hieß, dass sie nicht vor Heiligabend geöffnet werden durften. Andere mit Konserven drin hatten keine Bezeichnung. Da in Frankreich der Zucker sehr knapp war, gab es keine Marmeladen mehr. Ansonsten merkte man in der Bretagne so gut wie nichts von der Lebensmittelknappheit. Was es in den Markthallen alles zu kaufen gab, war erstaunlich. Schade nur, dass man die meisten Sachen nicht schicken konnte, weil sie verderblich waren. Konnte meine Mutter sich vorstellen, dass es zum Beispiel Bananen zu 10 Pf. das Stück gab? Demnächst würde er uns Apfelsinen schicken.

Von nun an bis hinein in die entbehrungsreiche, furchtbare Zeit an der russischen Front versicherte mein Vater meiner Mutter in fast jedem Brief, dass es ihm „sehr gut" ginge. Die Beförderung hatte ihm neuen Antrieb gegeben, auch wenn es Tage gab, an denen man „den ganzen Kram zum Teufel wünscht. Vor allem dann, wenn man sich darüber klar wird, dass die Tätigkeit augenblicklich so ähnlich ist wie die eines Wachtmeisters bei der Wach- und Schließgesellschaft, so unbedeutend im Vergleich zu dem, was es zu Hause alles zu schaffen gäbe." Bernd hatte recht, wenn er seinen Freunden, die ihn fragten, was denn sein

Vater in Frankreich tun würde, antwortete: „Er sammelt Muscheln für uns." Jeden Freitag wurden die Leutnant-Anwärter in der Handhabung schwerer Maschinengewehre unterrichtet, und vielleicht sollte er einfach versuchen, sich darauf zu konzentrieren, seine augenblicklich so geisttötende Zeit als den notwendigen Weg zum Leutnant zu verstehen. Freude machten ihm die täglichen Reitstunden und Ausritte, durch die er an die frische Luft kam, die Kasinoabende, die ihm gutes Essen garantierten, Schach und Skat und auch ab und zu gute Gespräche über allerlei Seemännisches, die durch ihre Verbundenheit mit der Marine bei ihrem Wachdienst zustande kamen. Er stellte sich vor, dass er meiner Mutter Schach beibringen würde, es war das Spiel!

Mein Vater war als „Festordner" für die Weihnachtsfeier seiner Kompanie gewählt worden, und er hatte sich die schwere Aufgabe gestellt, eine Soldatenweihnacht wirklich auch weihnachtlich zu gestalten. Würde das möglich sein, da doch gerade Weihnachten ein Fest war, das man in der Familie und mit Frau und Kindern zu feiern gewohnt war, nicht aber unter Männern? Mit Hilfe eines Klaviers und einer Geige, die sie „mit viel List" besorgt hatten, würden sie etwas Weihnachtsmusik machen. Er suchte allerdings vergeblich nach einem schönen Gedicht, oder etwas Ähnlichem, mit dem Thema Kriegsweihnacht, das er vorlesen könnte. Ihr Kompaniechef würde eine Ansprache halten. Der Raum würde mit Tannenzweigen, Stechpalmen und Misteln geschmückt werden, und der Baum, eine prächtige Edeltanne, mit blank geputzten Äpfeln, roten Pappsternen und Nüssen, die sie vergoldet hatten. An Kerzen waren sie leider etwas knapp. An jedem der beiden Weihnachtsabende würden sie zu etwa 40 Personen sein. Für jeden hatten sie ein nettes Geschenk besorgt, das jeweils an dem durch Tischkarten gekennzeichneten Platz, zusammen mit einem kleinen Weihnachtsteller liegen würde. Auch würde es für jeden zwei Flaschen Sekt geben. Als Tischdekoration hatte er mit anderen zusammen Äpfel vorbereitet, die als Unterlage einen goldenen Stern hatten und in die sie kleine Kerzen gesteckt hatten. Das Ganze sah wirklich sehr festlich aus, und er hatte bei der Vorbereitung viel an

Juli 1940 - Januar 1942

Postkarte aus Frankreich, mit handgeschriebenen Kommentaren: „Das Zeichen unserer Division", „Die Wacht an der Küste", „Dies ist die Weihnachtskarte unserer Division"

75

daheim denken müssen.

Auch in Neuhaus wurden natürlich tapfer geheimnisvolle Vorbereitungen zu einem ersten Weihnachten ohne den Mann und den Vater gemacht. Die Erinnerungen an eine glücklich erfüllende gemeinsame Zeit, die noch nicht so lange her war, die Vorfreude auf den nächsten Urlaub, der vielleicht schon Ende Januar sein könnte und die vielen liebevoll bereiteten Päckchen, die fast täglich ins Haus zu kommen schienen, gaben meiner Mutter Kraft. Bäcker Stickl hatte wieder etwas an Briketts bekommen, die er an uns verkaufen konnte. Und mit der Aussicht auf ein halbwegs warmes Haus, hatte meine Mutter ihre Eltern aus Berlin zu Weihnachten eingeladen. Wie weniger einsam eine Weihnacht mit ihnen sein würde! Die frische Neuhauser Luft würde ihren Eltern guttun, und vor allem auch die Befreiung von dem nächtlichen Fliegeralarm, der sie in ihren Keller fliehen ließ. Es war viel Schnee gefallen, die Landschaft war wie verzaubert und wir Kinder waren glücklich bei unseren Spielen im Schnee.

Als ein Vorweihnachtsgeschenk hatte Verena meiner Mutter eine Kurzgeschichte geschickt, die sie selbst geschrieben und meiner Mutter gewidmet hatte. Die Geschichte spielte in der Schweiz, und mit ihrem tiefen Vertrauen auf die sich durchsetzende Menschlichkeit in der Welt, machte sie einen großen Eindruck auf meine Mutter. In ihrem Dankesbrief an ihre Schwester schrieb sie, dass auch sie letztendlich an den Sieg individueller Leistungen glaubte, sei es auf künstlerischem, wissenschaftlichem oder irgendeinem anderen Gebiet, auch an den Sieg der Liebe. Aber sicherlich würde das nicht in dieser ihrer eigenen Zeit möglich sein. „Mir scheint, als ob wir uns immer weiter davon entfernen, und ich bin fest davon überzeugt, dass die Schweiz nicht das halten wird, was Du von ihr erträumst. Sie wird sich fügen, um nicht ganz vom Erdboden zu verschwinden", schrieb sie.

In ihrem Bericht über die Weihnachtstage meinte meine Mutter, dass sie und ihre Eltern die gemeinsamen Festtage noch nie so freudig intensiv erlebt hätten, wie dieses Mal. Neben den vielen Päckchen, die mein Vater mit W für Weihnachten bezeichnet hatte, war auch ein Brief von ihm mit derselben Bezeichnung angekommen, und dieser wurde nun unter dem Baum gelesen. Er enthielt die Vergewisserung einer intensiven Gedankenverbindung, die zwischen ihnen um diese Zeit hin und herwandern würde. Nicht nur traurige Gedanken würden es sein über die augenblickliche Trennung, sondern vor allem die Freude über ihr Familienglück und die Dankbarkeit für alles Schöne, das ihnen vom Schicksal schon beschert worden war und das sie sich noch erhoffen konnten. Seine große Freude lag darin, dass er wusste, „dass es daheim so unendlich liebe Spatzen gab und eine Mama und Frau dazu, die so gut für die beiden sorgt, ihnen ein so schönes Weihnachtsfest macht, und von der ich so unbedingt fest und sicher weiß, dass sie mir das Liebste im Leben ist." Auch an seine Großmutter Maam, mit der er als Kind, aber auch später, so viele Weihnachtsabende verbracht hatte, und die so liebevoll verwöhnen und so reich beschenken konnte, wollte er besonders denken an diesem Tag.

Am zweiten Weihnachtstag war Nöll, der jüngste Bruder meines Vaters, der sich gerade auf Urlaub befand, nach Neuhaus gekommen und hatte in seiner lustigen Art nicht nur die Familie unterhalten, sondern hatte sogar in den Spielen mit uns die Vaterrolle übernommen und sich als Skilehrer meiner Mutter betätigt, für die das Skilaufen immer eine etwas furchterregende Angelegenheit war. Mein Vater sollte sie sehen, wie sie, um Briketts zu sparen, alle zusammen gemütlich in einem Zimmer kauerten. Die „Konsulat Gefahr", das heißt die Möglichkeit, dass meine Großmutter und ihr Mann auf Besuch kamen, war für jetzt abgewehrt. Aber meine Großmutter Paula hatte angekündigt, dass sie im Februar kämen und darum bitten würden, das Haus für sich zu haben. Eine verständliche Forderung, fand meine Mutter, wenn man an die intensiven Bombenangriffe auf Bremen dachte, wo sie lebten, und an Bernds übertriebene Unruhe, die jedem auf die Nerven gehen musste.

Im Mittelpunkt der Weihnachtsbeschreibungen meines Vaters stand seine große Dankbarkeit für all die vielen lieben Wünsche und Geschenke von uns und von vielen Menschen aus der weiteren Familie. Wie herrlich war für ihn das entzückende Bild meiner Mutter mit uns Kindern, das er sich über sein Bett hängen würde. Ihre Festlichkeiten waren gut verlaufen, berichtete er, wenn auch wenig davon mit Weihnachten selbst zu tun gehabt hatten. Nachdem sie die drei bekanntesten Weihnachtslieder zusammen gesungen hatten, machte einer der Offiziere eine Ansprache, ein anderer las ein Gedicht und er selber hatte eine hübsche Weihnachtsgeschichte gefunden, die er ihnen vorlas. Beigelegt war eine, mit Schreibmaschine geschriebene, Kopie ihres Menus für den Weihnachtstag. Auf einem gefalteten Stück Pappe, mit dem Bild einer brennenden Kerze, stand: „Weihnachten. Offz. Casino Schloss Bel Air-Bretagne. Hühnersuppe – Weißwein oder Rotwein, Entenbraten, Vanille Creme, Kaffee, Cognac Christstollen", ein wirkliches Festessen! Und im Moment als der Sekt entkorkt wurde, ging ein allgemeines ungehemmtes Feiern los. Ein witziger Kölner unterhielt sie, indem er Lieder anstimmte, die sie alle mitsangen. Sie lachten und schunkelten wie an Karneval, was einen vergessen ließ, dass es Weihnachten war. Die beste Art zu vermeiden, dass für Einzelne traurige Gedanken aufkamen. Sehr früh am Weihnachtsmorgen musste mein Vater zur Hafenwache und er schrieb, wie er sich danach sehnte, stattdessen mit uns in Neuhaus einen Schneespaziergang zu machen. Aber zu seiner freudigen Überraschung würde das früher möglich sein als er zu hoffen gewagt hatte. Er hatte gehört, dass Leute mit seinem Rang im Januar schon Urlaub bekamen. Sie mussten jetzt nur ihre Zeit zusammen so planen, dass sie sich nicht gerade mit der Anwesenheit „seiner Majestät, dem Konsul von Portugal" überschnitt, damit sie ihre wertvollen gemeinsamen Tage in Neuhaus für sich alleine hatten. Er wusste noch keine genauen Daten, denn erst vor ein paar Tagen hatte sein Bataillon gehört, wie viele Plätze ihnen in den Urlauberzügen zustanden. Wäre es möglich, sich schon in Konstanz zu treffen, wo seine Schwester Edith noch bei den Eltern ihres verstorbenen Bräutigams lebte? Und wenn das ginge, würde meine Mutter ihm bitte etwas an Zivilkleidung mitbringen, denn nur in denen war es ihm erlaubt, mit ihr nach Neuhaus zu reisen?

Am 27. Dezember dann schrieb mein Vater von dem „üppigsten und überraschendsten Weihnachtsgeschenk". Der Bataillonskommandeur hatte ihm mitgeteilt, dass ihn das Offz. Korps des Bataillons zum Leutnant gewählt hatte! Es würde noch ein wenig dauern, bis die Beförderung offiziell würde, weil jetzt diese Wahl erst dem Regiment der Division mitgeteilt werden müsste, und von da bis zu einer Stelle des Oberkommandos des Heeres in Berlin geleitet würde, die ihre Zustimmung geben müsste. Und sogar da war nicht die letzte Stelle der Genehmigung, denn von dort aus kam die Sache dann über das Wehrbezirkskommando Düren erst wieder nach Frankreich zurück! Es würde also voraussichtlich anfangs März werden, bis die Beförderung zum Leutnant offiziell würde, aber vielleicht mit Rückwirkung auf den 1. Februar. Mein Vater war sehr glücklich und zugegebenermaßen auch ein klein wenig stolz darauf, dass er es so weit gebracht hatte, denn heutzutage spielte der militärische Rang auch im Zivilleben eine wichtige Rolle. Immerhin hatte er ja jetzt schon sein zweites Jahr im Militär hinter sich. Der Teil der Bretagne, in dem er sich befand, wurde nur selten von englischen Fliegern „besucht", aber gestern war einer von ihnen von der Flak abgeschossen worden, und die französische Bevölkerung der Umgebung, inklusive Kinderwagen, Großmüttern und allem Familienzubehör, waren hinausgepilgert, um sich das verbrannte Flugzeug anzuschauen. Meinem Vater machten die verschiedenen Niederlagen der italienischen Armee im Mittelmeer Sorge. Der Mittelmeerraum würde nicht für den Krieg entscheidend sein, aber die klägliche Leistung der Italiener könnte seine Länge beeinflussen. Also auch Mussolini hatte es nicht fertiggebracht, das italienische Militär zu verbessern!

Den Übergang vom alten zum neuen Jahr hatte mein Vater noch nie als etwas so Unwichtiges empfunden wie dieses Mal. Wahrscheinlich lag das daran, dass man diesen Wechsel zu Hause besinnlich und schön zu feiern pflegte, während die sogenannte Kompaniefeier nichts anderes gewesen war als ein Saufgelage. Das Bier wurde literweise die Kehle heruntergegossen, und da das französische Bier so gut wie keinen Alkohol enthielt, hätte man beinahe ebenso gut Selterswasser trinken können. Aber am Schluss mussten dann doch riesige Quantitäten Alkohol aufgenommen worden sein, denn das Geschrei wurde immer lauter und sinnloser. Wie viel lieber wäre er gestern Abend statt heute Morgen auf Wache gezogen, um den Jahreswechsel in Einsamkeit zu erleben, gestand er meiner Mutter. In den vergangenen Monaten hatte er viel über das Menschenleben nachgedacht und erkannt, „wie klein wir menschlichen Lebewesen sind". Für ihn waren die Folgen aus dieser Erkenntnis, dass wir einsehen sollten, dass unser Leben und unser Schicksal in den Händen einer über den Menschen stehenden Macht lagen. Die Daten für seinen Urlaub standen jetzt fest. Wie aufgeregt und glücklich er war! Er würde am 12. Januar von hier wegfahren und bis Ende des Monats in Neuhaus bleiben können. Auf diese Weise würde er noch die Eltern meiner Mutter sehen und Verena, die er auch so sehr vermisst hatte.

Wie jedes Mal, wenn mein Vater auf Urlaub kam, erfuhren wir von unseren gemeinsamen Tagen erst aus seinen Berichten, die er im Zug zurück an seinen Posten oder im Laufe der folgenden Zeit verfasste. Er war voll Dankbarkeit über diesen Urlaub, von dem er so reiche Erinnerungen mit sich trug. Das herrlichste Glücksgefühl von allem, war das Zusammensein mit uns drei, einem so großen Schatz für ihn, dass er eigentlich niemals traurig sein dürfte. Es lag ein tiefer Trost für ihn darin, dass ihm diese Erkenntnis durch die Trennung wieder so ganz klar geworden war. Bewegend war gewesen, wie „unser Bai" (Bernd) beim Abschied mit allen Kräften versucht hatte, seine Tränen zurückzuhalten, sie dann aber ausbrechen ließ... Nur ein Ereignis hatte seine Freude an diesem Urlaub etwas getrübt, und das war der überraschende Besuch des Konsuls mit seiner Mutter in Neuhaus gewesen. Ihre „unfreundlichen Manieren" hatten eine so scheußliche Atmosphäre geschaffen, dass sie ihm jetzt noch im Traum nachklang. Auf widerwärtige Weise hatte seine Mutter meine Mutter wegen der kleinsten Dinge zurechtgewiesen – die Küchentücher zeigten Zeichen der Abnutzung, und wie konnte es meine Mutter wagen,

Juli 1940 - Januar 1942

im Kinderzimmer vorübergehend ein Bett wegzuräumen, um Platz zum Spielen für uns zu schaffen? Es ist schon traurig, meinte mein Vater später in einem Brief, wenn man seine eigene Mutter nicht achten und gern haben kann. Aber natürlich konnte dieser Zwischenfall in keiner Weise an seiner tiefen, bleibenden Freude über unser Zusammensein rühren.

Seine Rückreise nach Frankreich hatte 49 Stunden gedauert, aber die Fahrt war nicht anstrengend gewesen, weil es genug Platz zum Schlafen gab. In Metz hatten sie vier Stunden Aufenthalt gehabt, genug Zeit für einen Rundgang durch die Stadt. Dort war bereits alles eingedeutscht. Kein französisches Ladenschild gab es mehr, die Straßen und Plätze hatten deutsche Namen und merkwürdigerweise hörte man kaum Menschen noch französisch sprechen. Viele Franzosen waren wohl ausgewiesen und durch deutsche Beamte ersetzt worden. Metz war der Ort, an dem Nöll demnächst dienen sollte, kein schlechter Platz, „abgesehen von allen Bitternissen, die ihm auf dem Kasernenhof" bevorstanden, weil er im untersten Rang des Militärdienstes anfangen musste.

In seiner Stellung hatte sich während seiner Urlaubszeit nichts Wesentliches geändert. Zunächst fühlte er sich natürlich arg einsam, aber nach Gesprächen mit einigen Kameraden und nach einem guten Schlaf war das Schwerste überstanden. Sie hatten „wirklich erschütternd wenig zu tun hier" und er fragte sich, wie es die anderen machten, die keine Bücher lasen. Hin und wieder sehnte er sich sehr nach einer nutzbringenden Arbeit und nach dem befriedigenden Gefühl, des Abends wirklich etwas geleistet zu haben. Zuhause in der Fabrik fehlten die Arbeitskräfte und er saß hier faul herum! „Es wäre bitter, wenn es noch sehr lange so bliebe." Das Gefühl, dass die eigenen Kräfte so gar nicht ausgenutzt wurden, bedrückte ihn sehr. Zudem war sein Dienst so wenig militärisch, dass man sehr dagegen ankämpfen musste, nicht in zivilistische Manieren zu verfallen. Man musste sich ab und zu richtig einen Ruck geben und sich sagen, dass man Soldat war, auch wenn man ein so verhältnismäßig ungebundenes Leben führte. Das Amüsanteste für ihn waren vielleicht die großen „Schachkämpfe", die abends stattfanden. Er war oft nur als Zuschauer anwesend, aber als solcher lernte man viel, wenn man sich jedes Mal überlegte, wie man selbst ziehen würde. Als ganz große Attraktion des Vergnügungsprogramms trat in Lorient in der vergangenen Woche ein Pariser Revuetheater auf, und meine Mutter konnte sich sicher vorstellen, wie so etwas auf die Soldaten wirkte! Neben den eher sparsam bekleideten Mädchen gab es auch ein paar ganz nette Varieténummern. Das Ganze hatte viel Schmiss. In Deutschland würde manches unanständig und schwul wirken, aber die Franzosen ließen diese, hart an der Grenze des Anständigen vorbeigehenden Vorführungen, durch ihren Charme als etwas Selbstverständliches erscheinen. Seit gestern (16. Februar 1941) waren nun auch in Frankreich Textilien, außer Seide und Kunstseide, nur noch gegen Bezugsscheine erhältlich. Also war es aus mit den großen Käufen, aber er hatte einen kleinen Vorrat von Gemüsekonserven angelegt, die er uns nach und nach schicken würde. Auch Zitronen waren auf dem Weg zu uns, drei Büchsen Thunfisch und die wertvollen Gummibänder zum Flicken von Hosen.

Mein Vater verfolgte mit Interesse die französische Regierungskrise. Es war etwas schwer hinter die Kulissen zu schauen, aber mit Darlan schien ein Verständigungspolitiker ans Ruder gekommen zu sein, nachdem man vorher unter Flandin versucht hatte, sich den Deutschen gegenüber etwas weniger nachgiebig zu zeigen. Der radikalste Deutschenfreund war Laval, der es aber abgelehnt hatte, an der neuen Regierung teilzunehmen, mit der Begründung, dass ihm die Politik der Kollaboration noch nicht genug gesichert sei. Ein sehr eindrucksvolles Erlebnis war die Rückkehr „unseres Patenbootes" (U-Boot) im Hafen gewesen. „Es ist ein ergreifender Moment, wenn eine U-Boot-Besatzung nach Wochen in ihrem kleinen Bötchen langbärtig heimkehrte. Sie waren wirkliche Helden, die gerade bei den winterlichen Stürmen Großes geleistet haben." Bis tief in die Nacht hinein hatten sie sich unterhalten aber mein Vater durfte natürlich nichts von ihren Abenteuern schreiben. Es war sehr schwer vorauszusagen, in welche Richtung sich der Krieg mit England entwickeln würde. Aber er war davon überzeugt, dass Deutsch-

Juli 1940 - Januar 1942

land im Moment mit einem Großangriff wartete, bis man mehr Klarheit über die Folgen der für März und April geplanten verstärkten U-Boot Angriffe hatte.

Anregend für meinen Vater war, dass es neuerdings einen jungen Dr. phil. und Kunsthistoriker in seiner Gruppe gab, mit dem er sich gut unterhalten konnte. Er hatte Bücher über die französischen Kathedralen gekauft und hatte sich am Sonntagmorgen auf Chartres konzentriert, das er von einem Besuch im Jahr 1928 gut kannte. „Wie traurig nüchtern ist unsere heutige Zeit. Es gibt ja gar kein handwerklich großes Können mehr. Der Sinn für das Große und Erhabene in der Kunst ist vollkommen verschwunden. Es fehlt auch die Phantasie, die durch die starke Religiosität und die intensive Beschäftigung mit der biblischen Geschichte angeregt wurde. –Du und ich, wir passen beide nicht besonders gut in die heutige Zeit", schrieb er an meine Mutter.

Von seiner Rückreise im Februar bis Anfang März 1941 adressierte mein Vater seine Briefe an uns mit Leogang bei Saalfelden. Da sich der Konsul und seine Mutter Neuhaus für diese Zeit reserviert hatten, verbrachten meine Großeltern, meine Mutter, Bernd und ich fast vier Wochen in einem Gästehaus bei Salzburg in Österreich. Meine Großeltern Bertholet hatten in Berlin die Bekanntschaft mit einem Baron Seyffertitz und seiner aristokratischen Frau gemacht, die sie, wenn immer Platz sei, in ihr Ferienhaus im Salzburger Land eingeladen hatten. Unter Freunden war es bekannt, dass die gesellschaftliche Elite, die sich bei Seyffertitz traf, eines gemeinsam hatte, sie waren alle ausgesprochene Anti-Nazis. Es zirkulierten hier die letzten verbotenen Bücher und es fanden leidenschaftliche politische Gespräche statt. Inmitten der Entbehrungen und der Ängste des Kriegs war dies ein fast unwirklicher Ort mit seinem friedensmäßig guten Essen und der kultivierten Unterhaltung. Die Wintersportmöglichkeiten von Leogang waren herrlich und Bernd wurde gleich in die Skischule gebracht, immerhin war er ja schon nahezu fünf Jahre alt. In den Briefen, die meine Mutter aus der Zeit an meinen Vater schrieb, sprach sie begeistert von Schnee, Sonne und sogar Augenblicken, wo ihr das Skifahren Spaß gemacht hatte. Ihre einzige Sorge war, dass Bernd vor der feinen Gesellschaft nicht den geringsten Respekt zeigte und alten Grafen und Baronen Grimassen schnitt und die Zunge rausstreckte!

Als unsere Ferienzeit zu Ende ging, lag es meiner Mutter schwer auf dem Herzen, ihre Eltern nach dieser zwei Monate langen Unterbrechung wieder in Berlin zu wissen. In den letzten beiden Wochen hatten die Luftangriffe auf die Stadt zwar etwas nachgelassen, weil, wie man glaubte, sich die Engländer auf eine Verteidigung Griechenlands vorbereiteten, aber sicher würde Berlin bald wieder eines ihrer Hauptziele sein. Wenn sie nur ihre Eltern überreden könnte, in ihre Nähe nach Neuhaus zu ziehen. Am 24. März schrieb mein Großvater, dass sie in der letzten Nacht fünfeinhalb Stunden im Keller gesessen hätten, weil erst kurz vor sechs Uhr morgens die Entwarnung gekommen war. In ihrer Umgebung hatte es nur wenig Schaden gegeben, aber Freunde, über die Stadt verteilt, berichteten von zerstörten Häusern und auch von Toten. Es wurde höchste Zeit, wenn möglich die Stadt zu verlassen. Meine Mutter fand kurz danach für ihre Eltern eine Wohnung in Schliersee zur großen Erleichterung und Freude für uns alle.

In den ersten Märztagen schrieb mein Vater, dass zu seiner Freude seine Kompanie für einige Monate versetzt würde, und zwar zur Küstenbewachung in einer kleinen Stadt im Norden. Endlich würde diese langweilige Zeit der Hafenbewachung zu Ende gehen und ihr Leben mehr dem gleichen, das sie auf der Insel geführt hatten. Am meisten freute er sich auf das offene Meer und mehr Zeit an der frischen Luft. Die erste Begegnung mit seinem neuen Quartier war dann aber „trostlos". Es regnete in Strömen und die Baracken, in denen sie untergebracht werden sollten, standen knöcheltief im Morast. Diese Behausungen „in der Einsamkeit draußen am Meeresstrand hatten in ihrer Primitivität große Ähnlichkeit mit den Siedlungen der ersten Kolonisatoren von Nordamerika", aber ihre tüchtigen Handwerker, die sich auf der Insel so glänzend bewährt hatten, würden schon wohnliche Quartiere aus diesen Buden machen. Die größte der Baracken sollte zu einer Kantine und einem gemeinsamen Essraum mit abgeteiltem Lese- und Schreibraum umgebaut werden. Auch mussten Luftschutzunterkünfte und Erdlöcher angelegt werden, denn mit dem nun sicher bald klareren Wetter mussten sie mit mehr englischen Luftangriffen rechnen. Da es nur einen Brunnen und kein fließendes Wasser gab, würde man sich also das Waschen wieder abgewöhnen müssen. Und es würde auch kein abendliches Essen im Offizierskasino mehr geben. Einen größeren Ort in der Nähe gab es nicht, aber er war sicher, dass wenn einmal die Sonne wieder zuverlässig scheinen würde, es hier ganz herrlich sein könnte, denn, wie meine Mutter ja wusste, liebte er das Meer und die freie Natur über alles. Kurz nach dem sie eingezogen waren, berichtete mein Vater von den vielen Besorgungen aller Art, besonders Baumaterial, die er zu machen hatte, wobei er bis in die nächste Stadt eine dreiviertel Stunde mit seinem Fahrrad und dann noch 20 Minuten mit einer Fähre unterwegs war. Aber die Bewegung war gut und machte ihm Spaß. Zu dem kleinen Haus, in dem sie die Küstenwache machten, bei der er sich mit den anderen drei Feldwebeln abwechselte, war es dieselbe Entfernung.

Schon eine Woche nach dem Umzug wurde meinem Vater mitgeteilt, dass ihm eine neue Versetzung bevorstand, dieses Mal zur 12. Kompanie. Er blieb hierdurch zwar in seinem Bataillon, aber es war insofern doch eine große Veränderung, als die 12. Kompanie eine schwere Maschinengewehr-Einheit war, im Gegensatz zu den drei anderen Kompanien des Bataillons, die Schützenkompanien waren. Er würde also in der ersten Zeit sehr viel zu lernen haben, um seinen neuen Aufgaben gewachsen zu sein. Außerdem würde er beritten sein und würde sich daher intensiv mit Reiten beschäftigen dürfen. Der junge Kompaniechef war ein „sehr zackiger junger Leutnant", mit dem er sich gut verstand. Die Aussicht, nach einer so langen Zeit der Untätigkeit einmal wieder „ordentlich ranzumüssen", tat ihm wohl. Nur, „Uff!", ja, er musste die Neuigkeit zuerst einmal innerlich verarbeiten, denn es wollte ihm doch noch nicht so recht in den Kopf, dass er nun gleich schon wieder von hier wegmusste, nachdem er sich gerade erst in seiner neuen Umgebung eingelebt hatte.

Dienstlich war es für meinen Vater nicht ganz einfach auf diesem neuen Posten, da er einen bestimmten Zweig der Ausbildung verantwortlich zu leiten hatte, ohne von der verwendeten Waffe vorher die geringste Ahnung gehabt zu haben. Sehr kompliziert war das zwar nicht und er hoffte, dass er bei einigem Fleiß in kurzer Zeit doch ein wenig mehr wissen würde als seine Untergebenen! Der Geist in dieser Kompanie war erheblich frischer als in der anderen. Der Chef war 25 Jahre alt und der andere Offizier war der Leutnant, der im Zivilberuf Kunsthistoriker war, von dem er meiner Mutter damals schon so positiv geschrieben hatte. Seine Unterbringung war höchst angenehm und bereits durchaus offiziersmäßig. Er bewohnte mit den beiden Leutnants ein hübsches kleines Haus. In seinem Schlafzimmer gab es ein großes bequemes Bett, was er seit eineinhalb Jahren nicht mehr gehabt hatte und Schränke, in denen er ohne Mühe seine Sachen unterbringen konnte. Ihr gemeinsamer Wohnraum hatte ein Radio und einen Ofen, dessen Wärme man dieser Tage gut gebrauchen konnte, denn es war kühl und regnerisch geworden. Im Haus wohnten außerdem noch zwei Burschen, die für sie zu sorgen hatten. Gleich nach seiner Ankunft berichtete mein Vater, hatte er bis 1 Uhr nachts mit seinem Chef an der Arbeit gesessen, um „allerlei knifflige schiesstechnische Fragen zu lösen". Er musste einerseits selbst sehr viel Neues lernen und andererseits einen bisher etwas vernachlässigten Zweig der Ausbildung neu aufbauen. Ein klein wenig stolz war er, dass man ihn dazu herangezogen hatte, aber das Beste war, wieder eine Aufgabe vor sich zu haben, bei der man seine ganzen Fähigkeiten zeigen musste und auch allerlei geistige Arbeit zu leisten hatte. Nach vier Tagen war er so weit, dass er auf jeden Fall mehr wusste als seine Untergebenen. Es waren so allerlei rechnerische und mathematische Überlegungen, die man anstellen musste und das machte ihm Spaß. Auch zum Reiten kam er jetzt mehr. Vor ein paar Tagen waren sie 13 Kilometer weit die Chaussee entlang geritten, alles im Schritt und dasselbe zurück. Manchmal hatte er sich gewünscht, zu Fuß gehen zu dürfen, denn das Schrittreiten strengte doch sehr an, aber natürlich nur, wenn man untrainiert war.

Nun würde es bald Ostern sein, und wie er sich nach Hause sehnte! Im Moment schien es eine Urlaubssperre zu geben. Statt von Frau und Kindern war er jetzt „Familienvater" von 10 Unteroffizieren, 52 Mann, 13 Pferden und 9 Fahrzeugen. Die Verantwortung war ziemlich groß und es gab immer etwas zu überlegen und anzuordnen, in dienstlicher sowie auch außerdienstlicher Beziehung. Er hatte das Gefühl, dass seine jetzige Aufgabe eine sehr gute Schule fürs spätere Leben bedeutete.

Am 7. April 1941 gab mein Vater seiner Befürchtung Ausdruck, dass der neu ausgebrochene Balkankrieg große Ausmaße annehmen könnte. Die Türkei mobilisierte weiter und hielt Generalstabsbesprechungen mit England. Das Erschütterndste war aber der Freundschaftspakt zwischen Russland und Jugoslawien. Die Aussicht, dass sich Bertes' Vermutungen über den Balkan als Herd von Konflikten bewahrheiten könnten, war höchst deprimierend. Eine Woche später schrieb er wie sehr es ihn freute, dass der Krieg in Jugoslawien und die Wiedereroberung von Libyen so rapide vor sich gegangen waren, sodass es wenige Opfer gegeben hatte. Worüber er nichts schrieb (nichts wusste?), war der grausame deutsche Angriff auf Belgrad, bei dem 17 000 Zivilisten ums Leben gekommen waren! Der Brief enthielt ein Bild aus der Zeitschrift „Reich", das „seinen" Granatwerfer zeigte, der sich im serbischen Bergland gerade besonders gut bewährt hatte. Drei junge, gut aussehende Soldaten knieten um eine kleine Kanone (man brauchte immer drei Leute, um sie zu bedienen) und darunter stand: „Der Siegeswille dieser Truppe wird alle Hindernisse überwinden."

Es war jetzt die dritte Woche im April. Konnte sich meine Mutter seine Freude vorstellen als er erfuhr, dass es wieder Urlaub gab? Einmal im Monat wurden je vier Offiziere freigegeben, und nach seinen Berechnungen käme er Ende Mai oder Anfang Juni an die Reihe und „dann soll uns kein Krieg daran hindern, uns für ein paar Tage mal wieder unseres Lebens zu freuen". Sie würden auf einen Berg steigen und die Frühlingsblumen anschauen, oft auch mit dem Kahn hinüber nach Schliersee zum Besuchen der Eltern rudern, oder am Abend mit ihren Fahrrädern unterwegs sein. Endlich würde er meiner tapferen Mutter behilflich sein können, besonders bei der schwierigen Erziehung von Bernd, der ihr so viel Kummer bereitete. Bei all seinen tollen Einfällen und Ungezogenheiten, meinte mein Vater, hatte er doch auf jeden Fall ein gutes Herz und schlau war er auch. „Seinen Weg wird er schon machen, wenn nur bald wieder Ordnung in diese an allen Ecken brennende Welt kommt." Mein Vater konnte sich vorstellen, dass die nun bald zweijährige Soldatenzeit, die er jetzt hinter sich hatte, auch eine sehr gute Lehrzeit war, um seinen Sohn „zu bändigen".

Der Befehl zu einer erneuten Versetzung kam in der letzten Aprilwoche. Meinem Vater war das sehr recht, denn sie brachte die Hoffnung auf Abwechslung in diesem „armseligen Leben", in dem einem alles, was einem die innere Wärme gab, fehlte. Mit Gefühlen durfte man sich nicht viel abgeben, „denn Zucht und Ordnung kann man nur aufrechthalten, wenn man seine gefühlsmäßigen, immer etwas zu Nachsicht neigenden Regungen, unterdrückt. Den Leuten selbst macht der Dienst auch mehr Freude, wenn sie hart angefasst werden und wenn hierdurch ordentlich Schwung in der Sache ist." Wie immer durfte mein Vater den Namen seiner neusten Stellung nicht angeben, aber es würde ein Hafenstädtchen sein, recht weit entfernt von hier. Sie würden einen viertägigen Marsch dorthin machen müssen, also drei Uhr wecken, vier Uhr abmarschieren. Leider sah das Wetter wenig verlockend aus, aber hier am Meer wechselte es ja sehr schnell und Neuhauser „Schnürlregen" gab es nicht. Er beschrieb dann die ersten beiden Tage als bitter, die letzten beiden jedoch als herrlich. Da sie mehr als 50 km zu marschieren hatten, er meist auf seinem „großen Rappen, der Castor heißt", und am nächsten Morgen wieder vor vier Uhr aufstehen mussten, war man abends todmüde. Aber am dritten und vierten Tag wurden sie mit strahlender Sonne und von einer schönen, frühlingshaften, hügeligen Gegend empfangen.

Von seinem neuen Aufenthaltsort war mein Vater begeistert. Unter den verschiedenen Stationen der vergangenen neun (!), die er bisher in Frankreich hinter sich hatte, war diese entschieden die schönste. Aus

Juli 1940 - Januar 1942

den zum Teil üppigen Sommerhäusern und einigen anständigen Hotels schloss er, dass das kleine Fischerstädtchen im Sommer ganz munteren Badebetrieb haben musste. Seine Kompanie war an verschiedenen Orten des Städtchens untergebracht. Er wohnte zusammen mit dem Kompanieführer in einem sehr üppigen aber auch typisch französischen Quartier. Jeder hatte ein Schlafzimmer mit hoch anständigen Möbeln, ganz mit Teppichen ausgelegt, und sie hatten ein gemeinsames kleines Wohnzimmer. Das Haus war so vollkommen unübersichtlich gebaut, dass dauernd andere Hausgenossen auftauchten, „die die verschiedensten Gerüche verbreiteten". Außer den vielen Menschen, von denen er noch nicht wusste, wie sie eigentlich in diesem Haus untergebracht waren, lebten hier „6 Hunde, meistens uralte, triefäugige, 2 Angora-Katzen und 6 Kanarienvögel". In den Fluren und Zimmern wimmelte es von den kitschigsten Gegenständen. „Auch im Kitsch kann man den Volkscharakter studieren", meinte mein Vater.

Landschaftlich war es ganz wunderbar schön hier, mit kleinen Buchten und felsigen Klippen und er freute sich darauf, wenn das Wetter warm genug wäre, um in dem verlockend klaren Wasser zu schwimmen. So gut war es ihm bisher beim Kommiss noch nie ergangen. Aber trotz allem fühlte er sich einsam und das jetzige Leben war nur erträglich mit der Aussicht, dass es vielleicht nur noch etwas mehr als einen Monat dauern würde, bis er uns drei wiedersehen würde. Kurz darauf erfuhr er zu seinem großen Kummer, dass es eine erneute Urlaubssperre gab. Wenn dies bedeutete, dass Entscheidendes geschehen würde in dieser Zeit, so wollten sie alle gerne die längere Trennung von zu Hause in Kauf nehmen. Mit dem Ende des Krieges und einer Heimkehr im Herbst rechnete er nicht mehr, obgleich er meinte, dass der Großangriff gegen England doch eigentlich nicht mehr allzu fern sein könnte. Das Beenden dieses Krieges mit seinen gigantischen Ausmaßen würde jedoch nicht so schnell vor sich gehen können. Aber vielleicht brauchten nicht alle Soldaten zu bleiben, bis die allerletzte Differenz in Afrika oder sonst wo auf der Erde geklärt war? Sein Dienst hier bestand aus einer Stunde Reiten um 6 Uhr morgens, nach dem Frühstück und nach der Mittagspause wurde geübt und exerziert. Da er die meiste Zeit an der frischen Meeresluft und in Bewegung war, fühlte er sich gut und gekräftigt. Es schien jedoch, dass er in einer Woche schon wieder einen, dieses Mal vorübergehenden, Quartierwechsel machen sollte. Der Leutnant, der einen Zug an einem etwa 15 Kilometer von ihm entfernten Küstenort führte, war zu einem vierwöchigen Kompanieführerkurs abkommandiert worden, und mein Vater sollte für diese Zeit seine Vertretung übernehmen.

Schnell hatte er sich in seinem neuen Quartier eingelebt. Es lag in einem kleinen, sehr weit auseinander gezogenen Ort an der Küste und war in einem Haus unmittelbar am Meer, etwas Herrliches für jemand, der es verstand die Natur zu genießen. Immer wieder gab es andere Beleuchtungen, Stimmungen und Farben. Seine Aufgabe war recht verantwortungsvoll und erfreulich wegen der absoluten Selbständigkeit. Nach dem Dienst konnte er wirklich so ganz das tun, was ihm Freude machte, ohne Rücksicht auf jemand anderen. Da würde es dann sogar auch wieder Zeit zum Lesen geben. Er war eingesetzt als Ortskommandant, das hieß, dass er täglich von 15-17 Uhr eine Sprechstunde abhalten musste. Es kamen Leute von anderen Truppenteilen, die hier Quartier machen wollten, auch Franzosen, die hierhin zogen, und beurlaubte französische Marinesoldaten, die sich während ihres Urlaubs täglich melden mussten. Er musste mit dem Bürgermeister verhandeln wegen Beschlagnahmungen und anderen Problemen. Das war alles sehr lebendig, denn man lernte dadurch die Franzosen besser kennen. Er war immer wieder erstaunt, wie sie es verstanden, ihre gewiss nicht leichte Lage mit Gleichmut und für deutsche Verhältnisse berückender Höflichkeit zu ertragen, obwohl sie sicher oft anders dachten als sie es zur Sprache brachten. Es gab unter ihnen auch de Gaulle Anhänger und hin und wieder fand man an Häusern oder Bäumen ihr Zeichen: ein V für „Victoire" oder ein besonders geformtes Kreuz aufgemalt. Seit dem Weggang Lavals, der für bedingungslose Zusammenarbeit mit Deutschland eingetreten war, schienen sich die diplomatischen Beziehungen zwischen den beiden Ländern ab-

Juli 1940 - Januar 1942

gekühlt zu haben. Nun war ja Herr Darlan in Berlin und vielleicht brachte das eine neuerliche Annäherung. Für meinen Vater würde das alles keine Bedeutung haben. Er konnte zufrieden sein, dass er sich in einem landwirtschaftlich so reichen Gebiet befand, in dem man trotz der dauernd zunehmenden Rationierungsmaßnahmen gut lebte. Aber was nützte ihm das äußerlich gute Leben, die schöne Landschaft, der Sonnenschein, die gesunde Luft, wenn es einen innen so arg zu seinen Lieben zog? Und wie ungewiss war die Zukunft! „Die ungeheuerlichsten Komplikationen über die ganze Erde hinweg sind denkbar und andererseits sind Überraschungen und schnelle Entscheidungen nach den Erfahrungen des vergangenen Jahres ebenso möglich." Von der Durchsetzungsfähigkeit der U-Boote hatte er sich zu dieser Zeit mehr erwartet, aber sie schienen neuerdings weniger erfolgreich.

Zwei Wochen im Mai 1941 adressierte mein Vater seine Briefe an meine Mutter nach Düren, wo sie die letzten Räumungsarbeiten in unserem Haus vornahm und das viele Obst des Fabrikgeländes erntete und einmachte. In den letzten Monaten war es meiner Mutter nicht nur geglückt, ihre Eltern aus dem immer gefährlicher werdenden Berlin zu sich nach Schliersee zu bringen, sie hatte, nach langem Suchen, endlich ein Kindermädchen für uns gefunden, dem sie uns voll anvertrauen konnte. Ruth Hagen, eine geborene Berlinerin, vital und humorvoll, würde bis zum Ende des Krieges bei uns bleiben und sogar einen amerikanischen Soldaten heiraten, mit dem sie nach Kalifornien auswandern würde. Meine Mutter hatte die Hoffnung, dass diese energische, tüchtige Frau eine große Hilfe auch bei der Erziehung von Bernd sein könnte. Seine Ungezogenheiten trieben sie noch oft zur Verzweiflung und sie hatte erwogen, Bernd in ein Kinderheim abzugeben. Als sie diesen Gedanken an meinen Vater schrieb antwortete dieser mit entschiedenen Bedenken. Er schrieb, es wäre für ihn ein „Schreckgespenst", Bernd in einem Kinderheim zu wissen, und für Bernd selbst wäre es sicher dasselbe. Wenn er doch nur da sein könnte, um meiner Mutter zu helfen! Bald, bald würde er zurück sein und versuchen, seine im Militär gelernten Erziehungsmethoden an seinem Sohn anzuwenden.

Frankreich

Viele Weckgläser mit Obst, die uns in Neuhaus bei der sonst dürftigen Ernährung zu Hilfe kommen würden, waren für den Transport bereit, aber wie sie verschicken? Es war offensichtlich, dass die vielen Züge, die nach Osten fuhren, meist für den Transport von Truppen reserviert waren. Irgendetwas bereitete sich scheinbar vor, aber man ahnte nicht was und wo. Man konnte Züge mit begeisterten französischen Soldaten beobachten, von denen gesagt wurde, dass sie sich auf dem Weg nach Syrien befanden, um ihre Kolonie zu verteidigen. Später wurde klar, dass dies der Anfang von Hitlers zerstörerischen Operation „Barbarossa" war, der Code für die Invasion der Sowjetunion. Soweit, schrieb meine Mutter an ihre Schwester, hatte es erst drei Mal Bombenalarm in Düren gegeben und sie hatte Einschläge gehört, die wahrscheinlich von den Zuggleisen herkamen. Auf jeden Fall erreichte uns das Eingemachte in Neuhaus unversehrt.

Der Empfang meiner Mutter in dem großen Dürener Familienkreis war sehr herzlich und trotzdem fühlte sie sich, wie schon immer, als Außenstehende. Sie führten ein so ganz anderes, ja, friedliches Leben dort, denn bisher war ihr Mann Dieter, außer einem anderen, der einzige aus der Familie und dem weiten Freundeskreis, der eingezogen worden war und dessen Familie nun die lange, ängstliche Trennung erfuhr. Natürlich fragten sich meine Eltern manchmal, worin der Grund wohl liegen möge, dass er in der Dürener Gesellschaft eine Ausnahme machte. Könnte es sein, dass seine zweimalige Freiwilligenzeit ihn zu einem besonders „wertvollen Material" gemacht hatte, oder könnte sein prompter Einzug vielleicht mit der Tatsache zu tun haben, dass er als junger Mann Mitglied des halbmilitärischen Vereins „Der Stahlhelm" gewesen und sofort ausgetreten war, als Hitler versuchte den Verein seinem Einflussbereich unterzuordnen? „Der Stahlhelm, Bund der Frontsoldaten" war gleich nach der deutschen Niederlage im Ersten Weltkrieg von einem Chemiefabrikanten und Reserveoffizier als Interessenverband für Industrielle und Veteranen gegründet worden. Seine Richtung war nationalistisch und demokratiefeindlich. Als 1934 unter Hitler „Der Stahlhelm"

Juli 1940 - Januar 1942

mit der Bezeichnung „NS-Frontkämpferbund" gleichgeschaltet wurde, war mein Vater ausgetreten. In der Erinnerung meines Vetters Andreas, dem Sohn der Schwester meiner Mutter, Verena, machte diese Entscheidung meinen Vater zu „einem Helden" in der Familie. Ob sie der Grund sein könnte für den sofortigen und langen Kriegsdienst, den mein Vater machen musste, wird nie beantwortet werden können.

Als ein Teil der Besatzungstruppe in Frankreich kam sich mein Vater mehr und mehr wie ein Versuchskaninchen vor, bezüglich soldatischer Ausdauer, Einfallsgeist, Flexibilität und Geduld. Am 20. Mai schrieb er, dass er jetzt das fünfte Quartier innerhalb von 2 Monaten zu beziehen hatte. Vorgesehen war ein sogenanntes „Château", die bisher „wohl primitivste" Unterkunft von allen. Mit einem Schloss hatte sie eigentlich nichts zu tun. Es handelte sich um ein etwa 150 Jahre altes großes Gutshaus mit 17 geräumigen Zimmern in einem schrecklichen Zustand! „So etwas gibt es eben doch nur in Frankreich", meinte er. Die Wirtschaftsräume waren verfallen. In den Wohnräumen hingen die Tapeten herunter und Wasser musste man aus einem Brunnen hochpumpen. Elektrizität hätte durch einen Windmotor erzeugt werden sollen, der aber nicht funktionierte. Die Folge war, dass es ihr Radio nicht tat und sie sich von der Außenwelt so ziemlich abgeschottet fühlten. Neben den umfangreichen Instandsetzungsarbeiten mussten mindestens noch drei Baracken gebaut werden, um alle Pferde und die ganze Mannschaft unterzubringen. Die eine Baracke würden sie an ihrem jetzigen Ort abbauen und herüberbringen müssen. Das Haus lag ganz und gar einsam. In etwa 5 km Entfernung befand sich ein Ort mit ein paar hundert Einwohnern. Es sah aber nicht so aus, dass man von dort das nötige Baumaterial, das sowieso knapp geworden war, beschaffen können würde. Das Schöne jedoch war eine Art verwilderter Park rund um das Haus. Als mein Vater die Anlage mit seinem Fahrrad erkundet und die jetzigen Pächter gesprochen hatte, war er plötzlich umringt gewesen von einer riesigen Großfamilie. Da waren ein Vater von über 80 Jahren, seine Frau, deren beide Söhne und sicher 7 Töchter und Schwiegertöchter. Dazwischen wimmelten etwa 10

Kinder in allen Altersstufen. Sie jammerten sehr über ihren bevorstehenden Auszug und darüber, was sie mit all ihren Hunden, Hühnern, den Kühen und dem bebauten Land machen sollten. Gewiss war es äußerst bitter für diese Leute, aber sie mussten sich mit ihrem Schicksal abfinden. Vielleicht ließe sich ja etwas einrichten, damit die beiden Söhne die Landwirtschaft weiterführen könnten? Aber sein „Häufchen", so nannte mein Vater sich und seine Untergebenen, würde wohl erst einmal Ende der Woche hier einziehen müssen, um in den darauffolgenden Tagen, wahrscheinlich Wochen, für die Herrichtung des Quartiers ihrer Division zu sorgen. Allmählich hatte er ja darin Erfahrung gesammelt, obwohl so schwer wie hier war es noch nie gewesen, aus nichts etwas Wohnliches zu machen. Er würde die Nähe zum Meer sehr vermissen, aber dann hoffte er, wenigstens am Wochenende mit seinem Fahrrad dorthin fahren zu können, auch wenn er für einen Weg mindestens eine Stunde brauchen würde.

Wie vorgesehen, wurde schon in der folgenden Woche für meinen Vater mit seinen 160 Mann an diesem Ort Platz gemacht. Für den Umzug der großen Pächterfamilie waren sie verantwortlich. Und so luden sie für den Abtransport den ganzen Krempel auf Lastwagen. Der Schmutz, in dem die Familie gehaust hatte, war ganz unvorstellbar. Anfangs lagen seine Leute arg zusammengedrängt, aber schon bald würden sie mehr Luft bekommen. Er selbst hauste mit zwei anderen Feldwebeln zusammen in einer sogenannten Kapelle, einem Raum von 8 Meter Länge und 4 Meter Breite mit Steinwänden und einem Steinfußboden. Es war etwas feuchtkalt infolge der vielen Regentage, aber die drei Fenster gingen nach Süden, so dass es, wenn die Sonne einmal hereinscheinen sollte, eigentlich ganz nett warm werden müsste. Mein Vater kam sich vor wie „ein Bauherr", der die so geschickten, flinken Soldaten, wie er meinte, lernend anleitete. Es war schwierig, alles Material für den Bau zu beschaffen und für den Transport zu sorgen. Im Gegensatz zur Marine, Luftwaffe und anderen Abteilungen wurden sie in dieser Hinsicht sehr stiefmütterlich behandelt. Sie mussten sich so ziemlich alles

Juli 1940 - Januar 1942

zusammenbetteln, vor allem von der benachbarten Marineformation, wo sie sehr freundlich empfangen worden waren, jedoch zum Schrecken meines Vaters zu einem zehnstündigen, beinahe ununterbrochenen Gelage von Bier, Cognac und Likör bleiben mussten. Ganz prachtvoll wirklich, wenn auch verwildert, war der große Park, der ihr „Schloss" umgab mit seinen schönen alten Bäumen, üppigen Sträuchern und den riesigen Rhododendronbüschen, die gerade in Blüte standen. An der Seite des Gebäudes gab es eine große, wohl 500 Meter lange, breite Wiese, auf der einstweilen noch einige Kühe weideten, die sie jedoch als Auslauf und Unterkunft für ihre Pferde einrichten würden.

Es würde nun bald Pfingsten sein und er konnte nicht umhin, daran zu denken, wie dies immer ganz besonders glückliche Familientage gewesen waren, meist mit Ausflügen in die vom Winter erwachte Natur verbunden. Was für ein Kontrast zu seinem jetzigen Dasein! Gerade auf Pfingsten fiel das Datum, an dem die Bar in ihrem neuen Quartier eröffnet wurde. Da es in der Umgebung keine Stadt gab, in der die Soldaten Unterhaltung finden konnten, was wichtig für ihre Moral war, hatte sich mein Vater verpflichtet gefühlt, eine Menge Alkohol einzukaufen, ein riesiges Fass Bier von 100 Litern, Champagner, Weine und Likör. Die Oberflächlichkeit seines augenblicklichen Lebens und die Langeweile von dem langen „Soldat-Spielen" konnte meinen Vater oft überwältigen. Er hatte kaum einen Moment für sich, und er vermisste den Kontakt mit Gleichgesinnten. Am Sonntagmittag kam der „Marinehaufen" zu ihnen, mit der Absicht, bis um 9 Uhr abends zu bleiben. Sie kamen schon ziemlich angeheitert an und neun Stunden später war die „Verblödung" vollkommen. Die gute Beziehung zu den Marinenachbarn musste leider öfters durch Saufabende gepflegt werden. Denn es war ihnen zu verdanken, dass sie bei Bedarf stets einen Lastwagen zur Verfügung hatten, mit dem sie unter anderem an den herrlichen Badestrand fahren konnten, der sonst für regelmäßige Besuche zu weit entlegen gewesen wäre. „Ja es ist ein sehr, sehr verflachtes und oberflächliches Zeitalter, in dem wir leben", meinte mein Vater. „Das Leben ist doch viel zu schön und zu

Frankreich

mannigfaltig, als dass man nur so dahinvegetiert, schuftet, säuft, raucht und schläft." Da es außer den Bauarbeiten nichts anderes zu tun gab an diesem entlegenen Ort, führten seine Untergebenen an Wochenenden ein erschreckend eintöniges Leben. Sie saßen stundenlang an der Bar, rauchten und lasen Krimis, wenn sie überhaupt etwas lasen. Wenn das Radio ein Symphoniekonzert ansagte, schrien sie gleich: „Abstellen!" Mein Vater nahm sich fest vor, dass wenn einmal die Bauarbeiten fertig wären und er eine neue Gruppe von Rekruten zu leiten hätte, er dafür sorgen wollte, gute Filme für seine Leute zu besorgen und im Ganzen das geistige Niveau zu heben. Das menschliche Leben war doch zu schade für diese Art der Zeitverschwendung. Diese Idee veranlasste meinen Vater, auch meiner Mutter vorzuschlagen, dass sie, wenn diese schreckliche Zeit einmal vorüber sein würde und sie wieder zusammen sein könnten, sie doch dafür sorgen wollten, dass sie mit uns Kindern ein kulturell bewusstes Leben führten.

Am 9. Juni 1941 adressierte mein Vater seinen Brief an meine Mutter mit „Liebe Frau Leutnant Schoeller". Das lang ersehnte Ziel, die Beförderung zum Offizier, war endlich erreicht, und mein Vater in seiner leicht ironischen Art meinte: „In die neue Würde muss man natürlich erst hineinwachsen. Sie ist so neu wie die ganze prächtig sitzende Uniform und das braune Lederkoppel. Ich glaube, ich würde Dir ganz gut darin gefallen, dem Bai (Kosename für Bernd) wahrscheinlich noch mehr. Der hätte Spaß an den silbern glänzenden Hoheitsabzeichen und den metallenen Schulterstücken, die den Vati jetzt zieren." Zu dieser feinen Kluft gehörte auch ein Dolch, der an der linken Seite baumelte und eine üppige Mütze mit dicker silbern geflochtener Kordel. Gleichzeitig erinnerte er aber meine Mutter daran, um wie viel glücklicher er wäre, an ihrer Seite zu sein und in seinen Lederhosen und seinem Flanellhemd rumzulaufen. Eine große Anzahl verschiedenster Feiern würde er über sich ergehen lassen müssen, die immer viel zu lang in die Nacht hinein gingen. Aber zu seiner Freude würden nun auch seine Aufgaben und seine Verantwortung wachsen, was bedeutete, dass die soldatische Tätigkeit interessanter würde. Als Leutnant wurde man natürlich viel ehrfurchtsvoller angesprochen und selbst französische Polizisten mussten Offiziere grüßen! Alle paar Wochen würde er als Regimentsoffizier einen vierundzwanzig Stunden langen Dienst in der Stadt zu leisten haben, bei dem er für viel Verschiedenes verantwortlich war, wie zum Beispiel fürs Schlichten von Streitfällen zwischen einem Franzosen und einem Deutschen, die sich beleidigt hatten oder Auseinandersetzungen über gemeinsame Baupläne am Hafen. In vielen Beziehungen wurde sein Dasein als Leutnant sofort sehr viel angenehmer. Er musste jetzt nicht mehr in dem kapellenartigen Bau wohnen, sondern zog mit dem Chef in eine Art Dachkammer, die durch ihre Holzwände und den Holzfußboden bedeutend gemütlicher und auch weniger feucht war. Wenn ihr Bauprogramm in einer Woche fertig sei, würde auch er sein eigenes Zimmer beziehen können. Er musste zugeben, dass sie alle ordentlich stolz waren auf ihre Leistung, und auch der Regimentskommandeur hatte sein Lob ausgesprochen. Jetzt musste noch die Reitbahn fertiggestellt werden, bevor in einer Woche der alte Dienstbetrieb wieder beginnen würde. Sie hatten eine Menge Leute, die den Winter über als Rüstungsurlauber tätig gewesen waren, und denen jetzt der alte militärische Schliff wieder beigebracht werden musste. Meine Mutter sollte sich keine Sorgen um ihn machen, denn sein Leben war sogar manchmal „bedrückend ruhig". Wie jemand neulich gesagt hatte, führten sie das Leben einer „army in being", was heißen sollte, ein Heer, das allein durch sein Dasein wirksam war. Er war gespannt, ob sie nun bald in Syrien um Hilfe gerufen werden würden, denn dieses wichtige Sprungbrett für den Suez Kanal würden sich die Deutschen nicht entgehen lassen. Gewiss kämpften die Franzosen dort unten nicht gerade mit Begeisterung und es wunderte ihn, dass man überhaupt französische Truppen gefunden hatte, die bereit waren, gegen den früheren Bundesgenossen zu kämpfen. Mit Russland schien ein gutes Einvernehmen zu bestehen, aber wollte man wirklich auf dem Landweg, ohne die Türkei, bis zum Roten Meer und zum Suez-Kanal vordringen? Der Sommer war dafür keine günstige Jahreszeit.

Frankreich

Von Kriegsbeginn an hatte sein Bruder Bertes, der einen hohen Posten in der Armee inne hatte, vorausgesagt, dass es sich nur um eine kurze Zeit handeln könnte, bevor deutsche Truppen in Russland einfallen würden. Am 22. Juni 1941 geschah genau das. Hitler verkündete, dass jetzt, wo sich England so stark seinem Willen entgegensetzte, Russland „zerschlagen" werden müsste, denn nur dann wäre Englands „letzte Hoffnung getilgt". In Hitlers Plan von einem Europa unter deutscher Vorherrschaft hatte Deutschland die Kornkammer der Ukraine nötig, um die Bevölkerung ohne Lieferungen aus Übersee zu ernähren, hieß es im Wehrmachtsbericht. Die Beschaffung von ausreichend Nahrungsmitteln und Rohstoffen hing also von einem Sieg über Russland ab. In einer „Note an die Sowjetregierung", die auf einer Postkarte abgedruckt war, die mein Vater an meine Mutter geschickt hatte, drückte Hitler sein grandioses Ziel beim Angriff auf die Sowjetunion aus. Da stand geschrieben: „Das deutsche Volk ist sich bewusst, dass es dazu berufen ist, die gesamte Kulturwelt von den tödlichen Gefahren des Bolschewismus zu retten und den Weg für einen wahren Aufstieg in Europa freizumachen."

Ungeheure Massen von deutschen Truppen waren im Osten aufmarschiert, und nach dem wenig heldenhaften Krieg mit Finnland, wie mein Vater meinte, konnte man von dem russischen Widerstand nicht viel erwarten. Im Übrigen schien es um die innere Einheit in Russland recht wackelig zu stehen. Die durch und durch mobilisierte deutsche Armee würde die gigantischen Ausmaße Russlands ohne große Schwierigkeiten überwinden und die Russen besiegen. Natürlich würde es harte Kämpfe geben, aber besonders im siegreichen Frankreichfeldzug hatte sich die Unbesiegbarkeit der deutschen Wehrmacht klar bewiesen.

Die Hoffnung meines Vaters auf eine baldige Beendigung des Krieges, musste durch die Offensive im Osten aufgegeben werden. Alle verstanden jetzt die Gründe für die Urlaubssperre und die Behinderungen beim Reisen. Mein Vater war beruhigt, seine Familie auf einem kleinen Flecken Deutschlands zu wissen, wo wir uns weder von Osten noch von Westen bedroht fühlen mussten, und meine Mutter sollte auch dankbar

Juli 1940 - Januar 1942

dafür sein, dass sie sich seinetwegen keine Sorgen zu machen brauchte. In Frankreich war auch er relativ sicher, und unter diesen Umständen konnte man die lange Zeit der Trennung, die jetzt schon bald fünf Monate andauerte, eher ertragen.

Historiker sind sich darüber einig, dass Deutschlands Überfall auf Russland den Anfang einer organisierten Barbarei darstellte, wie man sie in Europa in diesem Ausmaß bisher nicht erlebt hatte. Von Anfang an war der Russlandfeldzug ein Vernichtungskampf, in dem zwei entgegengesetzte politische Systeme, zwei Weltanschauungen, auf die grausamste Weise aufeinanderprallten. Eindringende Nazitruppen und Gewaltpolitik in den eroberten Gebieten verursachten einen „Holocaust by Bullets", eine Massenvernichtung durch Erschießungen, der Millionen Juden und andere Minderheiten, die russische Elite, Männer, Frauen und Kinder zum Opfer fielen. Der Wehrmachtsbericht jedoch, den mein Vater in Frankreich zu hören bekam, berichtete natürlich nur von dem atemberaubenden Tempo, in dem die deutschen Truppen den Osten eroberten. Die Zahl der vernichteten Flugzeuge und Panzer war unglaublich. Gerade für einen weitgehend technisch geführten Krieg waren die Russen nicht geeignet, meinte mein Vater. Erinnerte sich meine Mutter daran, wie primitiv alles war, was die Russen 1937 auf der Weltausstellung in Paris zu zeigen hatten? Nun waren also die ersten spannendsten Tage vorüber und man konnte hoffen, dass der Rest des Krieges ebenfalls in verhältnismäßig kurzer Zeit und mit geringen Verlusten zu Ende geführt werden konnte. Wie es wohl seinem Bruder Bertes ergangen war? Wo mochte er sein?

Meinem Vater stand die Besichtigung ihres neu hergerichteten Quartiers durch einen Oberkommandanten bevor, was sie alle immer sehr unter Druck setzte. Die Einrichtungsgegenstände waren vorhanden und mussten nur noch verteilt werden. Wie zum Beispiel für sein Schlafzimmer ein schönes bequemes Bett mit Nachttisch und einem Schrank, auf den er sich freute, damit er endlich seine Sachen verstauen konnte. Für die Besichtigung musste mein Vater einen Unterricht im Namen der

Kompanie über politische Tagesfragen vorbereiten. Er würde vor allem über den Russenkrieg sprechen, hatte er sich vorgenommen.

Eine Notiz vom 11. Juli bestand aus nur einem Blatt auf dem groß stand: ES GIBT WIEDER URLAUB!!!! Die Geburtenzahlen in Deutschland waren drastisch gefallen, also mussten mehr Männer zeitweise heimkehren! Wann genau mein Vater an der Reihe sein würde, wusste er noch nicht genau. Es könnte in 16 Tagen sein oder in vier Wochen, aber wenigstens hätten sie Grund, auf ein baldiges Wiedersehen zu hoffen. Ihm war viel froher zumute seit dieser ganz unerwarteten Neuigkeit, und auch der Trennungskummer meiner Mutter würde sicher gemildert. Die Berichte aus Russland waren wieder „echt sonntäglich". Stalin-Linie überall durchbrochen, deutsche Truppen 200 km östlich von Minsk, hieß es im Wehrmachtsbericht. Die Kombination von Sturzkampfflugzeugen und Panzern, an einer Front von über 2000 Kilometern, hatten scheinbar den russischen Widerstand endgültig gebrochen. Es würde dem zurückweichenden Feind kaum mehr gelingen sich ernsthaft zu wehren. Wenn mein Vater so kritiklos und begeistert über den deutschen Einfall und den militärischen Vormarsch in Russland schrieb, war er derselben Meinung wie der Großteil der Bevölkerung. Es ist bekannt, dass sogar Nazigegner ihrem Stolz über den überwältigenden Erfolg Ausdruck gaben. Mein Vater wagte nicht mehr, irgendwelche Prognosen zu stellen, aber unmöglich war es nicht, meinte er, dass England in diesem Jahr selbst noch an die Reihe kam, wenn er auch mehr zu der Ansicht neigte, dass mit Beginn günstiger Witterung und nach der Eroberung Russlands ein Kampf um das östliche Mittelmeergebiet zuerst an der Reihe sein würde. Seine Prophezeiungen kamen natürlich von dem innigen Wunsch, dass der Krieg bald ein Ende finden würde.

Seit dem Einfall in Russland waren auch die nächtlichen Luftangriffe der Royal Air Force auf deutsche Städte noch intensiver geworden. Die Nachrichten von Verena aus Hannover waren entsetzlich. Aus Köln und Düren erfuhr meine Mutter über eine hohe Zahl an Toten und Obdachlosen. Sie war so glücklich darüber, dass wenigstens Verenas drei Kinder bei uns in Neuhaus waren, auch wenn wir alle in den letzten Tagen eine Darminfektion hatten, die sie fürchten ließ, dass es sich um Typhus handeln könnte. „Dieses Russland allein ist zum Verzweifeln", schrieb sie. „Die Erfolge in Polen und Frankreich erweckten Größenwahnsinn", und man konnte die Feinde so gut verstehen, wenn sie sich an deutschen Städten rächten. Was für ein Glück es war, ihren Mann in Frankreich und nicht im Osten zu wissen!

Und nun standen auch die Daten für den Urlaub meines Vaters fest. Er würde am 16. August beginnen und 16 Tage lang sein. Durch die vier Tage, die er für die Reise brauchte, mit neunstündigem Aufenthalt in Trier, blieben immerhin noch 12 Tage für ein Beisammensein übrig. Wenn seine Vorfreude über unser baldiges Wiedersehen zu sehr mit ihm durchging, musste er sich bewusst bremsen, denn in dieser so ganz und gar nicht stabilen Zeit konnte man es nicht wagen, zu intensiv in der Zukunft zu leben. Aber jedes Mal, wenn meine Mutter über das lustige Baden im See schrieb, über die Ausflüge und unser Spielen im Garten, was so glücklich klang, war er etwas traurig darüber, nicht „in der Gamshos", seiner geliebten Lederhose, zwischen uns herumzuspringen. Er war ja so gespannt auf die beiden „Spatzen", die er nach den nun sechs Monaten kaum mehr wiedererkennen würde, vor allem mich, die inzwischen angefangen hatte, viel zu reden. In einem getrennten Brief an Bernd versprach ihm mein Vater Radtouren, auf denen er vorne auf seinem Lenkrad sitzen würde. Er war sicher, dass Bernd die neue Uniform seines Vatis gut gefallen würde, und wenn der Morgenzug mit ihm in Neuhaus einfahren würde, würde er von weitem schon winken, damit Bernd ihn erkennen könnte. Mein Vater versprach meiner Mutter, dass er sich diesmal bestimmt nicht darüber ärgern würde, wenn das Wetter schlecht wäre, und sie müsste ihm nur verzeihen, wenn er doch ab und zu einmal auf das Barometer klopfen würde. Ein Wiedersehen nach langer Zeit hatte ja so viel Beglückendes. Sie hatten sich so viel zu erzählen und an ihren beiden lieben Spatzen gab es so viel zu bewundern, dass es gar nichts ausmachte, wenn sie nicht viel herauskämen. Er freute sich wie ein Kind auf ihr sauberes Zimmer, auf die Gamshos, auf den Tannenduft, auf das so lang entbehrte warme Bad, auf die gemütlichen Abendstunden mit ihr, und aufs Wiedersehen mit den Eltern meiner Mutter. Solche Freuden hatte es wirklich nur in der Kindheit gegeben, wenn es in die Ferien ging oder vor Weihnachten.

Zwar war die Zeit ernst, und es war nicht so, wie sie sich das damals im Februar erhofft hatten, dass der Krieg bald eine entscheidende Wendung und ein Ende finden würde. Wenn sie sich wieder trennen müssten, würden sie auch nicht klarer in die Zukunft schauen als jetzt. Er konnte sich nicht vorstellen, dass der entscheidende letzte Kampf gleich beginnen würde. Um Zugang zu allen notwendigen Rohstoffen und Nahrungsmitteln Russlands zu bekommen, würde man noch große Gebiete erobern und besetzen müssen. Erdöl gab es am Kaspischen Meer und den wichtigen Stahl am Ural. Diese Ziele mussten sie erreichen.

Verglichen mit seiner Stimmung in den ersten Kriegsmonaten war er inzwischen sehr abgestumpft und fatalistisch geworden. Er hoffte, dass es auch meiner Mutter gelungen war, sich ein wenig gegen die schweren Ereignisse der letzten Jahre abzuhärten, aber er musste zugeben, dass er vor allem an Männer dachte, wenn er von einem dicken Fell gegenüber den Ängsten und Entbehrungen sprach, hatte er doch seit beinahe zwei Jahren weibliche Wesen kaum mehr gesprochen. Jedenfalls war es für ihn erstaunlich, mit wie viel Leichtigkeit seine 200 Burschen, die Rekruten, in den Tag hineinlebten. Sie sahen prächtig gesund aus, befassten sich nicht mit komplizierten Gedanken und taten, die meisten jedenfalls, mit Eifer und Fleiß ihren täglichen Dienst.

Vor den Urlaubstagen würde es noch viel Arbeit geben mit ihrem Umzug in die neu gebauten Baracken und für ihn in ein großes Zimmer „im Schloss", das auch einen gemeinsamen Wohnraum mit drei Tischen haben würde, damit man sich nicht immer im Weg war, wenn man etwas schreiben oder lesen wollte. Er hatte seinen Vetter in Düren gebeten, ein paar Bilder für ihre Wohnzimmerwände zu schicken. Statt in der Küche, konnte man jetzt im Wohnzimmer säuberlich auf einem weißen Tischtuch sein Spiegelei, seine Bratkartoffeln und manchmal auch Salat essen. Noch wussten sie nicht, was sie mit Jakob, ihrer zahmen Krähe machen sollten, die, weil sie nicht stubenrein war, ja nicht gut in ihrem neuen Quartier hausen konnte. Sie war so lieb anhänglich und kam, wenn ihn eine bekannte Stimme rief. Nur hatte dieser „Schlingel" schon eine Kiste, in der mein Vater Bücher und Papiere aufhob, völlig verdreckt! Für den Garten hatte er verschiedene Pflanzen gekauft, die er in Beete setzen wollte, nur waren diese unter den Händen seiner eifrigen Soldaten ein wenig anders als erwartet ausgefallen... Die regelmäßigen Reitstunden hatten auch wieder angefangen, und mit dem sehr viel besseren Pferd, das er jetzt ritt, machte es viel Freude. Zur Einweihung der endlich fertiggewordenen Kantine war ein großes Fest geplant und mein Vater war von morgens neun bis abends sieben unterwegs gewesen, um Getränke zu besorgen. Während es in Frankreich vor einiger Zeit noch Alkohol in rauen Mengen gegeben hatte, war es jetzt sehr schwer gewesen, diesen aufzutreiben. Bei den Likören fehlte es vor allem an Zucker. Zum Teil wurden sie mit Sacharin gemacht, und wenn sie auch vorher schon meist grausig schmeckten, so waren sie durch den widerlich süßen Nachgeschmack jetzt ungenießbar geworden.

Zur großen Überraschung und Freude meiner Mutter bekam sie schon am 9. August ein Telegramm, in dem stand, dass mein Vater früher als vorgesehen, schon in zwei Tagen beurlaubt wurde! Unmittelbare Aufzeichnungen über unser glückliches Beisammensein gibt es wieder nicht. Nur die Briefe meines Vaters, während und nach seiner Rückreise, sprechen von den intensiv genossenen Tagen. „Die schönste Zeit, die wir beide miteinander zugebracht haben", den Bergtouren und den herrlichen Badetagen. Meine Mutter und Bernd sollten sich nicht zurückgesetzt fühlen, wenn er sagte, „dass Karingelein mein schönstes Urlaubserlebnis war". Das lag daran, dass er sich zum ersten Mal richtig mit mir unterhalten konnte, und dass ich „so lieb und brav" war bei all meinem „Temperament und Übermut". Wenn man, wie er, wusste, dass man ein so schönes Zuhause hatte, dann ließ sich alles Schwere ja viel besser ertragen, schrieb er. Wir beiden Kinder verkörperten die Hoffnung meiner Eltern auf eine bessere Zukunft. Glücklicherweise waren wir klein genug, um den Krieg jetzt noch nicht so sehr zu spüren und er hoffte und glaubte, dass wir in einer weniger grausamen Zeit alt werden würden.

Das Wiedereinleben in das Soldatendasein war auch dieses Mal hart. Die Sehnsucht nach uns war doch stärker als das Glück über die so herrlichen Urlaubstage. Während der langen Fahrt hatte er zu viel Zeit gehabt, um über sein Schicksal nachzudenken. Das trübe Wetter und die ziemlich trostlose Landschaft trugen auch nicht gerade zur Erheiterung bei. Man kam auf der Strecke durch Luxemburg an verschiedenen Ortschaften vorbei, die vom Krieg arg gezeichnet waren, und außer bei den Brücken sah man keine Wiederaufbauarbeit. Während seiner Abwesenheit hatte sich nichts Bedeutendes verändert. Um sich von der wiedereinsetzenden Langeweile zu befreien, las er alle Bücher, die er mitgebracht hatte, und gerade hatte er in der Frontbuchhandlung einen Bericht von einem Austauschstudenten über England gekauft. Es war ein wissenschaftliches, beinahe tendenzloses Buch, das in den jetzigen Tagen besonders lesenswert war. „Welch eine Tragik, dass sich zwei so verwandte, kulturell wertvolle Völker gegenseitig zerschlagen müssen", bemerkte mein Vater. Auch studierte er nun wieder seine „gute alte Frankfurter Zeitung", gegen die die „Münchner" ein armseliges Käsblatt war. Die Frankfurter brachte sehr interessante Artikel auch über die Stimmung in den skandinavischen Ländern und in der Türkei. Sie war dabei von einer sehr erfreulichen Objektivität. Nun war also der Iran an der Reihe, und man versuchte mit allen Mitteln Zugänge für die Waffenzufuhr nach Russland zu schaffen. Hoffentlich würde es gelingen, in den beiden kommenden noch warmen Monaten, die gesteckten Ziele in Russland zu erreichen.

Nach seiner Rückkehr musste mein Vater wieder die Vertretung von anderen Offizieren, die im Urlaub waren, übernehmen. Im Gegensatz zu den meisten anderen, machte es ihm Spaß, für 24 Stunden den Telefondienst zu übernehmen. Sogar die langen Nachtstunden fand er angenehm, wegen ihrer Stille und weil sie oft viel Zeit fürs Lesen ließen, wie zum Beispiel für eine umfangreiche Biographie über Karl V, die er gerade angefangen hatte. „Es geht uns schon unverdient gut", meinte mein Vater, „besonders wenn man das üppige Leben hier mit den gewaltigen Strapazen unserer Russlandtruppen vergleicht". Man erfuhr wenig von dem augenblicklichen Stand der Kämpfe. Klar war aber, dass man durch den schnellen Frankreichfeldzug sehr verwöhnt war, sodass man jetzt sofort ungeduldig wurde, wenn es nicht sehr schnell vorwärts ging. Beängstigend für ihn war, dass in den letzten Wochen niemand von Bertes gehört hatte, der irgendwo in Russland eingesetzt war. Es bestanden ernst zu nehmende Prognosen, die voraussagten, dass nach dem großen Erfolg der Kesselschlacht von Kiew Aussichten auf den baldigen Zusammenbruch der russischen Widerstandskraft bestünden. In dem für Deutschland wirtschaftlich wichtigsten Gebiet waren die Russen besiegt. Es war nur noch eine Frage der Zeit, bis auch die östliche Ukraine, einschließlich des Donezbeckens mit seinen riesigen Rohstoffvorräten und Getreidemengen, in deutscher Hand sein würde. Sie hofften sehr, dass es tatsächlich noch vor dem Winter gelingen könnte, das russische Heer zu bezwingen.

Ende September haderte mein Vater wieder mit dem überwältigenden Gefühl der Langeweile und Nutzlosigkeit seines Soldatendaseins. „Ich möchte ja so gerne wieder mal ordentlich schaffen, aber die Aussichten dafür sind so ziemlich gleich null", schrieb er. Wenigstens gab es viel Gelegenheit zum Reiten, teils auf ihrer eigenen Reitbahn, wo sie mit allen Schikanen ordentlich herumgehetzt wurden, einschließlich Springen, aber auch querfeldein, was besonders viel Spaß machte. Jetzt wo das Wetter oft nicht mehr einladend war, um zum Baden ans Meer zu fahren, bestand sein Sonntagnachmittag häufiger aus Cafébesuchen, wo es Kuchen, Eis und Schlagsahne gab oder lange Tischtennisturniere mit Freunden. „Uff, so verbringen wir unsere Tage!", schrieb er. Und dann gab es Varieté-Abende beim benachbarten Artillerie Regiment. Diese übertrafen alles an Minderwertigkeit. Hoffentlich blieb es ihnen erspart, mit den Künstlern nachher noch zusammenzusitzen. Das waren stets widerwärtige Typen.

Aber zu seiner Freude hatte er gute Fortschritte gemacht beim Einkauf der auf der Wunschliste meiner Mutter stehenden Gegenstände. Auch wenn die Preise in Frankreich gewaltig in die Höhe gegangen waren, war es vielleicht doch eine ganz gute Anlage, jetzt noch Einkäufe zu tätigen, außerdem machte ihm das Freude. Gekauft hatte er zwei Rucksäcke, Schuhe für Bernd und meine Mutter, Zahnpasta, einen Kamm, Taschentücher, Gummiband, verschiedene Pullover, Hausschuhe, Damenstrümpfe und Schlupfhöschen (von denen er jedoch gar nichts verstand!), wollene Strümpfe in verschiedenen Größen, ein Regenmantel für meine Mutter, Filme für ihren Fotoapparat, eine Nagelbürste, Haarspangen und Schleifen. Leider waren Spielsachen sehr schwer aufzutreiben. Die Franzosen schienen sehr wenig Sinn dafür zu haben. Da er in seiner Kompanie offiziell als Nichtraucher eingeschrieben war (die wenigen Zigaretten, die er rauchte, waren aus den Päckchen, die ihm die Familie zuschickte), hatte er eine große Menge an Bonbons für uns Kinder gesammelt, die den Nichtrauchern statt Zigaretten angeboten wurden. Auch „Überraschungen" hatte er besorgt, wie Kakaopulver und zwei kleine Käse, von denen er hoffte, dass sie ihren Geruch nicht allzu sehr an die anderen Gegenstände weitergeben würden. Bisher hatte er nur wenig von all dem abgeschickt, weil ihm das Packmaterial fehlte, aber er würde es schon auftreiben können. Für die Beförderung seiner angesammelten „Schätze" für uns hatte mein Vater zwei Möglichkeiten entdeckt: er gab sie einem Soldaten mit, der auf Urlaub nach Deutschland fuhr, und der das Paket von dort zu uns schicken würde, oder er gab meiner Mutter die Heimatadresse des befreundeten Soldaten, bei dem sie das Paket abholen könnte. Diesmal, kurz vor dem erhofften Urlaub, wollten sie bereits einige Geschenke für Weihnachten aufheben, die er mitbringen würde. In einem getrennten Brief an seinen Schwiegervater, schrieb mein Vater von einer Schachtel Zigarren, die an ihn unterwegs sei und die ihm beim letzten Schliff seines theologischen Wörterbuches, das er zur Veröffentlichung vorbereitete, Gesellschaft leisten sollte. Es war gut zu wissen, dass der Krieg die Veröffentlichung zwar erschwerte, sie aber doch nicht unmöglich machte. „So kommen, trotz aller Zerstörung doch noch aufbauende und geistige Kräfte zur Geltung", schrieb mein Vater.

Am 30. September informierte mein Vater meine Mutter, dass er ab morgen für vier Wochen zur Artillerie abberufen worden war. Er fand die Aussicht auf diese Abwechslung interessant, da es sicher manches zu lernen gab, das man für den Granatwerfer gebrauchen könnte. Es würde wieder ein Landaufenthalt sein, aber nicht ganz so einsam wie jetzt, denn die Artillerie lag in einem kleinen Dorf, etwa 30 km von hier entfernt. Aber schon bevor der Dienst richtig angefangen hatte (im Moment waren die Kameraden mit einem großen Reitturnier beschäftigt!), bekam mein Vater die Nachricht, dass er erst einmal für eine Woche die Führung einer anderen Kompanie übernehmen sollte – mehr wusste er einstweilen nicht. Der nächste Brief beschrieb ein neues, hübsches Quartier in einem kleinen Dorf, 6 km vom Meer entfernt, mit einem sauberen Zimmer über der Backstube und einem Burschen, der ihn bestens betreute. Trotz Oktober war es noch sommerlich warm, und das Wasser an einem kleinen, aber herrlichen Südstrand, sehr angenehm. Wie sehr er sich danach sehnte, all dies meiner Mutter zeigen zu können und sie bei sich zu haben!

Am 10. Oktober stand mein Vater ganz unter dem Eindruck der positiven Nachrichten, die aus Russland kamen. Was für ein Aufatmen nach den vergangenen schweren Monaten! Es wurde gemeldet, dass bei Wjasma und Brjansk das russische Heer vernichtend geschlagen worden war. Allerdings würde noch kein Friede mit Russland daraus hervorgehen. Die Front da draußen würden sie schon noch halten müssen, und ein Friedensabkommen zu dieser Zeit, bei dem sie große Teile der eroberten Gebiete womöglich wieder freigeben müssten, wäre nicht im Interesse Deutschlands.

Die Ausschaltung der Bedrohung von Osten her war das wichtigste Ergebnis dieses großen Sieges, aber fast so wichtig war die Sicherung der

Ernährung und der Rohstoffversorgung für Europa, die daraus hervorging. Freilich würde es noch einige Zeit dauern, bis die russische Kolonie mit ihren Lieferungen anfangen könnte, bis die Erz- und Kohlenbergwerke auf Hochtouren laufen würden und bis die Landwirtschaft restlos nutzbar gemacht werden konnte. Offensichtlich war aber, dass die Deutschen vom russischen Gebiet weit mehr haben würden als je von den früheren Kolonien, auch wenn ihnen Kaffee, Tee und Kakao noch eine Weile fehlen würden. Als Tuchfabrikant dachte mein Vater natürlich auch gleich an die Wolllieferungen aus den neuen Gebieten. „Bis sich die in der Ukraine eingesetzten Schafe so vermehrt haben, dass sie ausreichend Wolle für Europa liefern könnten, würde es wohl leider am längsten dauern", stellte er fest. In Hinblick auf England hatte mein Vater seine eigenen Theorien. Er glaubte nicht an eine Landung in England, aber man würde weiterhin Vorbereitungen treffen, um die Engländer dauernd wachsam in Angst zu halten. Die U-Boote waren in letzter Zeit erfolgreicher gewesen. Dazu kam, dass nach einem Sieg über Russland der größte Teil der Luftwaffe und der Flak wieder zu einem Angriff im Westen frei sein würde. Ob dies die Engländer zu weniger intensiven Luftangriffen auf deutsche Städte veranlassen könnte? Meine Mutter wusste ja, dass er „ein großer Optimist" war. Vielleicht würde im Winter wieder, wie im vorigen Jahr, der Urlaub auf drei Wochen erhöht. Dann könnten sie sich ein paar schöne Münchner Abende mit Konzerten und Theater leisten, nach denen er sich so sehnte. Heute morgen beim Aufwachen war es ihm beinahe so froh und unbeschwert zumute gewesen, wie früher im Frieden. Bald würden sie das Datum des Tages feiern, an dem sie sich kennengelernt hatten, den schönsten Tag seines Lebens! Wenn man daran dachte, dass sie von den acht Jahren drei bis vier nicht beisammen gewesen waren, dann waren sie doch eigentlich ein noch ganz junges Ehepaar, das noch viel an Freuden und Glück nachzuholen hatte!

Als stellvertretender Kompanieführer musste er jetzt Bestrafungen aussprechen, etwas, was ihm gar nicht lag. Für einen Mann, der sich im Dienst einen angetrunken hatte, gab es drei Tage scharfen Arrest. Es

Juli 1940 - Januar 1942

gehörte schon etwas Erfahrung dazu, das Strafmaß richtig einzuschätzen. Viel zu tun hatte er bei der augenblicklichen Art des Dienstes nicht, denn umwälzende Anordnungen konnte man natürlich in der Abwesenheit des Chefs nicht treffen. Wie hoch mein Vater angesehen war, zeigt die Tatsache, dass man ihn, nach der einen Woche der Stellvertretung, für 17 Tage als Chef des ganzen Bataillons einsetzte. Es war „ein ganz ordentliches Päckchen Verantwortung", das man ihm da auflud. In seiner Stellung musste man sich um jede Kleinigkeit kümmern, und wenn man nicht dauernd Krach schlug, wurden die Stuben nicht sauber gehalten und die Pferde nicht ordentlich geputzt. Auch praktische Aufgaben musste er übernehmen, wie das Aufstellen von Öfen und die Besorgung von Ofenrohren, die man sich von allerlei Stellen zusammenorganisieren musste. Er war froh darüber, dass sein Tagesprogramm interessanter geworden war. Eine erfreuliche Nebenerscheinung seiner neuen Position war auch die abendliche Ruhe, die er zur Abwechslung wieder sehr schätzte. Er würde nun wieder zum Lesen kommen, und wenn er abends mal nicht allein sein wollte, konnte er in die Kantine gehen, um Skat oder Tischtennis zu spielen. Einige Leute spielten auch Schach, allerdings sehr viel besser als er. Er würde erst einmal wieder nur als Zuschauer lernend dabei sein. Sogar ein heißes Wannenbad bei den Marinenachbarn gehörte zu seinem neuen Posten. Welch ein herrlicher Genuss! Auch war er so froh, in einer Kompanie zu sein, bei der Pferde eine bedeutende Rolle spielten. Zum Reiten kam er jeden Tag und neuerdings ritten sie öfters zu 10-15 Personen einfach durchs Gelände, was besonders Spaß machte und ihm allerhand Sicherheit gab. Jeden Sonntagmorgen fand ein Kompanieunterricht statt, den er abzuhalten hatte. Er nahm die wirtschaftlichen Vorbereitungen auf den Krieg und seine bisherigen Auswirkungen zum Thema für seinen ersten Vortrag. Das freie Reden war ihm ja immer etwas schwergefallen, aber es schien, als ob die Kommisszeit ihm in dieser Hinsicht sehr gut getan hatte. Er musste über sich selbst staunen, wie er ohne Konzept fast eine Stunde lang ganz flüssig, ohne Hemmung und „ohne Unsinn zu schwätzen", reden konnte. Wenn ich den Bericht meines Vaters über seinen nächsten Vortrag lese, bin ich mir nicht sicher, ob seine Worte aus seiner eigenen Überzeugung kamen, oder ob er sich gezwungen fühlte, in der Richtung der Parteilinie zu sprechen. Sein Thema hieß „Der Grund für diesen Krieg mit England". Über Hitlers Größenwahn konnte er natürlich nicht sprechen, aber er beschuldigte England, in den Konflikt eingetreten zu sein, um das Gleichgewicht der Kräfte in Europa zu bewahren. Um das Britische Reich zu erhalten, brauchte England die Vormacht in Europa als wichtigstes Absatzgebiet für den englischen Handel. Der deutsche Ehrgeiz hatte sich gegen diese Abhängigkeit aufgelehnt. Deutschland musste jetzt versuchen, nachdem die wichtigen Rohstoffquellen in Russland gesichert waren, England davon zu überzeugen, eine neue Ordnung in Europa unter deutscher Vorherrschaft zu akzeptieren. Bis England diesen Machtwechsel annehmen würde, hätte man keine andere Wahl, als sie mit Machtmitteln – vielleicht genügten U-Boote und Luftangriffe - dazu zu zwingen.

Auch wenn mein Vater nicht das Gefühl hatte, dass seine augenblickliche Tätigkeit ihn genügend herausforderte, machte sie ihm dennoch Freude, weil er das Gefühl hatte, in seiner Einstellung zu den Männern und den Unteroffizieren das richtige Maß zwischen Kameradschaft und Vorgesetztenstellung, zwischen Milde und eiserner Strenge gefunden zu haben. Damit die Leute während des Winters zwischen ihren langweiligen Diensten etwas Abwechslung haben würden, hatte er beschlossen, für ca. RM 300 auf seine Kosten Bücher aus der Frontbuchhandlung anzuschaffen und so eine kleine Kompanie-Leihbibliothek anzulegen. Er konnte wirklich ganz zufrieden sein mit seinem Los. Die zwei Jahre, die gestern zu Ende gegangen waren, waren nicht nutzlos gewesen. Vor allem eines hatte er dabei gelernt: eine größere Sicherheit im Umgang mit Menschen, die ihm sehr gefehlt hatte, und die er in seinem Beruf gut würde brauchen können. Dazu kam noch das andere große Geschenk, das ihm der Krieg gemacht hatte, über das er sich schon öfters mit meiner Mutter ausgetauscht hatte: die Gewissheit über seine tiefe Liebe zu ihr und das Glück, einen „Herrn Bai und eine Frau Webel" (Kosenamen für uns Kinder) daheim zu haben. All das machte natürlich die Kriegszeit nicht wett aber eben erträglich und tröstlich.

Sehr beeindruckt war mein Vater von einem evangelischen Gottesdienst, den ein junger sympathischer Pfarrer letzten Sonntagmorgen abgehalten hatte. Der Pfarrer ließ ihnen eine Streitschrift zurück, die sich mit den Versuchen zur Verächtlichmachung und Unterdrückung des christlichen Glaubens befasste. Mein Vater meinte, dass ihm und meiner Mutter eine intensive Beschäftigung mit dem Glauben wohl noch bevorstehen würde, wenn dieser Krieg einmal vorbei wäre, denn es war doch ungeheuer wichtig, dass man auf diesem Gebiet eine klare Einstellung hatte. Bei ihm fehlte es leider noch sehr an einer festen Überzeugung. Wenn er doch bloß seine Nüchternheit überwinden, und an Dinge glauben könnte, die er sich nicht vorstellen konnte. Es war halt in erster Linie der Glaube, den das Christentum von einem verlangte, ohne dass man sich fragte, warum gerade so. Auch musste man sich fragen, warum gerade das Christentum die richtige Religion war und nicht der Islam oder der sehr hochstehende Buddhismus? Was folgt, ist ein regelrechtes Glaubensbekenntnis meines Vaters. Er schrieb: „Ich glaube an Gott und ich glaube daran, dass die Lebensgrundsätze, die wir dem Christentum verdanken, von Gott kommen und für das Zusammenleben von Menschen die Richtigen sind, aber damit bin ich noch kein rechter Christ. Dazu gehört viel mehr." „Ein hoffnungsloser Fall" sei er trotzdem nicht, denn er wusste, dass es in erster Linie seine Faulheit war, die seine sehr oberflächliche Einstellung zu den religiösen Fragen begründete. Zeit hatte er wahrhaftig genug, um seine Gedanken zu sammeln. Er wusste, dass es, um zu glauben, eher notwendig war, nachzudenken als immer neues Wissen anzusammeln. Um ein guter Christ zu sein, musste man vor allem glauben können, auch das, was mit dem Verstand nicht zu erfassen war. Man musste die Bibel in ihrer ganzen Widersprüchlichkeit annehmen lernen. Als Menschen dieses materialistischen Zeitalters lebten sie oberflächlich und schüttelten Gedanken an Dinge, die der Verstand nicht begreifen wollte ab, indem sie vorgaben, für sie keine Zeit zu haben. Da war es vielleicht recht, wenn man manchmal ganz betont das Althergebrachte pflegte. Mein Vater endete seinen Brief mit dem Vorsatz, dass sie sich fest vornehmen wollten, für uns Kinder das Wertvolle und Gute aus der alten Zeit hinüberzuretten.

Um den Soldaten den Kontakt mit ihrem Zivilberuf zu erhalten und ihre ruhige Winterzeit etwas interessanter zu machen, hatte das Militär in einzelnen Kompanien Arbeitsgemeinschaften nach Berufs- oder Interessengebieten entwickelt. Landwirte, kaufmännische Angestellte, Schlosser, Elektrotechniker wurden für den Unterreicht zusammengefasst, aber Leute konnten auch mit Hilfe von umfangreichen, in Buchform herausgegebenen Ausbildungsplänen und Schmalfilmen andere Fächer studieren, wie deutsche Geschichte, Erdkunde oder Französisch. Inwieweit sich solche Lehrgangsideen verwirklicht haben, ist mir nicht bekannt, aber mein Vater wurde damals, bevor er erneut versetzt wurde, zu einer zweitägigen Einführung in dieses neue Berufsschulprogramm verpflichtet, das ihn natürlich sehr begeistert hat.

Als seine siebzehntägige Vertretungszeit als Chef des Bataillons vorüber war, bekam er die Aufgabe als Kompanieführer und Ortskommandant zu jenem Ort am Meer zurückzuziehen, der ihm im Mai so gut gefallen hatte, und wo er schon einmal diese Funktionen ausgeübt hatte. Wie herrlich war es doch, wieder direkt am Wasser zu sein, das bei ihrer Ankunft wild getobt hatte, und wo sich die Wellen in gewaltigen Gischtwolken an der Mole, die zum Schutz dem kleinen Fischerhafen vorgebaut war, brachen. Als Ortskommandant machte er wieder Besuche bei den anderen, in der Nähe liegenden deutschen Einheiten und beim Bürgermeister sowie bei den Fischhändlern. Die Vorgänger hatten eine Fischräucherei eingerichtet, die sie weiterführen wollten. Er hatte jetzt 190 Mann unter sich, und weil er diesmal bis in den Dezember hinein, also eine längere Zeit, bei dieser Kompanie bleiben sollte, lohnte es sich, eigene Gedanken durchzusetzen, was bei den normalen Vertretungsposten, die oft nur knappe drei Wochen oder weniger dauerten, kaum möglich gewesen war.

Juli 1940 - Januar 1942

Er wollte mehr Schwung in die Leute hineinbringen und zu dem Zweck musste gelegentlich ziemlich laut mit ihnen geredet werden. Ohne Anpfiff konnte man die Disziplin nicht aufrechterhalten. Im Grunde hatten es die Leute aber gut bei ihm. Sie wurden nicht unnötig geschliffen, aber man musste schon verlangen, dass jeder seine Pflicht tat und sich soldatisch benahm. Es war tatsächlich gut, es bis zum Leutnant gebracht zu haben. Da hatte man wenigstens etwas zu tun, das Erfahrungen wie Verantwortungsgefühl und Entschlusskraft stärkten, die man später noch nutzen könnte. Auch wenn ihm die Strenge nicht lag, regte er sich nicht mehr darüber auf, „wenn es Fälle gab, die eine Bestrafung erforderten". Mein Vater benutzte diese Beobachtung zur Ermunterung meiner Mutter, die darüber geschrieben hatte, wie sehr sie unter Minderwertigkeitskomplexen ihrer neuen Schwägerin Karin gegenüber (und auch gegenüber Verena) litt. Die Kunst des Lebens, tröstete er sie, bestand darin, seine eigenen Grenzen zu kennen, sie anzunehmen und nach ihnen zu leben. Wir haben alle unsere „dunklen Tage", in denen wir unzufrieden mit uns selbst sind, aber auch die gingen vorbei und waren schnell vergessen, und nebenbei besaß sie Stärken, die die anderen nicht hatten.

Mein Vater konnte nicht umhin, fast täglich Urlaubsberechnungen anzustellen. Er wusste zwar noch nichts Genaues, nur so viel, dass es keinesfalls früher als Anfang Januar werden könnte. Das wären noch ungefähr sieben Wochen gegenüber den dreizehn, die sie nun glücklicherweise schon hinter sich hatten. Sie mussten es nur so einrichten, dass sie auf keinen Fall mehr als einen Tag mit den „konsularischen Majestäten" zusammen sein würden. Mein Vater bat meine Mutter innig, darauf zu achten, dass sie nicht versuchte, in Erwartung der Kritik des Konsuls, aus Bernd einen „Salonknaben" zu machen. Bernds Ungezogenheiten und seine scheußlichen Tischmanieren, die immer noch anhielten, waren natürlich irritierend. Aber er, mein Vater, mochte Bernd so wie er war: ein lieber Kerl, dessen Rohheit sich mit der Zeit schon mildern würde. Was den Urlaub anbetraf, konnte man eigentlich mit gutem Gewissen gar keine großen Wünsche haben, meinte mein Vater, solange die Leute im

Osten, die ihn tausendmal mehr verdient hatten als er, nicht daran denken konnten.

Es hatte wieder einen evangelischen Gottesdienst in seiner Kompanie gegeben, und mein Vater hatte die Gelegenheit wahrgenommen, sich mit dem Pfarrer, der gerade von der russischen Front zurückgekommen war, zu unterhalten. Er erzählte, wie so mancher dort in den schweren Stunden zu seinem alten Kinderglauben zurückgefunden hatte. Dasselbe hatte anscheinend sein Bruder Bertes berichtet, der aus Russland kurz in Neuhaus vorbeigekommen war und meiner Mutter von seinen schlimmen Erlebnissen erzählt hatte. Wer diesen Kampf mitmachte und sah, wie seine Kameraden starben und litten, dem wurde bewusst, „was für ein winzig kleines Ding wir Menschen sind, und wie lächerlich unsere dummen kleinen alltäglichen Sorgen im Grunde aussehen". Trost konnte man nur finden, wenn man sich sagen konnte, dass dieses Geschehen Gottes Wille war. Das Los unseres Lebens war halt Kampf, so wie es bei den Tieren ja auch war. Mein Vater schrieb: „So sehr großartig sind wir Menschen nicht, wenn wir uns mit den Tieren vergleichen. Die schlechten Eigenschaften wie Neid und Habgier sind stärker als die Vernunft. Was für ein unsagbarer Unsinn ist dieser Krieg, wo doch die Erde so reich an allem ist, was wir zum Leben brauchen. Nur eine vernünftige Ordnung und Verteilung wäre nötig, damit jeder ausreichend das bekommt, was er braucht. Wie jämmerlich klein sind wir Menschen, dass wir das nie fertigbringen werden. Was nützt da alle Vernunft, wenn wir uns trotzdem auffressen wie die Tiere?" Offensichtlich war sein großer Optimismus von Anfang Oktober leider wieder einmal verfrüht gewesen. Wie mochte der schwere Kampf, der augenblicklich in Afrika tobte, zu Ende gehen? Bis Anfang November waren die Nachrichten aus Russland, die ihnen vermittelt wurden, meist positiv gewesen. Aber jetzt, am Ende des Monats, wurde ihm klar, dass mit den kommenden Wintermonaten der Kampf bis zum Frühjahr weitergehen würde. Der russische Widerstand war unglaublich, obwohl die Deutschen in der Nähe von Leningrad standen und nicht weit von Moskau waren. Mein Vater hoffte, dass im nächsten Frühjahr die deutsche Überlegenheit so groß sein würde, dass die Russen ohne zu große Verluste auf beiden Seiten besiegt werden könnten.

Als Kontrast zu diesen erschütternden Gedanken wirkt der nächste Brief, den mein Vater verfasste, als ein Auszug aus einem Lustspiel. Er beschrieb die Vorbereitungen für den Empfang eines Generals, der kommen sollte, um die Kompanie zu besichtigen. Die Befehle, insbesondere über seine Bewirtung, waren unentwegt durchs Telefon geschwirrt. Mein Vater hatte draußen im Gelände „eine Speisung des hohen Herrn und seines Gefolges" vorzubereiten. Bis ins Kleinste war alles genauestens befohlen. Was es zu trinken geben sollte, womit die Butterbrote geschmiert werden sollten, ja sogar die Dicke der Schnitten war vorgegeben. Am Ende hatte alles vorschriftsmäßig geklappt, auch wenn der, der den Kellner spielte, vor lauter Aufregung und Ehrfurcht den „Tatterich" bekam, als er dem General ein Glass Cognac einschütten sollte. Zum Glück hatten sie warmes Wetter und mein Vater war froh, dass alles vorbei war, denn man wusste ja nie, ob irgendeiner eine Dummheit machte, für die man nachher verantwortlich gemacht wurde.

Herrlich für meinen Vater war die Nähe zum Meer. Die reine Luft, die man Tag und Nacht einatmete, war ein „himmlisches Geschenk". Der einsame Strand in der Abendsonne, besonders im Winter, bescherte ihm die gleichen beglückenden Gefühle wie er sie in den Bergen hatte. Da fühlte er sich Gott nahe. Wie fern er einem meist war, wenn man sich unter Menschen befand, außer es waren Kinder oder seine enge Familie. Er war in seinen religiösen Studien einen kleinen Schritt weitergekommen, meinte er. Nach dem letzten Gottesdienst hatte der Pfarrer allerlei Schriften zum Mitnehmen ausgelegt. Er hatte sich ein Markus- und ein Johannesevangelium mitgenommen. Sie zu lesen, war er jetzt überzeugt, war der rechte Weg, um den Versuch zu machen, zum alten Glauben zurückzufinden. Beiden, ihm und meiner Mutter, fehlte es ja nicht an dem Glauben an Gott, sondern an ihrem Glauben an Christus.

Frankreich

Geliebtes Pitterchen.
Da mein Schreibblock sich seinem Ende nähert, muss ich heute im Miniaturformat schreiben.
Der Sturm heult um unser Schloss. Viel anhaben kann er uns nicht, da nach der Wetterseite die Bäume dicht stehen. Aber es kann ganz ordentlich werden so nah an der Küste im Herbst u. Winter. Kalt ist der Wind nicht, denn er kommt aus Südwesten. Er hat mir heute Nachmittag ein ganz herrliches Erlebnis verschafft: nämlich das schönste Bad des Jahres. Es übertraf noch das, wovon ich neulich erzählte. Hier von der Heimatkompanie aus fahre ich stets zur grossen Bucht, von der ich dir die allerdings wenig gute Postkarte zeigte. Dort war heute infolge des Sturms ein ganz pfundiger Wellengang. Mehr als 15 m konnte man beim besten Willen nicht hineingehen trotzdem es gar nicht tief ist weil die gewaltigen Wellen einen immer wieder mit grosser Kraft zurückschlagen. Eine gesündere Massage kann man sich gar nicht vorstellen. Es war gar nicht kalt im Wasser. Die Wellen sorgen schon dafür, dass man nicht friert. Da natürlich kein Mensch auf den Gedanken kam bei Sturm und regendrohendem Himmel zu baden, konnte man sich glücklicherweise die Badehose sparen. Jetzt habe ich ein herrlich sauberes und erfrischtes Gefühl am ganzen Korpus. Die Radfahrt war hin etwas mühsam im Gegensturm aber zurück gings umso leichter. Hoffentlich kann man sich dieses herrliche Vergnügen noch recht lange leisten. Gestern hatten wir einen Film bei uns „Venus vor Gericht", ganz amüsant aber nichts Besonderes. Die Wochenschau von der grossen Schlacht bei Kiew war besonders eindrucksvoll.

Juli 1940 - Januar 1942

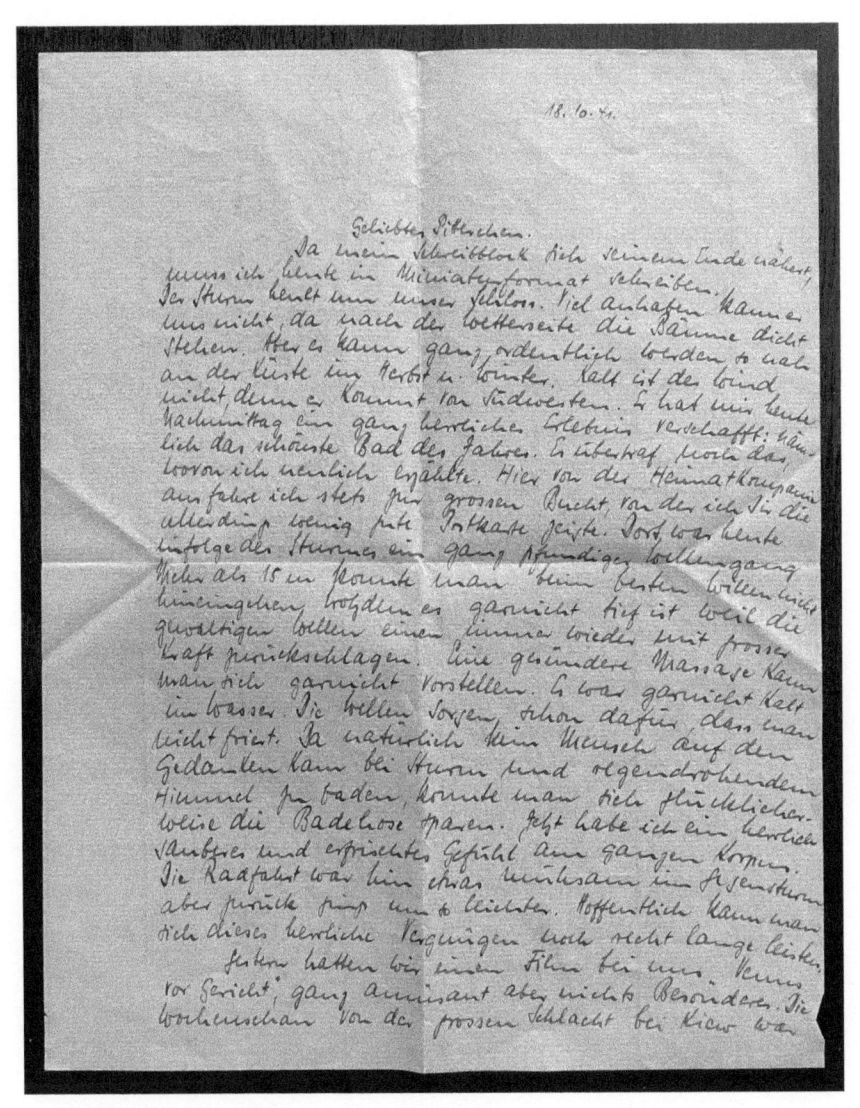

Brief vom 18. Oktober 1941

Das Johannesevangelium wiederholte immer und immer wieder, dass Christus der Mittler zwischen Gott und den Menschen war, und dass nur durch ihn der Weg zu Gott führen könne. Als Menschen dieses materialistischen Zeitalters wollten wir immer nach dem Grund einer solchen Aussage fragen, anstatt zu glauben. Mein Vater schrieb, dass er jetzt diesem Glauben näherkäme, denn er war überzeugt, dass es Menschen gab, aus denen Gott zu uns sprach, und dass Christus der Größte unter denen war, die diese Stimme Gottes in sich trugen. An sich selbst sah er jetzt mit allergrößter Klarheit, wodurch die Oberflächlichkeit des Glaubens gekommen war. Man brauchte eben einsame, geruhsame Stunden, um allmählich mit sich ins Reine zu kommen. Wenn man sich durch das schnelle Leben heute ablenken ließ, oder tagsüber so schuften musste, dass man abends abgespannt war, wie es doch den meisten Menschen heutzutage ging, dann konnte man eben keine tieferen Gedanken mehr denken. Er schloss seine Betrachtungen mit den Worten an meine Mutter: „Die heutige Zeit muss die Menschen durch ihr unsinniges Tempo vertieren und verflachen lassen. Wir beide wollen uns und den Kindern unsere altertümlichen Auffassungen von den Schönheiten und dem Sinn des Lebens mit allen Mitteln bewahren."

Meine Mutter hatte geplant, Anfang November nach Düren zu fahren, um die endgültige Räumung ihres Hauses vorzunehmen. Mein Vater hatte sie gebeten, nach ihrem Gärtchen zu schauen, das wohl jetzt mit Unkraut überwuchert sein würde, in dem aber doch vielleicht noch einige der Chrysanthemen, die er vor Jahren gepflanzt hatte, überlebt hatten. Als meine Mutter erfuhr, dass alle drei Geschwister meines Vaters sich um diese Zeit in Neuhaus treffen wollten, verschob sie ihr Vorhaben um eine Woche, um mit ihnen zusammen zu sein. Nach ihrer Beschreibung waren es, trotz des Bewusstseins dieser schweren Tage, sehr fröhliche Stunden, die sie zusammen verbrachten. In der vagen Erinnerung eines kleinen, gerade drei Jahre alten Kindes, fühle ich heute noch das abenteuerliche Vergnügen, in ein Plumeau (eine Daunendecke) gewickelt, treppauf, treppab durchs Haus getragen zu werden. Es waren die Onkel da, die mit uns Pferd spielten. Wie sehr mein Vater sich danach sehnte, dabei sein zu können! Er konnte sich gut vorstellen, dass ein Besuch in Düren, wo man noch üppig und relativ unbeschwert lebte, für meine Mutter nicht ganz leicht sein würde. Sie würde alles mit kritischen Augen verfolgen. So einen übermäßigen Lebensstil, wie man ihn hier noch führte, würde es nach dem Krieg nicht mehr geben. Da war es gut, wenn man schon vorher etwas einfacher gelebt hatte. „Das ist schon ein Völkchen für sich, arg eng in seiner Lebensauffassung." So urteilte mein Vater über die Menschen, unter denen er aufgewachsen war. Seine Großmutter Maam in ihrer warmherzigen Großzügigkeit und Toleranz, war da eine Ausnahme gewesen. Er hatte neulich nachts von ihr geträumt und sie in großer Liebe umarmt. Er beendete diesen Brief mit der Beteuerung: „Ich bin immer wieder dankbar, Dich gefunden zu haben. Mit so einer aus dem Dürener Kreise wäre ich nie glücklich geworden." Was für eine Liebeserklärung an meine Mutter und an die künstlerische, geistige Welt, die sie verkörperte!

Die Bombardierung der amerikanischen Flotte in Pearl Harbor am 7. Dezember 1941 empfand mein Vater als ein „welterschütterndes Ereignis. Nun hat der Krieg glücklich die ganze Erde in Brand gesetzt", schrieb er. Der Krieg würde sich sicher endlos lange hinziehen, und eines Tages würden die Japaner wohl auch den Russen zusetzen, denn auf Wladiwostok hatten sie es schon seit langem abgesehen. Zwei Tage nach Pearl Harbour erklärte die USA Deutschland den Krieg. Auch wenn diese Tatsache in der Praxis im Moment wenig ausmachte, so war sie sehr deprimierend, denn nun hatte sich der Krieg über die ganze Erde ausgebreitet. Ein Ende war weniger denn je absehbar. Auch die Nachricht von der jetzt eingetretenen Winterruhe an der deutschen Ostfront konnte meinen Vater nicht beruhigen, hatte er doch gehofft, dass der große Ansturm im Oktober schnell eine endgültige Entscheidung dieses schweren Krieges im Osten bringen würde. Man konnte nur hoffen, dass der Winter den Russen, die große Schwierigkeiten in der Ernährung und Rohstoffversorgung haben würden, mehr zusetzte als den Deutschen.

Am 14. Dezember schrieb mein Vater vorzeitig einen offiziellen Weihnachtsbrief an uns, dessen Umschlag er mit einem großen W versah, was auch dieses Jahr heißen sollte, dass er erst am Heiligabend aufgemacht werden durfte. In ihm stellte er sich vor, wie wir, zusammen mit den Eltern meiner Mutter, um den strahlenden Christbaum versammelt sein würden, um die alten Lieder zu singen. Wir Kinder voller Freude, als ob Friede wäre, die Erwachsenen mit allerlei ernsten und wehmütigen Gedanken. Mein Vater erinnerte sich an die gemeinsam verbrachten Festtage mit ihren Freuden und ihrer gemütlichen Sorglosigkeit. Wie wenig kannten wir damals zur Friedenszeit Kummer und echte Sorgen, die man sich nun machte. Der Krieg hatte sie gewaltig umgekrempelt, sie aus ihrer Bequemlichkeit herausgerissen und von ihnen Entbehrungen und Opfer verlangt, die ihnen aber auch neue Erkenntnisse gebracht hatten. Früher, so schreibt mein Vater, hatte er das Schöne im Leben als etwas Selbstverständliches hingenommen. Das Leben war ihm als eine sehr angenehme und erfreulich Sache erschienen. Nun war es umgekehrt. Er hatte jetzt eingesehen, dass die Menschen nicht auf der Erde sind, um ein gemächliches Leben zu führen. Das Leben war ein ewiger Kampf, genährt von Ehrgeiz und Eifersucht, eine Tatsache, mit der man sich abfinden musste, nachdem man nun mal zu diesen Menschenwesen gehörte. Es kam darauf an, sich auf die Suche nach den Dingen zu machen, die einen hinausheben konnten über den Jammer und die Widerwärtigkeiten dieser Welt. Er hatte schon einiges gefunden und einiges war noch im Werden. Dazu gehörten ganz stark seine Liebe zu uns allen und seine Liebe zur Natur, die so viel reiner und echter war als alles von Menschen Geschaffene, und vielleicht käme ja auch der rechte Glaube allmählich zurück. Jetzt würden es nur noch wenige Wochen sein bis zu einem Wiedersehen und dann wollten sie gemeinsam noch einmal Weihnachten feiern.

Aber schon drei Tage später erfuhr mein Vater, dass es plötzlich hieß, dass keiner mehr in Urlaub fahren konnte. Diese Nachricht war nach aller Planung und ermunternden Vorfreude, ein großer Schlag für meine

Juli 1940 - Januar 1942

Eltern. Meine Mutter erhielt auf einem Fetzen Papier von meinem Vater eine kurze Nachricht, die besagte, dass es so aussähe, dass er zwischen Weihnachten und Neujahr zwar nicht nach Hause kommen, aber doch zu Bertes reisen könnte. Er wusste nicht, was das heißen sollte, aber was half es, „man muss zufrieden sein". In einem längeren Brief vom 19. Dezember schrieb er, er wüsste nicht, wie lang die Urlaubssperre andauern würde. Der Grund wurde ihnen nicht gesagt, aber mein Vater nahm an, dass die Bahn durch Urlauber aus dem Osten so beansprucht war, dass die Westurlauber vorläufig nicht fahren konnten. Das wäre verständlich, denn die aus dem Osten hatten es tausendmal mehr verdient, Weihnachten zuhause zu sein, als sie von hier. Am bittersten war die mit einem Mal verschwundene Aussicht, uns bald wiederzusehen. An den Weihnachtstagen wäre das so ein schöner Trost in der Einsamkeit gewesen. Sorgen sollte sich meine Mutter um ihn aber keine machen. „Was die anderen können, kann ich auch", schrieb er, als ob er jetzt wusste, oder vielleicht auch nur ahnte, dass man ihn für die russische Front vorgesehen hatte, denn er schrieb weiter: „warme Sachen habe ich genug", und machte eine Liste der Kleidungsstücke in seinem Besitz, die sich für kalte Wintertage eigneten.

Schon jetzt, eine Woche vor Weihnachten, hatte es in der Kirche einen evangelischen Weihnachtsgottesdienst gegeben. Er war sehr stimmungsvoll gewesen, wenn auch die Teilnehmerzahl nicht gerade groß gewesen war. Beim Singen der „guten alten Weihnachtslieder" war es ihm ziemlich wehmütig zumute gewesen. „Man muss schon so allerlei in sich hineinschlucken in dieser Zeit", aber man musste auch versuchen, sein Schicksal als den Willen Gottes zu verstehen, der höher war als alle Vernunft. Ihm durften wir getrost die Entscheidung über unser winzig kleines Menschenleben anvertrauen. Wenn er morgens noch im Dunkeln von seiner Wohnung hinüber zur Kompanie ging, kam er an der Kirche vorbei, und wenn er das Altarlicht sah, wollte er am liebsten hineingehen und eine kleine Andacht halten. Seine eigene Weihnachtsfeier würde in einem stillen Eckchen bei Kerzenlicht stattfinden, wenn er an uns denken, unsere Päckchen öffnen und Gott danken würde, der ihm drei so liebe, liebe Menschen geschenkt hatte, die seinem Leben erst den rechten Sinn gegeben hatten. Weihnachten und Soldatenleben waren halt zwei Begriffe, die sich nicht vereinbaren ließen. Dass bei den Landsern die Sehnsucht nach der Heimat in Alkohol ertränkt wurde, konnte man ihnen nicht übelnehmen, und sie bekamen jeder mehrere Flaschen als Geschenk.

Bevor meine Mutter die bittere Nachricht über die Urlaubssperre bekam, erreichte sie allerdings ein Telegramm, in dem stand, dass mein Vater sich auf dem Weg nach Neuhaus befand, wo er für fünfeinhalb Tage über Weihnachten bei uns sein könnte, bevor er von Frankreich aus in der ersten Woche im Januar an die russische Front abberufen war. Was für eine Freude und zugleich, was für ein Schrecken!

Es waren „schöne, sehr, sehr schöne Tage", die wir miteinander hatten, schrieb mein Vater auf dem Rückweg nach Frankreich. „Sie waren ganz anders als früherer Urlaub, nicht so ungehemmt und froh wie sonst, aber durch Weihnachten und die schreckliche Trennung haben wir uns vielleicht noch nie so eng verbunden gefühlt wie in diesen wenigen Tagen." Er dankte meiner Mutter für ihre Tapferkeit während dieser schweren Zeit, in der das Gespenst des schon so bald bevorstehenden Abschieds auf ihnen lastete und hoffte, dass sie sich nicht allzu einsam fühlen würde, jetzt, wo alle abgereist waren und sie niemanden hatte, mit dem sie ihre sorgenvollen Gedanken teilen konnte. Das Bewusstsein, dass sie den Kopf hochhielt und so gut es ging, mit ihrem Schicksal fertig wurde, gab ihm viel Kraft. „Wir wollen mit Gottvertrauen abwarten, was uns das Schicksal bringen wird." Er hatte sich jetzt ganz mit dieser einschneidenden Veränderung abgefunden, wenn man sich auch keinerlei Vorstellung von den Umständen, die einen erwarteten, machen konnte. Für meine Mutter tat ihm diese neue Situation arg leid und sie wollten dankbar sein, dass ihr wenigstens bisher die Sorgen, die so viele zu tragen hatten, erspart geblieben waren. Von Frankreich aus sah alles so viel leichter aus als von zuhause, weil man unter Kameraden war, die alle das gleiche Los zu tragen hatten und einander halfen, ohne es auszusprechen. Die Silvesternacht war durch den Witz der rheinischen Soldaten und den vielen Alkohol erträglich, wenn natürlich nicht nach seinem Sinn verlaufen.

Am 3. Januar 1942 berichtete mein Vater, dass er als Ordonnanzoffizier zum Stab eines anderen Bataillons innerhalb seines Regiments versetzt worden war. Er würde sich wohl um das Nachrichtenwesen, Waffen, Munition und Unterbringungsfragen innerhalb des Bataillons zu kümmern haben. Der Kommandeur, ein sehr netter Major namens Dr. Flinzer, Chemiker von Beruf, ein junger Adjutant und der Stabsarzt gehörten zu seinem Stab. Sicher würde es meine Mutter beruhigen zu wissen, dass er jetzt zu einem Stab gehörte. Er stellte sich vor, dass ihm die neue Arbeit, die sehr verantwortungsvoll klang, gut liegen würde. Er war überzeugt, dass man sich mit gesundem Menschenverstand, gegenseitiger Hilfsbereitschaft und etwas praktischem Sinn gut zurechtfinden würde. Sie waren alle natürlich höchst gespannt in Erwartung der kommenden Wochen. Glücklicherweise gab es so viel zu tun, dass man gar keine Zeit zum Nachdenken hatte. Über seine Winterausrüstung war er vollkommen beruhigt, besonders da er jetzt auch seine Skistiefel dabeihatte und hohe Gummistiefel, die ein Freund für ihn bei der Marine besorgt hatte.

Russland
Januar 1942 - Februar 1943

Ein mit Schreibmaschine geschriebener Brief vom 8. Januar 1942 teilte meiner Mutter mit, dass mein Vater seit zwei Tagen „auf der Rutsch" in Richtung Osten unterwegs war. Die Abreise hatte mit einem mehrstündigen Marsch zur Verladestelle begonnen. Das Verladen von Menschen, Fahrzeugen und Pferden hatte bis um 1 Uhr morgens gedauert. Dann begann der lange Zug sich langsam aus der vertrauten Gegend „einer ganz ungewissen und entbehrungsreichen Zukunft" entgegenzubewegen. Der Adjutant und er hatten ein 2. Klasse Abteil eines ziemlich alten belgischen Wagentyps, ohne Toilette und ohne Verbindung zum Nachbarn, dafür jedoch mit Heizung und einem Radio mit Batterie. Alle paar Stunden hielt der Zug für etwa eine Stunde, in der es Verpflegung gab oder heißen Kaffee. Wenn er nicht schlief, las er Vorschriften, um sich auf sein neues Arbeitsgebiet vorzubereiten. Gelegentlich wurde auch nebenan, zusammen mit dem Kommandeur und dem Stabsarzt, Doppelkopf gespielt, ein Kartenspiel, das es wohl nur unter Soldaten, besonders unter Offizieren gab und ganz amüsant war. Ihre neuste Idee war es gewesen, die Schreibmaschinen liefern zu lassen, damit man auch während der Fahrt, trotz Wackelei anständig schreiben konnte.

Mein Vater hatte das große Glück, dass sein Kommandeur ein besonders sympathischer und gescheiter Mensch war. Er besaß so etwas, was man „savoir vivre" nannte, was man unter Soldaten nicht häufig fand. Er war 53 Jahre alt, jetzt Major, nachdem er eine Zeit lang aktiver Offizier gewesen war. Nach dem 1. Weltkrieg hatte er seinen Doktor in Chemie gemacht und bei der IG Metall gearbeitet. Er war ein gebildeter Mann, der viel wusste und viel gesehen hatte. Der Adjutant war Leutnant, sogar bald Oberleutnant, 28 Jahre alt, im Zivilberuf Landwirt. Er war unermüdlich tätig, aber ernster als die meisten Leutnants seines Alters. Sehr nett war der Stabsarzt. Er stammte aus Düsseldorf, wo er seine Praxis hatte.

Mein Vater nahm an, dass sie durch seinen Humor und seine Lebenslust noch häufig in trüben Stunden aufgemuntert werden würden. Über seine Aufgaben war er sich noch nicht voll im Klaren, besonders deshalb nicht, weil sie im Osten, gefühlt auf der anderen Erdhalbkugel, anders agieren müssten als bisher. Im Moment bestand eine seiner Pflichten darin, den Wehrmachtsbericht, wie er im Radio gebracht wurde, zu tippen. Wie lang würde die Reise wohl dauern? Vierzehn Tage, nahm er an, würden es mindestens sein. Wie schmerzlich die Aussicht war, so lange nichts mehr von uns zu hören. Er würde wenigstens versuchen, von unterwegs so viele kleine Nachrichten wie nur möglich an uns zu schicken.

In zwei Tagen hatten sie ein großes Stück Deutschlands durchquert. Bei Bingen kamen sie über den Rhein und hatten in der Nähe von Potsdam einen längeren Aufenthalt, weil es dort Säcke mit Sachen aus der Winterzeug Sammlung gab. Es war rührend zu sehen, was die Leute alles zusammengeschleppt hatten, um es den Soldaten erträglicher zu machen. Er selbst war so gut ausstaffiert, dass er nichts mehr brauchte, aber kurz vor der Abreise konnte er doch noch ein „Prachtstück von Pelzweste mit Kaninchenfutter" erstehen. Vor der Kälte hatte er gar keine Angst, denn mit all den Kleidungsstücken, die er hatte, konnte ihm nichts passieren. Gleich würde es weitergehen in Richtung Frankfurt an der Oder und Posen. Weiteres wussten sie nicht. Im letzten Teil würde das Tempo wohl etwas nachlassen, und am Schluss würde es sicherlich auch ein ordentliches Stück zu marschieren geben. Er war guten Mutes, obgleich es ihm natürlich klar war, dass ihnen noch mancherlei Schweres bevorstand. Meine Mutter könne sich nicht vorstellen, meinte er, wie die gute Kameradschaft und der gemeinsame Vorsatz, die Sache von ihrer besten Seite zu nehmen, das Ertragen aller Beschwerlichkeiten erleichterte. Ihr Major war humorvoll und zuversichtlich und hatte meinem Vater seinen zweiten Schlafsack zur Verfügung gestellt, dazu ein Gummikissen. Er war sehr froh darüber, denn so ein Steppdeckensack, der innen wattiert war, hielt schön warm und zusätzlich hatte er noch zwei Decken.

Es ging nun tags und nachts immer weiter nach Osten, vorbei an der

Januar 1942 - Februar 1943

Art Landschaft, die mein Vater aus Polen kannte, karg und öde zu dieser Jahreszeit. Bei etwa Minus 10 Grad wehte ein starker Wind, und es begann in ihrem Abteil, trotz Ofenrohr, empfindlich kalt zu werden. Er hatte bereits einige der Kleider aus seinem Gepäck angezogen. Man hatte gewaltigen Hunger infolge der Kälte, aber die Verpflegung war ausgezeichnet. Aus mitgebrachten Beständen machte ihr tüchtiger Koch jeden Abend zusätzlich noch eine köstliche Brühe. Nur mussten sie ein wenig achtgeben, dass ihre Bestände an Getränken bis zum Ende der Fahrt einigermaßen aufgebraucht würden, denn auf ihren Fahrzeugen würden sie nicht allzu viel mitschleppen können. So genehmigten sich er und der Adjutant jeden Abend eine Flasche Rotwein, die vorher am Heizrohr auf die richtige Temperatur gebracht worden war. Zum Wärmen wurde gelegentlich auch ein Gläschen Cognac getrunken. Er war sehr gespannt, was aus ihnen werden würde. Nach den Berichten dauerten die Kämpfe in unverminderter Stärke an. Was das bei dieser Kälte bedeutete, konnte man sich kaum vorstellen. Die Front war ungeheuer lang und gelegentliche Durchbrüche unvermeidbar. Wie es genau stand, konnte man aus den Heeresberichten nicht erfahren. Mein Vater war guten Mutes und fest davon überzeugt, mit allem, was es zu leisten geben würde, fertig zu werden. Nur bedrückte ihn, wie arg weit seine Liebsten nun von ihm weg waren, und doch wieder waren wir ihm ganz nah, wenn er an uns dachte!

Am 12. Januar schrieb mein Vater, dass die Reise jetzt immer langsamer voranging und die Temperaturen immer kälter wurden. Heute Morgen hatten sie −24 Grad gemessen. Bevor sie die deutsche Grenze überquerten, hatte es noch einmal einen Halt gegeben, um alle Soldaten aus Kleidersammlungen so gut wie nur möglich auszurüsten. Er hatte sich noch zusätzliche Bein- und Fußwärmer beschafft. Zur Reinigung und Abhärtung hatte er ein Fußbad im Schnee genommen. Es hatte anfangs gemein gekribbelt, aber nachher hatte er deutlich eine wohltuende Wirkung gespürt. Ein paar Tage würde es schon noch dauern, bis sie aussteigen würden. Wo sie jetzt waren, gab es noch nicht viel Schnee, nur 15-20 Zentimeter, aber ob sie an ihrem Zielort mit ihren Pferdefahrzeugen vorwärtskommen könnten, war nicht sicher. Besser wären kleine Schlitten. Auch mit dem Schreiben aus dem russischen Gebiet würde es wohl schwieriger werden. Es war fraglich, ob es überhaupt möglich sein würde, Post abzuschicken, selbst mit Feldpoststempel. Am Ende dieses Briefes gibt es ein gutes Beispiel für das Talent meines Vaters, sogar in den beängstigendsten Situationen die Komik einer Lage zu entdecken, zum Ausdruck zu bringen und sich und anderen dadurch Mut zu machen.

Diese unendlich lange, düstere Eisenbahnfahrt in eine beängstigende, einsame und entbehrungsvolle Zukunft hinein, hinderte meinen Vater nicht daran, meiner Mutter zu beschreiben, wie amüsant es war, wenn während eines der längeren Aufenthalte die Soldaten in der bitteren Kälte mit ihrem Kochgeschirr aus dem Zug sprangen, um ihr Essen vom Küchenwagen zu holen. Zusammengestückelt aus jenen Kleidersammlungen auf der Reise, von denen sich jeder Sachen zusammengesucht hatte, um möglichst warm zu bleiben, trugen die Männer die farbenprächtigsten und komischsten Anziehsachen. Da gab es rote Wollsocken, die in großmütterlichen filzenen Hausschuhen steckten, weiße Muffs, Pelzmützen, alte pelzgefütterte schwarze Kutschermäntel, Schals in allen Farben und Formaten. Einige hatten sich Pelzkrägen auf ihren Uniformmantel aufmontiert. Alle waren sie auf irgendeine Weise grotesk vermummt und witzig anzuschauen. Im Allgemeinen war die Stimmung gut, aber mein Vater gab zu, dass er nicht mit den Männern tauschen wollte, die Tag und Nacht in ihren geschlossenen Güterwaggons auf Stroh liegen mussten. Ein aufgestellter Ofen würde da auch nicht viel nützen. Wie gut sie es da in ihrem Abteil hatten, im Vergleich zu ihnen!

Langsam, sehr langsam nur, ging die Reise vorwärts. Mehr als 100 km konnten innerhalb von 24 Stunden nicht geschafft werden, und gestern waren es nur ungefähr 60 km gewesen. Das lag vor allem daran, dass es an Lokomotiven fehlte, da diese stark unter der Kälte litten. Manchmal hielten sie stundenlang auf einem kleinen Bahnhof und warteten auf eine neue Maschine. Von der Gegend konnte man nicht viel sehen, da die Fenster dick mit Eisblumen verkrustet waren, aber die Fahrt durch

Januar 1942 - Februar 1943

Litauen war sehr interessant gewesen. Die Bahnhöfe und Häuser, meist aus Holz gebaut, machten einen sauberen und gepflegten Eindruck. Als sie aber bei einem längeren Aufenthalt in Riga etwas in die Stadt hineinliefen, bemerkten sie, dass die Läden meist leer standen und alles recht abgerissen aussahen. Soweit man die Menschen in ihren winterlichen Verhüllungen erkennen konnte, sah man viele slawische Typen, gut gewachsene kräftige Gestalten. Und nun folgt der einzige Hinweis auf Juden in der gesamten Korrespondenz meines Vaters. „Die gekennzeichneten Juden und Jüdinnen, die in Massen umherlaufen, sind ein wenig schöner Anblick", schrieb er. Kann es sein, dass während all der Jahre die Nachrichten, die zum deutschen Militär durchdrangen, so lückenlos kontrolliert wurden, dass die Soldaten nichts von der schrecklichen Judenvernichtung erfahren konnten? Wie war das möglich, wenn mein Vater auf Urlaub kam? Sicher wurde manchmal doch zuhause darüber gesprochen? Ich habe keine Antwort auf die Frage, wie bewusst sich mein Vater über das Schicksal der Juden war.

Mit dichtem Schneefall stiegen die Temperaturen ein wenig, aber gestern hatten sie den ganzen Tag über bös gefroren im Abteil, denn ihre Heizung war eingefroren und es zog von allen Seiten herein. Mein Vater schrieb, dass er wie eine alte Großmutter ausgesehen haben musste, wie er so in seiner Ecke kauerte, gehüllt in alles, was er hatte, und noch umwickelt mit einer Decke. Von der russischen Gegend hatte er soweit kaum etwas gesehen, und von russischen Menschen auch nicht, außer ein paar Gefangenen, die auf dem Bahnhof arbeiteten. Sie sahen sehr zerlumpt aus und es hieß, dass sie wenig zu essen hätten. Gestern Abend war ihnen ein Verwundetentransport begegnet. Es waren meist Leute mit erfrorenen Gliedern. Dieser russische Winterkrieg war wohl der ärgste Krieg, den Deutschland seit 300 Jahren zu führen hatte. Jetzt im Winter hatten ihnen die Russen durch ihre bessere Gewöhnung an die Kälte viel voraus. Heute hatte große Wäsche draußen im frisch gefallenen Schnee stattgefunden. Der Oberkörper wurde mit Schnee eingerieben, danach lief mein Vater barfuß eine kleine Strecke durch den Schnee. Es sollte die Füße zum Marschieren und gegen die Kälte abhärten. Er war sehr gespannt, wie man sie unterbringen würde, aber so gut wie in ihrem Zug würden sie es sicher lange nicht mehr haben.

In seinem begrenzten Gepäck trug mein Vater die Abschrift seines Testaments, das er meiner Mutter aus dem Zug schickte. „Ich bin nicht pessimistisch", schrieb er, „und glaube an die Heimkehr, aber da man in diesem weiten und wüsten Land mit allem Möglichen rechnen muss, ist es schon recht, wenn man die finanziellen Sachen in Ordnung bringt, ehe man endgültig russischen Boden betritt." Er gab ihr genaue Auskunft über den Stand ihres Vermögens und Anweisungen darüber, wohin sie sich wenden könnte, wenn sie Fragen hätte. Wie immer beteuerte er, dass es ihm „sehr gut" ginge. Er schlief so fest wie in seinem Bett, hatte einen Mordshunger und war gewiss, dass er mit allem fertigwerden würde, wenn auch weniger aus Begeisterung als aus Pflichtgefühl.

Wenn man sah, wie schwer es die Kameraden hier hatten, dann war es schon ein beruhigendes Gefühl, auch dabei zu sein und mitzuhelfen. Es musste halt so sein und sie mussten sich mit diesem Schicksal abfinden. Schwerer, meinte er, sei es vielleicht für meine Mutter in ihrer Einsamkeit mit ihren sorgenvollen Vorstellungen, aber er hatte das „wunderbar beruhigende Gefühl", dass sie tapfer alles tragen würde. Wie furchtbar weit sie jetzt voneinander entfernt waren! Wenn es nur nicht so sehr lange dauern würde, bis er die erste Nachricht von ihr bekäme. Meine Mutter versah die Briefe, die sie von meinem Vater bekam mit dem Datum ihrer Ankunft. Dieser Brief hatte neun Tage gebraucht.

Jetzt mussten es wohl noch ungefähr 1-2 Tage sein bis zu ihrer Ausladung und die Reise ging immer langsamer vorwärts. Es fiel leichter Schnee und die Kälte war bei minus 15 Grad erträglich. Im Augenblick standen sie schon seit einigen Stunden an einem gottverlassenen Ort und warteten auf die Weiterfahrt. Allmählich gewöhnte man sich an die Atmosphäre dieses traurigen Landes. Was aus ihnen werden würde, wussten sie noch nicht und über den militärischen Stand der Dinge hatten sie keine Auskunft bekommen. Bis zur Front waren es noch ca. 200 km,

Januar 1942 - Februar 1943

sodass man vom Krieg bisher noch nichts merkte. Auch Flieger ließen sich hier noch nicht sehen. Manchmal saß er in angeregter Unterhaltung zusammen mit dem Kommandanten und dem Stabsarzt und sie sorgten dafür, dass die französischen Getränke aufgebraucht wurden, die sie ja nicht mitschleppen konnten.

Am 22. Januar, also 16 Tage nach ihrer Abfahrt, teilte mein Vater meiner Mutter mit, dass sie vorgestern an ihrer Ausladestelle angekommen waren, dann aber nach dem Umstieg auf einen anderen Zug, der auf russische Gleise passte, noch 60 km zu fahren hatten. Mitten in der Nacht und in eisiger Kälte wurde sechs Stunden lang ausgeladen und für die Hälfte der Nacht wurden sie in einer technischen Schule untergebracht, wo bereits andere deutsche Truppen kaserniert waren. Am folgenden Tag wurde ihr Hab und Gut von Fahrzeugen auf Schlitten geladen und zu einem Zug mit russischer Spur transportiert. Die Verladung dort dauerte von 21 Uhr bis 4 Uhr morgens bei einer „saumäßigen Kälte". Die Unterbringung war der geschlossene Güterwagen. Dort wurde ein „pfundiger Ofen" aufgestellt, der bis auf einen Meter Umkreis wunderbar heizte, aber darüber hinaus war die Temperatur schnell wieder unter Null. Trotz zahlreicher Hüllen war es auf dem eisig kalten Stroh nicht auszuhalten, sodass man lieber nah am Ofen saß, um sich abwechselnd von vorne oder hinten wärmen zu lassen und auf Schlaf dafür verzichtete. Zu allem Überfluss ging es mit einem Mal nicht mehr weiter, warum wusste niemand so recht. Es fehlte wohl an Lokomotiven. So warteten sie jetzt schon seit 24 Stunden mit „ihrem Luxuszug" (!) auf einem kleinen Bahnhof und beschäftigten sich mit Frieren. Ein zweiter Ofen und das Verschließen der Türen halfen, eine annehmbare Temperatur zu schaffen. Aber während der Nacht fror man wieder so sehr, dass es schwer war einzuschlafen. Dafür saßen sie bei Kerzenschein um eine Kiste und spielten Skat.

Alle hatten sie gewaltigen Hunger und aßen die ganze Zeit. Das Brot war hart gefroren, sodass man es erst auf dem Ofen auftauen musste, wobei ein köstlicher Toast entstand. Zum Teil gab es auch Knäckebrot, auf dem Ofen geröstet, und dazu Aprikosenmarmelade. Es war von Vorteil, dass die Offiziere mit den Verpflegungsleuten und dem Verpflegungsbestand im gleichen Waggon waren. Da gab es manchmal etwas Zusätzliches aus den überzähligen Beständen. Wann die Fahrt weitergehen würde, wusste kein Mensch, nur, dass sie noch ungefähr vier Bahnstunden von ihrem Zielort entfernt waren, von dem aus sie ca. 20 km zu marschieren hatten, um ihr Quartier in einem kleinen Dorf zu erreichen. Von starken russischen Angriffen konnte an diesem Teil der Front nicht die Rede sein. Augenblicklich wich der Feind zurück. Es waren schlecht ausgerüstete Verbände ohne schwere Waffen, denen es an einigen Stellen gelang, durchzudringen, was ja bei der ungeheuren Breite der Front nicht immer gleich verhindert werden konnte. Nach ihrer Ankunft würden sie einen solchen kleinen Abschnitt der Front besetzen und vorfühlen, was die Russen in der dortigen Gegend machten, ob sie sich in den Wäldern „herumtrieben" und eventuell von dort einen Vorstoß auf deutsche Truppen planten. Von starken Kräften der Russen war hier nichts zu spüren, und Flieger sah man gar nicht, obgleich doch solche Truppentransporte wie der seinige ein sehr lohnendes Ziel wären. Dafür war die Kälte grausig. Solange man sich bewegte ging es noch, aber wenn man längere Zeit stillstand, musste man gut auf seine Füße aufpassen.

Es ist schwer vorstellbar, wie und wo mein Vater die fast täglichen, mit Bleistift erstaunlich säuberlich geschriebenen Briefe an meine Mutter zustande brachte. Datiert mit 26.1.42 (von meiner Mutter erhalten am 12.2.) ist ein Bericht über die Endstation ihrer langen Reise. Der Ort hieß Bryansk und lag 279 km westlich von Moskau. Die Temperatur war erträglicher und vor allem ging kein Wind. Nach dem Ausladen mussten sie bis in die Nacht hinein in Richtung ihres ersten Dorfs durch den Schnee marschieren, aber mein Vater fühlte sich in seinen Skistiefeln, in die er eine Lage Stroh zum Isolieren gestopft hatte, später auch Wickelgamaschen, gut versorgt. Sie wurden viel hin und her befohlen und verbrachten die Nächte nach erneutem Marschieren in russischen Häusern. Meine Mutter würde sich kaum ein Bild davon machen können, wie ihre

Nachtquartiere ausschauten. Sie wohnten mit den Russen zusammen in ihren ärmlichen Behausungen, die oft nur aus einem Zimmer bestanden, mit einem großen Ofen, auf dem die ganze Familie schlief. Er und seine Leute schliefen im anderen Teil des Raumes auf Stroh.

Mein Vater hatte meistens die Aufgabe, vorauszumarschieren, um neue Quartiere ausfindig zu machen. Für den Stab stand die beste solcher Behausungen zur Verfügung. Im Großen und Ganzen war alles unvorstellbar dreckig. Aber mitunter fand man auch Häuser, in denen das Vieh nicht unter demselben Dach wohnte wie die Menschen. Seine Tätigkeit war sehr interessant, viel „großzügiger" als der Kompaniedienst. Es gab viel zu telefonieren, Befehle entgegenzunehmen, für Unterbringung zu sorgen, das Kriegstagebuch des Bataillonschef zu führen etc. Der Krieg spielte sich ganz anders ab, als er es sich vorgestellt hatte. Es war ein Kampf um Ortschaften. Das Dorf, das sie jetzt besetzt hatten, wurde von ihnen nach allen Seiten gesichert, weil sich die Russen an einem anderen Ort, nur ungefähr 15 km östlich befanden. Die Möglichkeiten gegeneinander etwas zu unternehmen, waren durch den tiefen Schnee ziemlich beschränkt. Es waren eben nur die ausgefahrenen Schlittenwege gangbar. Neben den Wegen kam man ohne Ski kaum vorwärts. Sie schickten Spähtrupps aus, um zu erkunden, was die Russen machten. Sehr gefährlich und in größerer Stärke schienen diese sich in ihrer Nähe nicht aufzuhalten. Später erfuhren sie, dass es sich um Reste der russischen Armee aus einem der großen Kessel handelte. Wie immer beteuerte mein Vater, dass es ihm „sehr gut" ginge. Besonders wenn es ihm gelungen war, irgendwo bei Wärme schlafen zu können war er „restlos zufrieden". Das Essen war gut und ausreichend, während Waschen und Rasieren seltene Genüsse waren. Von seinem Geburtstag am 25. Januar hatte er natürlich nicht viel gemerkt, aber er hatte sich „in Gedanken ein wenig selbst gefeiert!" Wie lange würde es noch dauern, bis er zum ersten Mal von uns hören würde? Ihnen wurde gesagt, dass sie wahrscheinlich nicht vor Ende Februar mit Post von zuhause rechnen könnten.

Es kam vor, dass sie mehrere Tage lang dasselbe Dach über dem Kopf hatten. Jetzt waren sie in einem Ort, der zwar besonders ärmlich und schmutzig war, und in dem es viele zerstörte Häuser gab, aber dafür hatte ihr jetziges Quartier ausnahmsweise zwei Zimmer. Er, der Major und der Adjutant hatten einen Raum für sich mit Bettgestellen, einem Tisch mit Bänken und sogar drei Stühlen, die einzigen im Dorf. Der große russische Ofen brannte gut, sodass es trotz der eisigen Kälte im Zimmer herrlich warm war. Heute wütete ein starker Sturm. Dazu schneite es, sodass ihre Schlittenwege sicher verwehen würden.

Wahrscheinlich wegen der bitteren Kälte funktionierten ihr Radio und ihr Funkapparat augenblicklich nicht mehr. Sie fühlten sich wirklich ganz und gar von der Welt abgeschnitten und von den Ereignissen um sie herum erfuhren sie kaum etwas. Zu kaufen gab es natürlich gar nichts, sodass, wenn man zum Beispiel seinen Kamm verlor, unfrisiert rumlaufen müsse. Wie unvorstellbar weit es zu uns war, als ob er irgendwo auf einem anderen Erdteil säße! Leider war es kein südlicher, der würde ihm, meinte er, besser gefallen!

Bei seiner Suche nach weiteren Quartieren hatte mein Vater erschütternde Erfahrungen gemacht. „Die Mongolenstämme im Inneren Tibets leben nicht schlechter", schrieb er. „Die Familien hocken oben auf ihren Öfen und entlausen sich gegenseitig die Köpfe. Spucken ins Zimmer ist etwas Selbstverständliches." Es gab viele Kinder und Frauen aber keinen einzigen Mann mehr im Ort. Merkwürdigerweise sahen die Kinder zum Teil sehr gesund und nett aus, nur eben völlig ungepflegt. Die Haare schienen nie geschnitten und gewaschen zu werden. Die Menschen lebten von einigen Kartoffeln pro Tag, aber sie jammerten nicht. Ihre Abgestumpftheit war unbegreiflich. Wieder betonte mein Vater, wie interessant seine Tätigkeit sei. Vom Stab aus bekam man einen ganz anderen Überblick über die Lage, und natürlich hatte man den Vorteil verhältnismäßig anständige Quartiere zu bekommen.

Seine erste Skiexpedition war der Versuch, die Verbindung mit einer vorgeschobenen Kompanie aufzunehmen, die infolge starker Schneeverwehungen abgeschlossen war. Er zog mit sechs Männern los, aber nach vier Kilometern schon kamen ihnen Leute dieser Kompanie entgegen, sodass er seinen Auftrag früher als gedacht erfüllt hatte. „Ach, es war beinahe wie im Frieden, so auf Skiern durch die Gegend zu marschieren", schrieb er, aber leider sah die Wirklichkeit ganz anders aus. Er konnte sich nicht beklagen, denn sein Zimmer war warm, er hatte gut geschlafen und die Verpflegung war ausgezeichnet. Mittags gab es abwechselnd Eintopf oder Kartoffeln mit Fleisch, und als kalte Kost Thunfisch, Blutwurst, Leberwurst, Käse und dazu Butter oder Schmalz. Auch Bonbons gab es gelegentlich und heute sogar eine halbe Tafel Schokolade. Er war guten Mutes.

„Mein russisches Fell, das ja noch sehr viel dicker sein muss als mein bisheriges Kriegsfell, ist im Wachsen. So werde ich schon mit allem fertig." Er durfte nur nicht allzu oft an uns denken, denn jedes Mal, wenn er es tat, drückte ihn das schwere Los, das sie zu tragen hatten, ein wenig mehr als sonst. Das Getriebe der hin und her schwirrenden Meldungen und Befehle ließ ihn im Allgemeinen wenig zum Nachdenken kommen. Was er für sein primitives Leben brauchte, hatte er, aber wenn es meiner Mutter möglich wäre, würde er sehr dankbar sein für ein wenig Rauchwaren, Pfefferminz oder Hustenbonbons oder gelegentlich ein klein gedrucktes Büchlein. Das Gepäck war natürlich sehr beschränkt.

Auch die Beschreibung meines Vaters von seinem „ersten wirklichen Kriegstag", wie er ihn nannte, ist ein Beispiel für seine erstaunliche Selbstironie, die ihm eine gewisse Distanz auch zu gefährlichen Situationen und dadurch mehr Mut gab. Seinem Bataillon war, zusammen mit zwei anderen, unterstützt durch die Artillerie, der Befehl gegeben worden, ein größeres Dorf einzunehmen. Abmarsch drei Uhr nachts. Der Vollmond schien hell auf die Schneelandschaft. Die Soldaten trugen über den vielen warmen Hüllen einen langen weißen Schneemantel mit Kapuze, der meinen Vater, trotz der Angst die er doch haben musste, zu der Bemerkung verleitete: „Ich kam mir wie in einer Theaterverkleidung vor." Nach einer schwierigen Stapferei durch den tiefen Schnee, bei der man manchmal bis zum Bauch einsank, war alles zum Angriff bereit gewesen. Mit schwerem Feuer ihrer Artillerie, auf das etwa zwei Kilometer von ihnen entfernte Dorf, hatte es angefangen. Danach hatte es aber noch ungefähr sieben Stunden gedauert „bis die Russen mürbe wurden und ausbüchsten". Dem Bataillon meines Vaters war es dabei verhältnismäßig gut gegangen. Da das Dorf von zwei Seiten gleichzeitig angegriffen wurde, mussten die Russen ihr Abwehrfeuer aufteilen. Sie selbst bekamen nur gelegentlich etwas von dem Maschinengewehrfeuer und den leichten Granaten ab. Mein Vater hatte sich die Sache sehr viel schwerer vorgestellt, besonders wenn er an die Möglichkeit eines Häuserkampfs dachte, bei dem jedes einzelne Haus zäh verteidigt werden musste. Er war viel hin und her gelaufen, sodass es ihn nie fror, im Gegensatz zu den Soldaten, die da viele Stunden schießend unter ihren Maschinengewehren im Schnee liegen mussten. Sie hatten es nicht leicht gehabt. So ein Krieg im Winter war schon ein arger Schlauch. Die Russen in ihrem Abschnitt hatten glücklicherweise kaum Artillerie gehabt, was die Sache erleichterte. Auch von ihren Fliegern war nichts zu sehen.

Allerdings waren die ihrigen, die sie nach dem ursprünglichen Plan unterstützen sollten, auch ausgeblieben, wohl weil sie wichtigere Aufgaben hatten. Im Ort brannten einige Häuser, die meisten waren aus Holz gebaut, aber im Ganzen war die Zerstörung nicht allzu groß, da die Wirkung der Artillerie im Schnee nicht sehr stark ist. Der Schnee und der starke Frost deckten alle Trümmer barmherzig zu. Die meisten Männer waren mit den russischen Soldaten geflohen und hatten die Frauen und Kinder zurückgelassen.

Es war ein arges Elend, aber man durfte kein Mitleid haben und musste sich die Weichheit ganz abgewöhnen in diesem grausamen Krieg. Erleichtert wurde das durch die unvorstellbare Leidensfähigkeit der Russen, die ihr Schicksal mit großem Gleichmut trugen. Die Menschen sahen sehr gesund und kräftig aus. Es war gar kein unsympathischer Menschenschlag. Nur ihre Verdrecktheit war abstoßend. Die Kinder pinkelten und spuckten in die Stuben. Die meiste Zeit lag die Familie auf dem warmen Ofen und schlief. Morgens war „große Entlausungsaktion. Kinder und

Mütter helfen sich dabei gegenseitig." Die Leute waren sehr respektvoll, und wo sie zu Arbeiten angestellt wurden, packten sie tüchtig an. Sie hatten ein ganz anständiges Quartier bezogen und mussten nun den Ort nach allen Seiten sichern. Einige Panzer hatten sie noch dazu bekommen, sodass sie sich ziemlich sicher fühlten, obwohl die nächsten russischen Ortschaften nicht weit von ihnen entfernt lagen. Über die weiteren Pläne wussten sie natürlich noch nichts. Mein Vater war froh, dass er nun das erste Gefecht hinter sich hatte. Jetzt war die Spannung nicht mehr gar so groß und er wusste „schon ein wenig, wie man sich zu benehmen" hatte. Er dachte an meine Mutter, für die all dies so viel schwerer war, weil sie sich schreckliche Vorstellungen und große Sorgen machen würde, wenn sie den Wehrmachtsbericht hören würde und nun auch schon so viele Wochen ohne Nachricht von ihm gewesen war.

Glücklicherweise schienen die Läuse und Wanzen, von denen die Häuser voll waren, keine besondere Vorliebe für ihn zu haben, schrieb mein Vater. Neulich schlugen der Adjutant und er erstmalig ihr Nachtlager oben auf einem russischen Ofen auf. Als sie durch ein Krabbelgeräusch wach wurden und mit Schrecken erkannten, wie hunderte von Wanzen und Läuse an der Decke umherkrabbelten, bauten sie schleunigst ihr Lager auf dem Boden auf, wo es allerdings sehr kalt war. Das schien auch den Wanzen nicht zu gefallen, aber es waren sicher noch welche in ihren Decken. Den Adjutanten hatten sie schlimm zugerichtet, aber er hatte gar nichts mitbekommen. Während ihres Angriffs hatten sie 48 Stunden keinen Schlaf bekommen, und die Verpflegung war auf zwei Butterbrote beschränkt gewesen, aber er hatte weder Müdigkeit noch Hunger verspürt. Auf einem anderen Ofen, ohne Wanzen, hatte er den fehlenden Schlaf nachgeholt. Von unten war es so heiß gewesen, dass er sich jede halbe Stunde wieder umdrehen musste, um nicht anzubraten, aber er konnte die Wärme nach dem kalten Tag sehr gut gebrauchen. Die hiesige Gegend musste recht fruchtbar sein, und im Sommer sehr schön mit all den Wäldern ringsumher. Nachdem sie dort eingerückt waren, sah man die Landser mit Enten und Hühnern im Arm durch die Straßen ziehen. Kälber und Hammel gab es auch und die wanderten abends in die Pfannen. Da das Essen, außer dem Schlafen, der einzige Genuss des Tages war, bildeten Frühstück, Mittag- und Abendessen die Höhepunkte ihres kargen Daseins. Einige kleine Genüsse hatte man schon nötig, um dieses armselige Leben zu ertragen. Sie bekamen dauernd Geld, ein „ganz merkwürdiger Zustand", wie mein Vater bemerkte, denn es gab überhaupt keine Gelegenheit, es hier auszugeben. In den hiesigen Orten gab es keine Läden, nur große Lagerschuppen, aus denen heraus nach kommunistischen Prinzipien die Waren auf die Bevölkerung verteilt wurden. Als besondere Attraktion für den Sonntag kam ein neues Radio, da ihr altes die Kälte nicht ausgehalten hatte. Jetzt war doch etwas von ihrer Abgeschnittenheit vorbei und sie waren wieder ein wenig mit der Außenwelt verbunden. Es gab Nachrichten, die allerdings ähnlich lauteten wie vor vier Wochen. In Nordafrika schien es wieder in umgekehrter Richtung weiterzugehen, und bei ihnen gab es nach wie vor harte Kämpfe. Dieser russische Winterkrieg war wirklich „eine arge Viecherei". Wo sich sein Bataillon befand, war es etwas anders als da, wo die schlimmsten Kämpfe wüteten. Später erfuhr er Schreckensgeschichten von seinem Bruder Bertes, der sich weiter südlich befand. Die Temperaturen waren brutal gewesen. Man konnte sich keine Vorstellung davon machen, was es bedeutete, als Infanterist unter diesen Umständen zu kämpfen, ohne die Aussicht, jemals in der nächsten Zeit wieder warm werden zu können. Bertes, als Oberkommandant seines Bataillons, hatte sich mit einem schlechten Gewissen in einem warmen Raum aufgehalten, und sich nur getröstet mit der Idee, dass er dazu beitrug, dass ihre Artillerie ihr bestes tat, der Infanterie beizustehen. In den letzten beiden Nächten hatte er gerade eine Stunde geschlafen. Sie alle hatten unterschätzt, was ein Angriff auf Russland im Winter bedeutete, mit den unvorstellbaren Temperaturen und den gigantischen Schneeverwehungen. Die Russen warfen riesige Menschenmassen in die Schlachten, ganz egal, wie hoch ihre Verluste waren. Ähnliches hatte sein Major von seinem Sohn erfahren, einem aktiven Offizier, der sich zufälligerweise in der Nähe befand und

Bewundernswertes geleistet hatte. Bertes war der Ansicht, wie anscheinend das meiste Militär um ihn herum, dass Deutschland die Front halten musste, wenn nicht ganz Europa verloren gehen sollte.

Die Situation meines Vaters war im Augenblick eine ganz andere, denn sie waren in diesem Frontabschnitt die Angreifer, die die Russen aus den Orten vertrieben. Sie wichen überall zurück, sodass die Einbuchtung in die Front wohl bald geschlossen werden könnte. Militärisch nannte man diese Art der Kriegsführung eine „Frontbereinigung" oder auch ein „Ausbügeln" der Front. Um die Front zu verkürzen, musste der Feind aus verschiedenen Stützpunkten herausgeworfen werden. Das war deshalb so schwer, weil man kaum herankam an diese Dörfer. Wich man vom gebahnten Schlittenweg ab, so sank man bis zu den Knien oder weiter in den Schnee ein, und alles Vorwärtskommen war unendlich mühsam und anstrengend für diejenigen, die spuren mussten. Es gab hier in der Gegend sehr viel Wald mit Kiefern und Birken, der im Sommer sehr schön sein musste, den man aber im Schnee kaum durchdringen konnte. Es hieß, dass von der anderen Seite ebenfalls deutsche Kampftruppen ziemlich nah zu ihnen herangekommen waren, sodass sie die Russen in einen Sack einfangen könnten. Mein Vater hoffte, dass die so mühsamen Kämpfe nicht mehr lange weitergehen würden und Halt gemacht würde, wenn eine bestimmte Linie erreicht war, da sie ja wohl nicht die Absicht hatten, im Winter eine große Offensive zu starten. Im März und April würde wohl auch eine Zeit kommen, wo man wegen der Schneeschmelze gar nichts unternehmen konnte. Man musste wahrscheinlich bis zum Sommer warten, bis die Sache wieder vorwärts ging. Das würde auch die allgemeine Stimmung wieder heben. In ihrem neu eroberten Ort herrschte bisher völlige Ruhe. Sie hatten bei ihrem ersten Gefecht schon allerlei wichtige Erfahrungen gesammelt und es schien, als ob das ganze Kriegführen unter diesen Umständen vor allem eine Erfahrungssache war. Dabei machte man sich aber keine Vorstellung von den praktischen Schwierigkeiten, die zu überwinden waren. Der Nachschub an Verpflegung und Munition musste viele Kilometer weit auf Schlitten transportiert werden.

Auch die Geschütze wurden auf Schlitten verladen und auf einem, mit dem Pflug gebahnten Weg, durch den Schnee gezogen.

Anfang Februar schrieb mein Vater: „Alles, was sonst den Inhalt des Lebens ausgemacht hat, ist ja so weit weg. Es ist, als lebe ich gar nicht mehr auf der Erde, sondern in einer ganz anderen, vollkommen ungekannten Welt." So bald würde er nicht wieder aus diesem trostlosen Land herauskommen. Es waren jetzt sechs Wochen vergangen seit seinem Abschied von uns. Alles war so ganz und gar anders als er es bisher in seinem Leben erfahren hatte. Seine Gedanken mussten sehr weit wandern, bis sie zu uns und der schönen Vergangenheit kamen. Aber er merkte, dass er ganz langsam in seiner Gewöhnung Fortschritte machte. Das Schlimmste war vielleicht überstanden, denn das ärgste war ja immer die Umstellung. Die hatte dieses Mal besonders lang gedauert, weil alles in seinem seelischen und körperlichen Leben jetzt so restlos fremd war. Die Fülle von neuen Eindrücken hatte bewirkt, dass er bisher keine innere Ruhe gefunden hatte. Glücklicherweise jedoch schien es ihm, dass sich das nun ändern könnte. Die bittersten Tage waren eigentlich die ihres zwar schönen und doch so grausamen Weihnachtsurlaubs gewesen, als es ihnen klar geworden war, was da Schweres von ihnen verlangt wurde. Aber er war sich sicher, dass wenn es wirklich einmal wieder Frieden geben sollte, die Opfer, die sie zu bringen hatten, nicht umsonst gewesen sein würden. Durch sie würden uns beiden Kindern dann hoffentlich so schwere Schicksale wie die ihrigen erspart bleiben. Ein gutes Zeichen für seine wachsende innere Ruhe war, dass er meist sehr entspannt einschlafen konnte. Dabei half ihm auch seine Erinnerung an die Beteuerung meiner Mutter, dass sie zuversichtlich sei und guten Mutes bleiben wollte. Es gab ihm viel Kraft zu wissen, dass sie diese Zeit tapfer ertrug, und wenn sie einmal besonders in Sorge um ihn sei, sollte sie sich damit trösten zu wissen, dass er von sehr feinen Menschen umgeben war, die ihm Mut machten. Der Kommandant las öfters im Faust oder in anderer wertvoller Dichtung.

Mein Vater gab zu, dass seine Gedanken nicht allzu lang bei uns verweilen durften, weil es ihm sonst zu wehmütig ums Herz wurde. Er hatte gehört, dass für die Division ein Stück hinter der Front 200 Postsäcke aus der Heimat angekommen waren. Wie sehr er hoffte, dass da auch für ihn etwas dabei war! Gell, weil er nur wenig Zeit zum Schreiben hatte, würde meine Mutter bitte den anderen gelegentlich mal Nachricht von ihm geben? Heute war Sonntag. Man merkte absolut nichts davon. Es verging ein Tag wie der andere. Zur Ruhe kam man nie. Das Telefon klingelte ununterbrochen. Seinem Major unterstand die gesamte Sicherung ihres neu eroberten Dorfes und es waren dauernd Spähtruppen unterwegs, um festzustellen, wo die Russen steckten. Deren Meldungen mussten angenommen und weitergegeben werden. Außerdem kamen unentwegt neue Befehle, die bearbeitet werden mussten. Ihre Nächte waren bisher ruhig gewesen. Ihre Sicherung war so stark, dass ihnen niemand etwas anhaben konnte. Auf die Seite des Briefs hatte er gekritzelt: „Gerade hören wir eine Arie aus Figaro. Du ahnst nicht, wie sehr man diesen Gruß aus der anderen Welt genießt!"

Der 16. Februar war das freudige Datum, an dem ihn, wie ein Wunder, die erste Post von zuhause erreichte. Sie enthielt mehre Briefe von meiner Mutter, einige von Verwandten, ein von Bernd gemaltes Bild und einen diktierten Brief von mir. Sogar zwei kleine Päckchen mit Marzipan und Schokolade waren dabei. Ob es wohl die Kälte war, die ihn so hungrig auf Süßes machte? Mein Vater hatte sich nicht vorgestellt, dass man sich je so intensiv über Post freuen konnte wie in dieser trostlosen Ferne. Von nun an würde es jeden vierten Tag Post geben, denn sie wurde mit der regelmäßigen Lebensmittelversorgung gebracht. Die Zeit seiner oft verzweifelten Einsamkeit sei jetzt vorüber, schrieb er. Es war so viel Nettes, was meine Mutter ihm von uns zu erzählen hatte, ihren beiden „Spatzen". Bernd wurde immer vernünftiger und ruhiger und ich war recht frech, aber das würde sich auch wieder legen.

Zwei Tage bevor die Post gekommen war, hatten sie wieder einen Angriff auf ein Dorf gemacht. Er war durch die starke Unterstützung der Artillerie gut vorbereitet gewesen, so dass die Sache Erfolg hatte.

Russland

Zwischen 4 Uhr morgens und 12 Uhr mittags war es geschafft, aber leider hatten sie dann den Befehl bekommen, am frühen Nachmittag den nächsten größeren Ort einzunehmen. Das war ein ausgesprochener Fehler gewesen, denn als sie dort ankamen, war es bereits dunkel und so hieß es, zurückmarschieren in das eroberte Dorf. Von da ab ging es sehr mühsam weiter. Nach nur dreistündiger Nachtruhe wurde ein erneuter Angriff angesetzt, der aber wegen des russischen Widerstands nichts Entscheidendes brachte. Sie waren den ganzen Tag nur schrittweise vorwärtsgekommen. Sie kämpften sich in einem Wald durch tiefen Schnee, doch der geplante Vorstoß am Abend musste erneut wegen Dunkelheit abgebrochen werden. Völlig ermattet ging es von neuem zurück in das erste Dorf, diesmal mit knurrenden Mägen, nachdem sie am ersten Tag nur ein Butterbrot und am zweiten Tag gar nichts zu essen und zu trinken bekommen hatten. Aber man konnte viel mehr aushalten als man glaubte. Wenn es eben sein musste, erwachten mit einem Mal Kräfte, von denen man selbst nichts gewusst hatte. Er wurde mit den Härten des Krieges besser fertig als er geglaubt hatte. Es war schon ein arg trostloses Leben hier draußen, und nur der Gedanke an die schöne Vergangenheit, an uns liebe Menschen und die Hoffnung auf eine bessere Zukunft, die man ja glücklicherweise nie aufgab, gaben ihm kleine Freudefünkchen zur Aufhellung. Nach den 48 Stunden Fasten hatte ihm die Bohnensuppe, die sie bekamen, besser geschmeckt als das feinste Gericht aus ihrem netten Münchner Lokal, und er hatte den kalten Pfefferminztee mit dem gleichen Wohlbehagen getrunken wie in Friedenszeiten einen guten Rotwein. Nächstes Mal würden sie sich mehr Proviant in ihren Brotbeutel stopfen, dazu auch Kaffeepulver, um auf ihrem kleinen Spirituskocher mit Schneewasser ein wenig heißen Kaffee machen zu könnten. Zur Zeit waren sie in einem ganz kleinen, vom Krieg unberührten Dörfchen einquartiert. Die Russen hatten sie in zwei Häuser zusammengepackt, damit ihre Männer in den wenigen Häusern wenigstens genug Platz hatten, um ausgestreckt auf ihrem Strohlager liegen zu können.

Ihr Stabsquartier war höchst anständig, und nachdem er sich in der

Nähe des Ofens in seinen Schlafsack gewickelt hatte, konnte er so prächtig schlafen wie im schönsten heimatlichen Bett. Morgen ging es zur Abwechslung einige Kilometer zurück an einen Ort, an dem sie sich etwas ausruhen sollten.

In dem Hauptquartier befand sich ein Verteilzentrum für Essen. „Von den höheren Herren" wurde großer Wert darauf gelegt, richtig gegrüßt zu werden aber das nahm mein Vater gerne in Kauf, denn die Ruhe war wohltuend nach den anstrengenden Tagen. Sein Hunger war geradezu beängstigend, auch nachdem das, durch das 48-stündige Fasten, entstandene Loch längst wieder aufgefüllt worden war. Für russische Verhältnisse war ihr jetziger Standort „ganz pompös". Das Erstaunlichste und Wohltuendste nach beinahe acht Wochen war ein warmes Bad gewesen. In der Pumpstation eines nah gelegenen Bahnhofs gab es eine Badewanne, (wie man die wohl dorthin transportiert hatte !?), die von den Eisenbahnern mit heißem Wasser gefüllt wurde. Das Wasser hatte zwar eine tiefbraune Farbe, aber man hatte trotzdem ein ganz und gar gesäubertes Gefühl, wenn man herauskam. Es gab hier sogar richtigen Bohnenkaffee, schwarzen Tee und dazu etwas Milch. Die Nächte waren ruhig und da es wärmer geworden war, machte er gestern eine kleine Skitour in die Umgebung, die hügelig und bewaldet war. Wenn die Sonne etwas herauskam und er die Augen schloss, kam er sich für Momente wie auf der Oberen Firstalm bei Neuhaus vor. Das Soldatenleben war völlig unvorhersehbar. Es gab Tage, an denen man keine Sekunde lang zur Ruhe kam und wieder andere, an denen es so gut wie gar nichts zu tun gab, „solche, an denen es knallt und kracht und solche, an denen man sich, etwas weiter entfernt von der Front, oder wenn gerade nichts Besonderes vorliegt, vorkommt wie im tiefsten Frieden". Er versicherte meiner Mutter, dass sie sich um ihn keine Sorgen zu machen brauchte und meinte, dass ihr Hauptauftrag für den Winter zum größten Teil erledigt sei, was aber nicht hieß, dass sie je länger als 10 Tage an demselben Ort bleiben konnten. Ihre nächste, nur kurz bezogene Unterkunft, war bisher die beste. Es war ein sauberes Försterhaus mit einer Försterfrau, die für sie sorgte. Nachmittags und abends saß sie mit ihrem großen Samowar am Tisch und machte heißen Tee für sie. Außerdem wusch sie ihre Wäsche und stopfte ihre Strümpfe!

Dafür war ihr nächstes Quartier ein kleiner, völlig zerschossener Ort auf einer Lichtung, umgeben von Wald. Die Behausung bestand aus einem Dach und Stroh auf dreckigem Boden. Die Zeiteinteilung war hier ganz anders als mein Vater sie gewöhnt war. Es gab ruhige Viertelstunden aber nur selten ganze Stunden. Das Telefon klingelte ununterbrochen und er und der Adjutant hatten die Gespräche zu erledigen. Es kamen dauernd neue Befehle, die auszuführen waren, da sich die Lage ständig änderte, wenn man nahe am Feind war. Das Leben war auch während einer Ruhezeit ganz anders als in Frankreich. Von ihrer jetzigen Stellung aus waren die Russen etwa 8 km entfernt, sodass sie gar nichts von ihnen merkten, außer gelegentlicher nächtlicher Störungsmanöver, bei denen sie die Gegend verminten oder versuchten das Telefonkabel durchzuschneiden.

Zwischen ihnen lag ein großer Waldabschnitt, der für solche Unternehmungen günstig war. Sie hatten noch gar keine russischen Panzer gesehen und Flieger nur ganz selten, im Gegensatz zu dem Ort, an dem Bertes sich aufhielt oder dem der Kameraden an der Donezfront auf der Krim, wo es schlimm hergehen musste. Wie gut mein Vater verstehen konnte, dass sich meine Mutter große Sorgen um ihn machte. „Es wird viel von Euch armen Frauen verlangt", schrieb er, und sie sollte ihm ihren Kummer bitte nicht verheimlichen. Er wusste ja, dass sie tapfer durchhalten würde, auch wenn manchmal Tage kämen, an denen ihr ihr Schicksal allzu schwer vorkommen würde. Ihm ging es auch oft so. Man lebte nur noch von einem Tag zum nächsten und wagte es kaum, an die Zukunft und an normale Zeiten zu denken. Ihre so lieben, lebendigen Briefe, die lustigen Zeichnungen von uns Kindern, Päckchen mit Süßigkeiten, Vitamin C Tabletten, Toilettenpapier, Briefumschlägen und Zigaretten waren seine ganze Freude. Neuerdings bekamen sie zwei Mal in der Woche einen Esslöffel Lebertran, der zusammen mit dem Cebion (Ascorbinsäure), das meine Mutter schickte, für die nötigen Vitamine sorgte. Da Päckchen an die Front nicht mehr als 100 Gramm wiegen durften, musste meine Mutter viele einzelne von ihnen machen. Sie benutzte dafür Zeitungs- und Zeitschriftenblätter mit interessanten Artikeln, bei deren Auswahl ihr mein Großvater beratend zur Seite stand.

Ein bewegendes Erlebnis war gestern die Übertragung von Beethovens Violinkonzert im Radio gewesen. Wie sehr hatte er die wunderbaren Klänge, die so weit entfernt von allen irdischen Widerwärtigkeiten waren, genossen!

Nach Tagen, die fast an den Frühling erinnerten, war in der zweiten Märzwoche der Winter mit frischem Schnee und minus 20 Grad Kälte zurückgekehrt. Und wieder war ein Ortswechsel befohlen worden, diesmal in ein größeres Dorf, das sie nach einem 18 km langen, eisigen Marsch erreicht hatten. Sie waren ostwärts die Nacht hindurch bis zum frühen Nachmittag des folgenden Tages marschiert. Es war ein beinahe 2 km langes Dorf, dessen Häuser in einem unvorstellbar verwahrlosten Zustand waren. Der Mief, der einem beim Hineingehen entgegenwehte, erschlug einen beinahe. Für den Stab fanden sie ein einigermaßen geruchfreies Quartier, wo sie sich, nachdem der große Ofen ein wenig angeheizt wurde, erst einmal auftauten. Die Matka, so werden die russischen Frauen angeredet, kochte gleich Kartoffeln, machte den Samowar warm und schaffte Stroh in die Bude, damit sie sich nach dem Essen für kurze Zeit schlafen legen konnten.

Am nächsten Morgen gab es viel zu tun, um die Ortsverteidigung zu organisieren. Dann ging es an die Neuverteilung der Quartiere. Es fand sich ein tadelloses, ziemlich sauberes Schulhaus, in dem der Stab untergebracht wurde. Diese Schule und riesengroße Pferdeställe waren das einzig Anständige an diesem Ort. Die Russen wurden zur Arbeit eingesetzt. Drei hatten sie in ihrer Stube beschäftigt, um Bettgestelle und Bänke zu bauen und die Fenster abzudichten. Tische wurden herangeschafft, sodass es jetzt ganz wohnlich aussah in ihrer Schulstube. Dieses Dorf lag ausnahmsweise nicht in einem Wald. Es gab weite Schneeflächen und kleine Anhöhen ringsherum. Die russischen Truppen lagen in etwa 10 km Entfernung von ihnen, und sie hatten noch nichts von ihnen gehört, außer fernem Artilleriefeuer. Man konnte sich sogar nachts die Reithose ausziehen, da nicht mit Alarm zu rechnen war. Konnte sich meine Mutter vorstellen, dass es hier sogar einen Zahnarzt gab, eine halbe Stunde Schlittenfahrt im Trab von ihnen entfernt? Ihm war erneut eine Plombe herausgefallen, die ersetzt werden musste. Gestern hatte wieder ein böser Schneesturm begonnen, der immer stärker wurde und jetzt mit großer Wucht um ihr Schulhaus tobte. Morgen würden sie erneut den Schneepflug in Bewegung setzen müssen, um den Schlittenverkehr mit den in Nachbardörfern liegenden Kompanien aufrecht zu erhalten. Ihre Stube war mollig warm und im Radio gab es schöne Musik, eine Arie von Händel, ein Andante aus einem Mozart Violinkonzert. Die Übertragung war hier, in der waldlosen Gegend, bedeutend besser als an den anderen Orten. Es schien ihm, als ob die Radioprogramme in letzter Zeit erheblich besser geworden wären und etwas mehr dem Ernst der Zeit entsprachen. Er fühlte sich für alles, was auf die Sinne und das Gemüt wirkte, sehr empfänglich, während es ihm schwerfiel, scharf nachzudenken und seine Gedanken beim Lesen zu konzentrieren. Man suchte eben unbewusst nach Eindrücken, die einen über „das jämmerliche irdische Dasein hinausheben." Da waren Musik und Natur „besser als von Menschen ersonnenes, meist tendenziöses Geschreibsel".

Wieder waren sie nur für zehn Tage an einem Ort gewesen, als der Befehl zum Weitermarschieren kam. Der wüste Schneesturm hielt an und die Temperatur war bei -30 Grad. Mein Vater hatte die Kälte noch nie als so unangenehm empfunden. Beinahe sei ihm seine linke Backe eingefroren, schrieb er. Er konnte sie gerade noch rechtzeitig mit Schnee einreiben, aber sie war schon ein wenig weiß gewesen. Das neue Quartier war nicht schlecht, weil sie weniger eng aufeinander lagen. Auch hier war es ruhig. Man hörte den Kanonendonner nur von weitem. Für ihn gab es jetzt ziemlich viel Arbeit, da er auch die sogenannte Ortskommandantur unter sich hatte. Das hieß, dass er verantwortlich war für die Regelung des Arbeitseinsatzes der hier wohnenden Russen. Diese mussten tüchtig für sie schaffen und Holz fällen, Schnee schaufeln und Säuberungsarbeiten durchführen. Zu essen bekamen sie wenig. Außer einiger Kartoffeln war nicht mehr viel übrig geblieben in dem etwa 350 Häuser großen Ort. Die Menschen waren unvorstellbar genügsam. Dabei sahen die meisten sehr gesund und kräftig aus.

Heute morgen war er wieder mehrere Stunden auf den Skiern unterwegs gewesen, um einen neu anzulegenden Weg vorzubereiten und dessen Ausbau durch fünfzig russische Frauen mit Schneepflügen zu überwachen. Bald würden sie sich auf die bevorstehende Schlammzeit vorbereiten müssen, in welcher sie dann, statt mit Schlitten, mit kleinen, schmalen russischen Wagen durch die Gegend ziehen würden. Nach den Berichten der Einwohner würde in etwa zehn Tagen, also in der ersten Aprilwoche, eine drei bis vier Wochen andauernde Zeit beginnen, in welcher die Wege schier unpassierbar würden. Ihr Quartier lag hinter einem kleinen Fluss, der demnächst durch die Schneeschmelze zu einem unüberwindlichen Hindernis werden würde. Er war heilfroh über seine Gummistiefel. Vorläufig war allerdings noch tiefster Winter mit bis zu minus 20 Grad Kälte in der Nacht. Es war gut, dass er wenig Zeit zum Nachdenken hatte und dass die Tage außerordentlich schnell vergingen. Neben den lieben Gedanken an zuhause, und den Päckchen mit Marzipan und Briefpapier, war der Lichtpunkt in seinem augenblicklichen Dasein sein prächtiger Kommandeur, der übrigens die Musik von Max Reger, welche neulich im Radio gespielt wurde, so wie er auch, sehr fade gefunden hatte! Im Augenblick hörte er Beethovens erste Symphonie und sein Klavierkonzert in C-Dur. Gestern war es ein Klaviertrio von Brahms. „Herrlich!" Die Verpflegung, sollte meine Mutter wissen, sei wirklich ausgezeichnet. Auf ihrem Brotteller lag auch stets etwas Knäckebrot und zur Abwechslung gab es auch Honig und neulich sogar „hochanständige" Orangenmarmelade und je zwei Zitronen.

„Es wird wirklich alles getan, um unser Los erträglich zu machen. Man muss immer wieder staunen, wie sie das fertig bringen." Zwischen diesem und dem nächsten Brief liegt eine Woche Unterbrechung. Es war

Russland

Von deutschen Soldaten besetzte russische Dörfer bei Tauwetter, 1942

heute Karfreitag, der 3. April 1942, aber man merkte natürlich gar nichts von dem nahenden Osterfest und vom Frühling war auch wenig zu spüren. Es taute zwar mächtig aber kein grünes Blättchen war zu sehen. Der Schnee hatte noch alles zugedeckt. Am Palmsonntag waren sie aus ihrer Ruhe aufgescheucht worden, erzählte mein Vater. Ein Ort in ihrer Nähe, der von einer ihrer Kompanien besetzt war, wurde von Russen angegriffen und es bestand die Gefahr einer Einschließung. So wurden sie zur Hilfe gerufen. Sie marschierten im Schneesturm in Richtung des angegriffenen Orts, aber um diese Zeit hatte sich die Lage bereits ein wenig beruhigt. Am nächsten Tag jedoch wurde ein gemeinsamer Gegenangriff befohlen. Wegen der stark bewaldeten Gegend war das Gefecht mühsam und dauerte drei Tage. Sie als Stab waren in einem der Häuser im Dorf zurückgeblieben und standen in direkter Funkverbindung mit den angreifenden Truppen. Es gelang ihnen, eine vorgelagerte Anhöhe zu besetzen und ein Blockhaus im Wald zu erobern, das ihnen als Stützpunkt diente. Dieser wurde sofort verdrahtet und vermint, da er sonst schwer zu halten gewesen wäre. Die strategisch wichtige Anhöhe wurde die Nacht hindurch durch ihre Infanterie verteidigt. Es ging ein scharfer Wind bei −3 Grad und die Leute wechselten sich alle vier Stunden ab, nachdem sie sich für zwei Stunden im Haus aufgewärmt hatten. In der Nacht zum dritten Tag unternahmen die Russen einen erneuten Angriff. Er begann um 3 Uhr morgens, nachdem mein Vater gerade zwei Stunden fest geschlafen hatte, wozu man wegen der ständigen Alarmbereitschaft nur selten kam. Zuerst wurde ihre Waldstellung angegriffen, die aber Dank der Verdrahtung und der Minen gehalten werden konnte. Es gab eine mächtige Schießerei, auch in den Ort schossen „die Burschen". Den Hauptvorstoß zur Wiedereroberung der Anhöhe machten die Russen von einer bewaldeten Seite her, ungefähr 3 km entfernt vom Ort, aber da ihre Kompanie diesen Plan früh genug erkannt hatte, konnte die Artillerie ihnen mit heftigem Feuer zu Hilfe kommen. Trotzdem rückten einige der russischen Truppen im tiefen Schnee gegen die Höhe vor. Sie waren wohl doppelt so stark wie die Deutschen und es gab harte Kämpfe, die schließlich damit endeten, dass die Russen sich unter hohen Verlusten zurückzogen. Inzwischen aber hatten sie am Waldrand ein Geschütz aufgebaut und begannen, ein Haus nach dem anderen zu zerschießen. Glücklicherweise befanden sich nur wenige Leute in den Häusern und es gab dabei nur einen Toten. Dennoch war es eine üble Lage.

Mein Vater und der Rest des Stabs verließen schnell ihren Gefechtstand und verzogen sich für kurze Zeit in einen Kartoffelkeller. Es dauerte nicht lange, bis ihre Flak das feindliche Geschütz erledigt hatte. Es war ein kritischer Moment gewesen, zumal auch die Lage auf der Höhe in diesem Augenblick noch ganz ungeklärt war. Um 16 Uhr wurde es mit einem Mal vollkommen ruhig. Die Russen hatten eingesehen, dass ihr Angriff erfolglos war. Nach Klärung der Lage rückte ihr Bataillon während der Nacht wieder ab in ein größeres Dorf, das allerdings fast ganz ausgebrannt war. Die Russen lagen ihnen gegenüber in den Wäldern, aber sie hatten feste Stellungen gebaut. Das neue Quartier war ordentlich und bestimmt konnte sich meine Mutter vorstellen, wie er sich nach drei beinahe schlaflosen Nächten aufs Schlafen freute. Jetzt, zwölf Stunden später, fühlte er sich wieder vollkommen frisch und war dankbar dafür, mehr Kriegserfahrung gesammelt zu haben. Er wusste nun, was man in einem Gefecht zu tun hatte und reagierte auch nicht mehr ganz so empfindlich auf die schrecklichen Eindrücke. Im Übrigen kam man im Tumult eines Kampfes nicht dazu, viel nachzudenken und das war gut so.

Von Ostern 1942 an adressierte mein Vater seine Briefe an uns mit „Im Gehege 2, Berlin". Nach langem Überlegen war meine Mutter mit uns Kindern ihren Eltern dorthin gefolgt. Neuhaus war immer noch kalt, das Heizmaterial knapp, und die Vorstellung, mit uns und ihren wachsenden Sorgen um meinen Vater, inmitten der Kämpfe an der russischen Front, alleine zu sein, wurde für sie unerträglich.

Trotz der andauernden Luftangriffe auf Berlin, ging das Leben dort erstaunlich normal weiter. Meine Großeltern hatten ihr reges gesellschaftliches Leben wieder aufgenommen, mit einer Reihe faszinierender Gäste aus wissenschaftlichen und künstlerischen Kreisen.

Januar 1942 - Februar 1943

Mein Großvater hatte eine Pianistin gefunden, mit der er Geigenduette spielte und einen Theologiestudenten, der bei ihm Privatstunden in Hebräisch nahm. Meine Großmutter war bekannt als gute Gastgeberin und sie bemühte sich in verschiedenen sozialen Einrichtungen mitzuhelfen. Meiner Mutter war das Zusammensein mit ihren Eltern ein großer Trost und sie fand sogar die Zeit, wieder bei ihrer früheren Gesangslehrerin Stunden zu nehmen.

Für Bernd, der gerade sechs Jahre alt wurde und in die Schule kam, war Berlin auch viel besser als Neuhaus, obwohl die Schulen in Berlin überfüllt und recht schlecht waren.

Zum Spaß hatte mein Vater geschrieben, meine Mutter sollte bitte aufpassen, dass Bernd nicht anfing berlinerisch zu reden. Ihm war der bayrische Tonfall so viel lieber! Er war beruhigt, meine Mutter geborgen in der Familie zu wissen. Der Dahlemer Frühling war ja so schön, wie er sich von seinem Frühjahrsurlaub 1940 erinnerte. Bergwiesenblumen würde meine Mutter ihm diesmal zwar nicht schicken können, aber dafür waren da die blühenden Bäume entlang der schönen Straßen und die gepflegten Gärten. Bei ihnen in Russland gab es noch keine Spur der erwachenden Natur, außer den Vögeln, die munter sangen, wenn die Sonne schien.

Frühlingspracht passte auch so gar nicht zu diesem trostlosen Land. Er nahm an, dass die Bombenangriffe auf Berlin im Moment nicht allzu häufig wären. Meist seien es Propagandaflüge, die die Engländer in großen Abständen unternahmen. Wenn es doch hoch hergehen würde, sollten wir in den Schulkeller gehen. Aber nicht, wenn die Flak schoss, denn die Flaksplitter seien gefährlicher als die Bomben.

Die größte Osterfreude für meinen Vater waren die lieben, lebendigen Briefe und Päckchen von meiner Mutter gewesen. Er nahm von Herzen Anteil an allen Erziehungssorgen, die sie so ganz allein auf sich nehmen musste. Wenigstens schien Bernd in der letzten Zeit ein wenig verständiger geworden zu sein. Wenn eine Stelle in einem der Briefe vorkam, in der meine Mutter uns Kinder direkt zitierte, aus Gesprächen, die sie belauscht hatte, überkam ihn bei unserer süßen Kindersprache eine große Rührung. Er hatte einen Brief von seiner Schwester Edith bekommen, in dem sie ihre Sorge darüber aussprach, ob sie, nach dem Verlust von Wolfgang, ihrem Verlobten, je einen anderen Mann würde heiraten können. Sie schrieb von einem gewissen Gerhard Schloesser (hatte meine Mutter ihn kennengelernt?), den sie gern hatte, aber den der Konsul bereits als „zu verstockt und zu schweigsam" abgeurteilt hatte. Mein Vater erinnerte meine Mutter daran, um wie vieles schöner sie es damals gehabt hatten, als sie sich kennenlernten. Wie sehr hatten sie ihr Zusammensein genossen, vielleicht gerade weil sie noch halbe Kinder gewesen waren, wie sie jetzt im Rückblick feststellten. Wie unvorstellbar sorglos sie damals waren und doch schuf man sich manchmal Kummer aus lauter Nichtigkeiten. Meinte sie nicht auch, dass alles aus dieser glücklichen Zeit, all die schönen Erinnerungen, ein großer Schatz waren, der ihnen Kraft für die Gegenwart gab? Ihnen blieb die Hoffnung auf eine glücklichere Zukunft. Sie würde bestimmt kommen!

Mein Vater war mit dem netten Stabsarzt zu einem Ort unterwegs gewesen, in welchem sie ihre Feldküche, die Fahrzeuge, Pferde und die Schreibstube unterbringen wollten. Vorher waren sämtliche Russen ausgesiedelt worden. Vom Schmutz und Gestank in diesen Russenquartieren konnte sich meine Mutter keine Vorstellung machen, schrieb er. Die Leute hausten dort wie Vieh, zusammengepfercht und eingehüllt in ihre dicken Wolllumpen, die sie den ganzen Winter über anhatten, ohne sich je zu waschen. Das waren nur Kleinigkeiten, meinte er. Man konnte trotzdem viel mit den Russen anfangen, denn sie waren fleißig, geschickt, genügsam und kerngesund. Zu essen hatten sie nichts außer Kartoffeln. Nur gelegentlich aßen sie ein Stück Pferdefleisch dazu oder tranken etwas Milch von den wenigen Kühen, die es noch gab. Das Brot war selbst gebacken und scheußlich klebrig. Mein Vater glaubte nicht, dass es viele überzeugte Kommunisten unter ihnen gab, genauso wenig wie überzeugte Antikommunisten. Das Politische schien ihnen vollkommen gleichgültig zu sein, denn Besitz hatten sie so oder so nicht. Geknechtet wurden sie unter beiden Systemen und sie trugen ihr Schicksal mit unvorstellbarem Gleichmut. Der Weg der Vertriebenen aus dem Dorf ins Hinterland war übersät mit allerlei kümmerlicher Habe, die sie unterwegs hatten liegen lassen müssen. Und nun fügte mein Vater einen Gedanken hinzu, der sich schon zwei Jahre später ins Gegenteil wenden würde und für ihn besonders schmerzhaft gewesen sein musste: „Es ist gut, dass den Deutschen dieses fürchterliche Flüchtlingsschicksal erspart blieb." In ihrer neuen Stellung waren sie noch nicht angegriffen worden, denn die Russen hätten über eine große freie Schneefläche von etwa drei Kilometern anrücken müssen. Das war im Schnee beinahe unmöglich. Links und rechts (nördlich und südlich) von ihnen gab es hingegen mehrere Angriffe mit großen Verlusten seitens der Russen, während bei ihnen die Verluste in diesem Verteidigungsgefecht gering waren. Die Russen schossen gut und waren gut ausgerüstet aber ihre Führung war phantasielos. Für sie bestand ein Angriff aus möglichst vielen Soldaten, natürlich auch mit Unterstützung schwerer Artillerie, aber sie machten das auf eine einfallslose Art, fand er.

Der Gefechtsstand meines Vaters befand sich in einem Bauernhaus, das einen Meter dicke Wände hatte, die sie durch sehr kräftige Holzstämme noch verstärkten. Auch die Decke war verstärkt worden, so dass sie sich ziemlich sicher fühlten, selbst wenn es den Russen einfallen sollte, sie mit schwerem Geschütz anzugreifen. Leider hatten sich inzwischen Läuse bei ihnen ausgebreitet, „ein widerliches Volk". Sie bissen meinen Vater zwar nicht oder wenig, so dass er es nicht merkte, aber die Krabbelei an den Beinen war höchst unerfreulich. Jeden Morgen und jeden Abend knackte er sie fleißig, und wie viele er schon erledigt hatte wollte er lieber nicht schreiben.

Wahrscheinlich hatten sie ihn angefallen, als er im Nachbarort öfter mit 30 bis 40 Russen in einem Raum war und er es vor lauter Gestank kaum ausgehalten hatte. Er wollte bald mal wieder ein Bad in der Gummiwanne des Majors nehmen. Vielleicht half das. Er hatte auch Insektenpulver, aber das schien „dieses Volk wenig zu stören". Das Tauwetter machte nur langsame Fortschritte. In der Nacht fror es immer wieder, während sich am Tag zwanzig Zentimeter tiefer Matsch bildete. Aber dies war nur der Anfang, denn darunter lag noch eine dicke Eisschicht. In wenigen Tagen würde es so weit sein, dass jeglicher Verkehr zum Stillstand käme, da man dann weder mit Schlitten noch mit Wagen würde fahren können. Mein Vater bat meine Mutter, bitte nicht zu besorgt zu sein, wenn die Post vorübergehend ausbleiben würde. Für ihn und alle anderen bedeutete diese Schlammzeit Ruhe, denn große Gefechte konnte man unter diesen Umständen wohl kaum führen. Der vor ihnen liegende Fluss würde während einer Zeit von zwei bis drei Wochen alles überschwemmen und ein nicht zu überwindendes Hindernis bilden.

Augenblicklich lebten sie üppig, denn sie hatten eine Kartoffelmiete entdeckt, und so gab es abends manchmal Bratkartoffeln und der Inhalt der vielen „Liliputpäckchen", die meine Mutter ihm geschickt hatte, versorgte ihn mit allerhand Süßem. Er freute sich ja so über sie, nicht nur weil der Inhalt so gut schmeckte, sondern weil auch so viel Liebe und ehrliche Fürsorglichkeit aus ihnen sprach. Sie waren wie ein wärmender Strahl hier im kalten Land. Auch ihre häufigen Briefe, besonders mit ihren Erzählungen über uns Kinder und ihren Beschreibungen der Natur taten ihm so wohl.

„Man hat ja solche Sehnsucht nach Einsamkeit und der Reinheit der Natur, heraus aus den wüsten Eindrücken des Krieges", schrieb er.

In einem Brief vom 12. April 1942 erwähnt mein Vater zum ersten Mal seine große Sorge über seinen Bruder Nöll, von dem die Familie seit dem 30. Januar nichts mehr gehört hatte. Auch er kämpfte in Russland irgendwo im Norden und war als Kanonier den Gefahren besonders ausgesetzt. Ein Brief an ihn, geschrieben am 27. Februar, war mit dem Vermerk „unzustellbar" zurückgekommen.

Vor einigen Tagen hatten sie einen Angriff der Russen abzuwehren und da beide, der Major und der Adjutant, vorübergehend an einer anderen Stelle eingesetzt worden waren, musste er zusammen mit einem Oberleutnant die Führung übernehmen. Weil „die Burschen" (die Russen) die Sache „so tollpatschig" angingen, war der Kampf relativ leicht gewesen. Es war nicht zu glauben mit welcher Sturheit die Burschen ins Feuer rannten, beobachtete mein Vater. So kamen ihnen etwa 150 von ihnen über die breite Schneefläche entgegen, wo sie ganz leicht abgeschossen werden konnten. 46 russische Soldaten wurden gefangen genommen, 80 Russen waren gefallen. Dazu kamen eine Menge Waffen, die sie zurückgelassen hatten. Auf deutscher Seite waren nur zwei Verwundete zu verzeichnen. In den letzten zwölf Tagen hatten sie im Gebiet ihrer Division 1800 tote Russen gezählt. Sie waren sehr gut ausgerüstet und von den Gefangenen erfuhren sie, dass es sich um neu eingekleidete Leute handelte, die soeben via Moskau hierhergeschickt worden waren, Junge, Alte, alles durcheinander. Die Gefangenen waren zufrieden mit ihrem Schicksal und wurden gut behandelt, auch wenn es nicht gerade viel zu essen gab. „Die Burschen fressen (anders kann man es nicht bezeichnen) buchstäblich alles. Es könnte einem übel werden beim Zuschauen", meinte mein Vater.

Der Winter schien Mitte April überstanden zu sein. Der Schnee schmolz schnell und überall flossen kleine Bäche durch die Landschaft. Die sogenannten Straßen, die natürlich keinen festen Untergrund hatten, waren vollkommen aufgeweicht, sodass man mit den vierspännigen Fahrzeugen kaum durchkam. Die Pferde hatten arg viel auszuhalten. Der Vorteil dieser Jahreszeit war, dass keine kriegerischen Konfrontationen möglich waren. So arbeitete man daran, die Stellungen weiter zu befestigen. Es wurde unentwegt an einem Bunker gebaut, damit sie sicher waren, wenn die Überschwemmung vorbei sein würde. Sie würden sich dann wohl größtenteils unter der Erde aufhalten. Der Fluss, der zwischen ihnen und dem Feind lag, wurde während der Überschwemmung bis zu 300 Meter breit und an manchen Stellen bildete er sogar große Seen. Von den Russen war nichts zu sehen. Es stand ihnen also eine ruhige Zeit bevor. Hinter der Front wurde eine Sauna mit einer Entlausungsanstalt fertig gebaut. Da würde auch er hingehen müssen, denn er wurde das „Läusevolk" nicht mehr los. Gott sei Dank verging die Zeit schnell, viel schneller als in Frankreich. Sie genossen die köstliche Frühlingssonne, die vom wolkenlosen Himmel schien und die um die Mittagszeit beinahe sommerliche Kraft hatte. In den Wäldern war „ein munteres Treiben". Es sangen die Lerchen und es gab eine Menge anderer Vögel, die er leider in seiner „Ungebildetheit" nicht benennen konnte.

Von ihrem höher gelegenen Standort aus konnten sie riesige Felder sehen, die nun den Sommer über brach liegen würden. Hoffentlich konnte man in anderen Teilen des eroberten Russlands die Äcker bestellen, denn sie würden die Ernte gut gebrauchen können. Heute gab es Abendessen bei Kerzenschein mit Bratkartoffeln, Corned Beef, Käse und Sardinen, ein üppiges Menü. Die Verpflegung war weiterhin sehr anständig. Gestern gab es für jeden eine Apfelsine und köstlichen rohen Schinken. Nicht so gut war, dass er mal wieder Zahnprobleme gehabt hatte. Von dem Oberleutnant, der von Beruf Zahnarzt war, wurde der plombierte, aber nun schmerzende Zahn im wahrsten Sinne des Wortes „herausgerauft". Das Gerät für die Aktion, „besser würde man es Marterinstrument aus der Waffenmeisterei nennen, war ein sogenannter Wurzelheber, der nach Ansicht des Arztes besser für Pferde als für Menschenzähne geeignet war." Der Zahn wurde ihm stückweise herausgebrochen und die Prozedur hatte eine halbe Stunde gedauert. Aber nun war er glücklicherweise heraus. Kleine Nachwehen würden wohl bald verschwinden. Im Frieden hätte man jetzt eine Krone gemacht.

Am 26. April schrieb mein Vater, dass er die furchtbare Nachricht erhalten hatte, dass sein so geliebter jüngster Bruder Nöll nicht mehr lebte. Schweren Herzens wanderten seine Gedanken immer wieder zu ihm, den gemeinsamen schönen Erlebnissen, die in einer so fernen friedlichen Zeit lagen. Er dachte an Nölls so grundanständigen Charakter, an seinen herrlichen Humor, an all das, was ihn so besonders liebenswert gemacht hatte, und dachte auch an die Ungewissheit, die über seinem eigenen Schicksal lag. Vielleicht würde es Bertes gelingen, genaueres über Nölls Ende zu erfahren. Die Fälle, in denen man nicht sagen konnte, ob jemand gefallen oder in Feindeshand geraten war, waren doch recht selten. Die

Kameraden, die mit dabei gewesen waren bei dem Durchbruchsgefecht, in dem Nöll ums Leben gekommen war, müssten doch etwas über seinen Verbleib aussagen können. Für meinen Vater waren es jetzt mehr als zwei Jahre, dass er an Maams Beerdigung seinen Bruder zum letzten Mal gesehen hatte. Für ihn lag über Nölls Tod eine besondere Tragik, denn nach langer Unsicherheit hatte dieser endlich den rechten Weg für einen Beruf gefunden und ihn so glänzend begonnen. Er hatte sein Doktorstudium in Landwirtschaft abgeschlossen und dann das Familiengut Wilkau in Schlesien übernommen, wo er erfolgreich mit dem Anbau von Zuckerrüben begonnen hatte. Es war besonders schmerzlich, wenn jemand, der so wenig kriegerisch wie Nöll es gewesen war, sein Leben opfern musste. Mein Vater schrieb: „Bei einer solchen Gelegenheit fragt man sich noch dringender als sonst nach dem Sinn dieser Opfer. War man Optimist, so sagte man sich, dass nach diesem Krieg eine Läuterung kommen muss, dass aus diesem furchtbaren Brand eine bessere Menschheit entstehen wird, dass eine Zeit kommen wird, in der das Leben wieder lebenswert ist, dass unseren Kindern durch die vielen Opfer eine bessere Zukunft geschaffen wird. Und wie ist es, wenn man Pessimist ist? Da kann man nur den Untergang der Menschheit als Endergebnis dieses Kampfes aller gegen alle kommen sehen. Aber wenn man weiterleben will und dazu noch zwei süße Spatzen hat, dann darf man eben nicht Pessimist sein, sondern muss sich klar sein, dass das ganze Leben ein Kampf ist, den nur der besteht, der etwas für seine Sache einsetzt und der auch in schwierigen Lagen durchhält. Das wollen wir tun, auch unserem besten, guten Nöll zuliebe, um so ein wenig mit dazu beizutragen, dass sein Opfer nicht vergebens gewesen ist." Mein Vater bestätigte meiner Mutter immer wieder von Neuem, wie sehr er ihre Tapferkeit bewunderte und wie glücklich er darüber war, dass sie die Einsamkeit und die Last der Sorgen mit Fassung trug. Für viele Frauen, die von Natur aus robuster waren als sie, mochte es etwas leichter sein. Er bat sie erneut, nicht zu zögern, ihm ihren Kummer mitzuteilen und ja nicht zu viel in sich hinein zu fressen. Ach, diese langen Entfernungen machten es arg schwierig, sich miteinander zu verständigen. Eins musste sie ihm versprechen, sie dürfte sich nie Vorwürfe machen, sie hätte nicht genug Gutes für ihn getan. Er hatte es ihr ja oft gesagt, dass sein Leben erst lebenswert und schön geworden war, nachdem er sie kennengelernt hatte, und sie wusste ja, dass er nicht übertrieb. Gerade so wie es gewesen war, sei es schön gewesen mit allen frohen und trüben Tagen, mit allen Trennungen und Wiedersehensfreuden, und es würde auch eines Tages wieder anders kommen. Der Krieg würde schon ein Ende finden.

Was ihn selbst betraf, ging es ihm äußerlich gut. Er hatte keinen Grund zur Klage. Es war ganz ruhig um ihn herum und sie bauten andauernd so feste Stellungen, dass es den Russen nicht gelingen würde, hier durchzubrechen, auch ohne das Wasserhindernis. In seinem Inneren kreisten die Gedanken um den lieben Nöll und die Vorstellung von dem tiefen Schmerz, den auch seine Mutter und Schwester Edith empfinden mussten. Die so lieben Briefe und Päckchen von zuhause waren ihm ein großer Trost in diesen schweren Tagen der Trauer. Es war schon gut, wenn man wusste, dass es daheim ein warmes Herz gab, das mithalf mit allem Schweren fertigzuwerden. Aber hier draußen durfte man nicht weich sein. Manche Gefühle musste man im hintersten Kämmerchen verschließen. Nur abends vor dem Schlafengehen konnte man es ein wenig öffnen. Er gab zu, dass er noch ein wenig mehr von dem Zustand abgerückt war, in dem er über etwas Schönes laut juchzen konnte. Aber freuen konnte er sich doch noch, wenn auch leise. Das durfte sich nicht ändern, bis er wieder mit uns drei vereinigt sein würde.

Eine der Aufgaben meines Vaters war, Soldaten zu vernehmen und er war immer froh, wenn es sich nicht um schwere Delikte handelte. Auch mit russischen Überläufern musste er verhandeln. Gestern in der Dunkelheit war ein Russe erschienen, der sich an einer Feldküche zu schaffen machte und behauptete er sei ein Überläufer. Später stellte sich heraus, dass er aus einem Gefangenenlager ausgebrochen war. Es kam vor, dass sich russische Soldaten nach einem misslungenen Angriff einfach im Gelände aufhielten und sich zu ihnen durchschlugen, wenn die Luft rein geworden war. Diese wurden dann ebenso wie die Gefangenen anständig behandelt. Für Überläufer gab es sogar besondere Rationen, aber viel zu Essen war es natürlich nicht. Zur Feier des 1. Mai musste es drüben bei den Russen scheinbar Schnaps gegeben haben, denn an manchen Stellen, wo die Entfernung gering war, konnte man ein munteres Grölen hören und drüben am Waldrand hatten sie rote Flaggen gehisst. Ihre Artillerie schoss „munterer" als sonst, aber die deutschen Stellungen waren alle unter der Erde und die Geschosse konnten ihnen nichts anhaben. Der Stab wohnte noch in dem durch sehr dicke Bohlen verstärkten Haus, das etwas zurückversetzt lag und von den Russen nicht eingesehen werden konnte. Für den Fall, dass es einmal ungemütlich würde, hatten sie einen unterirdischen Gang gegraben.

Zur Aufmunterung des Militärs und auch der Bevölkerung hatte die Regierung neuerdings den Luftpostverkehr zwischen der Wehrmacht und der Heimat eingerichtet. Das Problem war, dass die Briefe zwar schnell hin und her gingen aber durch das sehr dünne Papier schwer zu lesen waren. Auch die vollständige Urlaubssperre wurde aufgehoben, sodass wenigstens einige Leute, die schon seit Juni 1941 in Russland dienten, jetzt endlich gewisse Aussichten auf Urlaub hatten. Nachdem man ihnen gestern einen Fahrplan für Urlauberzüge vom 1.10.41 – also sehr veraltet! – schickte, machten sie dauernd Reisepläne, suchten ihre passenden Züge heraus und berechneten, wie lange die Reise wohl dauern würde. Mehr als vier Tage waren es nicht. Die Verwirklichung lag jedoch leider noch in weiter Ferne. Er selbst würde schon gerne mit dem Urlaub warten, bis es hier demnächst entscheidend weiter ginge. Lieber wollte er erst nach Hause kommen, wenn man etwas klarer sah. Er war guten Mutes. Man durfte sich durch den Rückschlag im November/Dezember 1941, der ja wohl durch eine Fehlspekulation ihrerseits und nicht durch die allgemeine Überlegenheit der Russen entstanden war, nicht runterziehen lassen. Wenn es im vergangenen Sommer gelungen war, schnell vorwärtszukommen, so musste das mindestens an gewissen Stellen auch in diesem Jahr wieder gelingen. Das würde ihnen allen neuen Mut geben.

Ein besonders heimeliger Gruß aus unserem letzten Brief war die gepresste Alpen-Soldanelle gewesen, die ihn so lebendig an unsere lieben Berge erinnerte. Sie bewegte meinen Vater zu schreiben: „Wie beruhigend ist doch die große und friedvolle Natur. Eine mächtige ordnende Hand schwebt darüber, aber Kämpfe und Tod gibt es auch dort. Die Pflanzen und Tiere müssen auch stündlich um ihre Existenz kämpfen. Warum soll es uns besser ergehen, uns dummen Menschen, die wir unseren Verstand nur darauf verwenden, Instrumente zu erfinden, um möglichst viele andere Menschen zu vernichten? In der Natur behalten nur die Pflanzen und Tiere ihr Leben, die sich abmühen und die sich kämpfend durchsetzen. Krankes und Schwaches vergeht. So müssen auch wir uns als stark erweisen, wenn wir den Kampf mit dem Leben bestehen wollen. Diesen Willen müssen wir den Kindern zuliebe aufbringen. Ich hoffe doch so sehr, dass es für sie einmal besser wird. Ich will diese Hoffnung nicht aufgeben und wenn wir alle wollen, dann muss es auch werden."

Es hatte in den letzten Tagen viel geregnet und der Matsch war unbeschreiblich. Die Ruhe hielt an. Es gab nicht viel zu tun, aber man musste dennoch ständig alarmbereit sein. Ein wirkliches Ausruhen gab es nicht. Er schlief im Ganzen gut, außer wenn geheizt werden musste und sich die warme Luft und der Mief, den solche Russenhäuser in sich hatten, oben in seinem Lager ansammelte. Meine Mutter sollte sich keine Sorgen um ihn machen. So gut wie er hatten es nur wenige. Er hoffte, dass mit dem Winter das Schlimmste überstanden war. Im vergangenen Sommer hatte sich die Überlegenheit der Deutschen doch so klar gezeigt. Warum sollte das jetzt anders sein? Er war zwar davon überzeugt, dass es keinen Blitzfeldzug auf der ganzen Frontbreite geben würde. An manchen Stellen würden sie sich verteidigen müssen, aber an anderen würde es mit großer Wucht und unter Einsatz aller Kräfte vorwärtsgehen. Sicher wollte meine Mutter noch viel mehr wissen, aber sie wusste ja, dass er über Vieles nicht schreiben durfte. Er konnte sich gut vorstellen, dass meine Mutter sich alles viel schlimmer vorstellte als es war. Zwischendurch gab es auch ruhige Zeiten und Tage, an denen man kaum etwas vom Krieg merkte. Groß war seine Sehnsucht nach etwas Schönem, was auch der Grund war, weshalb er die Musik im Radio so genoss. Leider war sie in letzter Zeit wieder sehr schlecht geworden, wie er und der Major festgestellt hatten. Aber dafür war das Tröstliche, dass er mit ganz besonders netten und wertvollen Menschen zusammen war. Er fürchtete zwar, dass der Major, den er so sehr verehrte, nicht mehr lange bei seinem Bataillon bleiben würde, denn er wurde bald Oberstleutnant und würde dann wahrscheinlich anderswohin befördert. Man musste sich schon gut vertragen, wenn man dauernd auf so engem Raum zusammenhockte. Das Essen genoss er dafür in vollen Zügen und auch den Sonnenschein, sogar noch mehr als daheim. Das Schönste waren natürlich die liebevollen, lebendigen Briefe von uns. Zum Lesen fehlte ihm „merkwürdigerweise" die innere Ruhe, aber vielleicht lernte er es doch noch, sich auf ein Buch zu konzentrieren. „Man darf sich doch nicht zu sehr gehen lassen. Man wird leicht ein wenig nachsichtig sich selbst gegenüber." Mit dieser Selbstkritik beendete mein Vater seinen langen Brief vom 4. Mai 1942.

Drei Tage später befand er sich auf dem Weg zu einem Ort, der sich acht Kilometer hinter der Front befand. Er sollte da einen nicht besonders wichtigen Kursus, wie er ihn nannte, absolvieren. Sein Ritt dorthin war kein schönes Erlebnis gewesen. Der Zustand der sogenannten Trassen war für einen gewöhnlichen Mitteleuropäer eine vollkommen unvorstellbare Sache. Wege mit festem Untergrund kannte man auf dem Land hier nicht. Da führten einfach so ein paar Spuren querfeldein. Wenn die eine zu sehr ausgefahren war, wurde einfach eine neue nebenan übers Feld gelegt. Der Dreck war 20 und mehr Zentimeter tief, dazwischen gab es große Wassertümpel. Dann kamen versumpfte Stellen, wo man noch tiefer einsank und wo es ein glucksendes Geräusch machte, wenn sich die armen Pferde hindurch mühten. Man dachte immer an die großen Anstrengungen, die den armen Tieren dabei zugemutet wurden. Nach einem etwa dreistündigen Ritt, wobei man nur ein paar 100 Meter auf einer sandigen Strecke traben konnte, kam er bei der Nachschubkolonne an, die ihn sehr gut aufnahm. Es gab gleich warmen Kaffee und Essen und ein weiches Strohlager, auf dem er herrlich geschlafen hatte. Kein Telefon störte, kein entfernter Kanonendonner war zu hören. Die Etappenleute lebten, wie üblich, nicht schlecht. Zum ersten Mal hatte mein Vater hier Hühner gesehen, die der Hauptmann einem Russen für eine Pulle Schnaps abgekauft hatte. Auch eine Kuh stand im Stall, sodass es als Nachtisch Quark mit Zucker gab, was ihn an den guten Neuhauser Topfen erinnerte. Aber er wollte sich nicht lustig machen über das Wohlleben dieser „Etappenhasen" hinter der Front, denn sie hatten es auch nicht leicht, wenn sie nachts in der Dunkelheit Verpflegung und Munition durch den unheimlichen Schlamm nach vorne bringen mussten. Aber dieses Leben war entschieden beruhigend für die Nerven. Wenn auch bei ihnen in letzter Zeit fast nichts passiert war, so hatte man doch nie die innere Ruhe für einen richtigen, tiefen Schlaf oder fürs Lesen und Schreiben.

Nach zwei Tagen ging es schon wieder zurück, was ihm vor allem wegen der Post lieb war. Es kamen jetzt viele Beileidsbriefe für ihren lieben Nöll, und auch Nölls letztes Testament wurde ihm zugeschickt. Datiert mit Breslau, am 5. Februar 1941 war es ein höchst berührendes Dokument, weil Nöll es im vollen Bewusstsein der Möglichkeit seines baldigen Todes als Soldat geschrieben hatte. Es stand da: „Wenn Ihr jetzt traurig darüber seid, dass ich nicht mehr unter Euch bin, so müsst Ihr bitte bedenken, wie glücklich und schön mein Leben war." Er erinnerte seine Familie an seine herrliche Studentenzeit, die vielen gemeinsamen Unternehmungen, das warme Verhältnis zu seinen Eltern und die selten nahe Verbundenheit mit seinen Geschwistern. „Ich glaube, das Leben kann einem gar nicht mehr an Liebe schenken", hieß es da. Dann machte er die erstaunliche Aussage, dass alle, die dies lesen würden daran denken sollten, dass er „den schönsten Tod" gestorben war, den es für Männer gibt. Sogar wenn man nicht genau wusste, ob dieser Krieg wirklich sinnvoll war, bedeutete doch der Tod eines Soldaten, der im Dienst sein Leben opferte, die höchste moralische Tat, die den Einzelnen weit über seinen eigenen Egoismus heben konnte. Mein Vater dachte täglich an seinen lieben Nöll, besonders wenn er Artilleristen sah, denen es hier bei ihnen bisher sehr gut ergangen war. Sie hatten fast gar keine Ausfälle gehabt. Nöll musste schon in eine sehr kritische Lage geraten sein. Ein Durchbruchsgefecht so wie das, in dem er gefallen war, gab es nur, wenn man eingeschlossen wurde. Von den Schwierigkeiten solcher Kämpfe im Winter, konnte man sich nur eine Vorstellung machen, wenn man sie selbst erlebt hatte.

Mein Vater war nicht betrübt über das gegenwärtige Sauwetter, denn es erhielt ihnen die Ruhe. Durchs Fernglas sah man drüben in einem zwei Kilometer entfernten Wald gelegentlich ein paar Russen oder man sah den Rauch von Lagerfeuern. Er war gespannt, ob der Feind sie demnächst „besuchen" würde oder ob er seine Kräfte dort konzentrierte, wo er die Offensive der Deutschen vermutete. Zum Glück waren ihre Sauna und die Entlausungsanstalt fertig geworden, und gestern hatte mein Vater sie für mehrere Stunden ausprobiert. Man musste eineinhalb Stunden in der Sauna zubringen, während sämtliche Decken und Kleidungstücke geröstet wurden, damit das Läusevolk verdorrte. Der Erfolg war zwar nicht hundertprozentig gewesen, aber bisher hatte er nur noch eine einzige Laus gefunden.

Die Hochzeit von seinem Bruder Bertes mit Karin Gottlieb war für die zweite Maiwoche in Dresden geplant, wo die Braut lebte. Leider würde mein Vater auf keinen Fall zu diesem Datum beurlaubt werden, aber meine Mutter und Edith planten, mit uns Kindern dabei zu sein. Wieder hatte Edith meinem Vater ihr Herz ausgeschüttet über ihre Zweifel, ob sie wohl nach dem Verlust ihres Bräutigams Wolfgang einen anderen Mann heiraten könnte. Sie hatte einen gewissen Franz Ludwig von Schoeler kennengelernt, den ihr Stiefvater, der Konsul, sehr zu mögen schien. Sie selbst würde sich aber noch etwas Zeit nehmen müssen, denn der Mann musste erst einmal etwas „aufgemuntert" werden.

Wenige Tage vor der Hochzeit von Bertes und Karin hatte Mutter Paula den Brief von Nölls Oberkommandanten bekommen, in dem er ihr die Einzelheiten von Nölls Tod schilderte. An einem Tag, bei einer

Temperatur unter minus 40 Grad, war es den Russen gelungen, Nölls Teil der Armee abzuschneiden. Da der Schnee zu tief war, um zu entkommen, mussten sie für ihre Flucht einen schon gebahnten Weg nehmen, der durch ein von den Russen besetztes Dorf führte. Einige der Soldaten wurden dort gefangen und erschossen.

Mutter Paula und der Konsul nahmen diese erschütternde Nachricht als Grund, nicht an Bertes Hochzeit teilnehmen zu wollen. Von Anfang an war klar gewesen, dass der Konsul Karin als Braut von Bertes missbilligte. Sie hatte weder Geld, noch kam sie aus einer „höheren Familie". Dazu war sie auch noch Künstlerin! Nölls Tod als Vorwand nutzend, schlug der Konsul vor, die Hochzeit bis auf Bertes nächsten Urlaub zu verschieben. Bertes lehnte ab. Das Ende des Krieges war nicht abzusehen, und wer wusste, wann er wieder Urlaub bekommen würde. Obwohl mein Vater natürlich tiefes Verständnis für den Schmerz seiner Mutter über Nölls Tod hatte, war er sehr aufgebracht über ihr Verhalten und seinen Stiefvater. Ja, Geld und Name waren für den Konsul, „diesen unmöglichen Menschen alles. Eine arg dürre Lebensauffassung, die in die heutige ernste Zeit erst recht nicht passt." Gerade jetzt hatten sie doch alle die Pflicht, die Familie so gut wie nur möglich zusammenzuhalten. Nein, er konnte die Entscheidung seiner Mutter nicht begreifen. Wenn man nicht ein krasser Pessimist war, musste man sich doch sagen, dass es richtig war, den Grundstein für eine neue Generation zu schaffen, für deren bessere Zukunft sie alle Entbehrungen trugen und die später einmal die Lücken füllen müssten, die jetzt gerissen wurden. Er selbst hatte die feste Hoffnung auf eine bessere Zeit. Man musste sie schon haben und dazu ein festes Gottvertrauen, um mit der Gegenwart fertig zu werden. Was gab es Lebensbejahenderes als die Verbindung von zwei Menschen, die sich lieb hatten?

Auch und gerade ohne die Eltern war die Hochzeit ein sehr harmonisches Familienfest, mit Bernd, der den Brautschleier trug und mir, die mit anderen für das Brautpaar Blumen streute.

Als nun Ende Mai die Wintermonate zu Ende gingen und sich der

Schlamm in einen festen Boden verwandelt hatte, wurde es meinem Vater klar, was für erhebliche Kräfte es bedurfte, um die „verflixt lange" Front zu halten, selbst wenn die Russen weniger aktiv sein sollten als im vergangenen Winter. Zur Zeit schienen die Brennpunkte im Norden und im Süden zu liegen. Im Norden müsste man Murmansk einnehmen und die Küste der Kola Halbinsel südlich davon erreichen, damit die Versorgungsroute der Alliierten über Murmansk abgeschnitten würde. Die Küste wäre leichter zu verteidigen als die lange Festlandsgrenze. Im Süden war vielleicht die Wolga und weiter nördlich der Don das Ziel. Was wusste man schon? Er hoffte vor allem, dass es so wie bei Kertsch auf der Krim auch an den anderen Stellen, an denen deutsche Truppen offensiv vorgingen, schnell weitergehen möge. Das würde ihnen allen, besonders hier draußen nach den schweren Wintermonaten neuen Mut geben.

Bei ihnen war noch alles ruhig. Morgen würden sie trotzdem in ihren Bunker umziehen. Nicht etwa, weil es ungemütlich wurde, sondern weil es dort draußen im Wald sehr viel schöner war, als in ihrem immer etwas muffigen Russenhaus. Die Vögel sangen aus voller Kehle und mein Vater glaubte, es seien sogar Nachtigallen unter ihnen, wenn es in den frühen Morgenstunden (das war jetzt um 2 Uhr morgens) mit dem Gezwitscher losging. Sie hatten den Bunker aus einer etwa vier Meter breiten Schlucht geschachtet, sodass der Eingang zu ebener Erde lag. Eine fünffache je 30 Zentimeter dicke Balkenschicht, auf die sie Erde geschaufelt hatten, bildete die Decke. Um mehr Licht hereinzubringen, hatten sie in die offene Türe ein Fenster eingelassen und den langen Eingangstollen mit Kalk geweißelt, sodass man überall ohne künstliche Beleuchtung lesen konnte. Russische Frauen hatten ihnen geholfen, die Wände und die Querbalken mit geblümtem Stoff zu verkleiden. In der Wohnecke stand eine Birkenbank vor ihrem gemeinsamen Tisch und außerdem gab es noch zwei weitere Tische, an denen man schreiben und lesen konnte.

Ihre Behausung war wirklich „urgemütlich" geworden. Wenn meine Mutter nur einen kurzen Blick auf sie hätte werfen können, hätte sie gar kein Mitleid mehr mit ihm haben müssen. Am Ende seines Briefes machte er für sie eine Skizze der Innenräume. Auch von außen war der Bunker „bildschön" geworden. Sie hatten kleine Bäume und Waldblumen oben auf das Dach und an der abfallenden Seite gepflanzt. Draußen stand ein großer Tisch aus Birkenholz, an dem sie saßen, wenn die Mücken sie nicht allzu sehr plagten.

Jeden Abend sang eine Nachtigall ganz in ihrer Nähe. Sie klang zwar anders als im Stadtpark von Düren, wo er mal mit Bewunderung einer zugehört hatte. Seit ein paar Tagen war es herrlich warm und ein Marsch durch den Wald gestern war voller Genüsse gewesen. Es hatte köstlich nach Kiefern und frischen Waldblumen gerochen, die jetzt weiß, gelb und lila aus dem Boden sprossen. Richtig schön war so ein Frühling ja doch nur zuhause und im Frieden, aber ein klein wenig genoss er ihn auch hier. Sie hatten sogar auch etwas an Saatgut bekommen, um wenigstens die riesigen, brachliegenden Bodenflächen zu nutzen. Zum Teil waren die Felder noch bis im letzten Herbst von den Russen bestellt worden. Sie wurden weiterhin sehr gut verpflegt. Gestern und heute hatte es insgesamt 16 Apfelsinen pro Person gegeben. Dazu eine Tafel Schokolade! „Ist das nicht üppig?" Zur Feier von Pfingstsonntag hatten sie zum Mittagessen Gulasch mit Kartoffeln und ein köstliches Gemüse bekommen, dazu für jeden eine halbe Flasche Sekt und auch etwas Cognac.

In Russland hatte jede Jahreszeit ihre Tücken, meinte mein Vater, und im Sommer konnte man sogar ein Gedicht darauf machen, weil die Tücken die Mücken waren, die zu hunderten vor ihrem Bunker umherschwärmten. Das Waschen musste deshalb äußerst beschleunigt werden, sonst war der Rücken schnell übersät mit Stichen. Nachts surrten sie nur vereinzelt. Da es keinen „Brautschleier" als Mückennetz gab, durfte man sich also nicht stören lassen und versuchte trotzdem gut zu „pennen", was ihm auch gelang. Er zog die Decke über den Kopf und ließ nur ein kleines Loch zum Atmen offen. Nach kurzer Zeit erhielten sie große grasgrüne Netze, die man über den Kopf stülpen konnte, und die einem guten Schutz gaben. Als Vorbeugungsmittel gegen Malaria mussten sie jeden Abend eine Pille schlucken. „Ein teuflisches Land", dieses Russland, meinte mein Vater. Auch waren die Läuse zurückgekehrt und er hatte alle seine Kleider noch einmal in den Entlausungsofen stecken müssen, aber das heiße Bad, das mit der Prozedur verbunden war, war herrlich gewesen.

Der Monat Mai hatte viel Regen mit sich gebracht und trotz der sorgfältigen Konstruktion hatte sich ihr Unterstand als nicht wasserdicht herausgestellt. An der Wand, an der der Kommandeur schlief, tropfte es seit drei Tagen ganz bedenklich. Sie hatten eine Zeltbahn darüber gehängt, in der sich das Wasser sammelte. Einmal täglich wurde es abgelassen und zum Waschen verwandt. Die Mücken ärgerten sie nach wie vor gewaltig.

Eine Mückenjagd wie wir sie immer im Schlafzimmer abgehalten hatten, lohnte sich gar nicht. Sie waren zu zahlreich. Aber glücklicherweise konnten sie sie zeitweise verjagen, indem sie am Abend ihre Zigaretten rauchten. Später fanden sie ein anderes Mittel gegen diese Plage. In einer Konservendose wurde Harz verbrannt, dessen Rauch zwar sehr beißend für ihre Augen war, aber auch die Mücken vertrieb.

Die Russen waren immer noch wenig aktiv und hatten mit ihrer ziemlich planlosen Schießerei noch keinen Schaden angerichtet. Gelegentlich kamen Überläufer. Es waren meist Männer aus der Ukraine. Sie wurden anständig behandelt und bekamen sofort etwas zu essen. Wenn sie beim Durchqueren des Flusses ihr Schuhzeug zurückgelassen hatten, wurden sie sogar mit Schuhen ausgestattet. Mit allerlei Mitteln versuchte man, sie herüberzulocken. Auf großen Schildern wurden sie zum Überlaufen aufgefordert, und nachts wurden sogar Sprechchöre eingesetzt, die ihnen zuriefen, wie gut sie es bei den Deutschen hatten.

Mein Vater meinte, im Ganzen könnte man mit dem militärischen Ergebnis im Monat Mai sehr zufrieden sein. Im Süden schien es vorwärtszugehen und die Kämpfe in Nordafrika stimmten zuversichtlich. Nach den langen Wintermonaten, in denen alles stockte, und wohl mancher schon die Hoffnung auf eine erneute Vorwärtsbewegung aufgegeben hatte, war es jetzt eine große Erleichterung zu wissen, dass die deutschen Kräfte nicht gebrochen waren. Man sah doch einen kleinen Lichtstreifen

Russland

am düsteren Horizont.

Bei ihnen hatte sich nichts verändert. An den meisten Stellen konnte man sich zwar nur bei Dunkelheit bewegen und durfte sich nicht außerhalb der Bunker und der Gräben sehen lassen. Im Ganzen war aber alles sehr ruhig, außer dem heftigen Artilleriefeuer in weiter Ferne. Sie waren alle ein wenig betrübt, weil ihr Kommandeur wieder mal für einige Zeit abkommandiert worden war. Mein Vater und der Adjutant würden in den kommenden Tagen sehr viel mehr zu tun haben, um zusammen mit dem Oberleutnant, der ihnen zugeschrieben war, dafür zu sorgen, dass der gute Ruf ihres Bataillons in dieser Zeit nicht litt.

Mein Vater musste einen dauernden Kampf mit sich führen, damit die wankenden Stimmungen und die Sehnsucht nach uns dreien nicht überhandnahmen. Wie lebendig waren seine Erinnerungen an den herrlichen Ausflug zum Wannsee vor zwei Jahren! Wie schön wäre es, wenn all die Männer um ihn herum wieder zuhause sein könnten! Die Zeit würde kommen. Aber zwischendurch gab es oft schwere Tage, in denen diese drei Jahre lange Kriegszeit und das noch nicht abzusehende Ende auf ihnen allen schwer lasteten.

Das durfte er doch bitte ab und zu mal schreiben, bat er meine Mutter. Wie herrlich schön und reich könnte ihr Leben sein, wenn dieser Krieg einmal ein Ende haben würde. Immer wieder blieb nichts als die Hoffnung, wo man doch so gerne eine Gewissheit hätte.

Glücklicherweise war es nicht immer so schwer. Es gab auch fröhliche Stunden, in denen sie ordentlich schimpften oder sich sonst wie erheiterten. Abends spielten sie häufig Doppelkopf und es war so friedlich um sie wie damals in Frankreich. Alkohol gab es zum Glück nicht mehr viel. Als die alten französischen Bestände noch da waren, war es oft hoch hergegangen.

Je ruhiger es an der Front war, desto lebhafter blühte der Papierkrieg. „Die Herren von hinten" – damit war die Heeresleitung gemeint (wie konnte diese Bemerkung der offensichtlichen Zensur entkommen?) – diese Herren, anstatt sich selbst ins Gelände zu begeben, nahmen sich ihre Landkarten vor und ödeten sie dauernd mit Befehlen an. Dann mussten sofort Skizzen irgendwelcher Art angefertigt und unendlich viele Meldungen gemacht werden, formgerecht und genau. Vollkommen ruhig konnte es natürlich nicht sein, wenn man sich so gegenüber lag. Von beiden Seiten waren dauernd Spähtrupps unterwegs. Durchs Fernrohr konnte man hin und wieder einzelne getarnte Gestalten beobachten und an den verschiedenen Rauchsäulen, die man zu bestimmten Zeiten aus dem Wald aufsteigen sah, konnte man erkennen, wo sich die Russen befanden.

Am 30. Mai 1942 hatten die Engländer und Kanadier einen Großangriff auf Köln gemacht. Sieben Achtel der Stadt waren in Flammen aufgegangen. Meine Eltern tauschten ihren großen Schmerz darüber aus, dass nun der Ort, der ihnen beiden so vertraut war, fast restlos zerstört sei. Als meine Mutter wieder einmal abends an der Schlafzimmertüre von uns Kindern lauschte, hörte sie, wie wir zwei die Bombardierung einer großen Stadt „diskutierten". Bernd schickte meinem Vater ein Bild, das er gemalt hatte, von Flugzeugen und brennenden Häusern. Bis jetzt hatten sich die Bombenangriffe auf Berlin in Grenzen gehalten. Um Berlin zu erreichen, mussten die Engländer ihre schweren Ladungen, wie die für Köln, über weite Strecken deutschen Gebietes transportieren und waren dabei den deutschen Nachtjägern ausgesetzt, die sie abzuschießen versuchten. Das Leben in Berlin ging immer noch sehr normal weiter.

Meine Mutter schrieb meinem Vater, wie viel Freude ihr ihre Gesangsstunden machten und mein Vater ermutigte sie, das Singen nur recht zu genießen, damit, wenn er dann einmal nachhause käme, sie ihm etwas Schönes vorsingen könnte. Wie sehr man nach diesem weltfernen, primitiven Dasein alles Schöne zu schätzen wissen werde! Er schickte meiner Mutter einen Hundertmarkschein, mit dem sie sich Theater- oder Konzertkarten kaufen sollte. In einer Zeit, in der es nichts anderes mehr zu kaufen gab, war es am sinnvollsten, das Geld für Kulturelles auszugeben. „Hör nur viel Musik", riet er ihr, „Musik ist so tief tröstlich in diesen dunklen Zeiten."

Russland

Mitte Juni entschied sich meine Mutter, trotz der katastrophalen Verhältnisse bei der Eisenbahn und der Bombengefahr, wieder nach Düren zu fahren, um das wertvolle Obst des Fabrikgeländes einzumachen. Einige Familienmitglieder waren aus der Stadt geflohen und mein Vater machte sich Sorgen, dass sich meine Mutter dort heimatlos fühlen würde. Wie mochte ihr Häuschen und der Garten ausschauen, nachdem drei Jahre lang niemand mehr dort gewohnt hatte? Er konnte sich jede gemütliche Ecke noch so gut vorstellen. Es ist in Verbindung mit diesem Besuch in Düren und mit der Wiederbegegnung meiner Mutter mit der Dürener Gesellschaft das erste und einzige Mal (außer in Bezug auf seine Mutter und seinen Stiefvater), dass mein Vater Tadel und Verbitterung über andere Menschen ausdrückte und sich kritisch über seine eigene Vergangenheit äußerte. Die Sorglosigkeit und der dekadente Wohlstand, in dem die meisten Familien und Dürener Freunde lebten, standen in großem Kontrast zu dem, was er und seine eigene Familie durchzumachen hatten. Er schrieb, er sei gespannt darauf, was meine Mutter „von unseren guten Plutokraten" berichten würde, „die alle nichts vom Krieg erleben, außer dass sie nicht mehr ganz so viel stopfen können wie vorher. So ein paar Wochen Russlandkrieg könnten" – und nun folgen einige Namen – „auch nichts schaden, auch ihren Frauen nicht, für die es wohl schwerer ist als für die Männer." Wie schwer es meine Mutter hatte, merkte er zum Beispiel an den Briefumschlägen, die sie aus zusammengeklebten Tüten selber herstellen musste. Er bat sie erneut, ihm ihre Sorgen zu schreiben, so wie er ihr ja auch manchmal sein Leid klagte. Aber im Grunde wollten sie Gott dankbar sein, fuhr er fort. „Er hat es gut mit uns gemeint, er hat es gefügt, dass wir uns sehr liebhaben, dass unsere Liebe durch die Trennung stärker und echter geworden ist, und er hat uns Bai und Karingelein zum Trost geschenkt. Wir wollen hoffen, dass Er uns auch eine reine glückliche Zukunft schenkt, ein Leben von dem wir beide am Ende, wie unsere liebe Maam, sagen können: ‚Es war ja so schön.'"

Am 21. Juni schrieb mein Vater, dass eine Kompanie seines Bataillons in der Nacht von vorgestern auf gestern einen Vorstoß in die rus-

Januar 1942 - Februar 1943

sischen Stellungen unternommen hatte. Es war schwierig gewesen, da ihre Leute über den Fluss rudern mussten, wo die Russen ihre Stellungen im Wald hatten. Meine Mutter konnte sich sicher vorstellen, wie schwer es gewesen war, sich dort in der Dunkelheit zu orientieren und zusammenzubleiben. Das Resultat ihres Angriffs war nicht gerade gut gewesen. Sie hatten ein paar russische Bunker gesprengt und zwei Gefangene gemacht, aber auf ihrer Seite hatte es einen Toten und vier leicht Verwundete gegeben. Nun würden sie einige Zeit Ruhe haben und sich auf Spähtätigkeiten beschränken. Gestern war er mit dem Artilleristen auf verschiedene Bäume geklettert, um die Positionen der Feinde ausfindig zu machen. Es war eine angenehme Übung gewesen! Jede zweite Nacht drehte er im Dunkeln für ein paar Stunden seine Runden, um sicherzustellen, dass alle Soldaten an ihren vorgeschriebenen Plätzen waren und kräftig an den Befestigungen ihrer Lager arbeiteten. Drei Überläufer waren dazugekommen. Es waren meistens Leute, die aus dem besetzten russischen Gebiet stammten, und die deshalb keine Angst um ihre Angehörigen haben mussten, wenn sie ausrissen. Der eine erzählte, man habe gestern fünf Mann aus seiner Kompanie, die aus Smolensk stammten, wieder von der Front ins Hinterland gebracht, weil man ihnen nicht recht getraut hätte. Sie klagten über schlechte Verpflegung und Behandlung.

Sie berichteten auch, sie hätten einige Ersatzsoldaten bekommen, die aber nichts wert seien. Es seien viele mit körperlichen Behinderungen dabei. Wenn die Kameraden wüssten, wie anständig sie hier behandelt wurden, dann kämen sie in Massen. An diesem Tag schrieb mein Vater begeistert, dass sie zum Frühstück Spiegeleier bekommen hatten. Für ihn die ersten seit Weihnachten!

In der Hoffnung, dass die Mückenplage in der Umgebung von Häusern etwas weniger intensiv sein könnte als in ihrer Waldschlucht (eine Annahme, die sich zu seinem Kummer bald als falsch herausstellte), zog mein Vater mit dem Stab in ein neues Quartier. Die nähere Umgebung war zwar trostlos wegen der großen Zerstörung des Ortes, aber sie hatten dennoch viel mehr Platz hier, und mussten nicht mehr wie die Hühner auf der Stange aufeinander hocken und einander stören, wenn sie sich bewegen wollten. Vor allem gab es hier auch natürliches Licht zum Lesen und Schreiben. Seine neue Aufgabe bestand darin, sich um ihren Tross, das hieß ihre Pferde, Fahrzeuge, Handwerker und Küchen zu kümmern. Viel Ahnung hatte er nicht davon, aber er lernte nach und nach dazu. Seine Hauptbeschäftigung war es, für die Instandsetzung ihrer Fahrzeuge und der Geschirre zu sorgen. Statt der Panzerschlitten im Winter gab es nun sogenannte Panzerwagen, die von zwei kleinen russischen Pferden gezogen wurden. Diese eigneten sich sehr viel besser für die sandigen und teils noch schlammigen russischen Straßen als ihre schweren Heeresfahrzeuge. Die Geschirre konnten sie nur behelfsmäßig zusammenflicken. Der Tross lag etwa drei Kilometer von seinem Bataillon entfernt in einem netten, weit auseinander gezogenen Dörfchen, umgeben von Wald und Wiesen. Es war ganz idyllisch und friedlich dort. Nur nachts wurde ab und zu mit Maschinengewehren hin- und her geschossen. Gelegentlich versuchten die Russen mit kleinen Spähtrupps an ihre Stellungen heranzukommen, aber die russische Artillerie schoss so vollkommen planlos durch die Gegend und immer wieder auf dieselben Stellen, wo gar nichts zu treffen war, dass kein Schaden entstand. Mit stärkeren Kräften hatten es die Russen bei ihnen noch nicht versucht. Infolge des Sumpfes und des Flusses, die zu überwinden waren, konnte ein Angreifer nicht viel machen. Neuerdings jedoch schickten die Russen ab und zu Flieger. Da die deutschen Jäger anderswo beschäftigt waren, konnten sie solche Störflüge riskieren. Neulich trafen sie ein paar Pferde des benachbarten Bataillons, die auf einer weit sichtbaren Höhe weideten. Sonst hatten sie bei ihren Kreuz- und Querflügen noch nichts erreicht. Sobald Flieger zu sehen waren, sprangen sie alle neuerdings mit Gewehr und Maschinengewehren heraus, weil neulich zwei Männer, die einen Russen heruntergeholt hatten, zur Belohnung 20 Tage Sonderurlaub bekommen hatten!

Die Erfolge in Afrika waren ja sehr erfreulich und mein Vater hoffte, dass es in Russland auch bald besser würde. Allzu viel Zeit gab es nicht mehr. Aber zunächst würde wohl der Kampf um Sewastopol auf der Krim zu Ende gehen müssen, weil man die dort stark eingesetzte Luftwaffe benötigte. Die Erfolge in dem etwas mehr südlich liegenden Gebiet ihrer Front schienen nach den vorläufigen Meldungen erfreulich zu sein.

Vielleicht würden ihnen die kommenden Wochen die Wende zum Guten bringen und ihnen neuen Mut machen, den sie dringend brauchten. Erstaunlich ist, dass mein Vater erwähnt, dass er sogar an diesen fernen und häufig wechselnden Orten, regelmäßig die Frankfurter Zeitung und Das Reich zugeschickt bekam.

Am 10. Juli berichtete mein Vater von einem Angriff, der wahrscheinlich als Ablenkungsmanöver von den Russen geplant gewesen war. Meine Mutter hatte womöglich im Wehrmachtsbericht von Großangriffen mit heftigen Flieger- und Panzereinsätzen in ihrer Gegend gehört, aber in ihrem Regimentsabschnitt war der Angriff viel harmloser gewesen. Während im nördlichen Nachbarabschnitt 384 Panzer abgeschossen worden sein sollten, war ihr Kampf zwar bitter, aber lange nicht so ausgedehnt. Frühmorgens um 7 Uhr war einer ihrer vorgeschobenen Posten von den Russen angegriffen worden. Ungefähr 500 feindliche Soldaten hatten sich durch die Büsche und das hohe Gras am Fluss entlang vorgeschlichen und den Posten eingenommen. Mit dem Ziel, den Feind wieder über den Fluss zurückzutreiben, hatte die Truppe meines Vaters mit Artillerie und Granatwerfern geantwortet. Wegen der freien, deckungslosen Fläche, die ihre Männer für die Gegenwehr zu überwinden hatten, war es eine schwere Aufgabe für sie gewesen. Sie waren zwar erfolgreich gewesen, aber die Kämpfe hatten bis in den frühen Abend angehalten und die Verluste waren hoch. Als sich alles beruhigt hatte, zählten sie 80 Gefangene, 100 tote russische Soldaten und eine Anzahl deutscher Tote, wovon die meisten nicht zu ihrem Bataillon gehörten, sondern zu einer als Reserve eingesetzten Kompanie. Um meine Mutter zu beruhigen, fügte mein Vater hinzu, dass er während dieser ganzen Sache einen ruhigen Posten innegehabt hatte, weil es seine Aufgabe gewesen war, das Telefon im Gefechtsstand zu besetzen und für den Nachschub zu sorgen. Heute war von ihrem Baum, von dem aus man einen „prächtigen Einblick" in das Gelände hat, vom Feind nichts mehr diesseits des Flusses zu sehen. Das Günstigste war, dass die Ufer des Flusses so steil waren, dass die Russen sie nicht mit Panzern überraschen konnten. Von den Gefangenen hatten sie erfahren, dass es sich bei ihrem Gegner um eine Infanterie handelte, die vom Personal und der Ausbildung her keine Elite war. Es waren Leute zwischen 20 und 50 Jahren, größtenteils nur kurzfristig ausgebildet. Nicht weit von ihnen seien bereits Frauenbataillone eingetroffen, die für den Einsatz vorgesehen wären. Ein Großangriff war hier also nicht zu erwarten.

Sie alle fragten sich natürlich, wie wohl der Russlandkrieg von hier aus weitergehen würde. Mein Vater schrieb, dass er davon überzeugt sei, dass sich die deutschen Kräfte in diesem Jahr auf den Süden und den Norden konzentrieren würden, um die Russen von ihren Zufuhrhäfen abzuschneiden und das wichtige Gebiet zwischen dem Schwarzen und Kaspischen Meer zu erobern. Der Mittelabschnitt schien ihnen am wenigsten wichtig zu sein. Man hörte, dass die Deutschen gute neue Panzertypen entwickelt hätten, während die russischen Panzer schlechter geworden wären. Eine anständige Überlegenheit vor allem auch in der Luft musste es wohl geben, sonst würde es im Süden nicht so schnell vorwärts gehen. Als es vor ein paar Tagen im Nachbarbereich so harte Kämpfe gegeben hatte, konnten sie hören, wie die Sturzkampfflugzeuge ihre Bomben warfen. Ihre Zielsicherheit bei der Erledigung einzelner russischer Panzer musste eindrucksvoll gewesen sein. In der Dunkelheit kam regelmäßig ein russischer Flieger, der ein sehr altmodisches Geräusch machte und wahllos Bomben abwarf. Bisher hatte er noch keinen Schaden angerichtet, denn ihre Regimenter lagen weit auseinander gezogen und in sicheren Unterständen. Sie waren vor allem froh, dass die Stagnation des Winters nun von einer neuen Vorwärtsbewegung abgelöst worden war. In diesen schnellen Angriffsetappen gab es weniger Verluste als bei der Abwehr. Leider war sein Kommandant immer noch nicht zurückgekehrt und es sah danach aus, dass er vielleicht nicht wiederkäme. Mein Vater machte sich Sorgen, dass seinem Regiment unter dem jetzigen Oberstleutnant die nötige Erfahrung und Härte fehlte. Solange es ruhig blieb, machte das zwar nicht so viel aus, aber es war klar, dass seine Division durch die lange Ruhezeit in Frankreich nicht viel Kriegserfahrung hatte. Auch der nette Stabsarzt, den er schon seit Frankreich kannte, war aus gesundheitlichen Gründen vorläufig hinter die Front kommandiert und durch einen sehr jungen, ebenfalls sympathischen Arzt ersetzt worden.

Die Tage flogen nur so dahin, viel schneller als in Frankreich, meinte mein Vater und er klagte darüber, dass er „von einer ziemlich verheerenden geistigen Trägheit" sei. Er befand sich momentan mal wieder in einem „ziemlich materialistischen Fahrwasser". Ob das wohl an der mangelnden Ruhe oder an seiner Denkfaulheit lag, wusste er nicht.

Jedenfalls beschäftigte er sich momentan so gut wie gar nicht mit religiösen Gedanken. Es kostete ihn starke Überwindung, sich zum Lesen hinzusetzen, aber er würde sich trotzdem sehr freuen, wenn meine Mutter ihm noch einmal gute Reclam-Bändchen schicken könnte, die ideal, weil so klein waren. Die Geschichten von Gottfried Keller fand er außerordentlich fein geschrieben, mit viel guter Menschenkenntnis, und er hatte gerne über die gute Schweizer Behaglichkeit gelesen, die so gar nicht in diese unerfreuliche, hastige und so ganz und gar nicht beschauliche Zeit passte. Die ruhigen Tage hielten an. Es war sehr warm geworden und er genoss es, sich die Sonne auf sein Gesicht scheinen zu lassen und den reichen Duft der Erde einzuatmen. Sie hatten eine Badewanne neben einem Bach aufgestellt. Und wenn einen nicht die Mücken zu arg plagten, konnte man fast an einen heimatlichen See denken.

Am 16. Juli berichtete mein Vater, dass er ab morgen zum Adjutanten befördert würde, was mehr Arbeit und Verantwortung bedeutet, aber sicher würde ihm diese neue Herausforderung auch ganz neuen Schwung geben. Leider war vom alten Stab kaum noch jemand übrig geblieben. Bis zur Ankunft des Ordonnanzoffiziers, in etwa 14 Tagen, würde er den Laden alleine schmeißen müssen. Er war auch Einheitsführer geworden, sodass ihm etwa 70 Mann unterstanden, meist Schreiber, Melder,

Nachrichten- und Verpflegungsleute, Reiter und Fahrer. Da sein Vorgänger alles in bester Ordnung hinterlassen hatte, war die Aufgabe zunächst nicht allzu groß, aber er musste sich ordentlich Mühe geben, um den jetzigen guten Stand zu erhalten. Alles hing davon ab, ob es weiterhin ruhig bleiben würde. Im Süden schien es ja mächtig voranzugehen. Zahlen und Orte wurden zwar noch nicht genannt, aber das würde man sich wahrscheinlich für eine Sondermeldung aufsparen. Die Aufrüstung hatte im vergangenen Winter wohl erhebliche Fortschritte gemacht, vor allem in der Panzerbekämpfung und dem Ausbau der Luftwaffe. Auf Dauer würde die russische Rüstungsproduktion der deutschen nicht gewachsen sein. Das gegenüberliegende feindliche Regiment schien stark angeschlagen zu sein. Sie unternahmen nichts. Nur nachts schossen die Russen unruhig durch die Gegend, nachdem in letzter Zeit bei deutschen Stoßtruppenunternehmungen verschiedene Gefangene bei ihnen abgeholt worden waren. Gestern hatten sie auch mal wieder einen Überläufer. Leider waren die Burschen meist zu dumm und unwissend, um wichtige Aussagen machen zu können.

Die Verpflegung war weiterhin gut. Beinahe jede Woche gab es eine Tafel Schokolade und sie hatten im Wald Erdbeeren und Pfifferlinge gesammelt. Neulich brachte der Unterarzt von seiner früheren Dienststelle für jeden ein Ei mit. Auch hatten sie ein wenig Salat angepflanzt, und gestern hatte es für jeden einen Liter deutsches Bier gegeben. „Findest Du nicht auch, dass es mir gut geht?" fragte mein Vater meine Mutter. Oft ist es fast unverständlich, wie mein Vater einen ruhigen Ort und die Zeit finden konnte, um alle zwei bis drei Tage, manchmal sogar jeden Tag, uns meist sehr ausführlich von sich zu berichten. „Der vielbeschäftigte Herr Adjutant", überrannt vom „Papierkrieg" und andauernden Telefonanrufen, musste allerdings manchmal zu einem Luftpostbogen greifen, um schnell ein paar Zeilen an seine Familie aufs Papier zu bringen. Nun waren schon sieben Monate vergangen seit ihren kurzen Weihnachtstagen zusammen, und ein volles Jahr seit ihrem letzten schönen Zusammensein im Sommer 1941. Urlaub gab es schon für einige, aber es ging halt langsam der Liste nach vorwärts und einen brauchbaren Vertreter hatte er auch nicht. Es würde sicher noch einige Zeit dauern, bis er mal fortkommen könnte. „Ach, wenn man dann doch ein wenig freudiger und sorgloser in die Zukunft sehen könnte, wie sehr würde ich dann meinen Urlaub genießen!"

Bald wurde mein Vater an seinem neuen Posten als Adjutant stark herausgefordert. Ihr Oberleutnant wurde wegen einer bösen Furunkulose am Hals für einige Wochen in ein Lazarett gebracht, und ein stellvertretender Hauptmann hatte seinen Einzug gehalten. Wie der wohl hierher passen würde? Er trug einen kitschigen Messingring mit Wappen der Bretagne als Erinnerung an die Zeit in Frankreich, spielte noch nicht einmal Karten und redete dafür unentwegt von seinen Heldentaten. Mein Vater hoffte nur, dass wenn er einmal mit all seinen Geschichten durch war, er hoffentlich nicht gleich wieder von vorne anfangen würde! Bis er sich in ihr Bataillon eingearbeitet haben würde, musste mein Vater so ziemlich alles selbst machen, aber er hatte glücklicherweise eine feste Zusage vom Regiment bekommen, dass es nicht lange so bleiben würde. Es wurde jedoch nur noch schlimmer, aber auch witziger. Vorübergehend hatte man ihnen einen neuen Kommandeur zugeschrieben, der mit einer Schirmmütze, an der ein Kördelchen baumelte, und einem schneeweißen französischen Handkoffer, sowie großen Mengen sonstigen Gepäcks ankam. Als er sein Bett sah, meinte er, es sei doch etwas unbequem so auf Holz zu schlafen. Dem musste sofort durch ein wenig Heu abgeholfen werden. An Truppenerfahrung mangelte es ihm völlig. Allerdings brauchte er auch im Augenblick kein besonderes Können zu entwickeln, denn es geschah nichts Aufregendes, außer gelegentlichen Artilleriebeschüssen, meist jetzt auf ihren Tross. Sie selbst hatten wieder ein Stoßtruppenunternehmen getätigt, bei dem sie, ohne eigene Verluste, zwei Gefangene gemacht hatten. Für ein solches Unternehmen gab es stets eine Menge Telefongespräche und andere Vorbereitungsarbeiten, aber wenn ihre Artillerie vorher ordentlich schoss, dann klappte so etwas meist einigermaßen, auch wenn es nicht ganz leicht war. Sein armes

Bataillon, schrieb mein Vater, es war so harmonisch und tüchtig gewesen und nun war er alleine übriggeblieben. Gut, dass sie die Badewanne am Flüsschen hatten. In den letzten Tagen war es sehr heiß geworden und ein Bad konnte ihn immer wieder von neuem stärken.

Mitte August berichtete mein Vater, dass es in ihrer Umgebung seit einigen Tagen „etwas lebhafter" geworden sei. Der Heeresbericht hatte zwar noch nichts davon erwähnt, aber etwas war im Gange und wie es schien, bisher mit gutem Erfolg. Er glaubte zwar nicht, dass etwas in den Ausmaßen wie im Süden geplant war. Moskau war ein „Wespennest", in das sie nicht so bald stechen würden. Viel eher meinte er, dass es sich hoffentlich im Norden um eine große Offensive handeln würde. Gestern und vorgestern hatte es einen äußerst regen Luftbetrieb gegeben. Deutsche Bomber waren in ununterbrochener Folge über sie hinweggeflogen und hatten ihre Bomben 20 bis 30 Kilometer von ihnen entfernt abgeworfen. In der Ferne hatte man den ganzen Tag über Rauchwolken aufsteigen sehen. Die Luftüberlegenheit der Deutschen schien offensichtlich zu sein. Feindliche Flieger sah man kaum und das Verhältnis in den Flugzeugverlusten war sehr zu ihren Gunsten, was aber nicht hieß, dass die Widerstandskraft der Russen auch nur im Geringsten gebrochen war. Ihre Reserven, außer in der Luft, schienen noch immer unerschöpflich zu sein. Sie sprachen oft miteinander über den Krieg, aber man wurde dabei nicht klüger. Nur über eins waren sie sich einig, dass man nichts über den zukünftigen Verlauf vorhersagen konnte. Bis der russische Winter wieder über sie herfallen würde und die Kämpfe fast völlig eingestellt werden müssten, hatten sie nur noch zweieinhalb Monate Zeit. Mein Vater war sehr gespannt darauf, was als nächstes geschehen würde. Starke Kräfte hatten die Russen ihnen gegenüber jedenfalls nicht. Sie verhielten sich auch weiterhin sehr ruhig. Weniger schön war jedoch der unübersichtliche Wald auf der anderen Seite des Flusses. Sie würden jedenfalls nicht eher hineingehen als bis andere den Russen vom Rücken her „das Leben sauer machen" würden. Die Perspektive, einen zweiten Winter an der russischen Front zu verbringen, erzeugte ängstliche Gefühle. Nein, meine Mutter sollte ihm seinen Pelzmantel nicht schicken. Es war im letzten Jahr auch ohne ihn durch die Kleidung in Schichten sehr gut gegangen und wer weiß, vielleicht würden ja auch Mäntel verteilt werden. Oder, so hoffte er im Geheimen, dass er entweder selbst kommen würde, um ihn abzuholen oder besser noch, bis dahin keinen mehr brauchen würde? Am Abend hatte einer von den Sanitätern, der Musiker war, auf der Ziehharmonika unter anderem auch die schöne Arie aus Madame Butterfly gespielt, die meine Mutter gelegentlich gesungen hatte. Sie hatte in ihm großes Heimweh und Sehnsuchtsgefühle geweckt. „Ob die Hälfte der Trennungszeit wenigstens überstanden ist? Das dürfen wir doch wohl hoffen?", fragte er sich.

Meine Mutter und wir Kinder verbrachten den ganzen heißen Monat August in Wilkau, auf dem Gut meiner Urgroßeltern in Schlesien. Heiß war es auch da, aber meine Mutter war befreit von den Sorgen, wo sie wohl die nächsten Nahrungsmittel für uns herholen würde. Die Landwirtschaft dort war unberührt vom Krieg und trotz üppiger Mahlzeiten, gelang es meiner Mutter auch hier nicht, ihr Gewicht über 100 Pfund zu bringen, was meinen Vater zu dem

„strengen Befehl" bewegte, Frau Karoline Hasler geb. Schumsler (einer seiner liebsten Kosenamen für sie), müsse ab sofort „einen vierwöchigen gestrengen Arrest-Urlaub" in einem Sanatorium machen, um neue Kräfte zu sammeln. Sie hatte es so sehr verdient bei aller Sorge und Verantwortung, die sie alleine zu tragen hatte und er machte sich Vorwürfe, dass er ihr erst jetzt diesen „Befehl" gab. In einer Zeit, in der man mit Geld kaum etwas kaufen konnte, war es am besten angelegt, indem man seine Kräfte für die kommenden schweren Zeiten sammelte. Es tat ihm wohl, uns drei „Großstädter" durch die Felder und die Fasanenbüsche stöbern zu wissen, frei von nächtlichen Sirenen und Kellerbesuchen. Die Abgestumpftheit, von der sie schrieb, war wohl ein Zeichen der Zeit, eine Folge vieler Enttäuschungen, die man erlebt hatte. Wie traurig das war, denn was hatte man vom Leben, wenn man es verlernt hatte, sich richtig zu freuen. Er selbst war manchmal erschüttert über seine eigene

Stumpfheit und er verwünschte diesen Krieg, der vor allem an ihre seelischen Kräfte so hohe Ansprüche stellte.

Nach Berlin zurückgekehrt, hatte meine Mutter meinem Vater über einen Ausflug an den Wannsee geschrieben, den sie mit uns Kindern und ihren Eltern gemacht hatte. Wie fern und einer anderen Welt zugehörig diese Beschreibung ihn berührt haben musste! Er schrieb zurück: „Also auf dem Wannsee gibt es tatsächlich noch Segelboote? Ein Bild, das man sich kaum vorstellen kann. Welche Gefühle mag man haben, wenn man sich nach einem Jahr Russland wieder einmal unter Menschen begibt. Hier vorn sieht man ja keinen Zivilisten, kein heiles Haus oder einen Garten, eine Straße oder sogar Läden. Man lebt wirklich vollkommen abgeschieden von aller Welt. Nur gut, dass es das Radio, die Zeitungen und die Post aus der Heimat gibt!"

Ende August wurde die Kompanie meines Vaters zurückgezogen, um sich hinter der Front beim Tross von der langen Zeit der angespannten Wachsamkeit und der schlaflosen Nächte ein wenig auszuruhen. Hier in einem hübschen kleinen Ort, der sich weit über die Wiesen und die Waldstücke hinzog, gab es keine Spuren des Krieges zu sehen. Die Häuser waren noch heil, wenn auch „restlos verwanzt". Sogar sein „Feind" das Telefon konnte meinen Vater hier nicht verfolgen. So gut wie in der letzten Nacht hatte er seit langem nicht mehr geschlafen. Wie lange „dieser paradiesische Zustand" dauern würde wusste er nicht, aber im Krieg gewöhnte man sich an, ganz in der Gegenwart zu leben und wenig an die Zukunft zu denken. Jede Kompanie hatte circa zehn Russen als Fahrer, Pferdepfleger oder Handwerker. Ein paar Familien, teils mit Kindern gab es auch. Was für ein befreiender Anblick dieses nicht militärische Leben! Die Pferde sprangen munter über die Weiden, die Kühe, von denen jede Kompanie zwei hatte, ließen ihre Glocken läuten, es duftete nach frischem Heu und abends nach feuchtem Wald. Man war sich bewusst darüber, dass dies alles nur eher ein Traumbild als die Wirklichkeit war und empfand daher, gerade weil es so friedlich war, die Last des Krieges umso schwerer.

Eine Woche nur hatte ihr „schöner Landaufenthalt" angedauert, als ihre Kompanie wieder an die Front befohlen wurde. Leider ging es nicht zu ihren altbekannten Stellungen zurück, sondern einige Kilometer weiter nach Osten. Ihr neuer Verteidigungsabschnitt war erst vor kurzem erobert worden. Infolgedessen war noch so gut wie gar nichts an den Stellungen ausgebaut. Zuerst hatte die Sache ein wenig schwierig ausgesehen. Von den höchsten Bäumen aus mussten sie sich erst einmal ein möglichst vollständiges Bild der Kriegslage verschaffen. Auch hier lag zwischen ihnen und dem Feind der Fluss. Das Vorgelände war teilweise versumpft, sodass der Feind nur an wenigen Stellen heranrücken konnte und sie ihn mit ihren Waffen gut unter Kontrolle halten würden. Das Besondere ihrer neuen Stellung war, dass sie mitten in einem dichten Wald lag. Meist waren es hochstämmige Kiefern auf Sandboden mit einigen Birken dazwischen, sehr hübsch solange es nicht regnete. Vom Himmel und von der Sonne sah man nur sehr wenig. Schon nach wenigen Tagen hatten sie kleine, mit Baumstämmen überdachte und mit Heu ausgefüllte Erdlöcher für die Männer gegraben. Der Stab hatte ein primitives Büdchen, in dem sie gerade ausreichend Platz hatten, obwohl es nur 2 Meter breit und 3 Meter lang war. Tür und Fenster gab es nicht aber das Wetter war vorläufig glücklicherweise wolkenlos, sodass sie tagsüber draußen sitzen konnten.

Abends im Schein der Petroleumlampe war es ganz gemütlich und heute gab es sogar Glühwein. Ein neuer geräumiger Bunker war im Bau und sollte sehr bald fertig werden. Mit dem neuen Kommandanten, der ihm anfangs so fragwürdig erschienen war, ging es jetzt sehr gut. Er hatte sich inzwischen ganz auf den Frontbetrieb eingestellt und das Frontkommando machte ihm Spaß. Die neuen Aufgaben waren für sie alle sehr dankbar. Es schadete nichts, dass sie ein wenig aus dem „Dornröschenschlaf" des alten Abschnitts aufgeweckt worden waren.

Mein Vater gab zu, dass er jetzt nicht mehr allzu optimistisch über diesen Krieg dachte. Im Ganzen war er ein wenig enttäuscht über das Ergebnis des Jahres 1942, was den russischen Kriegsschauplatz anbetraf und nun bald schon zu Ende ging. Seine Hoffnungen auf die Offensive im Norden waren wohl endgültig gescheitert. Gewiss war das, was im Süden erreicht worden war und wahrscheinlich noch erreicht werden würde bewundernswert und wohl auch strategisch und wirtschaftlich wichtig. Aber es genügte offensichtlich nicht, um den Russen den Rest zu geben. Die Kämpfe um Rochew mussten ja sehr, sehr hart sein. Hoffentlich hatten sie zuhause Nachricht von Bertes, der sich irgendwo in dieser Gegend befand. Er selbst hatte schon lange nichts mehr von ihm gehört. Die Nächte wurden schon empfindlich kalt und sie würden sich gedanklich und auch praktisch bald auf den Winter einstellen müssen. Es war doch ein recht unerfreuliches Land, dieses Russland. Sicher würde es ihm in diesem, seinem zweiten Winter besser gehen als im letzten Jahr, aber sieben Monate russischen Winter vor sich zu haben, war ein „etwas unerfreuliches Bleigewicht". Er wolle nicht klagen, schrieb er, denn im Grunde ging es ihm gut und die Zeit würde ja auch einmal unterbrochen werden durch den Urlaub, den er jetzt frühestens im Dezember und spätestens im Februar erwartete, über den er jetzt fast täglich vor dem Einschlafen und gleich beim Aufwachen träumte...

Sehr bald brachen intensive Regentage über die neuen Stellungen herein. Seit gestern Nachmittag regnete es ununterbrochen und die Folgen für „uns Höhlenbewohner" waren katastrophal. Sie waren zwar in den neuen Bunker eingezogen, aber offensichtlich war die an die Decke genagelte Zeltbahn der großen Wassermenge nicht gewachsen. Durch ein lautes Geräusch wurden sie in ihrem Erdloch gegen 2 Uhr morgens wach. Die Wassermassen der zerrissenen Zeltbahn platschten dem Kommandeur, der oben schlief ins Gesicht und schnell drangen sie durch die Ritzen der Bretter auch in ihre Betten und weckten ihn und den Feldwebel aus festem Schlaf. Glücklicherweise war ein neuer großer Unterstand als Rohbau gerade am Tag vorher fertig geworden, sodass sie schnell ihr Zeug packen und dorthin umziehen konnten. Für ihre Männer war es sehr bitter, denn es gab kaum ein Erdloch, das nicht durch und durch feucht war. Dachpappe gab es nicht und das einzige Mittel sich trocken zu halten, war, die Zeltbahnen über das

Dach auszubreiten. Hoffentlich dauerte das Regenwetter nicht allzu lange an. Aber Sorgen, meinte mein Vater, sollte sich meine Mutter nicht um ihn machen.

Soweit man es im Augenblick überschauen konnte, waren große Ereignisse an ihrem Frontabschnitt nicht zu erwarten. Die ihnen gegenüberliegenden Russen schienen nicht angriffslustig zu sein. Sie selbst beschäftigten sich intensiv mit dem immer schneller herannahenden Winter. Es gab noch sehr viel zu schaffen, bis der Frost und der Schnee den Ausbau der Stellungen unmöglich machen würden. Im Augenblick glichen sie trotz aller soldatischen Wachsamkeit mehr Bauunternehmern als Kriegern, aber dafür würde ihnen der Winter gar nichts anhaben können, wenn einmal alle mit großem Schwung durchgeführten Arbeiten beendet sein würden. Er glaubte, dass es ihnen durch rechtzeitige Planung im kommenden Winter sehr viel besser ergehen würde als im vergangenen Jahr zur gleichen Zeit, als die Front noch sehr unregelmäßig verlief. Aber im Ganzen blieb es doch ein wenig deprimierend, dass ihnen wieder ein endloser und unerfreulicher Winter bevorstand, der in diesem trübseligen Land, in dem schon jetzt im September die Bäume ihre Herbstfärbung hatten, sieben Monate andauerte. Hier im Osten sah man die Lage schon realistisch und belächelten die Zeitungsschreiber, die unentwegt voll Optimismus über die Lage berichteten, wie beispielsweise über die großen Verluste des Gegners und über Unruhen in Indien! Man hatte keine Lust mehr diesen Erfolgsmeldungen Glauben zu schenken. Aber er war trotz allem nicht mutlos. Er glaubte fest an ein gutes Ende, das sie, die sie es zuhause so schwer hatten und sie hier im Feld für ihre ungeheuren Anstrengungen belohnen würde. Er fühlte sich ziemlich abgestumpft. Das kam ganz wie von selbst, denn wo käme man hin, wenn man sich alles Schwere und die vielen Enttäuschungen zu Herzen nähme?

Im Moment ging er ganz in seiner umfangreichen und verantwortungsvollen Arbeit auf. Beim Kommandeur merkte man doch immer wieder den Mangel an Erfahrung in der Bataillonsführung, sodass er selbst mit seinem auch nicht gerade umfangreichen Wissen die Hauptlast der Arbeit zu tragen hatte. So war immer viel zu tun.

Russland

Liebste.
Es geht mir sehr gut. Im Augenblick fährt ein Urlauber der diesen Gruss für dich mitnehmen soll. Er wird nur ganz kurz und hat nur den Zweck, Dir viel Liebes von mir zu schicken. Ich schrieb dir gestern wegen Deiner Pläne und will Dir heute nochmal sagen, dass Du Dich in Deinen Entscheidungen durch meinen Urlaub nicht beeinflussen lassen sollst. Ich bin auch damit einverstanden wenn wir in Berlin unser Wiedersehen feiern wenn auch Neuhaus einige Vorteile hat. Also machs ganz wie Du es nach Berücksichtigung sämtlicher Faktoren für richtig hältst. Ich weiss, dass Du schon das Richtige machst u. mit Euch ists überall schön ganz gleich ob Berlin oder Neuhaus. Wann es sein wird ist ganz ungewiss. Der Regts. Kdr. ist sehr kleinlich mit d. Urlaub. Es bleibt bei Dezember bis Februar.
Adio Liebste. Tausend Grüsse in arger Hetz von Deinem
Dieter

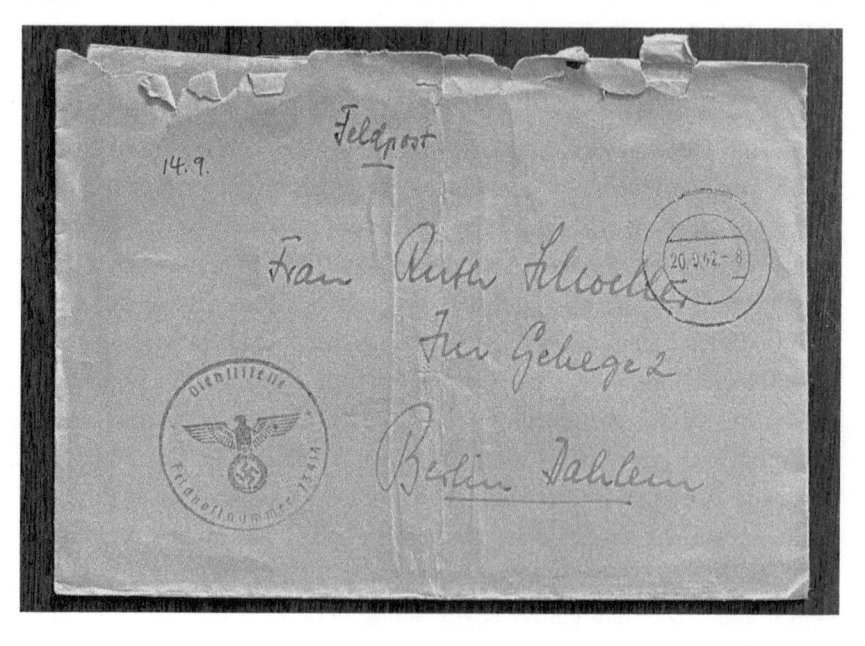

Januar 1942 - Februar 1943

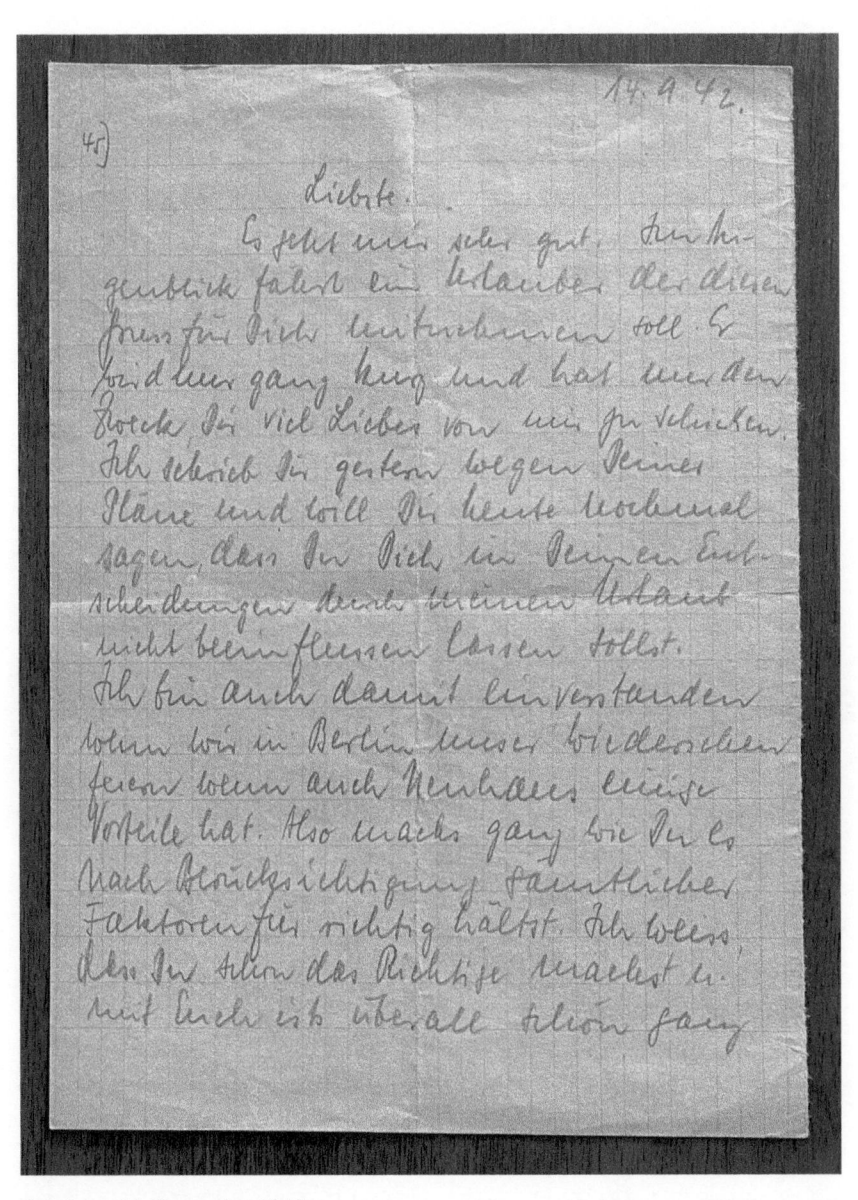

Brief vom 14. September 1942

Wenn er sich zum Schreiben oder Lesen hinsetzte, schwirrten ihm immer Anordnungen, die durchgeführt werden mussten durch den Kopf oder er überlegte sich Maßnahmen, durch die man das Los ihrer Männer verbessern könnte. Die enorm lange russische Front stellte schon große Ansprüche an jeden Einzelnen. Eine Ablösung mit längerer Ruhezeit konnten sie sich nicht leisten. Man musste dauernd improvisieren und man lernte alles Mögliche, wie zum Beispiel wasserdichte Unterstände ohne Dachpappe zu konstruieren, Öfen aus Ziegelsteinen zu bauen und Fenster aus kleinen Glasscherben zusammenzusetzen. Alles ließ sich irgendwie improvisieren und man war glücklich und zufrieden, wenn man ein trockenes Dach über dem Kopf hatte und dabei gut zu essen bekam. Aber das Schönste war doch die Post von daheim, die ihm half, sich nie einsam zu fühlen. Meine tapfere Mutter schrieb immer so liebevoll und lebendig von sich und uns Kindern. Immer wieder war er Gott von ganzem Herzen dankbar, dass Er ihm uns geschenkt hatte. Sicher, ein Urlaub wie der letzte, brachte durch den schweren Abschied und das Zurückmüssen in dieses unerfreuliche Land sehr viel Bitteres mit sich, aber das alles wurde doch ganz und gar überwogen von dem unendlich großen Glück eines Wiedersehens. Hatte meine Mutter nicht auch stark das Bedürfnis, sich nach diesen schicksalsschweren Monaten wieder einmal auszusprechen und über das, was ein Brief nicht ausdrücken konnte? Wie hatte diese furchtbare Zeit auf sie beide gewirkt? Hatten sie sich wohl im Innersten verändert? Er glaubte, dass das Gefühl der Stumpfheit, von der auch sie schrieb, nur eine äußere Schale war, die schnell zerbrechen würde, wenn sie einmal wieder beisammen sein würden. Sie wollten sich recht ungehemmt miteinander freuen können. Man war ja dumm und verdiente es nicht zu leben, wenn man es nicht verstand, die Freuden, die das Leben einem gönnte in vollen Zügen zu genießen. Er war davon überzeugt, die Lebensfreude würde eines Tages, wenn der Krieg vorbei wäre, wiederkommen. Ach, wie schön das sein würde und wie dankbar sie beide darüber sein würden! Es war jetzt Mitte September und ein Urlaub würde allerfrühestens im Dezember möglich sein, aber in fast jedem folgenden Brief schrieb mein Vater über die Art, wie sie diese kostbaren Tage ausnützen wollten, in Berlin oder Neuhaus, nein, doch lieber in Neuhaus, wo sie viel Freiheit miteinander genießen würden und wo er die lieben Berge einmal wiedersehen könnte, nach der langen Zeit im öden Flachland und dies in der Nähe Münchens, das er so viel mehr liebte als das nüchterne Berlin. Mein Vater gab zu, dass er ein wenig Trost für sein Heimweh brauchte und den fand er bei den Urlaubsplänen, meine Mutter sollte ihm das verzeihen. Er würde 21 Tage Urlaub bekommen aber der Fahrplan, den er studierte, sagte ihm, dass sogar nur nach Berlin über Brest Litowsk Belarus die Reise allein zwei Tage dauern würde.

Schon kurze Zeit später schrieb mein Vater, erstaunlicherweise ohne offensichtliche Frustration, von einem erneuten Umzugsbefehl in einen Abschnitt, der ein wenig weiter nördlich von ihnen lag, und von dem es hieß, dass es diesmal die endgültige Winterstellung seiner Kompanie sein würde. Er würde in den nächsten Tagen nur wenig Zeit zum Schreiben haben, da es ungeheuer viel zu tun gäbe mit dem Bau von wiederum neuen Stellungen an diesem Ort. So wie nie zuvor würden sie ein „reines Bauunternehmen" sein. Es hatte zwei Tage lang unentwegt geregnet. Die Wege und die Baugruben standen voll Wasser. Sie waren schon recht verzweifelt, denn sehr bald würde der erste Frost einsetzen. Dann aber sei die Sonne wenigstens zeitweise erschienen, wenn auch bei starkem und kaltem Wind.

Wenigstens waren die Russen, die man jenseits des Flusses mehr ahnte, als dass man von ihnen etwas merkte, ruhiger als je zuvor. Nur nachts wurde ab und zu ein Schuss gewechselt. Auch die feindliche Artillerie, die sich früher hin und wieder einmal hören ließ, schien sich ganz auf die Kämpfe im Süden zu konzentrieren. Wie sie selbst, waren auch die Russen offensichtlich mit Bauarbeiten beschäftigt und verlegten ihre Stellungen tief in den Wald hinein. Man konnte sich ziemlich ungestört in ihrer vordersten Linie bewegen, ohne dass ein Schuss fiel, aber man durfte trotzdem nie zu vertrauensselig sein, denn man musste dauernd damit rechnen, dass die Russen mit einem Stoßtrupp herankamen und versuchten Gefangene zu machen. Die längeren Nächte – bei ihnen wurde es nun schon um 18 Uhr dunkel – bedeuteten eine höhere Anspannung für die Männer, die nachts alle draußen sein mussten.

Es war wohltuend, meinte mein Vater, wenn man gelegentlich mit optimistischen Leuten zusammenkam, auch wenn man nicht an das glaubte, was sie prophezeiten. So waren er und der Kommandant vor einigen Tagen beim Kommandanten des Nachbarbataillons eingeladen gewesen, welcher den Russlandkrieg von Anfang an mitgemacht hatte. Dieser behauptete, nachdem er mit einem Offizier aus dem Oberkommando der Wehrmacht gesprochen und die zuversichtliche Stimmung, die dort herrschte, erlebt hatte, dass er mit 60-prozentiger Wahrscheinlichkeit annehmen würde, dass es bis zum Winter mit den Russen zu Ende gehe. Auch wenn mein Vater diesen Optimismus nicht teilte, waren doch diese Worte ermutigend gewesen. In der letzten Zeit hatten sie wieder mehrere Überläufer gehabt. Es waren alles reine Mongolen gewesen, deren Heimat nördlich von Afghanistan lag. Nach zwei Tagen an der Front hatten sie beschlossen herüberzukommen. Sie meinten, die Verpflegung sei schlecht und sie hätten keine Lust, weiter für die Russen zu kämpfen. Mein Vater schrieb, dass die Urlauber, die zu ihnen zurück an die Front kamen, von argen Zerstörungen in Düsseldorf und Köln berichteten aber auch davon, dass man allgemein daheim der Ansicht war, der Russlandkrieg würde in diesem Jahr ein Ende finden. Mein Vater dagegen war sehr skeptisch und meinte, das sei sicher falsch. „Nur ein winziges Fünklein Hoffnung ist erlaubt, gerade so groß, dass es den Lebensmut am Verlöschen hindert."

Entmutigend war, dass eine arge Unregelmäßigkeit in ihrem Postverkehr eingetreten war. Neuerdings gab es nur alle vier Tage Verpflegungs- und damit auch Postempfang und Postausgang, was meinem Vater natürlich gar nicht gefiel. Aber trotz dieser Änderung war die Verpflegung immer noch erstaunlich gut. Heute Mittag „gab es ein Essen, das sich sehen lassen konnte: ein Schnitzel von acht Zentimeter Durchmesser, dazu

Spinat und Reis. Ist das nicht anständig?" schrieb mein Vater. Sie waren sich alle einig, dass bei ihnen zuhause diese Fleischportion eine Wochenration bedeuten würde. Wie sehr er sich wünschte, dass wir etwas Ähnliches zu essen bekämen, auch wenn es bei ihnen an etwas Frischem entschieden mangelte. Dafür nahm er von den Vitamin C Tabletten, mit denen ihn meine Mutter regelmäßig versorgte. Oft dienten ihm die kleinen Schätze, die sie ihm schickte, wie Marzipan, Lebkuchen und anderes Gebäck oder Schokolade zu einem genussreichen Nachtisch. Auch die Zigarettenpäckchen wusste er sehr zu schätzen. Wie dankbar er ihr für all diese Liebesgaben war!

Das Gröbste in ihrem neuen Quartier war bald überstanden, denn das Wetter war wieder wolkenlos geworden, wenn auch kalt. Ihre Arbeitstage waren lang, von 6:45 Uhr morgens bis 23 Uhr abends. „So ein dummer langer, langer Krieg!" Mein Vater beendete einen seiner Briefe mit diesen unzensierten Worten. Er wollte lieber gar nicht länger daran denken und sich schlafen legen und überraschenderweise fügte er hinzu: „Das Pennen ist bei weitem die erfreulichste Beschäftigung." War Tiefschlaf überhaupt möglich, wenn es jederzeit einen Angriffsalarm geben konnte? Erstaunlich! Morgens ging er mit dem Kommandanten durch die Stellungen, um Anordnungen für den Einsatz und den Bau zu geben, nachmittags musste er den Papierkrieg führen. Es gab viele Skizzen anzufertigen und Arbeitsnachweise zu belegen, aber ihm machte diese neue, verantwortungsvolle Tätigkeit viel Spaß. Der Kommandeur schätzte ein gemütliches Leben wie er es von der Division her gewöhnt war und verstand auch nicht allzu viel von der Sache, sodass mein Vater das Gefühl hatte, dass er etwas Positives leistete und letztlich trug der Kommandeur die Verantwortung, was eine echte Entlastung bedeutete. Glücklicherweise waren die Nächte im Ganzen ruhig. Ihr neuer Bunker war ganz anständig, nur etwas dunkel und bei längerem Regen wurden sie nass. Ein neues Haus – natürlich ebenfalls unterirdisch – war im Bau und sollte ganz gut werden. Sie wollten beinahe 40 Wohnunterstände bauen. Da das passende Bauholz meist nicht in der Nähe gefunden werden konnte, war es eine große Schlepperei. So ein Wohnbunker war circa 3x5 Meter groß und wo es ging, wurden sie in die Erde versenkt. Die meisten Sorgen machten ihnen die Bedachung und die Glasbeschaffung, Sie bauten gemauerte Öfen ein, die die Wärme besser hielten als die eisernen. Es war erstaunlich, wie schnell solche Büdchen entstanden und wie gemütlich es meist in ihnen aussah. Vor allem aus den Birkenstämmen konnte man allerlei Hübsches machen. Ihre „Jungens" waren sehr erfinderisch und irgendwo wurde doch immer noch etwas aufgetrieben, was man zu einer Tür oder einem Fenster umarbeiten konnte. Aufs Dach kam eine dicke Lehmschicht, wenn die Dachpappe fehlte. Ofenrohre wurden aus Konservendosen zusammengesetzt, wenn sie nicht gemauert wurden. Ihr „neuer Palazzo" war auch im Rohbau fertig. Wenn es ihnen gelang, die Fenster aufzutreiben, würden sie in einer Woche einziehen können. Heute hatten sie den dick gemauerten Ofen von einem Spezialisten fertig bauen lassen. Er war etwa ein Meter groß und lag in der Mitte des Raumes, der in einen Wohnraum und zwei Schlafräume aufgeteilt war. Der Boden wurde aus rundgeschnittenen Baumstücken gelegt.

Seine Schwester Edith hatte meinem Vater für den 3. Oktober ihre Hochzeit mit Franz Ludwig von Schoeler angekündigt. Leider gab es keinerlei Aussicht auf sein Kommen, aber vielleicht könnten doch Bertes, Karin und wir dabei sein? Besonders seit dem Verlust ihres Verlobten und ihres jüngsten, viel geliebten Bruders Nöll, war es ihr sehr wichtig, dass wenigstens wir an ihrem Fest teilnahmen. Bertes war zu einem Generalstabskurs nach Berlin abberufen worden und war deshalb sowieso noch länger im Land. Mein Vater freute sich besonders über diese Berufung, weil er meinte, dass damit für Bertes das Schlimmste des Krieges überstanden sei. Auch war er glücklich darüber, dass sich meine Mutter so gut mit ihm und seiner Frau verstand und dass Bertes sich dem „Konsulat" gegenüber für meine Mutter einsetzte. Wie sich der Konsul mit seiner Kritik an meiner Mutter verhielt, war „reichlich unverschämt" und die Einstellung seiner Mutter „hundertprozentig unverständlich", meinte mein Vater. Er hatte keine Worte dafür, dass man einer Frau wie meiner

Januar 1942 - Februar 1943

Mutter gegenüber, die es wahrhaftig jetzt schwer genug hatte, auch nur die geringsten Schwierigkeiten machte und so unfreundlich war. Wenn er wiederkäme, könnte sie sicher sein, dass er ganz in Maams Sinne ihre Interessen sehr viel energischer vertreten würde als vorher. „Wer diesen Russlandkrieg mitgemacht hat, hat das bestens gelernt", schrieb mein Vater. Als er diesen Brief verfasste, erklang aus dem Radio eines von den gewaltigen Beethoven Klavierkonzerten. „Ach, wie gut tut das für einen, den es nach Schönem so sehr hungert. Das Leben ist doch sehr karg hier im Wald zwischen zerstörten Dörfern und Männern, die sich unendlich plagen müssen und die außer Essen und Schlafen so gar nichts von den Freuden des Lebens haben können." Ruhe zum Lesen hatte es in letzter Zeit noch nicht gegeben. Eine Menge schwebender Angelegenheiten warteten in einer unfreundlichen blauen Mappe auf Erledigung. Der Kommandeur war leider sehr geschwätzig und der Feldwebel auch.

Meinem Vater lag das gar nicht und er hatte großen Drang alleine zu sein. Aber wenn er für sich etwas durch das Gelände streifen wollte, hängte sich der Kommandeur immer gleich an. So blieben als ruhige Minuten der inneren Sammlung nur die vor dem Einschlafen, aber er war in letzter Zeit so müde gewesen, dass er gleich und vorzüglich schlief.

Positiv war, dass sie jetzt in ihr „neues Haus" eingezogen waren, welches, obwohl auch unter der Erde gelegen, so viel heller war als ihre vorherige Behausung. Weniger erfreulich war die Nachricht, dass schon wieder ein Kommandeurwechsel bevorstand. Ihr jetziger würde Ende Oktober versetzt und sie würden einen Hauptmann bekommen, der schon übermorgen eintraf, um sich einzuarbeiten. Er war ein sogenannter „Zwölfender": zwölfjährig gedient, also aus dem aktiven Mannschaftsstand hervorgegangen. Das waren leider meist etwas unerfreuliche Typen (meint er radikale Nazis?). Für ihn selbst bedeutete es erneut viel Arbeit und vorläufig keinen Urlaub, bis der neue Kommandant vollkommen vertraut mit ihrem Betrieb sein würde. Aber dann war es auch gut, gehörig zu tun zu haben, damit man keine Zeit zum Nachdenken hatte. Ihre neue Behausung war „urgemütlich" (!) geworden. Sie hatten noch nie so anständig gewohnt. Dieser selbst gebaute Bunker war „so schön geworden und er duftete so wohl nach Holz, dass er ganz gut als Wochenendhaus für uns vier ausreichen würde, wenn wir uns einmal für zwei Tage von der Stadtluft in der Eifel erholen wollen." Es war erstaunlich, in welch kurzer Zeit unter ganz primitiven Umständen so etwas entstehen konnte. Der einzige kleine Nachteil war die Dunkelheit in ihrer Schlafbude, aber da sie sowieso nur grad zum Pennen Platz brauchten, machte das nichts aus. Im Augenblick rieselte noch Sand von der Decke auf ihre Betten. Das würden hängende Säcke verhindern können. Später, als starker Regen einsetzte, musste ihr Bunker durch ein raffiniert angebrachtes System von Zeltbahnen geschützt werden, die den Regen der durch die Balken drang, auffingen und die man von Zeit zu Zeit in einen Bottich ablassen musste. Der neue Kommandant hatte sich durch ein frisches Tischtuch, das sie unbedingt nötig hatten, und durch ein ordentliches Stück westpreußischen Specks sehr gut eingeführt. Er war angenehm schweigsam und musste jetzt nur noch Doppelkopf lernen, wenn er sich bei ihnen halten wollte...

Die Tage wurden Mitte Oktober schon arg kurz. Es war einem allmählich schon winterlich zumute und es war oft nicht leicht, sich mit dem Gedanken an die kommenden Monate abzufinden. Man musste sich mit Gewalt Schwung geben, um durchzuhalten und man durfte sich nicht gehen lassen. Am besten half das umfangreiche Tagespensum über den toten Punkt hinweg. Oft stand das Telefon buchstäblich keine Minute still. Es waren in erster Linie Versorgungsfragen, die sie beschäftigten und insbesondere die, die mit den Vorbereitungen für den Winter zusammenhingen.

Außerdem bestand ja beim Kommiss der alte Grundsatz, immer für Beschäftigung zu sorgen, damit man wenig Zeit zum Nachdenken hatte. Das Wichtigste war, dass ihm der neue Kommandant, je näher er ihn kennenlernte immer besser gefiel. Er war ein sehr sympathischer, gerader Mensch, ziemlich verschlossen und schweigsam, dabei aber willensstark. Über gewisse Themen würde er sich bei einer Unterhaltung mit unserer Moll (der Mutter meiner Mutter, die eine entschiedene Nazigegnerin war) sehr gut verstehen. Das war erfreulich. Außerdem hatte der Kommandant, wie es schien, einen ruhigen Charakter. Mein Vater gab zu, dass ihm der ununterbrochene Regen, bei dem jetzt die Wege wieder anfingen zu verschlammen, auf seine Stimmung drückte. Er fand sich selbst manchmal etwas unfreundlich und kratzbürstig, vor allem wenn ihr Feldwebel mal wieder zu viel redete. Am wohlsten fühlte er sich, wenn er gelegentlich alleine durchs Gelände ziehen konnte. Es kursierte bei ihnen „eine herrliche, leider vollkommen unmögliche Geschichte von Urlaubsscheinen", die Leute in Deutschland gesehen haben wollten. Auf ihnen sollte angeblich stehen, dass sich der Betreffende im Fall von Waffenstillstandsverhandlungen beim Ersatztruppenteil melden sollte. Woher konnten nur solche Aussagen kommen, waren sie doch völlig unglaubhaft? Zwar schien es im Süden nun wieder besser vorwärts zu gehen. Im Ganzen gesehen, musste man aber doch sagen, dass das Jahr nicht den Erwartungen entsprach. Was meinen Vater aufbrachte war, dass „diese unmöglichen, faulen Italiener" jetzt in Nizza einmarschiert waren. Das würde die Stimmung der Franzosen nicht gerade heben. „So ein paar Monate an der Mittelmeerküste wären zur Abwechslung gar nicht schlecht", schrieb er.

Von ihren Russen konnte er gar nichts Neues berichten. Auf 1000 Meter Entfernung sah man schon mal welche durchs Gelände laufen. Herübergekommen war schon seit langem keiner mehr. Scheinbar gab es drüben wieder mehr zu Essen. Die Arbeit, die er zu verrichten hatte, war sehr dankbar. Bei dem häufigen Kommandeurswechsel lag es an ihm, die Beständigkeit und die gute alte Tradition ihres ehemaligen Kommandeurs zu wahren, was viel Mühe machte, ihm aber recht war. Heute hatte er den ganzen Tag am Schreibtisch gesessen, ohne herauszukommen und morgen musste er zum Regiment reiten, um neue Anweisungen entgegenzunehmen. Der Regimentskommandant war Junggeselle und kannte infolgedessen nichts anderes, als alle Männer seines Regiments unentwegt in Bewegung zu halten. Die Befehle und Vorschläge überstürzten sich, sodass kein Mensch – am allerwenigsten ein Bataillons Adjutant wie er – dabei jemals zur Ruhe kommen konnte. Er hatte leider immer das Gefühl, dass unendlich viele unerledigte Sachen liegen blieben. Er bat meine Mutter, nicht traurig zu sein über die kurzen Wische, die er ihr im Augenblick nur schreiben konnte, um ihr zu sagen, dass es ihm „sehr gut" ginge. Er dachte immer an sie und auch oft an den Urlaub, der jetzt nicht mehr in allzu weiter Ferne liegen konnte. Sein Bursche schaute prächtig nach ihm. Morgens stand das Rasierzeug kunstvoll aufgebaut an seinem Platz und er sorgte für Ordnung in seinem Krempel, der glücklicherweise nicht allzu zahlreich war.

Die Tage waren jetzt, Anfang November arg kurz, besonders infolge der neuen Zeitrechnung, die für den Osten besonders ungünstig war. Man musste schon um drei Uhr nachmittags das Licht anmachen, manchmal mit Hilfe von Karbid und oft mit Kerzen. Es fiel bereits der erste Schnee und der Wetterbericht sprach von einer weiteren Zunahme der Kälte. Nun fing er also wohl endgültig an, der russische Winter, der mehr als ein halbes Jahr dauern würde. Der Postbetrieb war unbeständig geworden und deshalb die Abstände zwischen den Briefen von uns manchmal größer als sonst. Aber gestern Abend war etwas Aufregendes passiert: er wurde vom Hauptmann Schoeller am Apparat verlangt. Bertes hatte versucht ihn anzurufen! Leider lagen so viele Vermittlungen zwischen ihnen, dass eine Verständigung nicht möglich war. Aber in der Nacht konnte Bertes nochmal mit einem Offizier ihrer Division sprechen und ihm mitteilen, wo er lag. Nur war die Entfernung zu weit für einen Besuch, aber telefonisch würde er ihn diese Tage doch vielleicht noch einmal erreichen. Bertes hatte augenblicklich eine Artillerie Abteilung unter sich. Wie gerne hätte mein Vater seinen lieben Bruder nach beinahe zwei Jahren einmal wiedergesehen, aber leider waren die russischen Verkehrsverhältnisse allzu rückständig, um das zu bewerkstelligen.

Ach ja, noch etwas Positives konnte mein Vater meiner Mutter mitteilen. Ihre Firma, mit nur zwei anderen des rheinisch-westfälischen Bezirks, war zum Höchstleistungsbetrieb ernannt worden. Diese Art Betriebe würden in den nächsten Jahren bestehen bleiben und gefördert werden, wurde gesagt, während alle übrigen wohl eines Tages schließen müssten aus Mangel an Rohstoffen und Arbeitskräften, und auch wegen der geringeren Bedeutung der Tuchfabrikation im Krieg, soweit sie sich nicht mit Heereslieferungen befassten.

Eine der Aufgaben meines Vaters bestand darin, die russischen „Hilfswilligen" in ihre Aufgaben einzuführen. Ehemalige Kriegsgefangene wurden aufgrund ihrer anständigen Führung aus der Gefangenschaft befreit und in den Hilfsdienst übernommen. Sie wurden nicht mehr bewacht, sondern eingekleidet und ebenso gut ernährt wie ihre eigenen Männer. Das Bataillon meines Vaters hatte 46 Männer und 14 Frauen von diesen Hilfskräften, die in jeder Beziehung mit ihrem Los zufrieden zu sein schienen. Sie wurden als Pfleger der kleinen russischen Pferde eingesetzt oder sie machten Holzarbeiten beim Bau von Brunnen und Blockhäusern. Viele von ihnen verstanden das meisterhaft. Heute hatten sie zur Feier des Tages, an dem er ihnen „eine Predigt" über ihre Rechte und Pflichten (mit Hilfe eines Dolmetschers natürlich) gehalten hatte, jeder 10 Zigaretten und Bonbons bekommen.

Der Winter mit seinem Frost und seiner Kälte hatte ohne die erwartete verschlammte Übergangszeit begonnen, und das war gut so. Man musste staunen über die anständig wattierten Skianzüge, die prächtigen Pelzwesten und Filzstiefel, die man ihnen ausgehändigt hatte. Außerdem gab es für die Offiziere noch Pelzmäntel, sogenannte Nacktpelze (Katzen oder Kaninchen), die wunderbar leicht waren und herrlich wärmten, und dann hatte er ja seine eigenen Skistiefel, die er hatte aufarbeiten lassen und die ihm beste Dienste leisteten. Meine Mutter brauchte sich also um seine Winterfestigkeit gar keine Sorgen zu machen. Auch hatten sie neulich Marketenderware bekommen, sodass er „luxuriöser Weise neuerdings wieder über eine Haarbürste, Birkenwasser, zwei Rollen Klopapier und ein Betttuch" verfügte. Er schloss den Brief mit der ironischen Bemerkung: „Allmählich wird man wieder verweichlichen bei so viel Zivilisation!"

Die allgemein ungünstige militärische Lage im Spätherbst 1942 wirkte sich natürlich auch auf die Stimmung im Bataillon meines Vaters aus. In Nordafrika sah es katastrophal aus, und was würden die Italiener machen, wenn ihnen „die Plutokraten" direkt vor der Nase saßen?" fragte er sich. Allerdings wäre das für Deutschland kaum ein Verlust, wenn die Italiener nicht mehr mitmachen würden.

Ende November erreichte meinen Vater und seine Leute die Nachricht von einer massiven russischen Offensive im Süden. Am 23. August hatte die deutsche Luftwaffe den Kampf um Stalingrad, ein wichtiges Rüstungszentrum, sowie Verkehrsknotenpunkt begonnen. Intensive Bombenangriffe auf die Stadt hatten einen hohen Verlust der Bevölkerung verursacht und die Stadt selbst nahezu vernichtet.

Weniger als zwei Wochen später hatte die Sechste Armee unter General Friedrich Paulus die Außenbezirke von Stalingrad erreicht. Ein verlustreicher Häuserkampf begann, der die Stadt zu 90 Prozent unter deutsche Kontrolle brachte. Jedoch jetzt, am 19. November hatten die Russen starke Reserven um die Stadt versammelt und begannen von Nordwesten und Süden eine zangenförmige Gegenoffensive, die sogenannte Uranus Offensive, in Gang zu setzen. Vergebens bat General Paulus darum, dass Hitler ihm die Genehmigung zum Rückzug seiner Armee gab, weil er sah, dass sie sonst ihrer Vernichtung entgegengehen würde. Die Folge von Hitlers Abweisung war, dass sich die ganze Sechste Armee drei Tage später von den russischen Kräften eingekesselt fand.

Beide, Hitler und Stalin hatten Stalingrad zum Symbol ihres Siegeswillens hochgespielt. Für Stalin war es die Stadt, die bis zum letzten verteidigt werden musste und für Hitler kam jeder Rückzug aus dem Ort seines Prestigeerfolgs, dem stolzen Ergebnis der deutschen Massenoffensive, nicht in Frage. Aus diesem Grund hatte sich Hitler nicht nur geweigert, den Rückzug der Sechsten Armee zuzulassen, sondern verbot Generaloberst Paulus, trotz der unvorstellbaren Not, in der sich seine Soldaten befanden, einen Ausbruchsversuch zu riskieren, statt auf Unterstützung zu warten.

Januar 1942 - Februar 1943

Reichsmarschall Göring in seiner prahlerischen Art hatte die Versorgung der deutschen Truppen im Kessel durch die Luftwaffe garantiert, ein Vorhaben, dessen Realisierung von Anfang an höchst zweifelhaft gewesen war. Mein Vater meinte, die Deutschen saßen wie auf einer großen belagerten Insel oder vielmehr Halbinsel, denn leider hatten sie nicht wie die anderen nur Küsten zu verteidigen, sondern auch eine verdammt lange Landfront. Er frage sich, welches Mittel ihnen denn eigentlich noch blieb, den Krieg zu ihren Gunsten zu entscheiden. Wo sollten sie die Engländer und die Amerikaner vernichtend schlagen wollen, nachdem sie Afrika nicht halten konnten und nun auch Stalingrad ein furchtbares ungelöstes Problem blieb? Nur mit Worten ging es natürlich nicht. Gewiss, die U-Boote richteten allerlei Schaden an aber mein Vater glaubte nicht, dass sie allein die Entscheidung bringen könnten.

Am 28. November schrieb mein Vater: „Die Vorstellung von der Zukunft ist so dunkel wie nie zuvor." Er glaubte zwar nicht, dass Deutschland den Krieg verlieren könnte aber mehr und mehr kam er zu der Überzeugung, dass wohl gar nichts mehr übrig bleiben würde von den Lebensumständen der Vorkriegszeit, in der der Mensch noch seinen Beruf, seinen Wohnort, die Art der Erziehung seiner Kinder selbst bestimmen konnte. Er meinte: „Ich hoffe nur, dass man mich nicht in die Berufsgruppe Ostverteidiger einreihen wird. Dann schon lieber zur Abwechslung an die Mittelmeerküste, jedenfalls irgendwohin, wo man seine Familie nicht nur einmal im Jahr für 14 Tage sehen kann. Wenn mir das gefiele, hätte ich Matrose werden oder eine alte Kalle (Braut) finden müssen, von der ich nach zwei Wochen genug hätte. Glücklicherweise ist es nicht so und ich lasse auch den Mut nicht sinken, denn ich habe ja noch den Glauben, dass diese Schreckenszeit eine Reinigung mit sich bringt, die für unsere Kinder ein besseres Leben bewirkt." Er befand sich weiterhin ein wenig in einem „Stadium der Verblödung" und kam zu nichts Vernünftigem, außer seinem dienstlichen Kram, weil es eben ganz an Ruhe und damit auch an Selbstbestimmung fehlte. Er gab zwar zu, dass ein Teil seiner Verblödung daher kam, dass er die einzige, oft

Russland

freie Zeit des Tages, nach dem Abendessen, zur Ablenkung meist mit Doppelkopf oder anderen Kartenspielen verbrachte, halt doch „ein arg stumpfsinniger Zeitvertreib". Er sollte mal einen Tag über ganz alleine durch die Wälder laufen dürfen. Das wäre am besten für sein inneres Gleichgewicht. Der Hauptmann und der Feldwebel waren zwar sehr nett, aber trotzdem war es nichts Rechtes, wenn man Tag und Nacht auf einem Raum von 40 Quadratmetern aufeinander hockte. Aber dann durfte er sich nicht beklagen. Um wie viel schwerer hatten es die Kameraden, die jetzt im Süden und im Norden von ihnen in schweren Kämpfen lagen. Die Russen konnten auf keinen Fall durchgreifend erfolgreich sein in diesen harten Verteidigungskämpfen, bei denen sie so gewaltige Verluste hatten. Aber am Ende ihrer Kräfte konnten sie auch nicht sein, wenn sie mit einer so großen Beharrlichkeit auf breiter Front an zwei Stellen gleichzeitig angreifen konnten.

Manchmal war es wahrhaftig nicht leicht, den Kopf hochzuhalten, schrieb mein Vater. „Ach, die Aussicht, den ganzen Winter hier zu sitzen und immer nur die weiße Landschaft zu sehen ist wenig schön." Dies waren krisenhafte Tage wegen des unendlichen Papierkriegs, den er zu führen hatte. Der Verstand eines Russlandkämpfers war eine ständig abnehmende Substanz. Hoffentlich regenerierte er sich wieder ein wenig, wenn er eines Tages dieses „liebliche Land" verlassen durfte. Aber vielleicht war es gut, dass der Verstand etwas litt. So kehrte man allmählich in den Naturzustand zurück. Man dachte nicht viel über sein trauriges Schicksal nach, man ließ alles an sich herankommen und sagte sich, dass man eben leider zur falschen Zeit zur Welt gekommen war. Man tröstete sich damit, dass die Menschen im Dreißigjährigen Krieg ja auch weiter vegetiert haben und dass bei den Tieren ja auch dauernd Krieg war. „Alles sehr, sehr schwacher Trost! Es gibt eben auch keinen außer der Erkenntnis, dass Gott alles und der Mensch gar nichts ist." Er hoffte auf die morgige Post, denn er musste zugeben, dass er sich manchmal doch ein wenig verlassen fühlte. Heute war der erste Advent, und ein solcher Tag mit Vorweihnachtsstimmung, ließ die Sehnsucht nach uns daheim noch größer werden als sonst. Nur die Gedanken an den Urlaub milderten sie ein wenig. Leider herrschte über den Urlaub, dank der engherzigen Einstellung des Regimentskommandeurs, noch vollkommene Ungewissheit. In den nächsten Tagen sollte ihre selbstgebaute Entlausungs- und Badeanstalt fertig werden. Läuse hatte er zwar seit Mai nicht mehr gehabt, aber auf ein heißes Bad freute er sich sehr. Das wöchentliche Bad in der Waschschüssel reichte doch nicht ganz zur vollständigen Säuberung. Angefreundet hatte mein Vater sich mit dem „einzigen weiblichen Wesen" seiner Umgebung, ihrem Kätzchen, das meist neben dem Ofen oder auf der Mütze des Kommandanten hoch oben auf einer Stellage lag. Er war zwar gar nicht erfreut über ihren Besuch, wenn sie kurz vor dem Einschlafen unter lautem Geschnurr über sein Bett stieg und sich seinem Kopf näherte. Wollte sie denn nicht verstehen, dass sie ans Fußende des Bettes gehörte, damit er seine Nachtruhe halten konnte? Weil das nicht der Fall war, wurde sie regelmäßig in die Burschenbude herausbefördert.

Jetzt endlich in der letzten Woche im November war es meiner Mutter möglich gewesen, für drei Wochen in einem Sanatorium in Bad Saarow, Mark Brandenburg, Platz zu finden, in der Hoffnung, hier neue Kräfte zu sammeln. Wie sehr das meinen Vater freute! Nun, da sie sich keine Sorgen mehr über die Gesundheit ihres Vaters machen musste, der langwierige Gallenprobleme hinter sich hatte, wünschte er sich, dass sie sich mal ganz und gar lösen könnte von dem Krampf des Alltags, und viel Schlaf und anständiges Essen genießen könnte. Schon vor vier Wochen sollte sie dem „Befehl" meines Vaters folgend, diese Kur begonnen haben, aber ihre Abfahrt hatte sich verzögert durch den schlechten Zustand meines Großvaters und gleichzeitig wegen einer eigenen Gelbsucht, die wegen der mangelhaften Ernährung besonders langwierig war. Neben den gesundheitlichen Sorgen, hatte auch Bernds ungezogenes Benehmen stark an ihren Nerven gezehrt. Er war jetzt in der ersten Schulklasse und sein Ungehorsam und seine vorlaute Art hatten gleich zu Schwierigkeiten mit der Lehrerin geführt. Als meine Mutter meinem Vater über ihren „missratenen Sohn" (seine Worte) schrieb, antwortete er: „Das ist ein merkwürdiger

Mensch. Er ist halt wieder mal in einer Entwicklungskrise, vielleicht bedingt durch die Schule. Er wird sie eines Tages überwunden haben und wieder erfreulicher werden." Bis dahin müsste man alles versuchen, ihn zu „bändigen" und sich möglichst wenig über ihn zu ärgern. Leichter gesagt als getan, das gab er zu. „Es wird schon etwas Rechtes aus ihm werden. Davon bin ich überzeugt. Hoffentlich liegen auch ein wenig Freude, Helligkeit und Freiheit (die wohl am wenigsten) über seinem ferneren Leben. Wüssten wir das, so wär uns unser Los auch manchmal leichter zu tragen weil man ein wenig Sinn sehen würde."

Anfang Dezember kamen schon einige Weihnachtspakete der weiteren Familie bei meinem Vater an. Meine Mutter sollte sich bitte gar keine Mühe machen, bat mein Vater, Weihnachtsgeschenke würden am besten in diesem Jahr ausfallen, denn er konnte wirklich als „Russlandkämpfer" kaum etwas gebrauchen. Aber kaum hatte er dies geschrieben, als ihn mehrere Pakete von zuhause erreichten, eins davon mit Äpfeln.

Es lag gerade genug Schnee, dass er seinen Leuten Skikurse geben konnte. Er war sehr froh über die Bewegung an der frischen Luft. Sie war sehr rein und gesund. Das Klima war das einzig Erfreuliche an diesem traurigen Land. Sonst hatte er nach ihrer Schlittenwerkstatt zu sehen, die Russenunterkünfte zu prüfen, 37 Gänse zu verteilen, die dem Bataillon zugewiesen worden waren, nach einer kranken Kuh zu schauen, die sie wohl bald schlachten mussten, da sie kein rechtes Futter mehr für sie hatten.

Es ging mehr und mehr auf Weihnachten zu und mein Vater glaubte, dass sie es sich hier ganz „gemütlich machen" würden. Ihr „wohnliches Häuschen" eignete sich ganz gut zum Feiern und der Hauptmann war ein prächtiger Mann. Das Schönste würde für ihn die Vorfreude auf das doch nun sicher baldige Wiedersehen mit uns sein. Dieses Mal würde der Urlaub einen ganz anderen Sinn als bisher haben, nicht nur weil eine so lange, aber auch eine so schwere Zeit dazwischenlag. Es folgten in diesem vorweihnachtlichen ausführlichen Brief seine Gedanken über die völlige Ungewissheit dieser Zeit, über die Grausamkeit der Menschen, ihre Beziehung zu Gott und über die Freiheit und Notwendigkeit des Handelns. „Ich meine, dass diese Zeit die ganze Einstellung zum Leben auf eine neue Grundlage gebracht hat. Bisher hing man immer noch in etwa an althergebrachten Gewohnheiten und Aussichten, aber damit ist es nun wirklich zu Ende. Was soll man an Zukunftsplänen machen in dieser so ganz und gar undurchsichtigen Zeit? Muss man wirklich damit rechnen, den Rest seines Lebens wie ein Matrose zu verbringen, der das ganze Jahr über auf Fahrt ist und nur einmal für kurze Zeit nach Hause kommt? Eine wenig schöne Aussicht. Wer weiß, wie es wird? Es kann ja auch ganz anders kommen. Jedenfalls sind wir voll und ganz dem Schicksal ausgeliefert. Man kann auch sagen, unser Leben liegt in Gottes Hand. An Gerechtigkeit auf Erden und an eine Besserung der Menschheit darf man nicht glauben. Haben wir Menschen ein besseres Geschick verdient, wo wir so strohdumm sind und uns gegenseitig nicht mal das tägliche Brot gönnen? Man empfindet die Last, die auf unserem Leben liegt weniger schwer, wenn man sich dazu bequemt, von der vollkommen irrigen Auffassung abzulassen, der Mensch sei ein höheres und Gott besonders wohlgefälliges Lebewesen. Wie kam man auch dazu, sich so etwas einzubilden? Sind im Tier- und Pflanzenreich nicht noch andere Lebewesen, die ebenso kunstvoll aufgebaut sind? Was haben wir ihnen voraus? Wir können logisch denken, begründete Entschlüsse fassen. Denkt man über diese Frage weiter nach, so bleibt nichts, gar nichts zu unserem Vorteil übrig. Nur dann bliebe etwas übrig, wenn man sagen könnte, der Mensch ist ein glücklicheres Lebewesen als alle anderen. Das ist er gewiss nicht. Im Gegenteil ist er wohl das unglücklichste Geschöpf unter dem Himmel. Außerdem macht er im Kreise seiner Genossen unter den Erdbewohnern, den Farnkräutern, den Pferden, den Affen einen recht schlechten Eindruck. Ich habe noch nie gesehen, dass sich zwei Farnkräuter, oder zwei Pferde gegenseitig auffressen. Das bringen nur wir Menschen fertig und dazu noch mit einer staunenswerten Gründlichkeit. Meine Verehrung für Gott ist sehr groß, ebenso groß ist meine Verachtung des menschlichen Geschlechtes. Eine solche Auffassung klingt sehr trostlos, nihilistisch nennt man so etwas, glaube ich. Ich will aber nicht daraus die Folgen ziehen, es sei richtig, die Hände in den Schoß zu legen und sich als kleines, hin und hergetriebenes Flöckchen zu fühlen, das zu seinem Wohl und zu dem von anderen gar nichts beitragen kann. Man hat als Mensch doch allerlei Möglichkeiten. Vor allem an zwei denke ich: einmal soll man alles tun, was man nur irgendwie kann um seinen Mitmenschen ihr ohnehin so sehr schweres Schicksal durch Fürsorge, Liebe, Aufmunterung und praktische, zupackende Hilfe zu erleichtern. Ich weiß, dass Du gerade hierfür sehr viel Sinn hast und auch danach handelst, soweit es Deine Körperkräfte zulassen. Wie schön und rein ist es, wenn man in dieser Zeit, wo es nur Leid und Zerstörung oder billigste Genusssucht gibt, einem anderen Menschen fühlbar helfen kann mit seinem Schicksal fertig zu werden. Das andere, das ich meine, ist der Wille. Man kann mit Hilfe des Willens vieles erreichen, und nur der rettet sich aus dem Chaos, der den Willen hat, nicht unterzugehen. Bei den Soldaten gibt es viele solcher Beispiele." Trostreich war das Ergebnis seiner Überlegungen wahrhaftig nicht, gab mein Vater zu. Sie waren halt in eine arg unglückliche Zeit hineingeboren, aber sie wollten sich nicht von den Kindern einmal sagen lassen, dass sie zu schwach gewesen waren, um durchzuhalten. Im Radio gab es jetzt eine Sendung, die hieß: „Es ist eine Zeit angekommen", nur um das Wort „Advent" nicht gebrauchen zu müssen! Der Inhalt war jedoch besser als der Titel. Sie spielten schöne alte Adventslieder. Wie sehr er sich während seines Urlaubs auf den Gedankenaustausch mit meiner Mutter freute, wenn man sich dabei in die Augen schauen und einander neue Kraft geben könnte.

Mein Vater hatte sich selbst direkt angesprochen gefühlt, als meine Mutter besorgt über ihren eigenen Ungeist und die Verflachung ihrer Gefühle gegenüber dem täglichen Leben geschrieben hatte, auch über ihren Zweifel an Gott in all diesem Geschehen. Auch er hatte ähnliche „unerfreuliche Feststellungen" bei sich gemacht. Oft war er sich selbst „ziemlich zuwider" und fand, dass er sehr verflacht und materialistisch geworden war. „Aber", meinte er, „ich sehe doch einstweilen noch ganz

Januar 1942 - Februar 1943

klar, wie es früher war und merke auch die Veränderung. Das ist doch immerhin ein Zeichen, dass wir noch nicht endgültig alles Gute aus der Vergangenheit vergessen haben. Sollten mal wieder friedliche Tage kommen, so würde man ganz schnell wieder ein einigermaßen brauchbarer Mensch werden, denn tief sitzt diese Verflachung nicht, solange man sie noch merkt." In schweren Zeiten sollte ihnen Gott doch am nächsten sein, fand er, und tatsächlich ging es ihm auch so. Ihm war klargeworden, dass die Menschen im Weltall keineswegs eine Sonderstellung einnahmen, sondern dass der Mensch ein winzig kleines unbedeutendes Teilchen des Ganzen war. So dürften sie auch nicht enttäuscht sein, wenn ihnen Gott nicht mehr half als den Tieren und Pflanzen, zumal die Menschheit als Ganzes ja diese Katastrophe selbst geschaffen hatte. „Wir können zwar großartig daherreden, bringen es aber nicht fertig, uns gegenseitig das Leben zu lassen. Deshalb riet mein Vater meiner Mutter, sollte sie nicht Gott verachten und vergessen, sondern die Menschen, diese jammervollsten aller Geschöpfe. Es gab gewiss auch sehr liebe und anständige Menschen, aber die schlechten waren in der Mehrzahl, und die Masse war halt ausschlaggebend. Sie war es, die der Menschheit das Gepräge gab. Wenn sich ihre Geister nicht mehr recht konzentrieren konnten, so lag das gewiss an der dauernden Belastung durch die Beschäftigung mit dem Krieg und dem großen Leid, das er mit sich brachte. Oh, wie sehr er sich danach sehnte, über all diese Fragen, die ihm so am Herzen lagen mit meiner Mutter bald sprechen zu können. Trotz aller guten Kameradschaft war halt niemand da, mit dem man über das reden konnte, was einen im Innersten bewegte. Schon im nächsten Brief musste mein Vater meiner Mutter leider mitteilen, dass sich nun, da ihr Hauptmann über Weihnachten nachhause fahren würde, seine Urlaubszeit bis auf den Februar verschieben würde. Diese Nachricht hatte ihm eine schlaflose Nacht bereitet und in Gedanken ließ er sich von ihr, meiner Mutter, trösten. Er hatte sich vorgestellt, wie sie ihm über die Stirn gestrichen und gesagt hatte, es sei ja gar nicht so schlimm, auf ein paar Wochen käme es nicht an und sie würden es sich nun ganz besonders schön machen, zum Ausgleich für die mehr als einjährige Wartezeit. Aber er hatte sich doch erst in wehmütigen Gedanken verloren, in der Erinnerung an eine sorgenlose Vergangenheit, die mit der ernsten Gegenwart so schwer zu vereinbaren war. Wie ein unerreichbar schönes Paradies waren ihm die vergangenen glücklichen Tage vorgekommen. Er hatte sich gefragt, ob all solche Erlebnisse, wie zum Beispiel die der Schönheit der Schweizer Landschaft, jetzt für immer fern von ihnen waren, oder ob sie doch noch einmal wiederkommen könnten? Er gab den Glauben daran nicht auf, auch wenn er ihn nicht begründen konnte. Dann hatte er sich damit getröstet, dass sie es beide an Weihachten guthaben würden, meine Mutter bei ihren Eltern und sicher mit dem Besuch von Verena und ihrer Familie, und er unter netten Menschen, die ihn umgaben und die alle das gleiche Los zu tragen hatten wie er selbst. Es würde stiller und feierlicher werden als im letzten Jahr in Frankreich, wo die Feiertage ein großes Saufgelage gewesen waren. Er würde viel an uns denken voller Dankbarkeit, dass wir zu ihm gehörten und ein wenig wehmütig, wenn er an alles Liebe dachte, das meine Mutter ihm zu Weihnachten stets gegeben hatte und an ihre süßen Spatzen, die vor dem Weihnachtsbaum die Weihnachtsgeschichte oder ein Sprüchlein aufsagten. Er selbst würde am Nachmittag erst mit den Männern ihres Trosses feiern und am Tag danach mit den Meldern und Nachrichtern beim Gefechtsstand. Einen ihrer Bunker hatte er weihnachtlich herrichten lassen. Es gab dort einen schönen Baum, der nur mit Kerzen, Lametta aus Zigarettenschachteln und etwas Watte geschmückt war. Dort würde er gemeinsam mit seinem Stab zu Abend essen. Einer ihrer Männer, der gut Akkordeon spielte, würde die Weihnachtslieder spielen und er selbst würde sich „eine schöne Rede" ausdenken. Von der Bäckereikompanie wurde ein prächtiger Christstollen gebacken und es gab auch allerlei kleine Geschenke, wie Zahnpasta, Rasierklingen, Zigaretten, Wein und Schokolade. Es war gut, dass sie kaum mehr alkoholische Getränke hatten, da sie natürlich in diesen Tagen besonders wach sein mussten. Der Feind lag nur einen Kilometer von ihnen entfernt. Im Augenblick als er diesen Brief schrieb, spielten sie im

Radio „Lieb Nachtigall wach auf", eines ihrer liebsten Weihnachtslieder. Wie schön und doch, oh, wie fern das klang! Es wurde Zeit, dass meine Mutter ihn tröstete. Drei Tage vor Weihnachten waren die Männer aus dem Bataillon meines Vaters wieder einmal „drüben bei den Russen" gewesen, wie das so von Zeit zu Zeit gemacht wurde, um ihnen zu zeigen, dass der Feind noch in ihrer Nähe war und um festzustellen, ob ihnen gegenüber noch das gleiche Regiment lag. Das Unternehmen war sehr gut ausgegangen. Sie hatten allerlei Bunker und Kampfstände gesprengt. Mitgebracht hatten sie nur einen Russen, der aber bald an den Folgen seiner Verwundung gestorben war. Aus seinem Soldbuch konnten sie ersehen, dass sich drüben nichts verändert hatte. Das Beste an der Sache war, dass sie selber gar keine Ausfälle gehabt hatten. Nun gab es wieder für lange Zeit Ruhe, und sie konnten sich ein wenig auf Weihnachten freuen. Von dem Umfang der Schreiberei, die mit einem solchen Unternehmen verbunden war, machte sich meine Mutter keinerlei Vorstellung. Da mussten die Vorschläge fürs Eiserne Kreuz stil- und formgerecht abgefasst werden und ein Gefechtsbericht des Stoßtruppführers, mit einer ausführlichen Stellungnahme des Bataillonskommandeurs, musste innerhalb von 24 Stunden vorliegen. Dann waren da die Skizzen, die angefertigt werden mussten. Wenigstens brauchte er die nicht selbst zu machen, denn sie hatten einen sehr tüchtigen Zeichner. In der vergangenen Nacht hatte er bis halb sechs Uhr morgens an diesem Krempel gesessen. Wie immer beim Kommiss: Je geringer die kriegerischen Handlungen waren, um so üppigere Blüten trieb die Bürokratie! Die Nachrichten von der überall einsetzenden russischen Offensive bedrückten meinen Vater sehr. Bei ihnen da drüben hatten die Russen bestimmt nichts vor, wie ihr Angriff vor ein paar Tagen gezeigt hatte. Nur ein paar leichte Granatwerfer waren durch die Gegend geflogen und von Artillerie war nichts zu spüren gewesen. Sie hatten wohl ihre Kräfte zum größten Teil im Süden konzentriert, von wo es hieß, dass täglich 150 Panzer abgeschossen wurden. Es war gar nicht zu fassen, wo der Feind diese Menschenmengen und Waffen hernahm, nachdem ihm doch dicht besiedelte Gebiete mit viel

Industrie abgenommen worden waren. Man sehnte sich gerade während der Weihnachts- und Neujahrszeit so sehr nach einem kleinen Lichtblick, aber einstweilen suchte man vergebens danach. Nun, man musste immer weiter Geduld haben und sich ein wenig helfen in dieser freudlosen Zeit, indem man fest zueinanderhielt. Da ihre gemeinsame Feier voraussichtlich erst am 25. Dezember sein würde, könnte er am 24. ungestört sein eigenes Weihnachten feiern, an dem er in Ruhe und innigen Heimatgedanken unsere Päckchen öffnen und unsere Briefe lesen würde und sich ganz in unsere Umgebung versetzen könnte.

Voll Freude berichtete mein Vater, dass er an diesem Tag, dem 22.12.1942, seit langer langer Zeit wieder einmal einem netten Kind begegnet war. Es war der Bub ihrer Russenfamilie gewesen, der vier Jahre alt war und der mit einer deutschen Soldatenmütze angetan in ihrer Schreibstube beim Tross aufgetaucht war. Er sprach ein paar deutsche Brocken, hatte nette braune Augen und blonde Haare. Als er von ferne einen Hund kommen sah, hatte er große Angst gehabt und hatte auf einmal angefangen laut zu weinen. Mein Vater hatte ihn getröstet und sich ein wenig mit ihm unterhalten, wobei in ihm tief schlummernde Vatergefühle wieder an die Oberfläche gekommen waren. Es war so schön, sie wieder einmal zu spüren und dabei an sein liebes Webelein (mich) zu denken.

An diesen Weihnachtstagen würden sie besonders auf das vergangene Jahr zurückschauen. Dabei wollten sie Gott dankbar sein, dass Er es gut mit ihnen gemeint hatte. Sie wollten auch an ihren lieben Nöll denken, der von ihnen gegangen war und an sein Vermächtnis, das sie aufforderte durchzuhalten, damit sein Opfer nicht vergebens gewesen war. Wichtig war ihm auch, daran zu denken, dass ihre Liebe nicht wanken konnte, obgleich sie an keinem Tag dieses Jahres beisammen gewesen und nur darauf angewiesen gewesen waren, in vielen Briefen sich das zu sagen, was sie im Herzen trugen. Wenn sie an die Zukunft dachten, wollten sie sich zuallererst auf ihr Wiedersehen freuen. So unendlich viel hatte er ihr zu sagen und vieles zu fragen und es war schön, dass diese Tage des engen Beisammenseins doch nun bald kommen müssten. Wenn das nicht der Fall wäre, bliebe die Zukunft ganz und gar dunkel, schrieb er. Es war unmöglich, irgendwelche Hoffnungen und Wünsche auszusprechen, aber sie wollten weiter ihr Schiff durch dieses neblige, stürmische Meer steuern und hoffen, dass man eines Tages in diesem unendlichen Gewoge Land sehen würde. Wir wollen nie den Mut verlieren und das Steuer aus der Hand lassen, meinte er. „Täten wir's, so wären wir verloren. Immer mehr wird es mir klar, dass das Leben nur zu einem geringen Teil Freude, sonst aber Kampf bedeutet. Ach, man muss so weit kommen, dass man alles widerliche Verflachende unserer Zeit zutiefst verachtet und zu einem Glauben an Gott kommt, der einen hoch über alles Leid, über alles Niedrige, das in diesem Krieg an die Oberfläche kommt und auch über das Sterben hinaushebt. Ob wir Beide den finden? Ich möchte bald mit Dir darüber sprechen." Gerade weil er eine Neigung zum Optimismus hatte, traf meinen Vater die Entwicklung der letzten Wochen härter als meine immer schon skeptische Mutter. Er kämpfte täglich mit der Tatsache, dass die Aussichten auf ein baldiges Ende des Krieges mit jeder Woche ferner rückten. Jemand musste ihm die Briefe von Jacob Burckhardt geschickt haben, denn er schrieb darüber, wie schön und beglückend es sein müsste, wenn man, wie dieser geschrieben hatte, irgendwo einen Halt finden könnte, irgendetwas Sinnvolles in dieser wirren und unsinnigen Zeit. Er hatte bisher nur die Erkenntnis gefunden, dass die Menschen unendlich klein und unbedeutend waren, und dass Gott groß war aber nicht ein Gott der Menschen.

Russland

Man schaut zurück. Dabei wollen wir Gott dankbar sein, dass er es gut mit uns gemeint hat. Wir wollen auch an unseren lieben Nöll denken, der von uns gegangen ist und an sein Vermächtnis, das uns auffordert durchzuhalten damit sein Opfer nicht vergebens war. Wir wollen auch daran denken, dass unsere Liebe nicht wanken konnte, obgleich wir an keinem Tag dieses Jahres beisammen waren und nur darauf angewiesen waren, in vielen Briefen uns das zu sagen, was uns auf dem Herzen lag. Wenn wir an die Zukunft denken, wollen wir uns zunächst mal auf das Wiedersehen freuen. So unendlich viel hab ich Dir zu sagen und vieles zu fragen. Es ist schön, dass diese Tage des engen Beisammenseins bald kommen werden. Wir wollen weiter unser Schiff durch dieses neblige, stürmische Meer steuern und hoffen, dass man eines Tages Land sieht in dem unendlichen Gewoge. Wir wollen nie den Mut verlieren und das Steuer aus der Hand lassen. Täten wirs, so wären wir verloren. Immer mehr wird es mir klar, dass das Leben nur zu einem geringen Teil Freude, sonst aber Kampf bedeutet. Ach, man muss so weit kommen, dass man alles widerliche Verflachende unserer Zeit zutiefst verachtet und zu einem Glauben an Gott kommt, der einen hoch über alles Leid über alles Niedrige, das in diesem Krieg an die Oberfläche kommt und auch über das Sterben hinaushebt. Ob wir Beide den finden? Ich möchte bald mit Dir darüber sprechen. - Wie sehen Bai und Webelein aus? Ich habe grosse Sehnsucht nach Euch. Wir wollen keine Stunde des Urlaubs verschenken. Darum wäre wohl Berlin das Richtige. Mit den Konsularen in Neuhaus wäre unmöglich. In grosser Sehnsucht Dein kleiner [Wuschel...]

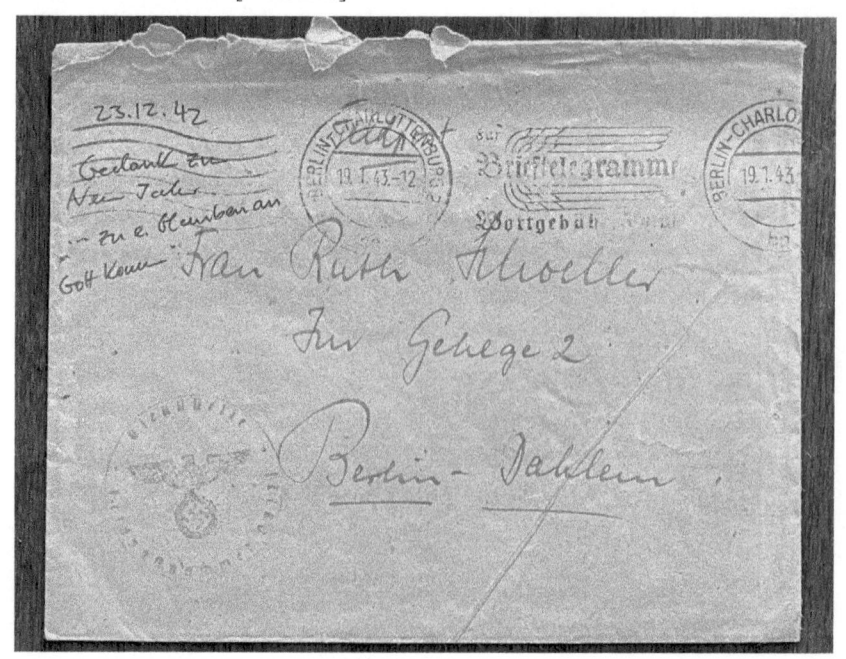

Januar 1942 - Februar 1943

Brief vom 23. Dezember 1942, Seite 2

Eine große Freude und Ermutigung für meinen Vater war ein Brief meiner Mutter, in dem sie ihm ihre genauen Pläne für seinen kommenden Urlaub schrieb, der ja jetzt, wie sie noch meinte, ziemlich sicher Anfang Februar sein würde. Sie hatte sich ausgedacht, dass sie schon in den letzten Dezembertagen mit uns von Berlin nach Neuhaus reisen würde, um alles für ihr Beisammensein vorzubereiten. Sie hatte von seiner Mutter und dem Konsul die Bestätigung bekommen, dass sie während des Aufenthalts meines Vaters auf keinen Fall mehr als zwei Tage in Neuhaus sein würden, sodass wir als Familie das Haus für uns alleine hätten, außer vielleicht dem Besuch von Edith mit ihrem neuen Mann, den mein Vater gerne kennenlernen wollte. Bernd würde seine von ihm selbst gepriesenen Skikünste seinem Vater vorführen können, sie würden Schneespaziergänge auf den Spitzing und die Firstalm machen, wo man so herrlich in der Sonne sitzen konnte, die ja im Februar schon einige Kraft hatte, und sie würden auch etwas von dem Stadtleben in München, nach dem sich mein Vater so arg sehnte, mit hineinnehmen in ihre gemeinsame Zeit. Er bat meine Mutter, sich ja keine Sorgen zu machen, über was sie zu essen hätten. Er war sehr bescheiden geworden und konnte es nicht abwarten, ihr mit allem helfen zu können. Im Rahmen des „großen und herrlichen Planes", den meine Mutter gemacht hatte, fühlte er sich jetzt „viel vergnügter" und kräftiger. Jedes Mal vor dem Einschlafen ließ er glückliche Vorstellungen zu uns hinüber wandern.

Auch der letzte Tag des Jahres 1942 war für meinen Vater ein „schöner" gewesen, weil er nach einem Pferdeappell, den er abzuhalten hatte, allein durch den Wald in die Stellungen am linken Flügel gegangen war, deren Ausbau ihnen jetzt besonders zu schaffen machte. Es war minus 5 Grad gewesen, ein wenig diesig und dazu ganz leichter Schneefall. Es war ruhig wie im Frieden. Er durfte sich wirklich nicht über sein Schicksal beklagen und er wollte sich fest vornehmen, sich nicht unterkriegen zu lassen von dem, was noch kommen mochte. Für meine Mutter würde dies schwerer sein, aber er wusste, dass auch sie diesen Vorsatz hatte. „Es wäre gegen das, was die Natur uns vorschreibt, wenn wir nicht unsere ganze Kraft zusammennähmen, um eisern durchzuhalten. Am glücklichsten war er, wenn man sich zu Neujahr voll Dankbarkeit in das Kämmerlein zurückzieht, in dem die schönsten Erinnerungen unzerstörbar schlummerten. Die Gedanken an meine Mutter, uns Kinder, die geliebten Eltern meiner Mutter, seine Schwester Edith und seinen Bruder Bertes, an Nöll und Maam, an unvorstellbar schöne Tage im eigenen Häuschen, Zeit in der Sommersonne oder in der Wintersonne in den Bergen, an Neuhaus, an unvergesslich schöne Tage in der lieben Schweiz, all dies blieb einem ja doch, auch wenn es draußen trübe ausschaute. Niemand konnte einem das nehmen und er wollte die Hoffnung nicht aufgeben, dass er eines Tages wieder mit seiner Familie zusammen sein dürfte. Heute Abend, an Sylvester, würde es bei ihnen den besten französischen Sekt und Benediktiner geben, sie würden Musik und Spiele machen und Geschichten austauschen, und er hatte gehört, dass es morgen zu Neujahr gebratene Gans geben sollte mit richtigen französischen Erbsen, die man auf geheimnisvolle Weise bis jetzt aufbewahrt hatte. Es war erstaunlich, was ihnen alles an Provisionen aufgetischt wurde. Am Neujahrstag hatten er und sein guter Freund Jörissen am Vormittag eine Schlittenfahrt durch den Wald gemacht, um die Kompanien und die Artillerie zu besuchen. Am Nachmittag gab es im Radio das Violinkonzert von Beethoven, dem er mit Andacht und ohne gestört zu werden, zugehört hatte. Es war ein sehr schönes Erlebnis gewesen, die beiden Motive darin, die mit allerlei Variationen immer wiederkehrten, zu verfolgen. „Eine herrliche, saubere und ziemlich fröhliche Musik", meinte mein Vater, aber wie ließ sie sich verbinden mit dem sinnlosen Chaos dieses Krieges? Ihm war es gar nicht klar, ob die Menschheit, die so etwas an harmonischer Schönheit wie diese Musik schaffen konnte, überleben würde, ohne sich gegenseitig zu zerstören. Jedes Mal, wenn er Musik wie diese hörte, fühlte er sich seiner Familie so besonders nah.

In der ersten Woche im neuen Jahr führten sie „ein höchst lockeres Leben", schrieb mein Vater. Er wusste nicht, ob es an der vermehrten Alkoholzuteilung zu Weihachten und Neujahr lag, oder ob es wirklich so viele andere Gründe zum Feiern gab, wie Geburtstage und Besuche zum Beispiel ihres guten alten Kommandeurs und von Kompanieführern nebenliegender Bataillone. Als sich einer dieser Abende bis um halb vier Uhr morgens hinzog, musste mein Vater zwar „gut 100 Mal gähnen", aber im Ganzen war es ein sehr netter Abend gewesen mit verschiedenen lustigen Spielen. Es ging zur Zeit fast friedensmäßig bei ihnen zu, wenn man so etwas sagen konnte, angesichts der Tatsache, dass der Feind in 1000 Meter Entfernung lag!

Am 20. Januar erhielt meine Mutter ein Telegramm mit der umwerfend enttäuschenden Nachricht: „Wegen Kommandierung Urlaub verschoben." Der Kommandeur der Truppe war nämlich direkt aus dem Urlaub heraus zu einem Lehrgang abkommandiert worden, so dass mein Vater vorläufig nicht verreisen konnte. Er würde ordentlich bohren und hoffte, dass es nicht mehr allzu lange dauern würde, bis sie ihn wegließen. Jedenfalls war er als Nächster an der Reihe. Er wollte lieber gar nichts prophezeien, aber frühestens in 14 Tagen konnte er mit dem Urlaub rechnen und wie lange dieser sein würde, wollte er lieber nicht wissen. Seine Vorfreude auf ihr Wiedersehen stieg täglich, schrieb er, wenn das überhaupt möglich war. Meine Mutter war zu diesem Zeitpunkt noch in Berlin und mein Vater machte sich Sorgen über die intensiven Luftangriffe auf die Stadt, von denen er gehört hatte, und die gewiss unvorstellbare Reiseschwierigkeiten für sie zur Folge hätten, wenn sie sich mit uns Kindern auf den Weg nach Neuhaus machen würde.

Wenige Tage später schrieb mein Vater, dass er, ohne weitere Erklärung den Befehl bekommen hatte, sich auf „eine kleine Reise" vorzubereiten, was für ihn ungeheuer viel Arbeit bedeutete. Später verstand er, dass es sich um eine neue Stellung handelte, die er als Erster auskundschaften sollte. In der Nacht würde er mit einer kleinen Gruppe seines Bataillons einen zweistündigen „Spaziergang" durch den Wald machen, der vom Mond hell erleuchtet war. Schlafen sollten sie in einem „Waldlager, das leider nicht ganz auf Temperaturen von minus 20 Grad eingerichtet" war (!), aber mit Pelzweste und Filzstiefeln würde es sich schon aushalten lassen. Am nächsten Tag würden sie noch einmal sechs Stunden marschieren, bis sie am Ziel waren. Er war gespannt, wie es an diesem Ort aussah. So üppig wie bisher würde es wohl nicht sein, aber er musste immer wieder sagen, dass er auch nicht den geringsten Grund zum Klagen hatte, wenn er ihren ruhigen Frontabschnitt mit dem verglich, was im Süden vor sich zu gehen schien. Sie wollten beide den guten Mut nicht verlieren und darauf vertrauen, dass ihnen ein baldiges Wiedersehen bevorstünde.

Der 25. Januar 1943 war der vierunddreißigste Geburtstag meines Vaters und gerade an diesem Tag erfuhr er von den Verlusten in Afrika und der katastrophalen Krise der Sechsten Armee in Stalingrad, die sich seit Ende November noch immer unter bittern Winterbedingungen von den Russen eingekreist fand. Als die Russen nach wenigen Wochen die Lufthoheit über die Stadt gewonnen hatten, setzte um die Weihnachtszeit ein tödlicher Mangel an Lebensmitteln und Treibstoff für die Masse der Zugmittel ein. Als die Rote Armee dann am 16. Januar den wichtigsten Flugplatz im Kessel erobert hatte, war die ohnehin ungenügende Luftversorgung ganz zusammengebrochen, was den Hungertod einer großen Anzahl deutscher Soldaten verursachte. Es würde nicht mehr lange dauern, bis die Russen sämtliche Verteidigungslinien überrannten und dabei die sechste Armee spalteten. Schon am 8. Januar hatten die Russen die deutsche Armeeführung durch Flugblätter zur Kapitulation aufgefordert. Aber wegen Hitlers strengem Verbot kapitulierte der Südkessel erst am letzten Januartag und der Nordkessel folgte zwei Tage später. Am 2. Februar endete der Kampf um Stalingrad. Er hatte fünf Monate, eine Woche und drei Tage gedauert und im Ganzen, inklusive der Zivilisten, fast zwei Millionen Leben gekostet.

„Was da unten geschieht, ist eine furchtbare Tragödie", schrieb mein Vater an seinem Geburtstag. Die Gedanken daran und an die möglichen Folgen ließen ihn nicht los und doch durfte keiner von ihnen weich werden oder gleichgültig. Ihre Verantwortung als Soldaten verlangte von ihnen, dass sie sich nicht durch eine solche Niederlage unterkriegen ließen, sondern weiter ihre Pflicht taten. Sie freudig zu tun war nach diesem schweren Schlag natürlich sehr viel schwieriger als vorher, aber er würde schon seine alte Spannkraft wieder finden. Zu seiner Beruhigung hatte er von Edith erfahren, dass Bertes zwar im Süden aber nicht im Kessel kämpfte, und in demselben Brief hatte Bertes zugegeben, dass er körperlich und geistig völlig am Ende seiner Kräfte war. Seit dem letzten furchtbaren Kampf hatte er alles verloren, außer den Kleidern, die er am Körper trug, ach nein, er war stolz auf ein einziges Taschentuch, das er noch in seiner Hosentasche gefunden hatte! In Bertes´ Worten waren die Winterschlachten vom Vorjahr ein „Kinderspiel" gewesen im Vergleich zu dem, was sie jetzt erlebten. Es war klar, dass sie die Schlagkraft der russischen Armee entschieden unterschätzt hatten.

Die Tatsache, dass unter diesen Umständen niemand Urlaub bekam, musste jeder verstehen, meinte mein Vater. Er wollte auch gern darauf verzichten, wenn es half, die Lage zu verbessern und Menschen das Leben zu retten. Es schien ihm, schrieb er meiner Mutter, dass es noch ziemlich lange dauern könnte, bis er zu ihr kommen durfte. Noch kämpfte er ein wenig mit der alten Vorfreude, die schon so intensiv gewesen war, aber der Gedanke an Urlaub trat für ihn völlig in den Hintergrund, wenn er an die Männer in und um Stalingrad dachte, die Übermenschliches durchhalten mussten. So wollten sie sich mit dem Gedanken trösten, dass er als Erster an die Reihe kommen würde, sobald sich die Lage änderte. Sie wollten weiter geduldig ausharren, mit dem festen Glauben an ein gesundes Wiedersehen in diesem Jahr. Wenigstens, so meinte er, brauchte sich meine Mutter keine Sorgen um ihn zu machen, wie so viele andere Frauen und Mütter, deren Männer und Söhne im Süden oder Norden eingesetzt waren.

Die Beschreibung seiner neuen Stellung war jedoch alles andere als beruhigend. Heute morgen war mein Vater mit einem seiner Kameraden vier Stunden lang durchs Gelände gegangen, um sich mit dem neuen Abschnitt vertraut zu machen. Ein solcher Gang bestand aus einem Marsch durch einen mehrere Kilometer langen Graben, durch welliges Ackerland

Januar 1942 - Februar 1943

und breite Höhenrücken, die unterbrochen waren von tiefen Einschnitten, in denen im Sommer Bäche flossen. Jetzt war das Ganze natürlich eine endlose Schneelandschaft. Ein Winterkrieg wie dieser war deshalb so besonders schwer, weil man sich nirgends in die Erde eingraben konnte. Sie war so hart gefroren, dass man nur mit Hilfe von Sprengungen in den Boden hineinkam, aber dafür fehlte die Zeit. Das Ungewöhnliche an dieser Stellung war, dass im Umkreis von etwa 15 Kilometern kein Baum, kein Strauch wuchs, so dass alles Holz von weit her herangeschafft werden musste. Von den strategischen Punkten aus hatte man eine bis zu 10 Kilometer weite Sicht ins Vorgelände. Auf dem gegenüberliegenden Höhenrücken in 600-1200 Meter Entfernung, zog sich der Graben der Russen hin. Man zeigte sich auf beiden Seiten so wenig wie möglich. Diese gute Sicht hinüber zum Gegner war für sie, die sie an Waldgelände gewohnt waren, natürlich etwas ganz Neues. Sie hatte den Vorteil, dass man besser und schneller erkannte, was drüben geschah. Die Unterkünfte waren sehr viel primitiver als die vorigen. Ein 20 Meter langer dunkler Schacht führte hinunter in ihren Bau, dessen Tücken man kennen musste, denn es gab mehrere Stufen darin. Fürs „Clöchen" gab es einen hiervon abzweigenden Tunnel, der in einem „ganz passablen Erdlokal" endete. Das war das Beste an der ganzen neuen Behausung. Der Bau selbst bestand aus zwei, durch eine dünne Wand voneinander getrennten Räumen, je etwa 4x7 Meter groß. Im vorderen schlief er mit dem Rest des Stabs und einem Burschen und es gab dort auch einen Arbeitstisch. Im zweiten war ihr Wohnraum. Licht hatten sie genug, denn in jedem Raum gab es einen Schacht, durch den das Licht hineinfiel. Sie hatten eine Decke vor den Eingang gehängt, damit es etwas weniger zog. Ihre Männer waren zum Teil recht primitiv untergebracht, denn es war natürlich sehr schwer, solche Erdlöcher wohnlich zu machen, wenn das Holz von so weit heran geschafft werden musste. Da die Zufahrtswege vom Feind einzusehen waren, kam ihre warme Verpflegung erst bei Einbruch der Dunkelheit. Mittags gab es Butterbrote. Mein Vater endete diese Beschreibung für meine Mutter mit den Worten: „Es ist ja alles so leicht zu schaffen, wenn man an die Kameraden im Süden denkt." Er war beruhigt, meine Mutter und uns Kinder jetzt, Anfang Februar, wieder zurück in der guten Luft von Neuhaus und entfernt von Luftangriffen zu wissen.

Ende Dezember hatten die Bombenangriffe auf Berlin derart zugenommen, dass wir die meisten Nächte in den Keller flüchten mussten. Wie gelang es nur meiner Mutter und unseren erschöpften Großeltern, uns Kinder vor aller Angst zu bewahren, während Lichtstreifen durch die Fenster zuckten und wir von donnerndem Lärm umgeben waren? Ich erinnere mich, wie Bernd begeistert ausrief, dass offensichtlich die großen Müllwagen wieder unterwegs waren, die so viel Krach machten. Jemand musste ihm diese Erklärung gegeben haben für den Lärm der einschlagenden Bomben und die Explosionen der Flak um unser Haus herum. Als ich eines morgens mein Schaukelpferd ohne seinen Schwanz vorfand, weil ein Splitter die Scheibe des Wohnzimmers zerschmettert hatte, verstand ich, aus der Perspektive einer Vierjährigen, dass dies wohl der Grund war, weshalb wir schleunigst aus Berlin raus und ins friedliche Neuhaus fliehen mussten.

Aber bevor sich meine Mutter auf die überfüllten Züge nach Süden vorbereitete, hatte sie noch ein anderes Problem zu bewältigen. In den letzten paar Wochen war Bernds widerspenstiges Benehmen noch unerträglicher geworden als zuvor. Immer, wenn sie sich unter Menschen befanden, rannte er plötzlich davon. In der U-Bahn sprang er mit seinen Schuhen auf die Sitze und einmal hatte er versucht, während der Fahrt die Tür aufzureißen. Letzte Woche noch musste der Schwimmmeister ihn aus dem Schwimmbecken fischen, weil er einfach ins Tiefe gesprungen war und wasserschluckend unterging. Seine Tischmanieren waren unerträglich, und ihm schienen alle Versuche meiner Mutter, ihn zu korrigieren und zu bestrafen gleichgültig zu sein. Und wie sollte es mit seiner Schule weitergehen, wenn sie in Neuhaus waren? Konnte nur ein Internat hier helfen? Als meine Mutter meinem Vater über diese Sorgen schrieb, antwortete er in tiefem Mitgefühl – wenn er ihr nur helfen könnte! – aber auch mit der starken Bestimmtheit, Bernd bitte, bitte auf keinen Fall in ein Internat zu schicken. Bei seiner guten Veranlagung, die er geistig und charakterlich hatte, war mein Vater überzeugt, dass einmal ein tüchtiger Mann aus ihm werden würde. Die Schwächen, die sich jetzt noch zeigten, würden sich von selbst verlieren. Er war meiner Mutter von Herzen dankbar, dass sie ihn so gut erzog und er hoffte, dass „der Alte" (erwachsene Bernd) sie später im Leben für alle Mühe, die sie mit ihm gehabt hatte, belohnen würde. Zu diesem Zeitpunkt war meine Mutter noch im Glauben, dass mein Vater in wenigen Wochen auf Urlaub kommen würde. Die Nachricht von der Urlaubssperre verursachte ihr noch größeren Kummer.

Bei allem Unglück dieser Tage gab es trotzdem eine gute Mitteilung von meinem Vater: Der frühere Regimentskommandant, der ihnen manchmal durch seine Kleinlichkeit und seinem mangelnden Verständnis für sein Offizierskorps die Tage schwer gemacht hatte, war durch einen neuen Mann ersetzt worden. Dieser war kein anderer als ihr „hochverehrter, prächtiger Oberstleutnant Flinger", mit dem er damals von Frankreich nach Russland gereist war. Sie würden sich besonders anstrengen, damit sie ihm, als sein ehemaliges Bataillon, alle Ehre machen würden. Es würde in der nächsten Zeit sehr viel Arbeit geben, aber sie alle würden sie gerne tun. Oberstleutnant Flinger hatte meinem Vater gleich gesagt, dass er ja nun wohl bald in Urlaub fahren würde. Mein Vater meinte, dass er ihm dies nur aus alter Freundschaft angeboten hätte, denn er selbst war da ganz anderer Ansicht. Bevor es wieder Urlaub gab, würde es wahrscheinlich Sommer werden. Wie mochte es dann aussehen? Die nächsten Wochen würden von entscheidender Bedeutung sein. Erst der April mit seinem Schlamm würde einen Stillstand bringen. „Gell, wir werden alles überstehen?" Mit diesen Worten schloss mein Vater seinen Brief vom 26. Januar.

Es waren keine zwei Wochen in der neuen Stellung vergangen, als mein Vater den Befehl bekam, sich für vier Wochen zur weiteren Ausbildung in „Staatsangelegenheiten" bei der Divisionsabteilung zu melden. Einerseits fiel es ihm schwer von hier fortzugehen, wegen der netten

Kameraden und des interessanten Dienstes, aber dieses Kommando brachte zumindest äußerlich einige Annehmlichkeiten mit sich, die nicht zu unterschätzen waren. Hinter der Front würde er zunächst einmal ein Bad nehmen und die Läuse loswerden, die sich in den letzten Tagen wieder bemerkbar gemacht hatten. Die Post würde sich durch diesen Wechsel etwas verzögern, aber er hatte gerade noch den Brief mit der blonden Haarsträhne bekommen, der wohl zu ihrem süßen Webelein (mir) gehörte. Das war etwas so Schönes und Liebes, ein beinahe lebendiger Gruß von seinem Schatz, den er ja so gern wieder einmal sehen wollte. In der letzten Nacht hatte er sehr intensiv von ihrem lieben Nöll geträumt. Wie viele Menschen mussten in diesen Tagen ihr Liebstes hergeben! So bekam ihr Oberstleutnant heute die schreckliche Nachricht, dass sein prächtiger Sohn gefallen war. Wie glücklich er selbst war, meiner Mutter schreiben zu können, dass sie sich um ihn gar keine Sorgen zu machen brauchte. Sie hatten in den letzten Wochen gar nichts von den Russen gehört, ja, sie kaum in ihren Festungen gesehen.

Mein Vater vermisste den sehr viel dankbareren Wirkungskreis in seinem bisherigen Bataillon. Es war vorläufig langweilig in dem Etappenbetrieb, in dem er sich jetzt befand und er widerte ihn sogar etwas an. Gestern Abend hatte es zum Beispiel eine Varietévorstellung gegeben, die erste, seit er in Russland war. Sie war mäßig gewesen, aber man durfte ja keinerlei gewohnte Maßstäbe anlegen. Leider waren solche Vergnügungen, wie auch ein heute Abend stattfindender Vortrag eines Mannes, der in Afrika gewesen war, nur für die hinten eingesetzten Männer möglich, weil es direkt an der Front an geeigneten Räumen fehlte. Nach der Vorstellung war man noch mit einigen Offizieren gemütlich zusammengesessen. Er war ins Kasino eingeladen worden, wo die höheren Offiziere zusammen mit dem General ihre Mahlzeiten einnahmen.

Am nächsten Tag hatte er die Aufgabe gehabt, einen Gefangenen zu vernehmen. Leider war der Mann ziemlich beschränkt, so dass es trotz des guten baltischen Dolmetschers sehr schwer war, etwas aus ihm herauszuholen. Er war ein leicht mongolisch aussehender Typ aus dem Ural.

Die Vernehmung musste nachher noch in einem Bericht dokumentiert werden, sodass mein Vater erst gegen 1 Uhr zum Schlafen kam. Während man vorne an der Front stets mit einem Ohr aufs Telefon oder auf das, was geschehen könnte hörte, schlief er hier sehr gut und fest. Er kam sich vor wie ein Zivilist. Es war reine Büroarbeit, die er zu machen hatte. Sein Arbeitsgebiet umfasste die Verarbeitung von Feindesnachrichten und die geistige Betreuung der Männer im vorderen Graben. Letztere war weniger dankbar, da man für diese kaum etwas tun konnte. Wie sollte man diese Menschen, die Tag für Tag unter unvorstellbar harten Entbehrungen und Ängsten lebten, ermutigen und Trost bringen, besonders jetzt, wo die Nachrichten von den deutschen Kriegserfolgen so schlecht waren? Die Anmarschwege zu den zurückliegenden Truppen, bei denen es einiges an Unterhaltung gab, waren zu weit, um sie ihnen anzubieten. Es verging keine Stunde, in der mein Vater nicht an die schwere Lage ihrer Truppen und die unsagbaren Anstrengungen dachte, die sie mitzumachen hatten. Er wusste nicht, wie es weitergehen konnte, aber man durfte als Soldat kein Pessimist sein. Eher musste man sich selbst belügen. Zumindest durfte man es keinem gegenüber zeigen, dass man sich ernste Gedanken und Sorgen machte. Auch für uns zuhause meinte er, würde es manche neuen Einschränkungen geben. Er hoffte nur sehr, dass meine Mutter ihre prächtige Hilfe, Ruth Hagen, behalten dürfe, denn er machte sich Sorgen, ob meine Mutter es körperlich alleine schaffen würde mit uns zwei Kindern und dem Kampf um die tägliche Versorgung. Er hatte diesen letzten Brief während einer Arbeitspause von seinem zivil anmutenden Schreibtisch aus geschrieben. Es war jetzt wirklich beinahe wie auf dem Büro bei ihm und arbeitsmäßig nicht so dankbar wie vorne bei den Männern. Aber solche Gedanken waren müßig beim Militär. Man musste halt da arbeiten, wo man hin befohlen worden war.

Im nächsten Brief folgte eine genaue Beschreibung seines geregelten Tagesablaufs. Um halb sechs Uhr kam eine Russenfrau in seine Bude, die den Ofen anmachte und eine halbe Stunde später erschien ein Bursche, um die Stiefel zu putzen. Kurz danach stand er auf und ging ins sogenannte Kasino zum Frühstück und anschließend an seinen Arbeitsplatz. Mittagessen gab es um halb zwölf Uhr, und nachher saß man noch etwas zusammen mit den etwa 12 anderen Offizieren und Beamten. Einige von ihnen waren gescheite und sensible Männer, ganz anders als meine Großmutter Bertholet sie sich vorstellte. Diese Bemerkung im Brief ist wie eine Geheimsprache mit meiner Mutter, denn mit diesen Worten wollte mein Vater höchst wahrscheinlich sagen, ohne von der Zensur erwischt zu werden, dass nicht alle Offiziere rabiate Nazis waren. Meine Großmutter hatte alle Nazis als „dumm" bezeichnet. Als Schweizer Staatsbürgerin war sie von Anfang an eine mutige Nazigegnerin gewesen und hatte offen ihre Kritik an der deutschen Begeisterung für Hitler geäußert. Mein Vater wollte sie wahrscheinlich beruhigen, dass er nicht von fanatischen Nazis umgeben war. Bald nach dem Essen musste er wieder im Arbeitszimmer erscheinen. Dann wurden die täglichen Meldungen über die Beobachtungen beim Feind durchgegeben, die er auszuwerten hatte. Um sechs Uhr war das Abendessen. Heute hatte es die besten Reibekuchen gegeben, an die er sich erinnern konnte, und bliebe er lange hier, würde er wohl „ordentlich fett werden bei diesem geregelten Lebenswandel so ohne körperliche Bewegung". Wenn es nichts Besonderes mehr gab, ging er nach dem Abendessen auf seine Stube, eine typische Russenstube aber ohne den sonst üblichen Geruch. Gestern Abend gab es eine Kinovorstellung, die erste seit Frankreich. Der Film hatte „Die heimliche Gräfin" geheißen und spielte in Wien. Es war amüsant und spannend gewesen und hatte in ihm heimatliche und friedensmäßige Gefühle geweckt. „Siehst Du nun, dass es mir gar nicht besser gehen kann?" Mit diesen Worten beruhigte er meine Mutter. Am Tag davor hatte es eine Flasche Marsala gegeben und er hatte zwei Leutnants dazu eingeladen, mit denen er sich gut unterhalten hatte. Merkwürdigerweise gab es hier keine Badewanne. Aber eine Entlausungsanstalt fand er zum Glück, denn seine regelmäßige Läusejagd brachte immer noch sechs bis acht der Viecher zum Vorschein. Während seine Kleidungsstücke im Ofen schmorten, hatte er sich unter die warme Dusche gestellt,

um sich gründlich zu säubern. Was für ein seltener Genuss!
Der katastrophale und totale Zusammenbruch der Sechsten Armee in Stalingrad am 2. Februar 1943 trug zu einer bemerkbaren Ermutigung der russischen Streitkräfte bei, die sich jetzt an der ganzen Front auswirkte. Nur ein paar Tage vorher, am 30. Januar, zur Jahresfeier von Hitlers Machtergreifung, hatte Göring Paulus' Armee als das Bollwerk gegen die bolschewistische Gefahr aus dem Osten bezeichnet. Nun wurde aber klar, dass die Hälfte der deutschen Soldaten in Stalingrad tot, in den Kämpfen umgekommen, verhungert oder erfroren waren. Der Rest geriet in russische Gefangenschaft. Was noch vor ein paar Monaten als das schlagkräftigste Kriegsgerät Deutschlands galt, die Sechste Armee, war vernichtet worden. Das führte zur Erkenntnis des größten Teils des Militärs, nur nicht die von Hitler selbst und den Leuten seines engsten Kreises, dass Deutschland spätestens schon seit Ende des Sommers 1942 den Krieg verloren hatte. Hitler fuhr fort seine Truppen und die Bevölkerung zuhause gegen die Russen aufzuhetzen. Als der Krieg begonnen hatte, waren Churchills Worte an die britische Nation die von „blood, sweat, and tears", also die Ankündigung von Leid und Entbehrungen gewesen, während Hitler immer nur von einem garantierten Endsieg geredet hatte. Jetzt hatten die Russen erlebt, dass die deutsche Kriegsmaschine nicht nur verwundbar, sondern auch besiegbar war. Angefeuert durch ihren Erfolg und mit neuen Kräften gestärkt, machten sie von jetzt an überall, auch im mittleren Abschnitt, wo mein Vater stationiert war, größere und kleinere Durchbruchsversuche. In Erwartung auf einen solchen Angriff hatte auch seine Division Vorbereitungen getroffen. Neben seiner Tätigkeit im Büro, war mein Vater nun noch Führer einer Alarmkompanie geworden, die aus den Männern des Divisionsstabes zusammengesetzt war, für den Fall, dass es mal sehr brenzlig werden sollte. In einem solchen Fall, schrieb er in seiner gewohnten Selbstironie, würde sein „Häufchen... wohl zuallerletzt an die Reihe kommen, denn ich kann nicht gerade behaupten, dass es besonders tüchtige Krieger sind. Es sind zum größten Teil Schreiber, Ordonnanzen, Fahrer etc."

Es bedrückte meinen Vater, dass das Leben so arg trübe war, und ihm half es, wenn er sich mit meiner Mutter wenigstens in Briefen darüber austauschen konnte. Aber wie sollte er seine Gedanken auf Papier bringen, wo diese doch wohl allzu weit in die Zukunft reichten, in eine Zukunft, die so ganz und gar unklar war, und von der man nur eines wusste, nämlich dass sie ihnen Schweres bringen würde. Vielen jungen Männern gelang es, die Last der Gedanken an die Zukunft von sich abzuschütteln und von einem Tag zum anderen zu leben. Sie waren zu beneiden. Meinem Vater gelang dies nicht und er meinte, es könne ihm ja auch nicht gelingen, weil er nur zum geringsten Teil für sich selbst und zum größeren Teil für uns da war, und wenn er an uns dachte, musste er auch an die Zukunft denken. Sein großer Trost war, dass er sich gemeinsam mit meiner Mutter damit abzufinden haben würde, und dass er davon überzeugt war, dass sie mit jeder Lage fertig werden würden, wenn sie erst einmal wieder beisammen wären. Es würde ihm nichts ausmachen, alles Althergebrachte zu vergessen. Die Umwälzungen würden nach einem Kriegsende so gewaltig sein, dass nichts, an das man früher gewohnt gewesen war, übrig bleiben würde. Gerade deshalb musste man dankbar sein, wenn man nicht alleine war. Eines wollte er meiner Mutter versprechen. Er wollte sich immer wieder aufraffen, sich nie selbst aufgeben, denn wer das tat, der ging unter. „Das ist ein Naturgesetz und kommt daher auch von Gott. Er hat uns die Kraft gegeben, uns selbst hochzuhalten und es muss wohl so sein, dass Er nur dem hilft, der diese Kraft ausnutzt und nicht einem, der sagt, ich überlasse es ganz ihm, was Er aus mir und den Meinen macht. So fürchterlich, so grausam und so schwer dieser Krieg auch ist, in Wirklichkeit ist alles doch wenig, klein und selbstverständlich, wenn wir erst einmal zu der Überzeugung gekommen sind, dass wir es nur deshalb so empfinden, weil wir uns Menschen, anstatt uns als ein kleines unbedeutendes Stückchen im kosmischen Geschehen zu sehen, viel zu ernst nehmen. Es ist eben Gott, der alles lenkt. Wir müssen uns dem, was er mit uns vorhat, demütig ergeben mit der einen Einschränkung, dass wir unseren Willen zur Selbsterhaltung nicht aufgeben. So will ich nicht mit dem Schicksal, das wir nun einmal zu tragen haben, hadern, sondern es als etwas Unabänderliches Gottgewolltes tragen. Ein Auflehnen gegen Gott und das Schicksal bedeutet unnütze Kraftverschwendung. Es gibt einen festen Halt, wenn ich mir in schweren Stunden diese Erkenntnis immer wieder aufs Neue klarmache." Und es war dieses Zeugnis, das sehr bald auf die Probe gestellt werden sollte.

Verwundet
25. Februar 1943

Am 25. Februar kritzelte mein Vater auf ein Stück Papier für meine Mutter: „Der schwerste Tag meines Lebens liegt hinter mir, aber ich habe ihn dank einer gütigen Fügung überstanden und nur eine kleine Verwundung an der rechten Wade und am rechten Oberschenkel mitbekommen. Es sind kleine Splitter von Granatwerfern." Drei Tage vorher war im Wehrmachtsbericht von massiven russischen Angriffen auf die Nordwestfront zu hören gewesen. Da der Schwerpunkt des mit ungeheuren Mitteln geführten russischen Angriffs genau da lag, wo mein Vater mit seinem Bataillon stand, wurde er schon am ersten Tag mit seiner Alarmeinheit dorthin befohlen und hatte die sehr harten Kämpfe mitgemacht. Das fürchterliche Erlebnis seiner Verwundung war schon am zweiten Tag geschehen, als sie von allen Seiten umstellt worden waren und es ihnen nicht mehr gelang, den kleinen Stützpunkt zu halten. Er merkte gleich, dass ihn Granatsplitter getroffen hatten. Aber weil sein Einsatz als der Einzige, der in diesem Abschnitt Bescheid wusste, dringend nötig war und er kaum etwas spürte, hatte er erst weiter gemacht. Dabei hatte er natürlich gar nicht auf sein Bein geachtet, was zur Folge hatte, dass es sich schwer entzündete und anschwoll. Er hatte sich zunächst bei ihrem Tross „wieder etwas in Ordnung gebracht" und am 24. Februar, dem schlimmsten Tag, weitergemacht. Meine Mutter könnte sich nicht vorstellen, was für ein Glück er gehabt hatte, auch diesen Tag zu überstehen! Am Ende, während noch immer schwere Kämpfe im Gang waren, ließ er sich zum Verbandsplatz fahren. Die Schmerzen waren mäßig, aber auf seinem rechten Bein konnte er nicht mehr stehen. Nach einiger Zeit luden sie ihn in einen Lazarettzug, der ihn nach Gomel, einer Stadt im südöstlichen Teil von Weißrussland, brachte. Dort wurden die größten Splitter durch einige kräftige Schnitte, herausgenommen. Seine „Krankheit", berichtete mein Vater meiner Mutter, bestand nun darin, dass das Bein allmählich wieder zuheilen musste.

Verwundet

Liebstes Pitterchen.
Der schweste Tag meines Lebens liegt hinter mir, aber ich habe ihn dank einer gütigen Fügung überstanden und nur eine kleine Verwundung an der rechten Wade u. am rechten Oberschenkel mitbekommen.
Es sind kleine Splitter von Granatwerfern. Nach Ansicht des Arztes wird es 14 Tage bis 3 Wochen dauern bis es wieder heil ist. Solange werde ich in ein Lazarett kommen. Für die Heimat wird es wohl nicht reichen. Wie es im Einzelnen bei diesen ersten Tagen eines mit ungeheueren Mitteln geführten russischen Angriffs zugegangen ist, das werde ich Dir vielleicht später mal erzählen. Schwere Kämpfe sind noch im Gang.
Ich habe mich heute hier bei unserem Tross wieder etwas in Ordnung gebracht und werde mich morgen auf dem Verbandsplatz melden. Die Schmerzen sind gering. Auftreten kann ich rechts zwar nicht. Der Splitter in der Wade muss wohl noch herausgeschnitten werden. Was für ein Glück ich gehabt habe kannst Du Dir gar nicht vorstellen.
Nun schicke ich Dir für heute viel Liebes.
Schreib weiter an die alte Feldpostnr. Wenn ich eine Neue weiss, teile ich sie Dir mit.
Dein Dieter

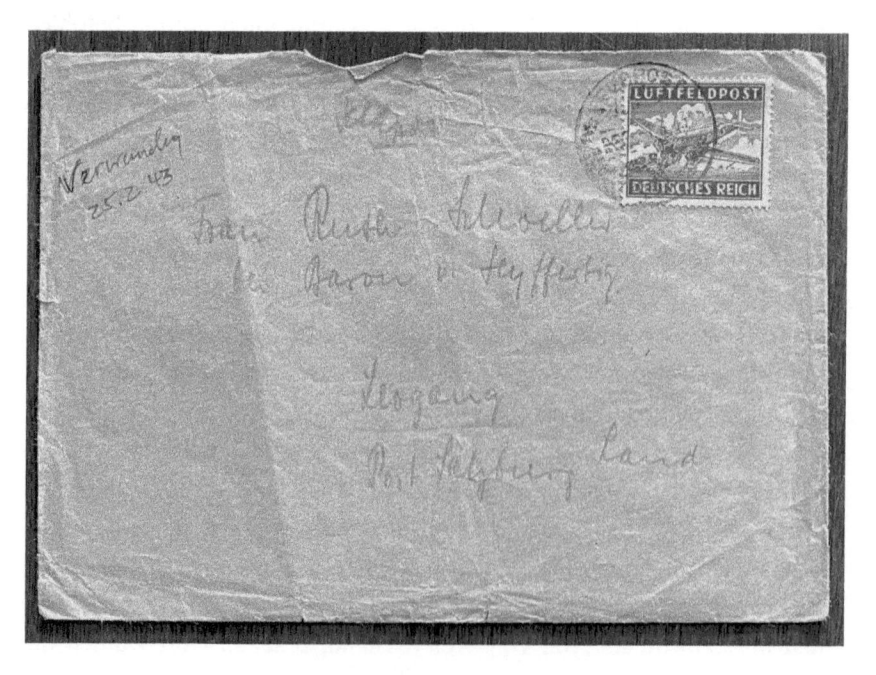

25. Februar 1943

Mo²   25.2.43

Liebstes Pitterchen!

Der schwerste Tag meines Lebens liegt hinter mir, aber ich habe ihn dank einer gütigen Fügung überstanden und nur eine kleine Verwundung an der rechten Wade u. am rechten Oberschenkel mitbekommen. Es sind kleine Splitter von Granatwerfern. Nach Ansicht des Arztes wird es 14 Tage bis Wochen dauern bis es wieder heil ist. Solange werde ich in ein Lazarett kommen. Für die Heimat wird es wohl nicht reichen. Wie es mir ergangen bei diesem ersten Tage u. was mir ungeheueres Mühen gekostet hat, eh ich zugegangen ist das werde ich Dir vielleicht später mal erzählen. Schwere Kämpfe sind noch im Gange.

Ich habe mich heute hier bei unserem Troß wieder etwas in Ordnung gebracht und werde mich morgen auf dem Verbandsplatz melden. Die Kleinigkeit hat gering ausgeblutet, kann ich recht froh sein, vielleicht die Splitter in der Wade müssen wohl noch herausgeschnitten werden. Was für ein Glück ich gehabt habe, kannst Du Dir gar nicht vorstellen.

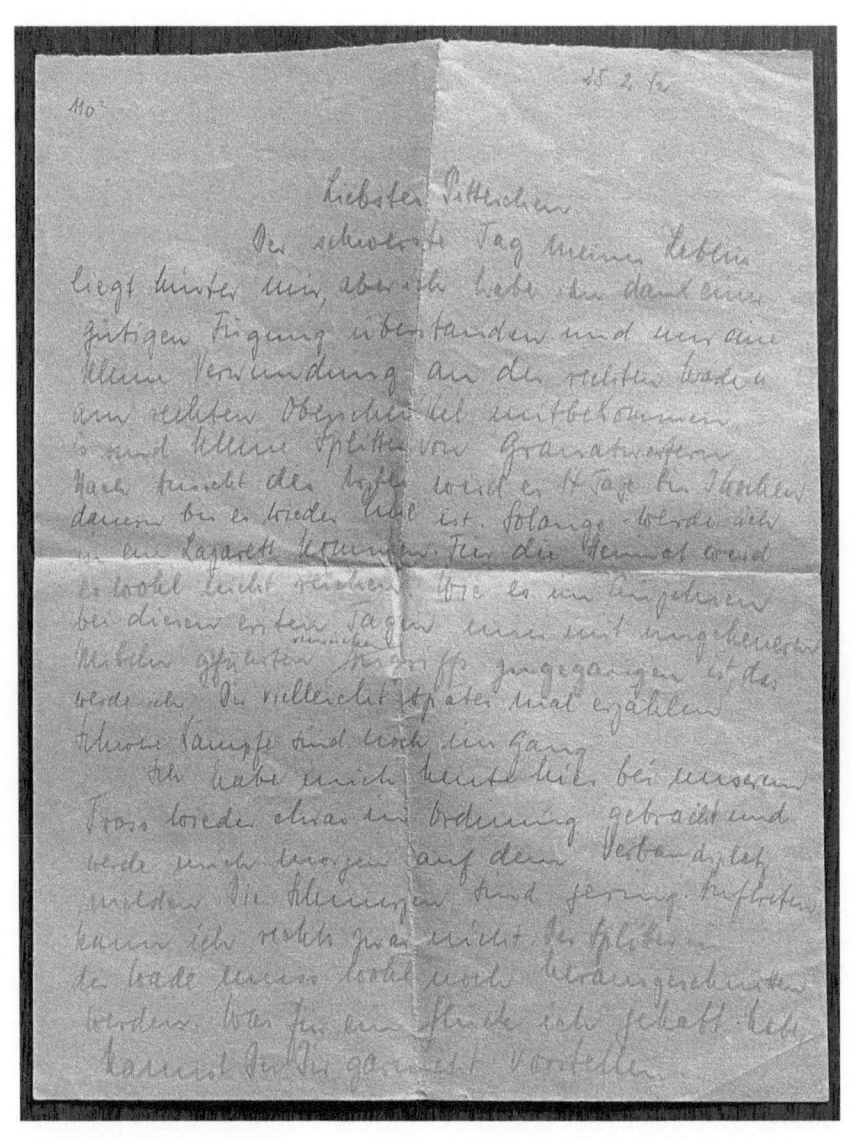

Brief vom 25. Februar 1943

Verwundet

Mit dem Satz „Edle Teile sind nicht verletzt", versuchte er sie zu beruhigen, obwohl er aus einem unerklärlichen Grund auch eine leichte Schürfwunde an seiner Schläfe hatte. Der Arzt in Gomel meinte, dass es wohl 10 Wochen dauern würde, bis er wieder laufen könnte.

Die nächste Nachricht über seine Lage schrieb mein Vater am 7. März, während er in einem Lazarettzug lag, der ihn heimwärts brachte. Leider war es von der Grenze aus nicht nach Süden in Richtung Bayern gegangen, sondern auf Mitteldeutschland zu. Heute Abend würde er in einem Reserve-Lazarett in Schmalkalden, im Thüringer Wald ausgeladen werden. Er wusste nicht, wie dieser Ort zu Leogang in Österreich lag, wo sich meine Mutter mit uns Kindern im Moment befand, aber er bat sie, ihre Ferien dort so weit wie möglich zu genießen, besonders jetzt, wo sie sich keine Sorgen mehr um ihn zu machen brauchte. Er freute sich natürlich unbändig auf ihr Kommen, aber da er doch noch einige Zeit liegen müsste, wollte er nicht, dass sie etwas Überstürztes machen würde. Es ging ihm „sehr gut" und Schmerzen hatte er nur beim Verbinden. Am bittersten waren ihm die Gedanken an seine Kameraden und an all das Schreckliche, das sie erlebt hatten. Es ging ein Gerücht um von der Möglichkeit, dass Verwundete in Heimatlazarette verlegt werden sollten. Ob es wohl in Neuhaus, Schliersee oder Hausham ein solches gab, sonst in Garmisch oder auch München? Er konnte es sich kaum vorstellen, aber träumen darüber würde er doch dürfen.

Sein Eindruck von dem neuen Lazarett war gut. Sie waren in einer ehemaligen Schule untergebracht. Erst teilte er einen großen hellen Raum mit fünf anderen Offizieren, aber dann war er in ein nettes Zweibettzimmer umgelegt worden. Die Ärzte hatten wieder viel an den Splittern herumgeschnitten. Er durfte das Bein nicht bewegen. Es lag in einer am Bett angebundenen Schiene, von der er zugab, dass sie ein wenig zwickte, aber Schmerzen hatte er kaum. Der Rivanol-Verband wurde jeden Tag erneuert, was jetzt beinahe schmerzlos vor sich ging. Tolle Schnitte hatte der Gomeler Chirurg in das Bein gemacht. Die Splitter mussten wohl sehr tief gesessen haben und schwer zu finden gewesen sein, außerdem

25. Februar 1943

war das Bein damals stark entzündet gewesen. Nun war alles normal. Nur eben würde die Heilung dieser großen Wunden viel Zeit in Anspruch nehmen. Der Stabsarzt sprach von 3-4 Monaten. Er selbst würde viel Geduld haben müssen, aber wenn er in unsere Nähe käme, würde es ja gar nicht mehr bitter sein, ganz im Gegenteil! Er versicherte meiner Mutter, dass es ihm „sehr gut" ging und es „keinen Grund zu Besorgnis" gab, denn er hatte gar kein Fieber. Wie es mit Besuchen war, wusste er noch nicht, aber er bat meine Mutter, ihm so bald wie möglich etwas zu Lesen zu schicken.

Mein Vater hatte sehr bald einen Verlegungsantrag gestellt. München, so meinte der Stabsarzt, käme nicht in Frage, da man wegen Luftangriffen dort die Lazarette nicht gerne weiter anfüllen, sondern eher räumen würde. Wenn es in der näheren Umgebung von Neuhaus nichts gab, hatte er an Garmisch gedacht, wo sein Vater lebte und wo meine Mutter unterkommen könnte, wenn sie zu Besuch kam. Es würde sicher noch 14 Tage dauern bis es so weit war, und vielleicht könnte meine Mutter nach Schmalkalden kommen, um ihn dort abzuholen?

Mein Vater wartete sehnlich auf die erste Nachricht von uns. Es ging ihm gut, und der Arzt war mit der Wunde sehr zufrieden. Sie heilte sehr gut und machte ihm keine Beschwerden. Er musste allerdings auch weiterhin das Bein ruhig halten und durfte nicht aufstehen, was sehr schwer war, wenn man sich sonst gesund fühlte. Dementsprechend, schrieb er, „vertrottele" er zusehends und musste sich manchmal einen kleinen Ruck geben, um diese „Verfallserscheinungen" zu bekämpfen. Es würde ihm schon gelingen, „dieses komische Faulenzerleben" zu ertragen bis meine Mutter kommen würde. Sie brauchte ihm übrigens nichts mitzubringen. Es war ihm gelungen, ehe er zum Verbandsplatz gegangen war, noch zum Tross zu kommen, um die wichtigsten und wertvollsten Sachen zu retten. Er las viel, zunächst waren es zwei Kriminalromane gewesen, die ihm zum Schluss aber ziemlich zuwider wurden. Jetzt hatte er „Die Elixiere des Teufels" von ETA Hoffmann gefunden, was ihm sehr viel besser gefiel, war dieser Text doch in der Romantik geschrieben, in einer ganz anderen und viel schöneren Zeit als die jetzige, die er mehr und mehr hasste. Große Freude machten ihm „Die Drei Musketiere" auf Deutsch, die ihm Edith mitgebracht hatte, die mit dem Konsul auf Besuch gekommen war. Es war ein Buch voller Spannung und Humor. Sie hatten einen Radioapparat auf ihrer Stube, der jedoch leider ein ziemlich altertümliches und stark „krächzendes Möbel" war. So war es nichts mit der „Musik zur Dämmerstunde" die er so gerne hören würde.

Aber dann kam auch meine Mutter gleich zu Besuch. Die Reise von Österreich bis zu ihm hatte 22 Stunden gedauert. Uns Kinder hatte sie in Leogang zurücklassen können. Meine Eltern feierten „unvergesslich schöne Tage" voller Dankbarkeit über dieses unerwartete Wiedersehen. Sie waren sich bewusst, dass diese Verwundung meinem Vater wahrscheinlich das Leben gerettet hatte. In den nächsten Tagen hatte er sich „brav von meiner Mutter verwöhnen lassen". Ihre Wärme zu spüren, hatte ihm zutiefst wohlgetan und er fühlte sich neu geborgen. Könnte es sein, fragte sich mein Vater, dass er ihren Besuch noch intensiver, noch ungetrübter genießen konnte, weil er 14 Monate Russland hinter sich hatte, wo es ihm an einem liebenden, sorgenden Wesen gefehlt hatte?

Nach der Abreise meiner Mutter stellte sich heraus, dass das Bein doch langsamer heilte, als die Ärzte erwartet hatten. Die verschiedenen Wunden begannen zu bluten, sobald er sein Bein belastete und die Narbe am Knie war oben wieder ein Stück weit aufgegangen. Einen Teil des Pflasters hatten sie vor zwei Tagen heruntergerissen, ohne es wieder aufzumontieren. Im Grunde wohl nur deshalb, weil sich niemand darum kümmerte, aber was sollte es, es war halt ein Massenbetrieb hier. Mein Vater schrieb, er verließe sich auf die natürlichen Heilkräfte, mit deren Hilfe das Bein schon wieder in Ordnung kommen würde. Ganz egal was, er würde sich wie am Vortag auf der Fensterbank von der Sonne bescheinen lassen, denn wenn man lange so dalag und nachdachte, fiel es einem schwer, Optimist zu sein. So musste man etwas machen gegen die düsteren Gedanken, die einen überkamen, wie zum Beispiel, wenn man die ungünstigen Nachrichten aus Nordafrika hörte. „Wir Alten haben uns

25. Februar 1943

zu Spezialisten in der Rezension gewisser Zeitungsartikel ausgebildet", beobachtete mein Vater. So war es ihm auch heute gegangen, als er einen hochinteressanten Artikel von Goebbels in „Das Reich" gelesen hatte, mit dem Titel „Die Winterkrise und der Totale Krieg", der ihm gleich in seiner ganzen Bedeutung klar geworden war. In einer Rede im Sportpalast in Berlin hatte Goebbels die Bevölkerung aber auch die Regierungsführung dringend dazu aufgefordert, in Anbetracht der politischen Krise, in der sich Deutschland befand, ab sofort Landesreserven einzusetzen. Es sei höchste Zeit, meinte Goebbels, dass Energie eingespart und die Bevölkerung zu persönlicher Opferbereitschaft aufgefordert würde. Albert Speer berichtet in seinem Buch „Erinnerungen" über eine Kontroverse unter Mitgliedern der Parteiführung, als Goebbels den Befehl gegeben hatte, die Luxus-Restaurants und teuersten Unterhaltungslokale in Berlin zu schließen, worauf Göring darauf bestanden hatte, dass aber sein Lieblingsrestaurant geöffnet bleiben sollte!

Zum großen Kummer meines Vaters war sein erster Antrag auf eine Verlegung nach Garmisch oder vielleicht sogar Schliersee aus technischen Gründen abgelehnt worden. Es musste nachgewiesen werden, dass Neuhaus sein erster Wohnsitz war und auch andere Erläuterungen wurden angefordert. Der Konsul, der sehr geschickt in diesen Dingen war, erklärte sich bereit, in München zur Dienststelle des Korpsarztes zu gehen, um die Sache weiterzubringen. Tatsächlich: schon am 31. März bekam meine Mutter zu ihrer riesigen Freude ein Telegramm in dem stand: „Antrag genehmigt - Ankomme München Freitag 18 Uhr. Erwarte Dich Wolff [ein Hotel]. Krücken und Schlafanzug mitbringen Frohe Grüße Allen Dieter"

Zeit der Heilung in Schliersee
März 1943 - Februar 1944

Aus den drei bis vier Monaten, die man meinem Vater bis zur Heilung seiner Verwundung angegeben hatte, wurden mehr als zehn, bis ihn die Ärzte als vollständig geheilt und - erstaunlicherweise - wieder für „fronttüchtig" erklärten.

Zwischen Ende März 1943 und Februar 1944 verbrachten wir als Familie eine Zeit, in der sich die Gefühle freudigster Erleichterung, großen Glücks und bewusster Dankbarkeit über das unerwartete Zusammensein zwiespältig mischten mit neuen Sorgen über die langsame Wundheilung und die Nachrichten über das zunehmend schreckliche Kriegsgeschehen, von dem wir in den bayrischen Voralpen fast ganz verschont waren. Zudem lauerte über den gemeinsamen Tagen die schwere Last der Gewissheit, dass, wenn mein Vater einmal ganz geheilt sein würde, uns wieder eine Zeit der Trennung bevorstand, falls er zurück an die sich nun auflösende russische Front befohlen würde.

Zur Erholung von langwierigen Gallenproblemen meines Großvaters und um der ungenügenden Lebensmittelversorgung zu entkommen, hatten sich die Eltern meiner Mutter nach Weihnachten 1942 zu Ferien in der Schweiz entschlossen. Briefe, die meine Mutter an sie und an ihre Schwester Verena schrieb, sind die einzigen Quellen, die jetzt von unserer gemeinsamen Zeit in Neuhaus und Schliersee erzählen.

Meine Mutter hatte, wie verabredet, meinen Vater in München getroffen und war dann mit Hilfe eines Sanitäters zusammen mit ihm nach Neuhaus gefahren, wo wir die ersten frohen Tage des Wiedersehens gemeinsam erlebten. Wir Kinder hatten unseren Vater seit einem Jahr und drei Monaten nicht mehr gesehen. Bernd, der jetzt fast sieben Jahre alt war, begrüßte ihn anscheinend mit stürmischer Begeisterung, auch wenn sein größtes Interesse dem herrlichen Eisernen Kreuz galt, dem Abzeichen, das mein Vater für seinen Mut in der Schlacht, in der er verwundet worden war, bekommen hatte. Der Beschreibung meiner Mutter nach, bestand meine Begrüßung aus einem „ganz gesitteten und ruhigem Händchen geben, einem Knicks bis zum Boden und einem etwas verlegenen „Tach Vati".

Im Militärkrankenhaus in Schliersee, April 1943

März 1943 - Februar 1944

An einem Montagmorgen lieferten wir meinen Vater im Lazarett von Schliersee ab, wo er „phantastisch untergebracht" war. Das Lazarett war in einem alten Patrizierhaus, dem Wittelsbacher Hof, eingerichtet worden. Mein Vater bewohnte im dritten Stock ein kleines sonniges Balkonzimmer mit netten Bauernmöbeln und fließendem Wasser. Sein Zimmerkamerad, „ein richtiger Bayer" und Oberleutnant schien sehr nett zu sein. Das Essen war „sehr gut" im Gegensatz zu Schmalkalden und es wurde wie in einem Hotel serviert. Die Hauptmahlzeit nahm mein Vater mit einigen anderen Offizieren und dem Oberstabsarzt zusammen im Kasino ein. Der Oberstabsarzt hatte sich eingehend mit der Wunde meines Vaters befasst, die, wie meine Mutter meinte, schon große Fortschritte gemacht hatte. Aber sie durfte eben nicht an die Zukunft denken, da sie es im Moment so unvergleichlich gut hatten. Nach einer halbtägigen Bettruhe war mein Vater ganz sein eigener Herr. So wanderten sie schon bald abends ins Kino und hofften, dass mein Vater zu Bernds Geburtstag am 10. April Urlaub bekommen könnte um gemeinsam in Neuhaus zu feiern. Zum Palmsonntag in einer Woche wollten sie zusammen nach München fahren und die Johannispassion hören. Aber aus diesem Plan wurde nichts. Plötzlich hatte sich das Bein wieder verschlimmert. Die Wundränder waren etwas entzündet und es hatte sich wie schon einmal ein schmerzhaftes Furunkel gebildet. Auch konnte mein Vater den Fuß nicht nach oben biegen, wofür der Arzt keine Erklärung fand. Strenge Bettruhe war verordnet worden, die sich in dem netten sonnigen Zimmer gut aushalten ließ. Wie meine Mutter an ihre Eltern schrieb, beobachtete sie diese Entwicklung „mit einem tränenden und einem lachenden Auge", war doch jeder Tag, den sie und mein Vater zusammen hatten, wie ein großes Geschenk. Wie dankbar sie sein mussten für diese Verwundung, die ihr Beisammensein ermöglichte. Bis zu den Osterfeiertagen hatte sich sein Zustand wieder so weit gebessert, dass er mit dem Stock etwa 10 Minuten ganz gut gehen konnte und er für drei Tage Urlaub bekommen hatte, um nach Neuhaus zum Eiersuchen im Garten zu kommen. Sie hatten fast den ganzen Tag auf der Südseite im Liegestuhl verbracht. Es war so unwahrscheinlich schön da gewesen, die Wiesen übersät mit Blumen und die Bäume in beginnendem Grün. Mein Vater hatte es besonders genossen, denn er hatte Neuhaus noch nie zu dieser Jahreszeit erlebt.

Mitte Mai jedoch berichtete meine Mutter ihren Eltern, dass sich die Wunde aus unerklärlichen Gründen in den letzten Tagen wieder ein wenig verschlimmert hatte. Das letzte Stück von etwa 3 Zentimetern wollte nicht zuheilen und eiterte stark. Auch hatten sich erneut Furunkel gebildet, besonders einer an der Vene machte ihnen Sorgen. Mein Vater hatte einen Zinkleimverband bekommen, der ihn auch beim Gehen stark behinderte. Als meine Mutter nach drei Wochen die Wunde zum ersten Mal wieder anschaute, war sie tief erschrocken über den Anblick. Sie war weit aufgeplatzt, in der Größe eines Fünf-Markstücks, und die Furunkel, die sie umgaben, glichen großen Geschwüren mit kratertiefen Löchern. Mein Vater hatte gemeint, „wie ein Aussätziger komme ich mir vor!" Zu medizinischen Zwecken wurden allgemein zwar bereits Antibiotika eingesetzt, aber in Schliersee konnte man keine beschaffen. Die ärztliche Betreuung war sonst sehr gut. Ihm war jetzt wieder strikte Bettruhe verordnet worden. Meine Mutter war „selig über die Verzögerung", auch wenn dadurch wahrscheinlich für meinen Vater ein verlockender Posten verloren ging. Er hatte von seinem sehr verehrten Regimentskommandeur Flinger, mit dem er schon seit Frankreich zusammengearbeitet hatte, ein Telegramm bekommen mit der Frage, ob er wohl nach seiner Genesung wieder als Ordonnanz in seinen Stab zurückkommen wolle. Mein Vater wünschte sich sehr, in sein altes Regiment zurückzukehren – die Frage war nur, wie bald würde er als kriegsdienstverwendungsfähig, kv., eingestuft werden? Als mein Vater meinte, dass er wohl Mitte August bereit sein würde, hatte die Oberschwester nur mitleidig gelächelt und gemeint, dass es bei seiner überempfindlichen Haut gut ein Jahr dauern könnte, bis die Wunde ganz verheilt sein würde. Mein Vater musste annehmen, dass sie in seinem Regiment nicht so lange auf ihn warten konnten.

Gerade vor ein paar Tagen hatte er die tief schmerzliche Nachricht

März 1943 - Februar 1944

erhalten, dass Jörrison, sein bester Freund und Kamerad in seinem Regiment, in derselben Schlacht, in der er verwundet, tödlich getroffen worden war. Nur wenige Wochen vor dem Angriff war er mit ihm zusammen ihre neue exponierte Stellung in der weit verschneiten Hügellandschaft abgelaufen. Mit Jörrison konnte mein Vater sich in den letzten Monaten am besten austauschen. Nun kam seine Witwe zu meinen Eltern auf Besuch nach Schliersee und es bedrückte sie, wenn sie an ihr eigenes Glück dachten. Aber die Frau war erstaunlich tapfer und ihr Besuch harmonisch und voll von ausführlichen warmen Erinnerungen und Erzählungen gewesen. Eine ganz andere Begebenheit ließ die Gedanken meines Vaters an die Front wandern zu seinen Kameraden und ihre unvorstellbaren Nöte. Bernd hatte ihm erzählt, dass ihre Klassenlehrerin die Schüler aufgefordert hatte, Schlüsselblumen von den blühenden Wiesen zu sammeln, um sie zu trocknen und den Soldaten zur Zubereitung von Tee zu schicken.

Die Zeit in seinem Krankenhauszimmer wurde meinem Vater dank des vielen Lesens, den täglichen Besuchen meiner Mutter und dem häufigen, lebendigen Beisammensein mit uns Kindern nicht langweilig. Sein Schwager hatte ihm ein Buch über Astronomie geschickt, das er durcharbeitete und dann zur Freude meiner Mutter für sie zusammenfasste. Nun bat meine Mutter ihren Schwager, ihr doch bitte auch eine Sternkarte über ihr Sternbild zu schicken, damit sie auch die Sterne am Himmel finden könnten, von denen sie gerade gelernt hatten. Wir Kinder durften unseren Vati alle drei Tage besuchen. Es wurden viele Spiele an seinem Bettrand gespielt. Und weil der Abendzug zurück nach Neuhaus erst nach 20 Uhr fuhr und der Stubenkamerad meist aushäusig war, machten wir sogar oft ein gemütliches Abendbrot-Picknick an seinem Bett. Die Worte, die mein Vater auf eine Geburtstagskarte an seine Schwägerin Verena um diese Zeit schrieb, sprechen von der Gemütslage in der wir uns befanden: „Unser friedliches und herrlich schönes Leben ist ein Beispiel dafür, dass man auch in einer so bitteren Zeit wie der heutigen noch sehr glücklich sein kann."

Anfang Juni bekamen meine Eltern die freudige Nachricht, dass Bertes in den nächsten Tagen zu einer Ausbildung zur Generalstabslaufbahn nach Berlin beordert werden würde. Bevor er dort anfing, war es ihm möglich, nach Neuhaus zu kommen, wo wir nach langer Zeit einmal wieder ein glückliches Großfamilientreffen erleben durften, getrübt nur durch die Erinnerung an den jüngsten Bruder Nöll, der jetzt nicht mehr unter uns war. Mein Vater hatte Bertes fast drei Jahre lang nicht mehr gesehen und Nölls Tod bewirkte, dass die drei Geschwister einander noch näher waren als zuvor.

Da Obst und Gemüse in Neuhaus recht knapp geworden waren, entschied meine Mutter schweren Herzens, sich auf den Weg nach Düren zu machen, um wie jedes Jahr das Obst des Fabrikgeländes einzumachen. Es versprach eine besonders gute Ernte in diesem Jahr zu geben. Aber sie hatte, neben den Bedenken wegen der langen Reise in den überfüllten Zügen noch eine andere Sorge. Aus irgendeinem Grund befanden sich die Weckgläser, die sie brauchte und auch der zurückgelegte Zucker im Haus meiner Großeltern in Berlin, das während ihrer Abwesenheit vermietet war. Würde sie also erst in das gefährliche Berlin fahren müssen, um diese abzuholen, bevor sie in Düren an die Arbeit ging? Zu ihrer großen Erleichterung ergab es sich, dass Bertes gerade um diese Zeit seinen Ausbildungskurs in Berlin anfing und Karin, seine Frau anbot, die benötigten Sachen nach Düren zu schicken.

Ihr Aufenthalt in Düren war beängstigender als sonst durch den regelmäßigen nächtlichen Fliegeralarm, der sie in den festen Fabrikbunker fliehen ließ. Sie erlebte keine direkten Angriffe auf Düren, aber während der Tage dort gab es eine intensive Bombardierung auf das nahe Köln. Der Bahnhof wurde total zerstört und meine Mutter wusste nicht, wie sie unter diesen Umständen von Düren wieder zurück nach München reisen würde. Und die Weckgläser, wie konnten diese wohl transportiert werden? Neben dem Einmachen des üppigen Obstes hatte sie in ihrem Haus am Fluss weiterhin Sachen gepackt, die zur Sicherstellung in die Eifel gebracht werden sollten. In diesem Zusammenhang warnte meine Mutter ihre Schwester, mit der Räumung ihres Hauses bloß nicht zu lange zu warten, vor allem der wertvollen Bibliothek wegen. In Hannover war Verena mit ihrer Familie besonders gefährdet. Sie sollte möglichst bald daran denken, aus der Stadt heraus zu kommen. Dort wurde bei Luftangriffen neuerdings brennender Phosphor abgeworfen. Zur Erleichterung meiner Mutter zog Verena bald mit ihren Kindern auf das Gut einer befreundeten Familie in Hinterpommern, während aber ihr Mann Heinrich als Chirurg an die Ostfront beordert wurde.

Begreiflicherweise verließen die Menschen das Rheinland fluchtartig, aber wo wollten sie unterkommen? Man erwartete hier täglich eine Riesenoffensive gegen England, als Vergeltung für die entsetzlichen Luftangriffe auf deutsche Städte. Meine Mutter fand es interessant zu beobachten, wie unterschiedlich die Bevölkerung auf die momentane militärische Lage zu reagieren schien. Hier im Rheinland war man voll Vergeltungswut gegen die Engländer, während die Menschen in Bayern eher kriegsmüde erschienen und hasserfüllt gegen die Regierung. War es möglich, dass diese gesellschaftliche Gefühlslage zu einer aktiven Auflehnung gegen das Hitlerregime führen könnte? Albert Speer meinte, dass die Angst vor einer Rebellion Hitler all die Jahre begleitet hatte. Er und die Mehrzahl seiner Anhänger gehörten der Generation an, die als Soldaten die Revolution von November 1918 miterlebt und nie vergessen hatten. Um die Unzufriedenheit in der Bevölkerung zu mindern, wurde von jetzt an mehr Wert darauf gelegt, sie mit Konsumgütern zu versorgen und weniger Opfer von ihr zu verlangen. Aber wie ließ sich das vereinen mit Goebbels Rede über den „Totalen Krieg?"

Während der Abwesenheit meiner Mutter, ging es meinem Vater gut genug, um dem Kindermädchen zu helfen. Er baute im Garten ein Zelt für uns Kinder auf, erfand verschiedene Spiele und „Wettkämpfe" und er beaufsichtigte unser wildes Treiben an der Badehütte. Aus dieser Zeit gibt es fünf Briefe meines Vaters von Schliersee an meine Mutter in Düren, in denen er meist davon schrieb, wie sehr er sie in diesen Tagen vermisste. In einem Brief gestand er meiner Mutter sein vollstes Verständnis für ihre Erziehungsmühen mit Bernd. „Mein Wochenendbesuch war sehr schön", schrieb er, „obgleich Bai scharfe Tage hatte. Sonntagmittag musste er wegen unmöglichen Betragens bei Tisch ohne Kirschen ins Bett." Witzig ist, dass wiederum Bernd über dieses Ereignis und darüber, dass sein Vater ihn ein andermal zur Strafe hat Unkraut jäten lassen, an seine Mutter schrieb, Vati sei offensichtlich „schlechterlaune" gewesen! Abends im Bett hatte er jedoch seinem Vati lange von seiner Schule erzählt und war so gesprächig, dass er ihn gar nicht fortlassen wollte. Es schien meinem Vater, dass Bernd in der Schule etwas abseits von den anderen stand und nicht gerade besonders beliebt war.

Mitte Juli war die Lebensmittelversorgung in Neuhaus „verheerend" geworden. „Wir sitzen ohne Kartoffeln, werden von Tag zu Tag auf die neuen vertröstet", schrieb meine Mutter an Verena. Auch Gemüse gab es kaum und Obst überhaupt nicht. Wenn nur das Dürener Eingemachte es zu ihnen schaffen würde. Wir gingen auf Beeren- und Pilzsuche in die Wälder und auf unseren Wiesen fanden wir Sauerampfer, der sich gut als Suppengemüse eignete. Erstaunlicherweise war die Versorgung in Hannover besser und so schickte Verena, die noch dort war, gelegentlich Gemüse an uns nach Neuhaus. „Einen so phantastischen Blumenkohl hab ich lange nicht mehr gesehen", schrieb meine Mutter in einem ihrer Dankesgrüße.

Bei ihrer Rückkehr aus Düren war meine Mutter über den großartigen Fortschritt, den mein Vater in den letzten Wochen gemacht hatte „freudig überrascht" und zugleich „erschreckt". Sie hatte ihn bei ihrer Abreise mühsam auf Krücken humpelnd erlebt. Jetzt brauchte er noch nicht einmal einen Stock. Er konnte bis zu einer Stunde laufen, so dass man ihm kaum etwas anmerkte. So erfreulich diese gute Wendung auch war, so rückten damit auch die Zeit und die Frage näher, wann mein Vater zurück an die Front berufen werden würde. Er hatte Anfang Juli die Nachricht bekommen, dass er in 2-3 Wochen aus dem Lazarett entlassen werden würde. Danach jedoch standen ihm eine vierwöchige Urlaubszeit zu und anschließend noch Zeit beim Ersatzbataillon in Köln, bis das Bein wieder voll leistungsfähig sein würde.

Die Lage an der russischen Front, an die mein Vater zurückkehren sollte, war fürchterlich. Nach der schweren Niederlage von Stalingrad und den verlustreichen Rückzügen der Heeresgruppe Süd war es der deutschen Armee im Frühjahr 1943 gelungen, sich noch einmal zu stabilisieren und eine operative Reserve an motorisierten Infanterie- und Panzerdivisionen zu mobilisieren. Aus diesem Gefühl der Übermacht heraus hatte Hitler für den 5. Juli 1943 einen Großangriff geplant, den er das „Unternehmen Zitadelle" nannte. Es bereitete sich ein Kampf vor, von dem man später sagte, er sei der verheerendste in der Militärgeschichte der Menschheit gewesen. In der Nähe der Stadt Kursk, ungefähr 300 Kilometer südwestlich von Moskau, sollte durch einen Zangenangriff ein dort stationiertes russisches Heer mit nie zuvor erlebten Kräften vernichtet werden. Eingesetzt waren mehr als 2000 deutsche Panzer, darunter erstmals eine Anzahl der modernsten Typen „Tiger" und „Panther", etwa 1400-1800 Kampfflugzeuge und fast eine Million Soldaten. Der englische Geheimdienst hatte die Russen vor diesem massiven Angriff gewarnt und so gelang es ihnen, das Terrain vorzubereiten und den angreifenden Deutschen rund 4000 eigene Panzer samt einer Überzahl an Soldaten entgegenzustellen. Ohne große Geländegewinne wurden die Deutschen schon nach wenigen Tagen in einen furchtbaren Zermürbungskampf verwickelt, der eine Woche anhielt. Als Hitler am 12. Juli die Nachricht bekam, dass die Engländer und Amerikaner in Sizilien gelandet waren und die Italiener keinen Widerstand mehr leisteten, brach er am Tag darauf das „Unternehmen Zitadelle" ab, um Verbände zur Stärkung in den Mittelmeerraum abzuziehen. Das Scheitern dieser letzten großen Offensive deutscher Streitkräfte in Russland bedeutete eine Zäsur im Kriegsverlauf. Alle, außer Hitler selbst und seine engsten Anhänger, hatten endlich eingesehen, dass ein Sieg Deutschlands nicht mehr möglich war. Die deutschen Truppen in Russland würden von hier ab langsam, aber unabwendbar ihren Rückzug, ja ihre Flucht beginnen müssen. Der von Hitler angekündigte siegreiche Blitzkrieg gegen Russland fand sein Ende im Blutbad von Kursk.

Die Vorstellung, dass mein Vater in dieser hoffnungslosen Lage wieder an die russische Front musste, war fast unerträglich. Wir waren, als sich sein Befinden in den ersten Augusttagen plötzlich verschlechterte, dankbar für diese schicksalhafte Wendung. Angefangen hatte es mit einem Gefühl der Schwäche in seinen Beinen und Händen. Nachdem meine Eltern noch vor kurzem mühelos bis zu zwei Stunden wandern konnten, war mein Vater jetzt nach einem viertelstündigen Weg schon erschöpft. Das Treppensteigen war höchst beschwerlich und sogar in der Ebene nahm er jetzt wieder den Stock zur Hilfe. Er hatte Lähmungserscheinungen und seine Füße und Hände waren so gefühllos, dass er keine Knöpfe mehr schliessen und seine Schuhe nicht mehr schnüren konnte und nicht mehr fühlte, ob er etwas in seiner Hosentasche trug. Ein Arzt aus München, der ihn untersucht hatte, äußerte zum Schrecken meiner Mutter den Verdacht, es könne sich um einen leichten Fall von Kinderlähmung handeln. Aber dann ergab eine gründliche Untersuchung in der Nervenklinik in München, dass es sich um eine Polyneuritis handelte, eine Nervenerkrankung, die zum Glück nicht ansteckend war.

Was für eine Erleichterung diese Nachricht für uns alle bedeutete! Mein Vater musste nicht einmal in eine Spezialklinik verlegt werden, sondern konnte in Schliersee behandelt werden. Die wichtigste und beruhigende Nachricht war, dass an eine baldige Wiedereinziehung nicht zu denken war. Die Nachrichten, die mein Vater von seinem alten Bataillon bekam, waren verheerend. Es war in heftige Kämpfe verwickelt und ihr Divisionskommandeur war gefallen.

Neben den Sorgen um die Gesundheit meines Vaters und um die so ungewisse Zukunft lag meine Mutter in dauerndem Streit mit dem Wohnungsamt Schliersee über die Freihaltung zweier Zimmer im Neuhauser Haus für den Fall, dass entweder ihre Eltern aus der Schweiz nach Deutschland zurückkehren wollten oder Edith sich entschloss, aus dem bedrohten Dresden, wo sie im Moment lebte, nach Neuhaus zu flüchten. Die Bombardierung auf deutsche Städte wie München, verursachte immer mehr Beschlagnahmungsvorschriften und häufige Zwangseinquartierungen. Gerade am 30. Juli waren 260 Kinder in Neuhaus eingetroffen, die in Massenquartieren untergebracht werden sollten, weitere 300 Mütter mit ihren Kindern wurden Anfang August erwartet. Sogar ihr Lieblingsrestaurant, der Brunnenhof im Josefstal, war geschlossen worden, um geflüchtete Kinder aufzunehmen. Es war mittlerweile auch verboten, auswärts essen zu gehen. Wahrscheinlich würden wir den ganzen zweiten Stock an Flüchtlinge abgeben müssen, da die nicht anwesenden Familienmitglieder nicht zählten. Aber meine Mutter hoffte, dass ihnen wenigstens ein Gästezimmer erhalten bleiben würde. Erst nach Einschaltung des Konsuls, der sich an den Bürgermeister von Schliersee gewandt hatte, veranlasste dieser beim Amt für die Umsiedlung von Flüchtlingen, dass wir drei Zimmer für Familienangehörige in Not freihalten durften.

Schon vor einiger Zeit hatten meine Großeltern Bertholet beschlossen, dass sie, obwohl sie Staatsbürger der Schweiz waren und dort das Ende des Krieges hätten abwarten können, das Schicksal ihrer beiden Töchter und deren Familien teilen und in das kriegszerrissene Deutschland zurückkehren wollten. Nach den häufigen vorhergegangenen Unstimmigkeiten, die es mit dem Konsulat gegeben hatte, kam die Nachricht unerwartet, dass meine Mutter ihre Eltern ins Neuhauser Haus einladen durfte. Natürlich war meine Mutter glückselig darüber und mein Vater hoffte sehr, dass er auf diese Weise auch bald seine Schwiegereltern wiedersehen würde, bevor er zurück an die Front musste. Was für ein Trost das für meine Mutter bedeuten würde, ihre Eltern in diesen Zeiten der erneuten Sorge um ihn bei sich zu haben! Aber bevor sie nach Neuhaus ziehen konnten, mussten sie ihr Haus in Berlin verkaufen, da es verboten war, zwei Wohnsitze zu haben. Die Frage war nun, wer ihr Haus ausräumen und wohin man ihre Sachen verschicken könnte. Um diese Zeit, im August 1943, erwartete man, dass Berlin ähnlich schlimme Luftangriffe erleben würde wie Hamburg. Die Engländer hatten die Stadt rund um die Uhr bei Nacht bombardiert, was sie „area bombing" nannten, während die Amerikaner tagsüber angriffen. Beide setzten Phosphorbomben ein, die Feuerstürme verursachten und mehr Zerstörung anrichteten als die

Zeit der Heilung in Schliersee

Bomben selbst. Flugzeuge der Alliierten hatten Flugblätter in Berlin abgeworfen mit der Aufforderung an alle Frauen und Kinder, die Stadt zu verlassen, genauso wie vor dem Angriff auf Hamburg.

Trotz dieser bedrohlichen Situation forderte meine Mutter in einem Brief Verena auf, ein Datum festzulegen, um sich in Berlin zu treffen und dort das Haus ihrer Eltern aufzulösen, das bis dahin verschont worden war. Meine Mutter hatte ein sehr schlechtes Gewissen, dass sie sich nicht schon früher um die Räumung ihres Elternhauses gekümmert hatte. Es wurde Mitte September, bevor die beiden Schwestern ein Datum fanden, an dem sie sich in Berlin treffen konnten. Am 16. September schrieb meine Mutter aus Berlin einen Brief an ihre Eltern, die sich zu der Zeit bei Verwandten in Basel befanden, um ihnen von ihrer Tätigkeit zu berichten. In den letzten Monaten hatte sie häufig mit ihren Eltern korrespondiert und nicht ein Brief war offensichtlich zensiert worden, aber dieser Brief aus Berlin zeigt deutlich Spuren der Behörde, die die Absicht hatte, den Empfängern eine Passage unlesbar zu machen. Ein undurchdringlicher schwarzer Tintenstreifen, mehr als eine halbe Seite breit, durchquert auf unheimliche Weise die Schrift meiner Mutter. Sie beschrieb zuerst die nächtliche Bahnfahrt von München, die im Menschengedränge so schauerlich gewesen war, dass sie ihren Eltern vorläufig von ihrer Rückkehr nach Deutschland abraten wollte. Die Zensur beginnt an der Stelle, wo sie wohl ihre Ankunft in Berlin und das Ausmaß der schrecklichen Verwüstung der Stadt beschrieb, denn die ersten Worte, die man wieder lesen kann, sind „dort macht die Zerstörung halt. In unserem engeren Viertel ist nichts zu sehen, erst wieder an der Kronprinzenallee." Verena und sie hatten sich gleich mit dem Aussortieren von wertvollen Dingen wie Silber, Wäsche, Kleidern, Bildern und Teppichen an die Arbeit gemacht. Sie hatten sie in Kisten verpackt und dafür gesorgt, dass sie an die verschiedenen Adressen, die meine Großeltern angegeben hatten, geschickt wurden. Erfreut war meine Mutter über die verbesserten Luftschutzvorrichtungen im Haus gewesen. Es wimmelte von Sandsäcken und Eimern. Zu ihrem großen Glück waren die Tage und

März 1943 - Februar 1944

Nächte in Berlin ruhig und auch ihre Heimfahrt nach Neuhaus war nicht anstrengend gewesen.

Mitte November brachte eine Nachuntersuchung der Wunden und des allgemeinen Gesundheitszustands meines Vaters in der Klinik in München eine große und freudige Überraschung. Anstatt ihn gesund aus dem Lazarett zu entlassen, verschrieb der Neurologe, der ein angesehener Spezialist war, meinem Vater eine drei- bis vierwöchige völlige Bettruhe, die er für seine endgültige Heilung als entscheidend hielt. Das hieß, dass mein Vater seine Besuche bei uns einstellen musste, was er unter diesen Umständen natürlich gerne tat. Er fing wieder an, intensiv zu lesen, von jetzt ab vor allem theologische Bücher.

Während ich mit Mumps im Bett lag, nahm meine Mutter ihre täglichen Besuche bei meinem Vater wieder auf, bis ein paar Tage später Bernd mit Scharlach krank wurde. Es stellte sich die bedrückende Frage, ob meine Mutter wegen der hohen Ansteckungsgefahr meinen Vater nun sechs Wochen lang nicht besuchen durfte. Bernd blieb in strenger Isolierung im zweiten Stock, in der Hoffnung, dass mein Vater, sollte er eine Besuchserlaubnis bekommen, sich dann im Erdgeschoss aufhalten könnte. Zur großen Freude meiner Mutter wirkten sich diese Wochen der Krankheit und Isolierung auf Bernds Verhalten positiv aus. Sie hatten ihn ruhiger, geduldiger und reifer gemacht und er vertiefte sich ins Lesen lernen und Modellbauen. Trotz der Sorgfalt meiner Mutter bekam er neben Scharlach auch noch Mumps und so wurde ihre Krankenpflege noch intensiver als vorher. Aus ihrer Korrespondenz mit der Familie geht hervor, wie häufig in diesen Kriegsjahren wir Kinder krank waren und wie tüchtig meine Mutter damit fertiggeworden ist. „Darmgeschichten" scheinen fast ununterbrochen vorgekommen zu sein, inklusive der vorübergehenden Sorge, es könne sich um Typhus handeln. Nach Mumps und Scharlach würden wir Kinder meine Mutter noch mit dramatischen Fällen von Keuchhusten in Sorge halten.

Die Verzögerung der endgültigen Heilung meines Vaters ermöglichte ihm, zur großen Freude von uns allen, dass er die Rückkehr seiner geliebten

Schwiegereltern Bertholet aus der Schweiz Mitte Dezember noch miterlebte. Aufgrund der vier Urlaubswochen, die ihm noch zustanden, musste er sich erst nach Weihnachten wieder zum Militärdienst melden. Auch Verenas Familie, die vor den Russen aus Pommern geflohen war, feierte mit uns in Neuhaus.

Die militärische Situation an der Ostfront im Januar 1944 war furchtbar. Während die deutschen Truppen zunehmend an dem Mangel an Brennstoff, Waffen und Panzereinheiten litten, war die Stärke der russischen Armee größer denn je. Am 26. Januar 1944 nach 900 Tagen der Belagerung befreiten sie Leningrad und die ganze nördliche Front begann zusammenzubrechen. Jedem, der gewillt war der Realität ins Auge zu sehen war klar, dass sich Deutschland endgültig auf eine Katastrophe zu bewegte. Aber Hitler in seinem blinden Fanatismus bestand darauf, keine der eroberten Gebiete aufzugeben. Die Soldaten mussten gezwungenermaßen den furchtbaren Kampf weiterführen.

Rückkehr an die russische Front
Februar - Juli 1944

Im Februar wurde mein Vater noch immer als „untauglich zum Einsatz" erklärt, bekam aber den Befehl, sich in Bonn und später in Köln zu einem sechswöchigen Lehrgang für genesende Offiziere zu melden. Um diese Zeit entstand eine neue Korrespondenz zwischen ihm und meiner Mutter. Obwohl es ihm als Militär nicht erlaubt war, mit ihr Arm in Arm durch die Stadt zu gehen, fragte mein Vater, ob sie Lust hätte, ihn in Bonn zu besuchen? Sie könnten das Wochenende in Düren verbringen, ihr altes Haus aufsuchen, in dem sie so viele glückliche Jahre verbracht hatten, vielleicht noch einiges an Möbeln zur Verschickung fertigmachen und er wollte sehen, in was für einem Zustand sich seine Fabrik befand. Es war ihm besonders in letzter Zeit klar geworden, dass es in dieser schweren Zeit nur ganz wenige Menschen gab, eigentlich nur die allernächste Familie, denen man sich vollkommen anvertraute. Ihm wurde jetzt noch bewusster, wie jeder Mensch im Grunde sehr egoistisch und daher nicht in der Lage war, mit seinen Mitmenschen etwas zu teilen. Wenn der Krieg einmal zu Ende sein sollte, freute er sich am meisten darauf, wieder frei als Mann, als Vater und Mensch zu sein.

Der Offizierslehrgang schien eine friedliche Angelegenheit zu sein mit theoretischem Unterricht, Sport, Reiten und nachmittags täglich noch einer Stunde Sport oder Schwimmen. So würde er versuchen, möglichst viel vom Bonner Geistesleben mitzubekommen. Es gab noch Schauspiel und Oper und gelegentlich Konzerte oder Vorträge. Er hatte mit einem Vortrag eines Philosophieprofessors der Universität über das Wesen des Übermenschen bei Nietzsche angefangen und ein Vortrag über Leonardo, auch freute er sich auf einen Klavierabend. Er war erstaunt darüber, wie das Leben hier weiterging, trotz Krieg und drohender Luftangriffe. Große Schäden gab es bisher keine. Auch hatten sie noch keinen Bombenalarm erlebt, was Zufall war, denn diese letzten drei Tage waren die ersten alarmfreien des Jahres gewesen.

Jetzt vor Ostern wurde mein Vater nach Köln versetzt, wo er eine tief beeindruckende Aufführung der Matthäuspassion gehört hatte, das erste Mal ohne meine Mutter an seiner Seite, wie er schmerzvoll feststellte. Wie fromm diese Musik war und dazu angetan, den irdischen Jammer zu vergessen. Dass es so etwas überirdisch Schönes gab! In seiner freien Zeit vertiefte er sich in das Studium der Evangelisten. Besonders das Lukasevangelium gefiel ihm wegen seiner Poesie und den schönen Gleichnissen. Auf die Nachfrage meiner Mutter, ob er durch seine Lektüre gläubiger geworden sei, wollte er das nicht unbedingt bejahen, und doch hatte er wieder mehr in sein Inneres geschaut, „über die ewigen Probleme nachgedacht, und das bedeutet vielleicht auch ein kleines Stückchen auf dem Weg zum Frommwerden".

Obwohl mein Vater über Ostern nach Düren gefahren und einige Verwandte getroffen hatte, fühlte er sich dort einsam. Die Erinnerungen ans Eiersuchen im vergangenen Jahr in Neuhaus und den Besuch meiner Mutter in Köln gaben ihm Halt. Überhaupt, wenn er an die vergangenen Monate dachte, wurde es gleich wieder hell um ihn.

Wie erwartet, wurde mein Vater Ende des Monats als wieder tauglich, kurz kv., erklärt. Bis zur Abreise an die Ostfront würde es nicht mehr lange dauern, wie lange genau, wusste man nicht, wegen der notwendigen Reparaturen an den von Bomben zerstörten Bahngleisen. Meinem Vater war ein Kurzurlaub von einer Woche zugesagt worden, den er noch mit uns verbringen durfte. Es waren „unbeschreiblich schöne Tage" gewesen, die wir miteinander verbrachten. Meine Mutter hatte ihn so unvergesslich lieb verwöhnt und es hatte so eine schöne Harmonie über dem Ganzen gelegen. Mein Vater hatte jede einzelne Minute ganz bewusst genossen und er nahm nun die Erinnerung an diesen großen Schatz als Trost und Begleitung mit, ganz gleich, wo es ihn hinführen würde. Sogar der furchtbare Schmerz des Abschiednehmens konnte diese Wärme nicht schmälern. Erst später kam ihm die ganze Schwere der völligen Ungewissheit über ihr Schicksal zu Bewusstsein. Dabei staunte er immer

Februar - Juli 1944

Meine Eltern, Bernd und ich am Ende der einjährigen Genesungszeit meines Vaters, April 1944

wieder, dass ihm diese Gedanken ihr Neuhauser Zusammensein so wenig trüben konnten. Es war ein Zeichen dafür, wie harmonisch und schön diese Tage gewesen waren.

Bei seiner Rückkehr nach Köln fand er die Stadt von neuem stark bombardiert und die Luftangriffe hielten weiter an. Auch in seiner Nachbarschaft waren Spuren der Zerstörung und es fuhren nur noch wenige Trambahnen. Das Geschäftsleben funktionierte kaum mehr. Den Bäckern fehlte der Strom zum Backen, Gas gab es keins und man musste sich mit Kohlenherden behelfen. Die Oper, in der er vor kurzem noch war, lag ausgebrannt da, ein erschreckender Anblick! Gut, dass meine Mutter ihr Vorhaben, ihn nochmals zu besuchen, nicht umgesetzt hatte, auch wenn es tief schmerzlich war, dass er wegen der unterbrochenen Telefonlinien keine Verbindung mehr mit uns bekam. Die Trennung von uns war ihm dadurch doppelt bitter. Er war zwar noch in der Heimat, aber es würde ewig dauern, bis Telegramme und Briefe bei uns ankamen, und er würde von uns wohl vor seiner Abreise auch keine Post mehr bekommen. Er hatte von dem Großangriff auf München gehört. Nun machte er sich Sorgen, wie sich dieser wohl auf uns ausgewirkt hatte. Sicher waren wir für einige Tage von der Umwelt abgeschnitten gewesen. Es würde lange dauern, bis er es erfuhr.

Mein Vater war damit beauftragt worden, eine Gruppe von 170 Männern auf ihrer Reise zu betreuen. Natürlich waren alle möglichen Typen unter so vielen Leuten, viele mit gerichtlichen Vorstrafen, aber „auch manches nette, offene Gesicht" war dabei. Die Aufgabe war dankbar, da das gemeinsame Schicksal eine rechte Kameradschaft schaffte. Am schwierigsten war es, die Burschen zusammenzuhalten. Beim Antreten fehlten immer viele, die sich irgendwo in der Stadt herumtrieben. Hoffentlich wären sie nur bei der Abfahrt vollzählig! Viel Dienst mit ihnen zu machen hatte wenig Sinn. Er verbrachte stattdessen Zeit damit, Goethes Faust II zu lesen und hoffte, mehr davon zu verstehen als beim ersten Lesen vor vielen Jahren.

Am Abend des 28. April rollte der Zug, in dem sich mein Vater befand,

Rückkehr an die russische Front, April 1944

aus dem zum größten Teil zerstörten Kölner Bahnhof in Richtung Osten. Schon einmal, vor fast zwei Jahren und bevor es viele Millionen Tote in diesem Krieg gegeben hatte, war er in die gleiche Richtung unterwegs gewesen, nur ging es diesmal ohne die Aussicht zu siegen ins Kriegsgebiet. Die Soldaten mussten damit rechnen, jetzt als Unterlegene unweigerlich vom Feind zurückgetrieben zu werden. Es gibt keine Aussagen meines Vaters über diese Überlegungen. Er war damit zufrieden, dass nur eines seiner „Schäfchen", wie er seine Untergebenen nannte, bei der Abreise gefehlt hatte und er war froh, dass er und meine Mutter am vertrauten, lieben Bahnhof von Schliersee in der strahlenden Frühlingssonne sich verabschiedet hatten und sie nicht in Köln am abfahrenden Zug stehen musste, „denn solch ein Abschied von einem Transport, der nach dem Osten, fährt ist nichts Schönes".

Wiederum schrieb mein Vater seine ersten Briefe nach Neuhaus im Zug und steckte sie an den Haltebahnhöfen ein. Ihr Zug wurde von drei Kompanien gebildet, wovon zwei zu anderen Divisionen gehörten. Seine Kompanie hatte acht Güterwagen, die mit je 30 Männern belegt waren und einer davon transportierte ihre Verpflegung. In seinem waren sie „vornehmerweise" nur zu zehnt. Um etwas Licht und Luft reinzulassen, hatte man kleine Gucklöcher angebracht, zudem stand die große Tür tagsüber meist offen. Er hatte ein „sehr bequemes Strohlager", auf dem eine Zeltbahn lag und darüber kam dann der Schlafsack. Es gab zwei Nachteile. Erstens schaukelte der Wagen bei höherer Geschwindigkeit so arg, dass man auf seinem Lager unwillkürlich hin und her geworfen wurde, und zweitens stellte es sich sehr bald heraus, dass der Wagen nicht regendicht war, was zur Folge hatte, dass er die erste Nacht durch und durch nass geworden war. Aber das würde man durch eine Zeltplane verhindern können. Die Verpflegung war sehr gut mit reichlich Brot, Wurst und Butter. An einigen Stationen gab es außerdem noch warme Suppe oder Kaffee vom Roten Kreuz. Sie waren jetzt in Magdeburg angekommen. Er hatte einen netten, sehr fürsorglichen Burschen bei sich, der ihn zufälligerweise in Frankreich schon einmal betreut hatte. Die Reise würde wohl im Ganzen mindestens eine Woche dauern. Sie waren guter Stimmung und ließen sich nicht unterkriegen, meinte mein Vater. „Man darf halt nicht den Kopf hängen lassen, besonders nicht als Offizier. Was sollten da die Männer sagen, die man führen muss?" Wie weit lag nun ihr schöner Frühlingsspaziergang zurück, den sie noch letzten Sonntag zusammen in Neuhaus gemacht hatten, und wie herrlich schön war diese Woche mit uns gewesen! Das musste er noch oft sagen, damit meine Mutter auch ganz genau wusste, dass er sehr eng mit uns verbunden war, trotz der so ganz gewaltigen Umstellung. Bisher hatte er es gut geschafft. Es war schon gut, dass sein Weg wieder zum alten Regiment zurückführte. Nachdem er doch zweieinhalb Jahre dabei gewesen war, hatte er eine Art Heimatgefühl, wenn er an die Kameraden dachte und war überzeugt, dass er sich schnell wieder einleben würde.

Am 2. Mai erreichten sie Warschau und da sie jeder eine halbe Flasche Rotwein und auch ein wenig Zucker bekommen hatten, konnten sie sich auf ihrem kleinen Ofen einen Glühwein machen, der wegen der kühlen Temperaturen draußen sehr willkommen war. Bevor sie an ihrem Bestimmungsort ankamen, gab es für meinen Vater allerdings noch einige Schreckmomente. An einem Bahnhof waren zehn Männer seiner Gruppe in einem Waschraum zurückgeblieben, als ganz plötzlich und ohne Vorwarnung ihr Zug abfuhr. Er stellte sich schon vor, wie peinlich es sein würde, ohne sie bei der Division anzukommen und dort für diese Panne die Verantwortung zu übernehmen, als glücklicherweise die Burschen doch noch mit einem Personenzug, der eine halbe Stunde später ging, ihre Truppe einholen. Wie erleichtert war mein Vater gewesen, als „das Häufchen", wenn auch ohne Mützen und Uniformröcke, wieder bei ihnen war!

Nach einer fünfeinhalbtägigen Reise kamen sie an ihrem Endbahnhof an. Der Divisionsadjutant, den mein Vater kannte, teilte ihm mit, dass er zunächst hier beim Divisionsstab verbleiben würde, bevor er zu seinem Kommandanten weitergeleitet würde, der ihn angefordert hatte. Ab sofort würde für ihn eine sehr interessante, aber auch fordernde

Arbeit beginnen. Er war dem Oberstleutnant der Division, nach dem General der wichtigste Posten für alle taktischen Belange, als Gehilfe zugeteilt worden. Er würde sich gehörig anstrengen müssen, um sich einzuarbeiten. Kampfmäßig war hier fast vollkommene Ruhe. In ihrem kleinen Dörfchen mit seinen strohgedeckten Holzhäuschen merkte man absolut nichts vom Krieg. Es wurde für ihn noch ein Raum hergerichtet und einstweilen wohnte er sehr gemütlich mit zwei anderen Offizieren zusammen in einem großen, gut eingerichteten Zimmer. In einem großen Waschzuber hatte er ein herrliches Bad nehmen können. Zu essen schien es reichlich zu geben und nun könnte es hoffentlich nicht mehr lange dauern, bis ihn hier die Post von uns erreichen würde. Mein Vater meinte, es sei unfassbar, wie gut es ihm ging. Monatelang hatte er sich Gedanken über diese erste Zeit des Einlebens an der Front gemacht, aber auf den Gedanken, dass es ihm so leicht gemacht werden würde, war er nie gekommen. Das Dörfchen, in dem sie untergebracht waren, samt seiner Umgebung, war reizvoll und es gab sogar einen malerischen See in der Nähe mit vielen Fischen. Die Bevölkerung war evakuiert worden. Nur die zur Truppe gehörigen russischen Männer und Frauen gab es noch. Darunter waren viele Pferdepfleger, Schreiner und Frauen, die putzten und wuschen. Auch der Bademeister war ein Russe. Er hatte ihm schon zweimal ein schönes Bad in dem Holzzuber vorbereitet und ihn danach mit kaltem Wasser übergossen. Mit seinem Vorgesetzten, dem Oberstleutnant, hatte er bei herrlicher Frühlingssonne einen Ritt durch die Gegend gemacht, eine abwechslungsreiche Landschaft mit Sümpfen, schilfigen Wiesen und Sanddünen, auf denen Kiefern wuchsen „fürs Kriegsspielen nicht eben besonders günstig". Es war meinem Vater noch nicht ganz klar, was man mit ihm vorhatte, ob er auf Dauer in den Divisionsstab kommen würde, sogar als möglicher Nachfolger des Adjutanten, wie der Kommandeur angedeutet hatte, oder ob er zu seinem alten Bataillon unter dem so verehrten Kommandant Flinger zurückkehren würde. Beides waren gute Aussichten. Von den hiesigen Offizieren kannte er verschiedene, besonders einen, mit dem er sich besonders gut verstanden

Februar - Juli 1944

hatte. Das Wichtigste war, dass sich meine Mutter keine Sorgen um ihn zu machen brauchte.

Das nächste Dorf, in das sie umzogen waren, war zwar nicht so hübsch wie das vorige, aber hatte den Vorteil, dass meinen Vater hier bald Post aus Neuhaus erreichen würde. Wie meine Mutter, begann auch er seine Briefe wieder zu nummerieren, damit sie in etwa verfolgen konnten, ob auch nichts verloren ging. Immerhin hatten sie es in dem langen Abschnitt von seinem letzten Besuch bis zu seiner Verwundung auf 111 Briefe gebracht. Sein neues Quartier war sehr ordentlich in einem kleinen, typisch primitiven Bauernhäuschen, in dem sie die Holzwände mit der Lötlampe abgebrannt hatten, um die Wanzen zu vertreiben. Die Wände wurden anschließend frisch gekalkt, sodass sie jetzt fein hell waren und mit größter Wahrscheinlichkeit kein Getier mehr herumkrabbelte. Bei zwei Flaschen Cognac hatte er mit sechs Offizieren bis spät in die Nacht hinein über die Kriegsaussichten diskutiert und über das, was man die Stimmung der Truppe nannte. Sie versuchten zu ergründen, woran es lag, dass hier so viel weniger, und wenn dann doch, mit mehr Zuversicht von der Zukunft gesprochen wurde. Die einheitliche Ausrichtung, die nun mal zum Soldatentum gehörte und die zumindest nach außen positiv gewahrt werden musste, wenn die Armee schlagkräftig bleiben wollte, spielte da sicher eine große Rolle. Und dann sah der Soldat nur seinen winzig kleinen Ausschnitt im Kriegsgeschehen, der ihn so in Anspruch nahm, dass er wenig über die große Lage nachdachte, zumal er ja auch viel weniger Zugang zu den Nachrichten hatte. Als Soldat lebte man ganz und gar in der Gegenwart und es gelang ihm meist, die schweren Erlebnisse der Vergangenheit von sich abzuschütteln.

Es war nach wie vor in ihrem Dorf sehr ruhig, außer nachts, wenn ab und zu ein paar Flieger über ihren Hüttchen brummten. Besonders hier hinten merkte man wirklich gar nichts vom Krieg. Ob die bevorstehende Invasion, von der im Wehrmachtsbericht die Rede war, zustande kommen würde, war nach wie vor fraglich. Auch bei ihnen waren die Ansichten hierüber sehr geteilt. Auf jeden Fall brauchte sich meine Mutter keine

Sorgen um ihn zu machen, schrieb er, denn er konnte sich kaum noch Frontsoldat nennen hier hinten. Durch Späh- und Stoßtrupps versuchten sowohl die Russen als auch ihre Truppen etwas darüber zu erfahren, wie es auf der anderen Seite aussah. Gestern, am 15. Mai, war er zum ersten Mal im Gelände herumgefahren. Um kurz nach 4 Uhr morgens waren er und der Oberstleutnant in einem Schwimmwagen, einem kleinen Auto, das vorzüglich geeignet war, die tiefen Sandwege zu befahren und das sogar als Boot mit Propellerantrieb im Wasser fahren konnte, zu Oberst Flinger aufgebrochen, um dort dem Schießen der Artillerie beizuwohnen. Mein Vater freute sich sehr, wieder bei seinen alten Kameraden zu sein. Nach der Rückkehr aus dem Gelände hatte es auf dem Gefechtsstand seines alten Regiments ein sehr üppiges Frühstück zu ihren Ehren gegeben mit Ei, Schinken und Käse. Da sein altes Regiment ganz in ihrer Nähe lag, war es meinem Vater möglich, öfter auf Besuch hinüber zu reiten. Es gab von beiden Seiten so viel zu erzählen, und wenn sie sich spät am Abend nach einigen Flaschen Moselwein und Sekt trennten um schlafen zu gehen, hatte er beinahe ein so beglückendes Gefühl, als wenn er nach langer Zeit wieder in die Heimat zurückgekommen wäre. Es war schön, dass es so etwas hier draußen gab. Die gemeinsamen schweren Erlebnisse und die Erinnerungen an die Verstorbenen schafften ein besonders festes Band der Kameradschaft.

Ab sofort wurde nun, auf Anregung meines Vaters, drei Mal in der Woche morgens von sieben bis acht auf der Rennbahn, die sie im Dorf angelegt hatten, geritten. Besonders in diesen herrlichen Frühlingstagen und für ihn, der fast den ganzen Tag am Schreibtisch saß, war dieses Reiten unter freiem Himmel ein kleiner Ausgleich. Die Nächte waren in den letzten Tagen wunderbar klar gewesen und da hatte mein Vater versucht, sich mit seinen angelesenen Astronomie Kenntnissen unter den Sternen zurechtzufinden. In Erinnerung an die Zeit im Schlierseer Lazarett schrieb er an meine Mutter, dass nun schon wieder „ihre ersten Sternbekanntschaften" wie Wega und Schwan zum Vorschein kamen. Verenas Sohn Andreas, der erst elf Jahre alt war, hatte damals schon eine Passion für Astronomie entwickelt (er sollte später ein berühmter Astronom werden) und meinen Eltern Sternkarten zum Studieren geschickt. Es war wunderbar, wie reich an schönen Erinnerungen die vergangenen Monate waren. Sie bedeuteten für meinen Vater einen Schatz, der ihm Kraft gab und ihn glücklich machte. Wie sehr hatte sich ihre Liebe gefestigt, schrieb er, und wie unendlich dankbar war er Gott, dass Er ihm sie und durch sie uns Kinder geschenkt hatte.

Wegen der Bedrohung durch die Russen waren Verena und ihre Kinder Mitte Mai 1944 aus Ostpreußen zurückgekehrt, und meine Mutter hatte auch für sie in Neuhaus eine Unterkunft gefunden. Wir waren jetzt also fünf Kinder, neben dem achtjährigen Bernd und mir, ich war mit fünf die Jüngste, Regula (14), Andreas (12) und Sibylle (8), die den großen Garten mit dem Kinderhüttchen, das Badehaus mit dem Kahn und die unmittelbaren Wälder und Bäche „unsicher" machten. Wahrscheinlich in Nachahmung von dem, was wir von unserem Vater wussten, hatten wir einen unterirdischen Bunker ausgehoben und mit „Vorräten" bestückt. Auch erinnere ich mich, wie von der hohen Kastanie vor der Garage eine Schaukel hing, mit der man sich in die höchsten Zweige schwingen konnte. Die Errichtung eines Hühnerhauses war im Gespräch und auch die Möglichkeit, Kaninchen zu züchten. Verenas Kinder spielten alle ein Musikinstrument und vielleicht würden wir irgendwo ein Klavier auftreiben können. Als mein Vater von diesem Vorhaben erfuhr, war er begeistert über diese Idee, denn „zusammen musizieren" gehörte zu den ewigen Werten, die einen in diesen wüsten Tagen trösten konnten. Zeigten „sie einem nicht, dass das Leben doch lebenswert ist, und dass man auch den Kopf hoch halten soll, um die große Aufgabe zu erfüllen, die unserer Generation gestellt ist, nämlich allen Gewalten zum Trotz diese Schätze, die Gott den Menschen geschenkt hat, zu erhalten", schrieb er.

Am Pfingstsonntag gab es an der Front einen Gottesdienst in der orthodoxen, aus Holz gebauten und mit unendlich vielen Bildern geschmückten Kirche ohne Bänke. Die Selbstbesinnung und die Nähe zu Gott, die er dabei verspürte, beschrieb mein Vater als sehr wohltuend. Er war auch zum Abendmahl geblieben, denn er wollte als einziger Offizier kein Zeichen zum Herausgehen geben. Die Feierlichkeit der Handlung war sehr beeindruckend gewesen. Aber der Moment, in welchem der Pfarrer herumging und jedem die Oblate in den halb geöffneten Mund steckte, hatte auf ihn peinlich gewirkt und er konnte sich nicht lösen von der Grübelei über das Problem der Sündenvergebung durch den Tod Christi, auf der das Abendmahl basierte.

Dieser Pfingstsonntag war ein kühler, sonniger, klarer Tag gewesen und er hatte sich nach draußen gesetzt, um die Post zu lesen, die am Vortag gekommen war. Darunter befand sich „ein unbeschreiblich lustiger sechs Seiten langer Brief von Bai. Einen so lustigen Brief hatte er noch nie bekommen und er hatte laut lachen müssen, als er ihn las. Wie sehr wünschte ich mir, dass es gelungen wäre, so ein Dokument aufzubewahren! Meine Mutter hatte berichtet, dass Bernd in diesen Wochen wieder unerträglich ungezogen gewesen war und aus heutiger Sicht wäre es faszinierend zu wissen, wie er sich selbst, seine Erlebnisse und „Heldentaten" seinem Vater gegenüber damals beschrieben hat. Ich pflückte anscheinend regelmäßig Wiesenblumen, die meine Mutter in eine kleine Vase vor das Foto meines Vaters stellte und die wir dann zusammen pressten, um sie einem Brief an ihn beizulegen. All diese Nachrichten von zuhause waren herzerwärmend für meinen Vater und gaben ihm immer wieder neuen Trost und Mut.

Am Vortag hatte er eine Unterredung mit dem Bearbeiter für Personalangelegenheiten gehabt, aus der hervorging, dass er mit ziemlicher Sicherheit im Divisionsstab bleiben würde. Ihr Divisionspfarrer war übrigens vier Jahre lang Schüler von Vater Bertholet in Berlin gewesen, was für ein Zusammentreffen! Mein Vater war zufrieden mit der Entscheidung, im Divisionsstab zu bleiben. Sie hatte Vor- und Nachteile, aber er war vor allem froh darüber, weil sie für meine Mutter die denkbar größte Beruhigung war und auch wegen der interessanten, wenn auch ein wenig unselbständigen Schreibtischarbeit, die er zumindest jeden Tag mit einem kräftigen Ausritt ausgleichen konnte. Zu jeder Tages- und

Nachtzeit musste man zur Verfügung stehen und viele hundert Einzelheiten, die hier viel zahlreicher waren als in dem kleinen Rahmen des Bataillons, im Kopf haben. Alle drei Nächte hatte er Dienst. Da musste man zwischen drei und vier Uhr die Meldungen von Regimentern einholen und sie nach oben weitergeben. Seine erfrischende Selbstironie, die er sich durch all die schweren Jahre hindurch erhalten konnte, kommt hier wieder zum Ausdruck, wenn er an meine Mutter schreibt, dass es im Augenblick seine größte Herausforderung war, mit der „ziemlich anstrengenden und zeitraubenden Tätigkeit" fertigzuwerden, die mit der Feier des 28. Geburtstags ihres Majors zusammenhing. Sie waren seit dem frühen Morgen mit Feiern beschäftigt gewesen und der allgemeine Alkoholgenuss bis in die späten Morgenstunden des nächsten Tages würde gewaltig sein. Es kamen in ununterbrochener Folge Gratulanten mit Sekt- oder Schnapsflaschen vorbei, und jedes Mal musste mit diesen Leuten angestoßen werden. „Mir liegt das bekanntlich nicht so sehr, aber ich mache eine gute Miene dazu. Manchmal muss ich innerlich leise lächeln, wobei ich mir sehr alt und würdig vorkomme, obgleich ich der Rangjüngste unter den vielen Hauptleuten, Majoren etc. bin." Ein so sorgloses Treiben in solch ernsten Zeiten war doch ein wenig zweifelhaft. Mein Vater war sich bewusst, dass sie sich, ganz anders als daheim, in ihrer „friedensmäßigen Ruhe" am Rande der Kriegsereignisse befanden. Man konzentrierte sich hier nur auf einen kleinen Ausschnitt des Geschehens. Dabei ging das Gefühl für das Miterleben des Ganzen etwas verloren. Noch schienen die Hauptkräfte des Feindes auf eine Invasion konzentriert zu sein, aber ob sie wirklich kommen würde, ahnten sie hier noch weniger als die, die zuhause waren.

Der 6. Juni 1944, das Datum für die Invasion der Engländer und Amerikaner in der Normandie, war auch der 9. Hochzeitstag meiner Eltern. Der Brief, den mein Vater an diesem Tag meiner Mutter schrieb, ist erstaunlich. Er beginnt mit diesen Worten: „Liebster Schatz. Welch ein bedeutsamer Tag ist heute! Wie möchte ich mir wünschen, dass das, was im Kriegsgeschehen heute begonnen hat, zu einer ebenso glücklichen

Zukunft führen möchte wie das, was heute vor 9 Jahren für uns beide begann." Es folgt eine mehr als zwei Seiten lange poetische Beschreibung von den Anfängen und der Entwicklung ihrer Beziehung, zweier eigentlich viel zu junger Menschen, die miteinander eine leicht „verkrampfte", auch manchmal enge, wenn auch blumenreiche Talwanderung antraten, und die sich dann, auf zum Teil steinigen Wegen, zu einer Bergeshöhe hocharbeiteten, von der man eine großartige, glücklich befreiende Fernsicht hatte. Ihm war, schrieb mein Vater, als hätten er und meine Mutter „im vergangenen Jahr diese Bergeshöhe erreicht, von der aus sich das Leben so ganz anders zeigt als damals während des Beginnes unserer Wanderung im Tale. Der Grund dazu liegt wohl in der reicheren Lebenserfahrung, die wir den vergangenen schweren Kriegsjahren verdanken und in der Vertiefung unserer Liebe, die wir bis dahin wohl noch nie als etwas so Großes und Tiefes empfunden hatten." Sie wollten nicht zu sehr über Krieg und Trennung jammern, denn das vergangene, glückliche Jahr hatte ihnen gezeigt, dass beides ihnen gar nichts anhaben konnte. Soweit in diesem Brief die Gedanken meines Vaters zu ihrem Hochzeitstag. Erst dann äußerte er sich zu der Nachricht von der Invasion der Alliierten. Er schrieb: „Seit heute sind wir der Entscheidung wohl wirklich einen Schritt näher gekommen... Trotz der wahrscheinlich äußerst harten Kämpfe, die diese Landung mit sich bringt, ist es doch erleichternd zu wissen, dass es sich nun klar zeigen wird, ob unsere Kräfte ausreichen, um die Plutokraten vom Kontinent fernzuhalten." In der Nazipropaganda wurden als „Plutokraten" Engländer und Amerikaner abfällig bezeichnet, und die Verachtung für deren Demokratie und Kapitalismus mit diesem Begriff zum Ausdruck gebracht. Besonders wenn man den ersten Abschnitt des Briefes beachtet, mit seiner Aussage über die „glücklichere Zukunft", die aus dem Geschehen des 6. Juni hervorgehen könnte, muss man annehmen, dass mein Vater mit seiner ihm eigenen Ironie, hier grenzend an Sarkasmus, Hitlers fanatische Siegeshoffnungen kritisch kommentieren wollte, in so subtiler Weise, dass sie für die „Herren Zensoren" nicht greifbar war. Dass die deutschen Kräfte der Invasion der Alliierten auf Dauer nicht standhalten konnten, war mittlerweile offensichtlich. So war die Hoffnung auf eine schnelle Entscheidung, ein baldiges Ende des Krieges und damit der Möglichkeit einer ähnlich „glücklichen Zukunft", wie die seiner Verbindung mit meiner Mutter, allzu verständlich.

Zwei Tage später schrieb mein Vater von einem „denkwürdigen Tag" für sein persönliches militärisches Leben. Sein General hatte ihm mitgeteilt, dass er die Stelle des 0.1 – das hieß des ersten Ordonnanzoffiziers – beim Divisionsstab übernehmen sollte. Er war sehr glücklich über diese Fügung und freute sich auf die Herausforderungen der neuen Aufgabe. Meine Mutter war doch sicher auch beruhigt über diese Position, in der es ganz „etappenmäßig" zuging? Der Hauptmann, mit dem er bisher zusammengearbeitet hatte, würde ihm seine verantwortliche Stellung in wenigen Tagen überlassen und dann würde es für ihn sehr viel Arbeit geben. Er war selbst erstaunt, mit wie wenig Schlaf er an manchen Tagen auskam. Vielleicht lag das auch an dem gesunden russischen Klima, das weniger lau war als im Rheinland. Es war meinem Vater nicht erlaubt, ausführlich über den Inhalt seiner Arbeit zu schreiben, da alle Angriffspläne, Strategien und Befehlsentwürfe über seinen Schreibtisch gingen. Er musste sie zu Papier bringen und koordinieren, was viel Konzentration und vor allem eine Unmenge an Telefongesprächen bedeutete. Sein wichtigstes Werkzeug war sein Terminkalender, denn ohne ihn war es unmöglich, alles, was erledigt werden musste, im Kopf zu behalten.

Im Ganzen hatte er es sehr gut getroffen, schrieb mein Vater, und wagte kaum meiner Mutter von dem Ausmaß ihres „unsoliden Lebens" zu schreiben, wenn mal wieder eine Feier nach der anderen stattfand, meist Geburtstage, an denen man stundenlang im Kasino saß und viel zu trinken aber auch gut zu essen bekam. Wie sehr er sich dann wünschte, diese Lebensmittel mit uns teilen zu können! Im Augenblick hatte er nur etwas Tabak aufgespart, den er meiner Mutter als Tauschware schicken konnte. Jeder Tag begann für ihn mit einer Stunde Reiten – er hatte da sogar gute Fortschritte seit Frankreich gemacht – und oft auch mit einiger Zeit in der Sauna, die sie gebaut hatten und wo ein russischer Gefangener ihnen Massagen gab. Kleine Seen in der Umgebung mit sandigem Untergrund luden zum Schwimmen ein und immer, wenn er Zeit hatte, würde er sich draußen in die Sonne setzen. In diesen stillen Augenblicken konnte er kaum begreifen, dass es ihm gelang, sich von dem allgemeinen fürchterlichen Treiben in der Welt zu distanzieren. „Man wundert sich an solchen ruhigen und schönen Tagen, dass man noch nicht in den ungeheuren Strudel hereingezogen ist, der sich in diesen Wochen über die Erde ergießt und der so aussieht als risse er alles mit sich. Ich habe allerdings die feste Zuversicht, dass wir nicht mehr weit von dem Punkt der stärksten Konzentration aller Kräfte auf beiden Seiten und damit von der Kriegsentscheidung entfernt sind." Er hatte von den „Apparaten" gehört, die jetzt als „Vergeltung" den Engländern „immer noch lebhaft auf den Kopf geregnet" wurden, aber ob diese wirksamer als Bomben sein konnten, war ihm nicht klar. „Zu blödsinnig ist diese gegenseitige Zerstörung innerhalb der alten Kulturländer Europas. Die Amerikaner und Russen werden sich darüber freuen", schrieb mein Vater.

Sein Regiment war jetzt ins neue Bunkerdorf in einem kleinen Kiefernwald umgezogen. Die Landschaft war ähnlich wie die in der Mark Brandenburg, Sandhügel mit licht stehenden hochstämmigen Kiefern. Sein Arbeitsraum, den er mit dem Oberstleutnant teilte, war sehr schön geworden, geräumig und hell. Etwa 20 Meter davon entfernt war ein kleinerer Bunker für ihn. Er war aus frisch geschlagenen Kiefern gebaut, aus denen das Harz noch tropfte, und mein Vater war glücklich über dieses eigene „Heim". Von dem allgemein heftigen Ansturm der Feinde hatten sie in ihrem Abschnitt noch nichts gemerkt, obwohl sie von intensiven Kämpfen an der Front weiter im Norden gehört hatten und er zugeben musste, dass sie in Spannung lebten. „Es wird eine ungeheure Kraftprobe sein, die uns Deutschen in den nächsten Monaten bevorsteht", meinte mein Vater und hatte immer noch die große Hoffnung, dass der Krieg in seiner Eskalation sich jetzt bald auf eine Entscheidung zubewegte. Er hatte kaum eine freie Minute, um meiner Mutter zu schreiben. „Tausenderlei Dinge" schwirrten in seinem Kopf umher und er sauste ständig zwischen seinem Telefon und dem Geschäftszimmer hin und her. „Zwischendurch waren Befehle abzufassen, was manchmal nicht ganz einfach ist, da man sich dabei äußerst exakt und in der militärischen Sprache ausdrücken muss, die etwas anders ist als die des normalen Zivilisten". Meine Mutter konnte sich keine Vorstellung machen von dem regen Betrieb im Gefechtsstand, wo alle Fäden zusammenliefen. Manchmal waren es 100 Telefongespräche am Tag, die zu führen waren, und mein Vater fühlte sich „wie das Fräulein vom Amt". Schlaf gab es nur wenig, aber glücklicherweise fand er, dass sein Gedächtnis auch mehr leisten konnte, als man ihm unter normalen Umständen zugetraut hätte.

Auch zu einem „rechten Geburtstagsbrief" an meine Mutter Anfang Juli fehlte meinem Vater die Zeit. Es war schon spät in der Nacht geworden, bis er endlich ans Schreiben kam, weil er zu dritt mit dem Oberstleutnant und dem Hauptmann noch lange in ihrem Arbeitsbunker in ein tiefes Gespräch verwickelt gewesen war „über allerlei Probleme, beginnend mit der Kriegslage und endend mit Philosophischem und Religion". Im Ganzen hatten sie sich gut verstanden, aber es war ihm mal wieder klar geworden, dass er seiner Veranlagung nach nicht für dieses Zeitalter geboren war. Er tat zwar seine Arbeit aus Pflichtgefühl, mit Eifer und sogar auch mit etwas Freude, aber im Grunde seines Herzens war er nicht für die Bewältigung dieser Art Aufgaben gemacht „weil in mir die Empfänglichkeit für die Schönheiten, die Gott uns Menschen in unserem irdischen Dasein schenkt, zu stark ausgebildet ist. Ich kann mich freuen über eine Landschaft, über eine edle Musik über Harmonisches und Großes, leider alles Dinge, für die der Frieden eine Vorbedingung ist". Es war meinem Vater ein Trost und gab ihm Kraft zu wissen, dass meine Mutter da ganz ähnlich empfand und es war sein einziger und größter Geburtstagswunsch, dass sie bald wieder beisammen sein dürften. Er hatte sich darüber gefreut zu hören, dass meine Mutter es inspirierend gefunden hatte, als der Pfarrer in der Kirche, die sie manchmal besuchte, über die Frage des Gebets gesprochen hatte. Im Ganzen hatte er das Gefühl, dass ihre gemeinsamen Versuche, auch wenn sie spärlich gewesen waren, etwas Klarheit in religiösen Fragen zu schaffen, ihnen beiden in Bezug auf ihren Glauben an Gott geholfen hatten. Der Ausspruch „bete und arbeite" sprach auch ihn an. Er hatte in seiner Fähigkeit zu beten Fortschritte gemacht, auch wenn er es nicht regelmäßig tat. Aber wenn er vor dem Einschlafen betete, dann gab ihm das neue Kraft.

Mein Vater war sehr besorgt, als er von dem Vorhaben meiner Mutter hörte, Ende des Monats wie jedes Jahr nach Düren zum Einmachen fahren zu wollen. Rigorose Verkehrseinschränkungen waren verordnet worden, die die Zugverbindungen noch anstrengender machten als bisher und er hatte gehört, dass Düren schlimme Bombenschäden erlitten hatte und dass zum Teil auch Häuser von entfernten Familienmitgliedern betroffen waren. Er fragte meine Mutter, ob es nicht möglich sei, jemanden aus der Fabrik zu bitten, das Einmachen zu übernehmen, der dann einen Teil der Gläser für sich zurückbehalten würde. Im letzten Jahr hatte er geholfen, in Neuhaus einen kleinen Garten mit Himbeer- und Stachelbeersträuchern und auch etwas Gemüse anzulegen, aber das war natürlich viel zu wenig.

Die Invasion der Alliierten in der Normandie hatte endlich den Zweifrontenkrieg herbeigeführt, den Stalin gleich nach dem Einfall der Deutschen in die Sowjetunion von den Westmächten gefordert hatte. Die neue Situation ermutigte die Russen, entlang der gesamten Ostfront anzugreifen. Am 10. Juli schrieb mein Vater, dass es mit dem „Papierkrieg" bei ihnen hoch hergehe und er vor allem damit beschäftigt sei, die bitteren Erfahrungen der Kameraden nördlich von ihnen auszuwerten und mitzuhelfen, ihre eigene Kompanie richtig zu organisieren. Sie waren sich bewusst, dass ein Angriff auf sie kurz bevorstand. In einem Brief an meine Mutter machte er sich selbst Mut, indem er schrieb: „Was nützt aber alles Klagen? Wir müssen weiterwandern und uns stark zeigen in allen Lebenslagen. Dann wird es uns vielleicht eines Tages vergönnt, für immer beisammen zu sein. Alles Leid, das wir miterleben müssen und alle Prüfungen, die zu bestehen sind, sollen uns stärken. Das tun sie auch, wenn wir nur den Kopf nicht hängen lassen... Schon der Kinder wegen müssen wir alle Kraft zusammennehmen, um durchzuhalten... Wir haben auch noch immer viel Grund zur Dankbarkeit. Es geht uns besser als manchen anderen und es ist uns viel unendlich Schönes und Großes von Gott geschenkt worden in der vergangenen Zeit."

Wahrscheinlich waren die starke Bombardierung von München und die massiven Angriffe der Russen im Osten der Grund, dass der sonst regelmäßige Postbetrieb jetzt unterbrochen wurde. Besonders wenn die Briefe von zuhause einmal länger ausblieben, merkte mein Vater erst, wie sehr sie zu seinem täglichen Glück gehörten. Am 16. Juli, am Tag bevor seine Einheit von den Russen überfallen wurde, verfasste mein Vater einen sechs Seiten langen Brief an meine Mutter, der wie ein Versuch klingt, sich selbst Mut zu machen und kurz vor dem großen Chaos seine Gedanken noch einmal zu ordnen. Es ist der Brief Nummer 27, geschrieben noch mit Tinte und in seiner gewohnten klaren schönen Schrift. Wenn man sich doch nur über alles aussprechen könnte, schrieb er mit einer gewissen Verzweiflung, denn es war so schwer, in einem Brief die richtigen Worte für die jetzige Situation zu finden. Seine Division konnte sich nicht beklagen, da sie nicht im Brennpunkt des Geschehens lagen und, vom Iwan unbemerkt, über ihre Sandwege kreuz und quer durchs Gelände fahren konnten. Die Russen verfolgten offensichtlich die Taktik, an wenig besetzten Stellen der Front mit ungeheuer massiven Kräften einen Durchbruch zu erzwingen und den dann auszunutzen, wie es ihnen bereits in der Mitte der Front schon gelungen war. Sie selbst waren scheinbar kein Ziel von Interesse. Aber man musste natürlich auf alle Möglichkeiten vorbereitet sein und das brachte viel Arbeit mit sich. Die Verantwortung einer Divisionsführung war schon eine gewaltig große, auch wenn man wie er nur als Gehilfe mitzuwirken hatte. Er hatte keine Vorstellung, wie es weitergehen könnte. „Als Soldat hat man die Pflicht, an ein gutes Ende zu glauben und entsprechend zu handeln. Nur wenn wir und vor allem die Männer, die es um vieles, vieles schwerer haben als ich, aushalten, können wir hoffen, die für unser armes geplagtes Heimatland günstigste Lösung zu erkämpfen." Aber was war der Sinn von so viel Leid? Er selbst konnte nur standhalten, wenn er sich bemühte, einen Sinn in dieser Standhaftigkeit zu finden, die von ihnen allen verlangt wurde. „Es ist wohl so, dass der, der nicht eisern will und der nicht kämpft auch in scheinbar aussichtslosen Lagen, in diesem traurigen Erdendasein, das nur auf Kampf eingestellt ist, nichts erreicht." Ihm fiel es nicht schwer, sich mit dem Schicksal im Großen abzufinden, weil er an Gott glaubte und an die Schlechtigkeit der Menschen, die es wohl nicht besser verdient hatten. „Aber dieser Glaube allein genügt nicht, um willig seine Pflicht zu erfüllen, denn man ist doch zu sehr mit seinem irdischen Dasein verbunden und da sage ich mir denn zum Trost, dass ich kämpfen und standhalten will für alles das, was ich im Leben liebe: Das seid Ihr, Ihr liebsten Menschen und so vieles Schöne das mir Gott schon geschenkt hat und das ich gerne wieder und als reiferer Mensch – durch die Schwere der Zeit gereift – wieder und noch intensiver genießen möchte, mit Dir und den Kindern zusammen." Er gab zu, dass wenn er an ein erfüllendes Leben in der Zukunft dachte, der Sammelbegriff „Europäische Kultur", der für alle Menschen verschieden war, eine Rolle spielte. Für ihn gehörten Musik und Literatur und Kunst, daneben auch manche Bequemlichkeit des täglichen Lebens dazu, und nicht zuletzt ein wenig Freiheit und Muße. Waren diese Werte nicht des Kämpfens und Standhaltens wert? Es folgt in diesem langen Brief ein Fazit, das wohl in der westlichen Welt weit verbreitet war. Mein Vater schrieb: „Wenn die Russen uns besiegten, würde nichts davon [der Europäischen Kultur] übrigbleiben, aber wenn wir durchhalten, können wir es vielleicht doch noch erzwingen, dass Europa und all die großen Schätze aus der Vergangenheit, die damit verbunden sind, nicht ganz im Chaos versinken. Dieser Gedanke soll mir Kraft geben und auch Dir, denn ich weiß, dass Du in diesen Tagen voller Sorgen bist, viel mehr noch als ich. Wir dürfen den Kopf nicht hängen lassen, nicht nur unseretwegen, sondern vor allem der Kinder wegen, die nicht später von uns sagen dürfen, wir hätten nicht durchgehalten." Dies waren ernste Gedanken, die er hier meiner Mutter zumutete, aber vielleicht gelang es ihr, wie ihm, ihnen zu entfliehen, wenn sie an das vergangene Jahr dachten. Dann war es ihm möglich, sich mit seinen Erinnerungen, die ihm niemand nehmen konnte, in ein kleines gemütliches Häuschen zu verkriechen, während draußen ein wüster Schneesturm tobte.

Dies war fast der letzte Brief, den meine Mutter mit Tinte geschrieben erhielt.

Russische Offensive und letzte Kämpfe
Juli 1944 - April 1945

Zwischen dem letzten Brief und dem nächsten, mit Bleistift gekritzelten, lagen zehn Tage. Inzwischen musste meine Mutter aus dem Wehrmachtsbericht entnommen haben, dass nun auch der Teil der russischen Front, wo mein Vater war, sich in intensivem Gefecht mit den Russen befand. „Es ist nicht gerade sehr gemütlich bei uns", mit diesen verharmlosenden Worten berichtete er von einem Zustand des „viel Unterwegsseins" und von „1 bis 2 Stunden Schlaf". Sehr schwere Kämpfe waren bei ihnen nicht gerade im Gang, aber sie waren dauernd schwerstens beschäftigt und er machte sich Sorgen, auf welche Weise er mit uns in Verbindung bleiben könnte. Sie waren jetzt weit von der Bahn entfernt und ihre „Feldpostautos hat´s zerrissen" meldete mein Vater. Partisanen hatten ihr Feldpostamt mit den dazugehörigen Fahrzeugen überfallen, sodass in diesen Tagen niemand da war, um ihre Post von und zu der sehr weit entfernt liegenden Bahnstation zu bringen. Mit der Zeit würde die Sache schon wieder in Ordnung kommen, aber das hieß, dass alle eingehende Post verloren gegangen war, und wenn sie selbst einen Gruß nachhause schicken wollten, sie ihn jemandem mitgeben mussten, der nach Warschau fuhr. „Glaube nicht etwa, dass wir eingeschlossen sind", schrieb er. „Wir sind auf Reisen und führen ein Nomadenleben." Mit diesen kurzen Worten versuchte mein Vater meine Mutter zu beruhigen. Wie meine Mutter sicher im Wehrmachtsbericht gehört hatte, war „alles etwas in Fluss" geraten in ihrer Gegend. Es ging ihm heute sehr viel besser als gestern, nachdem er volle fünf Stunden während der Nacht hatte schlafen können. Seit etwa 10 Tagen befand er sich, so wie wohl fast alle Divisionen, am russischen Kriegsschauplatz unter starkem Druck seitens der Russen, denen man es nicht übel nehmen konnte, dass sie die Lage ausnutzten und ihnen so viele Schwierigkeiten wie nur möglich machten. Um für Bewegungen und Kämpfe seiner Division einen ordentlichen Plan fertigzubringen, war ungeheuer viel Arbeit erforderlich, und man fragt sich, ob diese vor allem aus dem Versuch bestand, ein Gleichgewicht zu schaffen zwischen Verteidigung und Flucht, um so viele ihrer Männer zu retten wie nur möglich. Mein Vater bewunderte, wie der Oberstleutnant alles schaffte. Dieser hatte tagelang höchstens mal zwei Stunden geschlafen, fast nichts gegessen und zu viel geraucht. Er selbst hatte zuerst sehr mit der Müdigkeit gekämpft, aber schließlich hatte er sich besser als er vermutet hatte daran gewöhnt, nur 1-3 Stunden zu pennen. Ein ehemaliger Omnibus für „Fahrten ins Blaue" war ihr sogenannter Befehlswagen geworden. Natürlich war er ein wenig umgebaut, um zwei Abteile zu schaffen, eines für das Geschäftszimmer und eines für ihren Arbeitsraum. Er saß da in einem Stuhl mit Lehne, in dem es sich „prächtig pennen" ließ. Es war vorübergehend etwas ruhiger geworden, sodass sie sich zu dritt in der Nachtwache ablösen konnten. Weil sie dauernd unterwegs waren, schliefen die beiden anderen draußen in einem Zelt. Wenn das Wetter schön war, stellten sie ihren Arbeitstisch an die frische Luft und mein Vater konnte sich sogar über den blauen Himmel und den schönen Waldduft freuen.

Die größte Freude aber war, dass schon nach ein paar Tagen der Postverkehr wieder hergestellt war und er mehrere Briefe von zuhause bekommen hatte, sechs allein von Bernd, der ihm stolz sein Zeugnis und seine lustigen Kommentare dazu geschickt hatte. Meine Mutter schrieb von herrlichen Sommertagen, ausgefüllt mit Bergtouren und lustigem Schwimmen im See. Aber nicht alle Nachrichten von zuhause waren gut. Die Lebensmittelknappheit hatte zugenommen und auch Papier war so knapp, dass meine Mutter ihre Briefumschläge wieder aus alten Tüten zusammenbasteln musste. Die erschreckendste Nachricht jedoch war, dass sich das Fieber meines Vetters Andreas als ein Fall von Tuberkulose herausgestellt hatte. Es gab immer noch keinen Zugang zu Antibiotika in Neuhaus und aufgrund der schlechten Ernährung konnte diese Krankheit lebensbedrohlich werden. Wir mussten uns also dringend bemühen, möglichst gesunde Nahrungsmittel für Andreas zu beschaffen, so zum

Beispiel die Milchprodukte unseres Freunds, dem Asenbauer. Mein Vater war natürlich sehr in Sorge aufgrund dieser Nachricht und bat meine Mutter, ihm nur so oft wie möglich zu schreiben und ihm zu erzählen, wie es weiter ging. Er hatte es satt, weiter „Krieg zu spielen", wie er es nannte, und hatte nur eine Sehnsucht, nämlich in diesen dunklen Zeiten zuhause zu sein.

Jeder Tag brachte, aufgrund der sich überstürzenden Ereignisse, für meinen Vater und seine Einheit Überraschungen. Wie viele Millionen Menschenleben hätten gerettet werden können, wenn nur Hitler um diese Zeit gewillt gewesen wäre, Deutschlands Niederlage einzusehen und einen Friedensvertrag einzuleiten. Mein Vater schrieb, wie ungeheuer viel von ihnen allen, aber natürlich besonders von den Männern vorne an der Front verlangt wurde, um sich „die Russen vom Hals zu halten. Man musste sich wundern, wie sie durchhalten bei den großen Marsch- und Kampfleistungen." Seine Leistung bestand vor allem darin, dass er alles Organisatorische im Kopf haben und Befehle weitergeben musste. Wichtig war, dass man nicht „durchdreht" und einigermaßen seine Nerven behielt, berichtete er.

In der nächsten Woche bestand seine Post an meine Mutter aus wenigen Sätzen, offensichtlich eilig auf grobes Papier geschrieben, um ihr nur schnell „ein Lebenszeichen" zu geben, während sie alles versuchten, damit die Russen bei ihnen nicht durchbrechen konnten. Aber er schätzte, dass sie bald wieder „ein wenig wandern" würden. Er wusste, dass meine Mutter noch vieles über ihn wissen wollte und so gab er ihr, sobald er die Ruhe dazu fand, eine seiner humorvollen Beschreibungen. „Wenn es hoch her geht an der Front, dann ist man sehr angespannt. Dann klingelte es an zwei Telefonen ununterbrochen. Es kommen Meldungen von vorne und es werden Befehle gegeben. Fürs Kriegstagebuch müssen alle wichtigen Ereignisse und Befehle notiert werden. Man muss ungeheuer aufpassen, denn aus irgendeinem kleinen Versäumnis können sehr schwere Folgen entstehen. Oft geht der Betrieb bis in die Nacht hinein. Eine Zeitlang hatte der Iwan die schlechte Angewohnheit, bei Dunkelheit noch einmal anzugreifen und mit Panzern in das Dorf zu fahren wo unsere Männer saßen. Das gab natürlich meist eine ziemliche Verwirrung und es dauerte lange bis alles wieder in Ordnung war."

Tatsächlich wurde die Division meines Vaters jetzt in eine sehr viel zivilisiertere Gegend zurückgedrängt, umgeben von netten Bauernhäusern und Blumengärten. Dort bekamen sie gut zu essen. Besonders häufig gab es Hühnerbraten. Auch Gemüse und Kompott waren keine Seltenheit. Im Moment waren es ruhige Tage und sie kampierten in einem Wald hinter einem polnischen Städtchen, das durch einen russischen Luftangriff schon vor längerer Zeit vollständig zerstört worden war. Aber an den deutschen Bezeichnungen, die noch zu lesen waren, konnte man deutlich sehen, dass dieser Ort von Deutschen bewohnt gewesen war. Es war offensichtlich, dass man hier bereits erobertes Land wieder aufgegeben hatte. Erstaunlich war ein Aufenthalt von zwei Tagen in einem prächtigen Gutshof gewesen, zuletzt der Sitz des „Kreiskommandanten", ein üppig ausgestattetes Haus in schöner Lage mit Schwimmbad, Tennisplatz und guten landwirtschaftlichen Einrichtungen, wohl noch aus der Polenzeit stammend, aber sichtlich von den Deutschen gefördert. Als „der Iwan" gestern ein wenig mit Artillerie in ihre Gegend schoss, hielten sie es für besser, sich an einem weniger markanten Punkt im Wald niederzulassen. Während der Nacht konnten sie sich jetzt zu viert den Telefondienst teilen, sodass er seit einer Woche jede Nacht mindestens sieben Stunden geschlafen und alles wieder aufgeholt hatte, was ihm fehlte. Auch „ein Fettpölsterchen" schien sich wieder zu bilden als Folge des guten Essens. Er meinte, hier an einem Tag so viel Fleisch zu bekommen wie wir zuhause höchstens in einer Woche, und die Butterration entsprach wahrscheinlich der eines Monats für uns. Auch Gemüse gab es häufig, neulich auch Kompott von frischen Kirschen und Äpfeln, ja sogar Rhabarber. Aber all das nützte natürlich nichts, wenn es sonst so trübe ausschaute. „Wenn man nur wüsste, dass man eines Tages wieder beisammen wäre und sich gemeinsam eine neue Zukunft aufbauen könnte, dann wollte man schon zufrieden und sogar sehr glücklich sein."

Wie wunderbar schön war diese Zeit vor einem Jahr gewesen, als sie zusammen auf Pilzsuche gegangen waren, fast unvorstellbar in der jetzigen Lage, aber es würde auch einmal wieder besser werden. „Das Leben geht halt doch weiter, über alle schweren Schicksalsschläge hinweg." Er hoffte nur, dass es nie dazu käme, dass die Wellen des Krieges in arger Stärke bis zu uns vordringen würden.

Ab dem 10. August schrieb mein Vater wieder kurze Nachrichten von „unterwegs", ihren „kleinen Reisen von einem Wald zum anderen". Ein gutes Beispiel für den feinen, fantasiereichen Humor, den er sich durch all die bitteren Monate erhalten konnte, ist ein Brief, den er um diese Zeit an Bernd adressierte. Die Korrespondenz zwischen den beiden war intensiv. Bernd schrieb seinem Vater fast so häufig wie es meine Mutter tat, aber weil auch diese Briefe nicht erhalten sind, können wir ihren Inhalt nur aus der Reaktion meines Vaters erraten. (Ob sich wohl die Briefe meines Vaters an Bernd noch irgendwo befinden?) In diesem Brief vom August 1944 beschrieb mein Vater den Wald, in dem sie bei ihrem „Zigeuner-Leben" gerade auf der Flucht vor den russischen Truppen untergekommen waren. Es musste ungefähr das sechsundzwanzigste Waldstück sein, in dem sie jetzt Schutz suchten, und es gab so viele Blaubeeren hier, dass, wenn Bernd einen großen Korb mitbrächte, er ihn in einer Stunde füllen könnte. Und dann erzählte mein Vater Bernd die Geschichte von seinem faulen Rasierpinsel: „Einmal, als wir wieder von einem Wald in den anderen zogen, habe ich meinen Rasierpinsel hängen lassen. Er hing an einem Ast, wo er trocknen sollte. Leider hat er sich gar nicht gemeldet als wir abfuhren. Wir haben einen Funkspruch von den Russen mitgehört – das ist manchmal sehr spannend, denn man kann dabei Wichtiges erfahren. Da sagten sie, dass sie genau in dem gleichen Wald waren, in dem wir am Abend vorher gewesen waren. Von meinem Rasierpinsel hat er zwar nichts erzählt, aber ich nehme an, dass sich jetzt irgendein Iwan damit rasiert." Übrigens hatte Iwan den deutschen Soldaten den Namen „Fritz" gegeben.

In solchen Reisenächten war meistens nicht an Schlaf zu denken, oder wenn, dann nur kurz, aber es würden schon auch wieder ruhigere Tage kommen. Im Augenblick mussten sie vor allem dafür sorgen, dass die im Norden siegreichen Russen, die weit nach Westen vorgedrungen waren, sie nicht einkreisten. Zwischendurch gab es mehrere Tage hintereinander, an denen sie vom Feind gar nichts merkten, und die sie dazu nutzten, Schlaf und „Säuberungsaktionen" nachzuholen. Als Stab wohnten sie jetzt in ihrem Befehlswagen und bei schönem Wetter brachten sie den Tisch zum Essen und zum Arbeiten ins Freie, auch wenn es dazu fast zu heiß war. Schlafen konnte mein Vater „herrlich" auf seinem Lager im Omnibus. In diesen, schon kühler werdenden Nächten, war er dankbar über seinen geliebten blauen Schlafsack, dessen „Eingeweide" zwar anfingen herauszuschauen, der ihm jedoch, er war sich dessen sicher, bis ans Kriegsende treu bleiben würde. Er konnte nicht ahnen, dass er ihn schon in ein paar Tagen für immer verlieren würde.

Nachdem es eine Zeit lang wüst stürmisch hergegangen war, herrschte jetzt eine ganz ungewöhnliche Stille und wenn dann auch noch die Sonne schien, gelang es meinem Vater sogar „sein Leben zu genießen", indem er die deprimierenden Gedanken abschaltete. Außerdem, schrieb er, hatten ihn, trotz der vielen Umzüge, gestern mehrere liebe Briefe von zuhause erreicht, die ihm Mut machten. Wie sehr er die argen Sorgen bedauerte, die sich meine Mutter gemacht haben musste, während der ungemütlichen Wartezeit. Er hoffte sehr, dass es jetzt mit dem Postverkehr so blieb, besonders da es bei ihnen augenblicklich einigermaßen stabil aussah. Die dringenden Telefongespräche hatten nachgelassen, aber er war intensiv damit beschäftigt, das Kriegstagebuch nachzutragen. Seit dem 18. Juli hatte er keine Zeit mehr dafür gehabt und es war eine mühselige Arbeit, besonders bei seinem schlechten Gedächtnis, „den ganzen Krempel zusammenzusuchen" und vor allem, den unendlich vielen Funksprüchen nachzugehen. Er kam sich vor „wie einer, der in eine Tretmühle eingespannt ist. Ich gäbe viel für einen Tag Freiheit", schrieb er. Aber er hatte keinen Grund zum Klagen, denn den allermeisten ging es schlechter als ihm. Meinte meine Mutter nicht auch, dass sie, „geläutert und gestärkt durch alles schwere Erleben der vergangenen Jahre", zusammen ein neues Leben beginnen würden, wenn dieser Krieg einmal vorüber war, und dass sie ein großer innerer Reichtum entschädigen würde für alles Materielle, das ihnen fehlen würde? „Man müsste doch eigentlich ganz zwangsläufig innerlich um so reicher werden, je ärmer man äußerlich wird", überlegte sich mein Vater.

Die längere Ruhe hatte ihnen gutgetan und sie gestärkt für die erneuten Angriffe der Russen, die heute wieder mit überlegenen Kräften versucht hatten, bei ihnen durchzukommen. Iwan hatte dieses Mal keine Panzer mitgebracht und so wurden die Angreifer an einigen Stellen von ihrer Artillerie zurückgedrängt. Dabei hatten die Russen große Verluste erlitten. Sie waren gespannt, was der nächste Tag bringen würde, denn ihre Erfahrung war, dass sie immer von Neuem angegriffen wurden. Wieder bat mein Vater meine Mutter, sich bitte keine Sorgen um ihn zu machen, da er meist „nur am Telefon Krieg führe", manchmal mit bis zu 500 Gesprächen am Tag. Neuerdings fanden sie Unterkunft in Förstereien, die sehr viel angenehmer und sauberer waren als die Bauernhäuser mit ihrem Ungeziefer. Von der Außenwelt hörten sie fast nichts, da ihr Radio beim letzten Kampf in Flammen aufgegangen war.

Mein Vater hatte sechs Tage lang nicht schreiben können, weil es ununterbrochen Gefechte gegeben hatte. Die Russen waren nördlich, bei ihrer linken Nachbardivision eingefallen und diese hatte sie um Unterstützung gebeten. Jetzt war es nach Mitternacht und endlich ruhig, so dass mein Vater noch schnell auf einen Brief meiner Mutter eingehen wollte, in dem sie etwas von einem kleinen Häuschen mit hübschem Garten geschrieben haben musste, von dem sie geträumt hatte und in das sie sich mit meinem Vater zurückziehen wollte. Ja, meinte mein Vater jetzt, „am besten wäre es Landwirt zu sein. Mehr als je hat man Sehnsucht nach der Natur. Ich habe gar keine Lust, in einer Stadt zu leben und Massen von Menschen zu sehen. (Ob man solche Wünsche allerdings noch haben kann, ist sehr fraglich.) Wahrscheinlich muss man zufrieden sein, wenn man irgendwo wieder beisammen ist. Dir scheint es mit diesen Einsamkeitswünschen ähnlich zu gehen."

Man war „halt eingespannt wie ein braves altes Zugpferd", schrieb mein Vater in seinem nächsten Brief vom 23. August. Aber wie gut hatte er es gegenüber den meisten Kameraden weiter vorne, die schwere Kampftage mit großen Anstrengungen hinter sich hatten. In den letzten zweieinhalb Tagen waren die Russen mit siebenfacher Übermacht gegen ihre Division angerannt, zwar ohne Panzer, aber sie machten ihren Männern trotzdem viel zu schaffen. In dem unübersichtlichen Waldgelände war es recht schwer gewesen, den Feind immer wieder von neuem zurückzudrängen. Neuerdings hatten sie einen Fluss vor sich und konnten wieder ein wenig verschnaufen, um Schlaf nachzuholen. Sie hatten jedoch „eine kleine Katastrophe" erlebt. Auf dem Weg zum jetzigen Posten war ihr Befehlswagen auf der nächtlichen Fahrt in einem der unvorstellbar tiefen Sandwege steckengeblieben und musste deshalb samt Inhalt verbrannt werden. Er hatte einige Kleider eingebüßt aber vor allem seinen geliebten Schlafsack und noch viel, viel schlimmer, seine schwarze Mappe mit Briefen und den Bildern von uns. Sie waren alle zu Asche geworden, aber er nahm es nicht tragisch „denn wer hat heutzutage noch alle seine Sachen beieinander?" Außerdem war das meiste Praktische schon ersetzt. Er hatte wieder eine Zahnbürste, Rasierzeug, einen Mantel und Decken, aber würde meine Mutter ihm bitte noch einmal Bilder von uns schicken?

Die Länge der Briefe, die mein Vater trotz der komplizierten Lage zu schreiben vermochte, spiegelt den Ernst wider. So schaffte er am 30. August nur ein paar Zeilen auf einem kleinen Feldpostbrief, auf dem es aufgedruckt hieß: „Am Ende aber steht unser Sieg", eine Forderung Hitlers, die in dem jetzigen Zustand, in dem sich mein Vater befand, wie Hohn klang. In den letzten fünf Tagen waren die Kämpfe wieder so intensiv gewesen, dass er überhaupt nicht hatte schreiben können und auch jetzt, spät in der Nacht, musste er noch von den Regimentern alle Auskünfte über ihre Stärken, Ausfälle usw. sammeln. Aber schon einen Tag später fand mein Vater die Zeit, einen langen Brief zu verfassen, weil er sich in einem Forsthaus befand und der Feind sie im Augenblick in Ruhe ließ.

Juli 1944 - April 1945

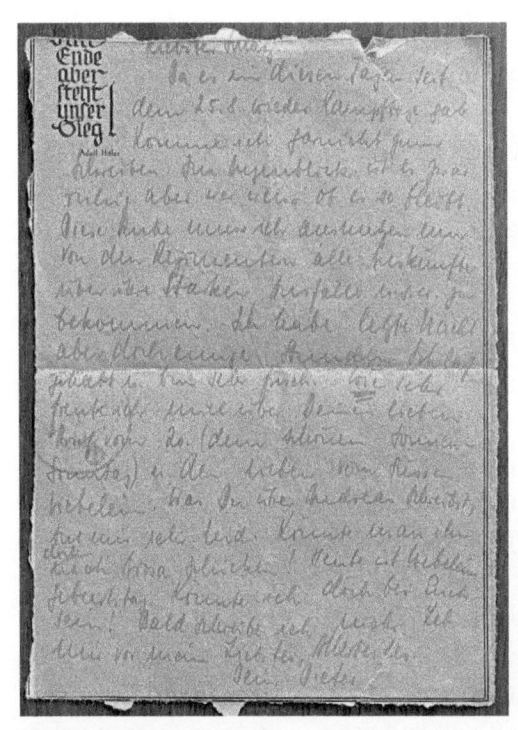

Liebster Schatz.
Da es in diesen Tagen seit dem 25.8. wieder Kampftage gab komme ich gar nicht zum Schreiben. Im Augenblick ist es zwar ruhig aber wer weiss ob es so bleibt. Diese Ruhe muss ich ausnutzen um von den Regimentern alle Auskünfte über ihre Stärken, Ausfälle u.s.w. zu bekommen. Ich habe letzte Nacht aber doch einige Stunden Schlaf gehabt u. bin sehr frisch. <u>Wie</u> sehr freute ich mich über deinen lieben Brief vom 20. (dem schönen Sonnen-Sonntag) u. den lieben vom süssen Webelein. Was Du über Andreas schreibst, tut mir sehr leid. Könnte man ihn doch nach Arosa schicken! Heute ist Webeleins Geburtstag, könnte ich doch bei Euch sein! Bald schreibe ich mehr. Leb mir vor mein Liebstes, Allerliebstes. Dein Dieter

Brief vom 30. August 1944

Ein wenig hatte er ein schlechtes Gewissen, weil er in den vergangenen kampffreien Tagen das Geschehen an der Front nur am Telefon miterlebt hatte. Es hatte ihn zutiefst betrübt, wenn er an den großen Unterschied zwischen ihren, trotz aller Arbeit doch recht üppigen Lebensverhältnissen, und den Anstrengungen und Entbehrungen der Männer, die vorne an der Front waren, dachte und was sie leisten mussten, um sich die Russen vom Hals zu halten. So ungleich das Kräfteverhältnis der kämpfenden Truppen auch war, es wurde ausgeglichen durch die geringe Kampfkraft der russischen Infanterie, die ihnen gegenüber lag. Es handelte sich um nur kurzfristig ausgebildete Männer, die in den neu von den Russen eroberten Gebieten stationiert worden waren. Durch ihre Massen und durch lebhaftes Granatwerfer- und Artilleriefeuer machten sie ihnen aber doch sehr zu schaffen. Unangenehm war vor allem das Waldgelände. Wenn der Feind sich dort befand, wurde es sehr schwierig, ihn wieder herauszuwerfen. Er selbst erlebte das alles nur am Telefon mit und machte auf seiner Karte rote und schwarze Striche, aus denen dann die jeweilige Lage zu ersehen war. Mein Vater hatte einen neuen Mitarbeiter bekommen, einen 35-jährigen Leutnant, von Beruf Sänger. Von seiner Stimme, schrieb er, in seinem ungebrochenen Humor, hatte er noch nichts vernommen, außer beim Schnarchen. Eine wesentliche Hilfe war er auch noch nicht, aber immerhin konnte er das Telefon hüten, während mein Vater sich wusch und rasierte. Auch hätte er durch die intensive Kampfzeit in den letzten Wochen viel gelernt, zum Beispiel, sich in kritischen Lagen nicht zu sehr aufzuregen. Sie hatten an Krisen ja nun schon allerlei erlebt, so dass man nicht mehr so leicht zu erschüttern war wie in der ersten Zeit, und das Politisieren über den vermutlichen Fortgang hatte er sich völlig abgewöhnt. Er beschränkte seine Aufmerksamkeit auf die wenigen Kilometer Front ihrer Division. Das war wohl das einzig Richtige im Moment. Die bis zu 500 Telefongespräche am Tag und der Kopfhörer, mit dem er außerdem noch die Gespräche ihrer Chefs mithören musste, reichten ihm voll und ganz – „uff". Im Frieden würde er „lieber kein solches Möbel haben, vor allem nachts kann es einen auf eine ganz freche Art wecken"!

Ab Anfang September gab es nur wenige Tage ohne Kampfhandlungen für das Regiment meines Vaters. Entweder mussten sie einen Angriff der Russen abwehren oder weiter westwärts fliehen. Es ging „hoch her" bei ihnen, wie mein Vater schrieb, und sie waren sogar im Wehrmachtsbericht genannt worden. Er war immer wieder erstaunt, wie aus jeder Krise schließlich doch ein Ausweg gefunden werden konnte. Was dabei von der Divisionsführung zur Überwindung der oft ausweglosen Lage geleistet wurde, war bewundernswert. Natürlich liefen die Telefongespräche unentwegt und man musste schon schwer aufpassen, wenn man da mitkommen wollte, was ohne Schlaf und wegen der nicht immer leicht aussprechbaren Ortsnamen nicht einfach war. Gleichzeitig erreichte sie die Nachricht von der Kapitulation Finnlands, auch Antwerpen und Brüssel waren als bedroht erwähnt worden. Mein Vater dachte mit Sorge an Düren. Es beruhigte ihn, uns im sicheren Neuhaus zu wissen, aber wie mochte es weitergehen? Wann, wie und wo würden sie sich wiedersehen?

Unter diesen Umständen ist es schwer vorstellbar, wie Post aus dem Heimatland die Soldaten noch erreichen konnte, aber mein Vater berichtete erstaunlicherweise über Briefe von Bernd und meiner Mutter und die gepressten Blumen, die ich für ihn hineingelegt hatte. Sie alle halfen ihm so sehr dabei, seine Zuversicht und seine Kraft zu behalten. Er versuchte, uns jeden zweiten Tag ein Lebenszeichen zu schicken, auch wenn es nur ein paar Worte waren wie „Mir geht es sehr gut."

Es war wieder einmal der Jahrestag jenes „verhängnisvollen Septemberfreitags" gewesen, an dem der Krieg begonnen hatte. Mein Vater erinnerte sich daran, wie ihm damals die Tragweite dieses Geschehens vollkommen klar gewesen war. „Das beginnende Kriegsjahr wird uns noch Schweres bringen und körperlich wie seelisch mehr von uns verlangen als bisher, aber unterkriegen soll es uns nicht. Das weiß ich von Dir ebenso wie von mir selber."

Und dann gab es zur Abwechslung ungeahnt einen Tag ohne Kämpfe, der meinem Vater vorkam wie „ein 14-tägiger Urlaub für den Zivilisten." Da konnte man sich ausschlafen, lang Zurückgestelltes erledigen, Briefe schreiben, sich gründlich waschen, sogar einen Mittagsschlaf halten und mal ein wenig gemütlich mit einem Kameraden plaudern bei einer Flasche Wein. Denn es war wirklich so, dass er während der Kämpfe nicht dazu kam, einen „außerdienstlichen Gedanken zu fassen". Dafür hatte er heute einen kleinen Spaziergang in den herrlichen Wald gemacht, sich die hohen Kiefern angeschaut, durch die die Abendsonne schien, die hohen Wacholderbüsche und kleinen Flecken von Heidekraut, das soeben anfing zu blühen bewundert. Wie wohl das einem tat! Man hatte sich in der letzten Zeit die Beständigkeit und auch die Bequemlichkeit etwas abgewöhnt. Seine verschwundenen Sachen ärgerten ihn nicht mehr. Er hatte drei Wolldecken bekommen und einen Gummimantel als Kopfkissen. Da er meist todmüde war, wenn er sich schlafen legte, hätte sein Kopfkissen genauso gut ein Holzklotz sein können. Aber vielleicht würde er sich von Edith doch noch einen Schlafsack, warme Unterhosen und ein Paar Pantoffeln erbitten. Wenn dringend benötigte Sachen an die Front verschickt werden sollten, wie der Ersatz für verloren gegangene Dinge, war das anscheinend noch möglich, wenn man sie bei einer Wehrmachtdienststelle abstempeln ließ. Aber prinzipiell versuchte mein Vater, so wenig „Krempel" wie möglich bei sich zu haben.

Sie waren hier so weit von der Front entfernt wie Neuhaus von Hausham (ungefähr vier Kilometer), sodass sie selbst bei einem Großangriff nur das dumpfe Grollen der Artillerie hören konnten. Wenn die Telefonleitungen heil blieben, erfuhr man, was vorne geschah. Oft war das aber nicht der Fall und man musste geduldig abwarten, bis durch Funksprüche die ersten Nachrichten kamen. Die Angriffstaktik der Russen war anders geworden als früher. Sie griffen meist auf schmaler Front mit sehr starken Kräften an und versuchten, nachdem sie einen Regen von Granaten herübergeschickt und mit nicht gerade wirkungsvollen Fliegern Bomben abgeworfen hatten, zu ihnen durchzubrechen. Bisher hatten seine Leute alle schwierigen Lagen ganz gut gemeistert. „Manchmal hing ihre Division mit einem Flügel etwas in der Luft", aber es gelang dann doch immer wieder, die Lücken zu schließen und eine durchlaufende Front herzustellen. Mein Vater hoffte, dass sie auch weiter standhalten konnten und immer wieder einen Ausweg aus diesen kritischen Lagen finden würden. Heute hatten sie die Nachricht erhalten, dass ihr sehr tüchtiger aber vielleicht ein wenig aufbrausender Major durch einen anderen ersetzt würde. Wie schön es wäre, wenn Bertes zu ihnen oder in ihre Nähe kommen könnte, aber das war natürlich nicht möglich. Gerade jetzt, in diesen schweren Tagen, nicht als Familie zusammen zu sein, war wohl die schwerste Last, die sie zu tragen hatten. Es würde wohl allen Soldaten und ihren Familien so gehen, weil man so gar nicht wusste, was für ein Schicksal die Seinen daheim erwartete, besonders wenn er etwa nicht heimkäme. Und denen zuhause würde es ähnlich ergehen, weil sie sich mehr Sorge um ihre Männer draußen machen mussten. Mein Vater bat meine Mutter, so wie er, Gott zu danken für Seinen Schutz. Angespannt durch all das, was in seiner unmittelbaren Nähe an Schlimmem geschah, kam er nur selten dazu sich zu sammeln. Man konnte halt nicht zu Gott beten, wenn das Telefon immer wieder klingelte und man den Kopf voll hatte von tausenderlei Dingen, die zu erledigen waren. Zum Lesen war er natürlich gar nicht gekommen, aber er wollte sich vornehmen, in Zukunft, wenn es ruhige Stunden gab, eine Kerze auf den Stuhl neben seinem Bett zu stellen und sich durchs Lesen eine kleine Feierstunde zu machen, damit er nicht vergaß, dass das Leben noch lebenswert war. Er wollte dann auch an meine Mutter und bildlich an ihr gemeinsames Ziel denken, nebeneinander auf einem hohen Berg zu wandern, von wo aus sie „frei von allem Widerwärtigen, abgeklärt durch alles hinter uns liegende schwere Erleben, den Blick in die weite Ferne richten wollen, um die großen Geschenke, die Gott dem gibt, der sie zu schauen weiß, gemeinsam zu genießen. Gerade jetzt, trotz der Trennung, führt unser gemeinsamer Weg durch ein schattiges Tal, in dem es stürmt und regnet, aber es wird ganz gewiss auch wieder hell und es geht weiter bergan." Im sonntäglichen Radiokonzert hatte es heute ein Oktett von Schubert gegeben, dem er und sein Freund Hermann zugehört hatten. Es war „wunderbar schön" gewesen und die Gedanken an meine Mutter und an das Edle, Saubere und Fröhliche im Leben hatten ihn zu Tränen gerührt.

Am 10. September schrieb mein Vater (er hatte längst das Nummerieren der Briefe aufgegeben): „Wir haben das Pech, immer gerade da zu sein, wo der Russe angreift und haben infolgedessen wirklich allerlei mitgemacht in den letzten Tagen." Es war zwei Uhr nachmittags und bisher ausnahmsweise ruhig gewesen, aber schon kam die Meldung, dass wieder ein Angriff im Gange war. Es war sehr, sehr schwer für ihre Männer und er selbst konnte da gar nicht mitreden, denn er hatte es vergleichsweise gut. Wenn er auch viel arbeiten musste und alles schwere Geschehen intensiv miterlebte, so war er doch körperlich nicht angestrengt und lebte nicht in der ständigen Gefahr wie die Männer im Graben. Seit gestern früh wohnten sie in einer ganz prächtigen Försterei, ungefähr neun Kilometer von der Front entfernt. Nur einen Nachteil hatte diese bequeme Unterkunft, wo ihn nachts ein weiches Bett erwartete: weil es in diesem sauberen, gut gebauten Haus so angenehm war und so schön draußen in dem gehegten Wald, wünschte man sich mehr als sonst, es möchte Frieden sein. Mein Vater sehnte sich so sehr danach und schrieb: „Ach, wäre man frei und könnte nach Herzenslust durch den Wald wandern, ohne an jeder Ecke einem Bunkerlager zu begegnen, das jenen Trosslagern gleicht, wie man sie sich aus dem 30-jährigen Krieg vorstellt, mit vielen Pferden und Fahrzeugen, allerlei Vieh und den russischen Küchenmädchen, die in ihren bunten Kopftüchern mitten darunter das Bild beleben." Aber es ging ihnen gut hier. Sie hatten sogar eine große Küche, die sie benutzen konnten, in der ihr Koch, der immer sehr gut für sie gesorgt hatte, seine Künste noch besser wirken lassen konnte, besser als in den verschiedenen Waldlagern, die hinter ihnen lagen und wo er auf ein offenes Feuerchen angewiesen gewesen war.

Obgleich sie die Lage im Süden eigentlich viel mehr anging, meinte mein Vater, dass die Gefahr aus dem Norden die größere war und er hoffte sehr, dass sie die Ostfront einigermaßen stabil halten konnten. Wegen Düren musste man sich jetzt ernste Sorgen machen. Gestern wurde ein Gefecht um Maastricht gemeldet, das nur 50 Kilometer von seinem „Heimatstädtchen" entfernt lag. Hier im Osten gab es wohl viele Gegenden, die vom Kriegsgeschehen unberührt blieben, obgleich die Fronten über sie hinwegrollten. Aber im Westen, wo sich alles auf engerem Raum zusammendrängte, würde wohl wenig übrig bleiben. Mein Vater hatte an den Konsul geschrieben, damit er die notwendigen Maßnahmen treffen konnte, um die finanzielle Versorgung für uns sicher zu stellen. Er nahm an, dass dies bereits von Seiten der Firma veranlasst worden war, indem sie Überweisungen an weiter im Lande liegende Banken vorgenommen hatte.

Um diese Zeit war es meiner Mutter möglich, sogar ohne uns Kinder

Juli 1944 - April 1945

noch einmal für zwei Wochen zur Erholung nach Österreich zu Baron Seyffertitz zu fahren. Es war so himmlisch dort, schrieb sie, so friedlich und das Essen so reichlich, nur hatte sie dabei ein sehr schlechtes Gewissen. Wie konnte sie nur diese privilegierte Umgebung genießen, während so viele Menschen so unbeschreiblich zu leiden hatten? Sie las Tolstoi und ihr einziger Trost war der Gedanke, dass das Böse im Menschen nicht erst die Erfindung dieses grausamen Krieges war. Auch während der Abwesenheit unserer Mutter schrieb Bernd eigenständig regelmäßig Briefe an den fernen Vater, der sich sehr darüber freute, wie „vernünftig abgefasst" sie waren. Im nächsten Gruß an meine Mutter zitierte mein Vater eine Stelle, die ihm besonders gefallen hatte, an der Bernd eine neue Lehrerin beschreibt: „Jetzt kommt sie auch schon immer rein und hilft dem Lehrer unterrichten. Sie ist sehr langweilig. Gestern hat sie stundenlang erklärt, wie wir den Aufsatz schreiben mussten." Lustig für meinen Vater war auch Bernds drei Seiten lange Beschreibung über die Besteigung der Rotwand. Die Aussicht schien ihm keinen besonderen Eindruck gemacht zu haben. Außer dem Rennen herauf und herunter, wobei er natürlich bei den Ersten sein musste, schienen die zehn Butterbrote die Hauptrolle gespielt zu haben. Mein Vater fürchtete, dass meine Mutter große Sorgen hatte, diesen „Nimmersatt zu füttern."

An der Ostfront fing es jetzt an herbstlich zu werden. Die Nächte waren kalt und mein Vater war froh, dass sie, jedenfalls zur Zeit, nicht im Freien kampieren mussten. Die sinkenden Temperaturen veranlassten ihn, meine Mutter zu bitten, einem Oberstleutnant, der unweit von Neuhaus einen Lehrgang machte und dessen Adresse er ihr angab, eine wollene Unterjacke für ihn mitzugeben. Sicher wunderte sich meine Mutter, meinte er, wie gleichmäßig sie so daher lebten, dass er sich ein Kleidungsstück schicken ließ. Man war hier merkwürdig fern, nicht nur räumlich, sondern auch gedanklich von all dem, was im Westen geschah und wovon sie wohl mehr wusste als er. Er fragte sich, ob Düren jetzt evakuiert worden war, ob „das Eingemachte wohl von den Tommies eines Tages verspeist oder von einer Granate getroffen" werden würde?

Die Evakuierung würde nicht leicht sein, da Bahnen und Straßen wohl laufend von Fliegern angegriffen wurden. Die armen Menschen! Was meinem Vater „ein großes Rätsel" war, wie sich die miteinander Verbündeten, „die Russen und Plutokraten" die Zukunft für ihr Land vorstellten, für den Fall, dass es so käme wie sie es sich wünschten. Und nun folgt eine verblüffende Überlegung: „Eine wahre Einigkeit zwischen den beiden Partnern kann ich mir gar nicht vorstellen. Den Westmächten kann doch eigentlich nichts angenehmer sein, als dass wir ihnen die Russen vom Hals halten, die eines Tages, wenn sie siegen sollten, eine viel größere Gefahr für die Westlichen bedeuten als vorher die Deutschen." Nach all dem, was in diesem langen Krieg vor sich gegangen war, konnte man sich da noch ein Bündnis der Alliierten mit Deutschland unter Hitler gegen die Russen vorstellen? Wenn der historische Leitgedanke vom Ausgleich der Mächte in Europa noch gültig war, konnte sich mein Vater nur denken, dass die Alliierten ein neutrales Deutschland brauchten als Pufferzone zwischen dem Westen und dem Osten. Ein wieder aufgebautes starkes Deutschland war die Voraussetzung für den Frieden in Europa. Im Moment musste man nur hoffen, dass mit der Übermacht der Alliierten wie sie sich im Westen jetzt zeigte, der Krieg so schnell wie möglich zu einem Ende kommen würde.

Als es nach acht Tagen immer noch ruhig an der Front war, kam mein Vater dazu, meiner Mutter einen Brief zu schreiben, in dem er ihr seine stillen Überlegungen der letzten Tage erläutern konnte. Er hatte darüber nachgedacht, was ihm die Kraft gab, mit der Ungewissheit und mit den schweren Zukunftssorgen fertig zu werden. Die gute Kameradschaft mit den Menschen um ihn herum, die das gleiche Schicksal zu ertragen hatten, stand da sicher an erster Stelle. Meiner Mutter würde es wohl ähnlich gehen, weil sie von einem Großteil ihrer Familie umgeben war, wie nur wenige das Glück hatten. Als zweites kam für meinen Vater „eine wichtige Lehre" der letzten beiden Monate hinzu. Man durfte auch in noch so kritischen Lagen nicht verzweifeln und musste sich entschieden davor hüten, eine Lage frühzeitig als verfahren und ausweglos anzusehen. „Der Wille durchzuhalten darf nie erlahmen, auch wenn sich die schlechten Meldungen häufen, auch wenn man müde ist und glaubt schlafen zu müssen und alles laufen lassen möchte wie es laufen mag." Gott hatte uns die Kräfte der Standhaftigkeit und der Tapferkeit gegeben und wir mussten diese einsetzen, um alles zu tun, um eine Lage zu meistern. „Was darüber hinaus dann geschieht liegt in Gottes Hand." Jetzt, während der ruhigen Tage, wenn er abends vor dem Einschlafen die nötige innere Sammlung und Ruhe fand, betete er wieder regelmäßig. Auch wenn er sich bewusst war, dass Gott ihm nicht alle seine Bitten erfüllen könnte, gab es ihm viel Kraft, im Gebet seine Verbundenheit mit Gott zu spüren und zu wissen, dass er „als kleiner armseliger Mensch von ihm geleitet werde. Die Kraft, die mir das Gebet gibt, kommt vor allem dadurch, dass ich mir durch das Vertrauen auf Gott jeden Grund nehme gegen mein Schicksal anzukämpfen und mein Los zu beklagen. Auf der anderen Seite weiß ich, Gott verlangt von mir nicht nur, dass ich nichts entgegen meiner besseren inneren Stimme tue, sondern auch, dass ich mit allen Kräften, die Er mir mitgegeben hat, daran arbeite mit dem Leben fertig zu werden. Eigentlich ist doch das, was wir jetzt erleben müssen, ein ungeheuer drastischer Beweis für die Richtigkeit dessen, was Jesus gelehrt hat. Mit nicht mehr zu überbietender Deutlichkeit sehen wir es mit eigenen Augen, was geschieht, wenn statt der Nächstenliebe, der Demut, der Ehrlichkeit, Habsucht, Überheblichkeit, Geiz und Verlogenheit vorherrschen. Wenn man das erkannt hat, kann es doch nur ein Ziel geben, nämlich, in dem engen Wirkungskreis, der einem gegeben ist, so zu handeln wie es richtig ist. Ist das nicht sogar eine Aufgabe, für die es sich lohnt, weiterzuleben und so vielleicht ein ganz klein wenig mitzuhelfen an dem Wiederaufbau einer besseren Welt? Du wirst jetzt denken, das sei eine nie zu verwirklichende Illusion. Vielleicht ist es doch nicht so, und jetzt kommt das noch einmal, was ich vorher sagte, das so sehr wichtige, trotzdem', nämlich zu handeln und standzuhalten trotzdem eine Lage aussichtslos erscheint. Dass man meist belohnt wird, wenn man so handelt, habe ich wie gesagt, oft verspürt in den letzten Wochen."

Für die Ankunft des neuen Majors, den sie bekamen, war ein großes Fest geplant mit verschiedenen Attraktionen. Es war allerlei gedichtet und gemalt worden und der junge Leutnant und Mitarbeiter meines Vaters würde seine Stimme endlich hören lassen. Sie hatten nun schon seit 14 Tagen keinen Angriff mehr erlebt und waren sich nicht ganz klar darüber, „was der Iwan drüben" plante. Einstweilen ließ er sie noch in Ruhe und schoss nur selten. Mein Vater hatte wenig zu tun. Sein neuer Chef in seiner Jugendlichkeit war besonders nett und erinnerte ihn immer wieder an Bertes. Er schuftete nicht so streng wie sein Vorgänger, was zur Folge hatte, dass mein Vater öfter an die Luft kam und schon drei Tage hintereinander, oft mit dem Oberstleutnant zusammen, herrliche Ausritte gemacht hatte. Auf den sandigen, allerdings sehr staubigen Waldwegen ließ es sich gut reiten.

Die schlimmen Nachrichten aus dem Westen Deutschlands hatten ihre Division besonders stark erschüttert, als ein Offizier ihrer Nachrichtenabteilung ein Telegramm bekommen hatte, das ihn über die vollständige Zerstörung seiner Fabrik und seines Hauses in Schevenhütte (ganz in der Nähe von Düren) informierte. Seine Familie war nach Köln geflüchtet. Mein Vater schrieb, dass er sich bereits innerlich auf das Schlimmste gefasst gemacht hatte und es ihm trotzdem einen argen Schlag versetzt hatte, sich vorzustellen, dass es ihrer Fabrik und ihrem Hab und Gut wahrscheinlich ebenso ergehen würde. Aber jammern darüber wollte er nicht, denn in den vergangenen fünf Jahren war ihm klar geworden, dass man solchen Verlusten nicht zu viel Bedeutung geben durfte. Von Düren wusste er nur, dass am 22. September die Stadt nicht gelitten hatte.

Was meinem Vater Trost und Kraft gab, waren zum Beispiel die Gedichte von Ernst Wiechert, die meine Mutter für ihn abgeschrieben hatte. In großer Dankbarkeit dafür antwortete er, die „große Stärke", die er durch sie empfing, sei vergleichbar mit „einem durstigen Wandersmann, der auf der Almhütte ein frisches Glas Milch bekommt." Es sei so viel leichter, Lyrik zu verstehen, wenn sie einem von jemandem, den man lieb hatte nahe gebracht wurde. Auch von Friedrich Hölderlin hatte meine

Mutter einige Gedichte kopiert und mein Vater war berührt gewesen von den Versen, wo Hölderlin von der Jugend spricht die „verglüht" und dem Alter, das dann „friedlich und heiter" folgt. Wie sehr er sich wünschte, dass er und meine Mutter nach allem Schweren die Wahrheit dieses Verses einmal gemeinsam bestätigen könnten. Ein wenig half es ihnen, trotz der Trennung, sich zusammen zu bemühen, „im Drang des grausigen Geschehens das Edle und Schöne zu suchen, das immer noch da ist und uns sehr viel Trost geben kann." Die längere Ruhe von feindlichen Angriffen hatte meinem Vater mehr Zeit gegeben über die Frage nachzudenken, „ob es recht ist, an den Gott von dem Christus spricht, zu glauben und ob es überhaupt Sinn hat, Christ zu sein, nachdem doch klar erwiesen ist, dass die Menschheit durch das Christentum nicht besser geworden ist." Er kam zu dem Schluss, dass wir nicht an Gott und Christus verzweifeln dürften, weil Gott den Menschen auf Erden das Leben so schwer machte und scheinbar eher den Untergang der Menschheit plante als ihr Glück. Wir sollten lernen, Glück in der inneren Ruhe zu finden, die Christus uns mit seiner Lehre schenken wollte und auch konnte. Insofern stimmte die Lehre vom barmherzigen Vater doch: „Wir fühlen uns geborgen in seiner Hut, der Glaube an ihn gibt uns Stärke, inneren Frieden und damit auch Glück. Der Weg dorthin ist nicht leicht. Was Christus lehrt, ist das Gute schlechthin. Darum will ich seiner Lehre anhängen, wenn ich auch ebenso wie die meisten anderen Menschen nicht die Kraft habe, wirklich so zu leben, wie Christus es uns vorschreibt. Es ist eben Menschenschicksal, immer nach Dingen zu streben, die in ihrer letzten Konsequenz nicht erreichbar sind." Als Trost für meine Mutter und mit Verständnis für das schwere Schicksal, das sie alle in dieser Zeit auszuhalten hatten, kopierte mein Vater für meine Mutter einige Stellen aus den Briefen von Hölderlin. Die Zitate handelten von Hölderlins Überzeugung, dass der lebendige Gott in jedem von uns „von Anbeginn in alle Ewigkeit mächtiger ist als aller Tod." Alle Trauer war nur „der Weg zu wahrer heiliger Freude." Hölderlin schrieb, dass es ihm Trost gab zu glauben, „dass jede Gärung und Auflösung entweder zur Vernichtung oder zu neuer Organisation führen muss. Aber Vernichtung gibt's nicht. Also muss die Jugend der Welt aus unsrer Verwesung wiederkehren." Mein Vater gab zu, dass dies Gedanken waren, zu denen nur wenige Menschen heutzutage noch Zugang hatten, aber ihn hatten sie angesprochen und er hoffte, es könnte meiner Mutter ähnlich ergehen.

Es war natürlich zu erwarten, dass diese nun schon über vier Wochen anhaltende Ruhe an der Front früher oder später zu Ende gehen würde. Stoßtrupps rückten hin und wieder von beiden Seiten vor. Wie auch die Russen war die Division meines Vaters eifrig dabei, ihre Stellungen zu verbessern. Es wurden Gräben gezogen, Bunker gebaut und verdrahtet und durch Erdbeobachtung sowie durch Luftaufklärung wurde versucht, sich ein Bild zu machen von den Absichten „der Burschen da drüben."

Am 5. Oktober berichtete mein Vater von erneuten russischen Angriffen, die aber leicht abgewehrt werden konnten. Ihre kleinen, stabilen Bunker hatten sich sehr gut bewährt. Beim nördlichen Nachbarn hatte es einen kleinen Einbruch gegeben, der aber wieder in Ordnung gebracht werden konnte. Mein Vater hatte großes Vertrauen darauf, dass sie die Ostfront verteidigen konnten, denn, wie er schrieb, war alles bereit, um Iwan nicht durchkommen zu lassen. Aber schon zwei Tage später kritzelte mein Vater auf einen kleinen Feldpostbrief, dass es bei ihnen „hoch her gehe", es ihm selbst jedoch „unverdienterweise viel besser als den meisten anderen" ginge. Leicht machten es die Russen ihnen nicht, aber er dachte, sie würden es schaffen. Der nächste kurze Gruß kam aus einem Kartoffelbunker eines kleinen polnischen Dorfes, wo man sich wegen der Flieger sicherer fühlte als im Haus nebenan. Mit bitterer Ironie schrieb er: „Was wir erleben, ist eine große Schlacht mit Einsatz aller Waffen, die unser tüchtiges Jahrhundert zur Vernichtung der Mitmenschen erfunden hat." Es gab keine Zeit zum Schreiben und die schweren Erlebnisse um ihn herum waren sowieso nichts, was man in einem Brief ausdrücken könnte, meinte mein Vater. Kann man sich die großen Sorgen vorstellen, die meine Mutter umtrieben, wenn sie solche Nachrichten bekam? Trotz des allgemeinen Chaos funktionierte die Post noch immer und Grüße

Juli 1944 - April 1945

von ihr und Briefe von Bernd fanden zur großen, großen Freude meines Vaters den Weg zu ihm. Der Brief von Bai, in dem er schrieb, dass die Pause das Schönste in der Schule sei und dass er jetzt eine neue Religionslehrerin hatte, war so lustig, dass er beinahe laut gelacht hätte. Mein Vater hatte wieder ein wenig Tabak gesammelt, den er meiner Mutter als Tauschware schicken wollte.

Nach einem viertägigen intensiven Kampf war es ruhiger geworden. Es schien, dass die Verluste der letzten Tage den Russen doch etwas zugesetzt hatten, so dass sie nun erst einmal „verschnaufen" mussten. Auch ihnen würde das Verschnaufen gut tun nach all den schlaflosen Nächten, die mein Vater gut überstanden hatte, weil er sich so gut und lang vorher ausgeruht hatte. Ob es wohl nun ein wenig stabil blieb? Jedenfalls hatte es nirgends einen Durchbruch gegeben. Die Division meines Vaters musste sich etwas nach Westen in ein Gutshaus zurückziehen, das ihn mit seinen großen, nicht gerade gemütlichen Räumen und den lang gestreckten Kachelöfen sehr an Wilkau erinnerte. Er hatte wieder ein Bett mit Haferstroh als Unterlage, eine gute Voraussetzung für schlafreiche Nächte für den Fall, dass der Feind sie in Ruhe ließ.

Am 16. Oktober erreichte mein Vater eine tieftraurige Nachricht. Vor zehn Tagen war seine Fabrik durch einen „Terrorangriff" auf Düren schwer beschädigt worden. Der Konsul hatte ihm eine Abschrift des Briefes geschickt, den er von einem Vertreter in der Fabrik nach dem Angriff bekommen hatte. In ihm stand, dass die Weberei und der größte Teil der Zwirnerei durch Volltreffer zerstört worden waren. Die sonstigen Bauten waren noch glimpflich davongekommen. Nur Fensterscheiben und Rahmen, nicht aber die Büroräume selbst waren beschädigt worden. Glücklicherweise hatte man ja schon vor längerer Zeit den großen Teil der Webstühle abgebrochen und ausgelagert, sodass ihnen diese zur Verfügung stünden, falls eine Neueinrichtung der Weberei wieder möglich werden würde. Menschenleben waren bei der Bombardierung der Fabrik glücklicherweise nicht zu beklagen, da die vorhandene Belegschaft sich in den Luftschutzraum geflüchtet hatte. Der Brief enthielt eine erschreckende

Beschreibung der intensiven Luftangriffe auf die Dürener Gegend, die die Menschen zwangen, den größten Teil des Tages in Luftschutzräumen zu verbringen. Nachts ging man in den Keller, da die Artilleriebeschüsse und Granaten große Gefahren mit sich brachten. Solang „die Quälerei" nur einigermaßen noch zu ertragen war, wollten die meisten Menschen in der Stadt bleiben, sollte jedoch eine Zwangsevakuierung erfolgen, wie dies in Aachen der Fall gewesen war, so mussten alle Zivilisten die Stadt verlassen. Es wäre furchtbar, wenn man alles im Stich lassen müsste und das wahrscheinlich auf Nimmerwiedersehen. Man fühlte sich in Düren wie in einer Mausefalle, da man in keine Richtung rauskam. Die Bahnstrecke nach Köln war schwer bombardiert worden. Sie war stets das Hauptziel der Feindflieger um die Truppenverstärkungen zu unterbinden. Die Front rückte immer näher.

„Die Zerstörung unseres Eigentums hat nun begonnen." Mit diesen Worten reagierte mein Vater auf dieses schlimme Ereignis. Er hatte sich auf alles Erdenkliche eingestellt und würde sich auch gar nicht so schwer hineinfinden in den Verlust ihrer Habe, schrieb er, aber trotzdem war es für ihn nicht leicht, sich die Fabrik als Trümmerhaufen vorzustellen, denn das bedeutete doch recht viel, wenn man an die stolze Vergangenheit ihrer 145 Jahre alten Fabrik dachte. Ende des vergangenen Jahrhunderts war sie allerdings schon einmal vollständig abgebrannt und wieder neu aufgebaut worden und so gab er auch jetzt die Hoffnung nicht auf, wieder einmal von vorne anfangen zu können, wenn auch in kleinstem Rahmen.

Dieser optimistische Ausblick ist umso eindrucksvoller, wenn man das Datum bedenkt, an dem mein Vater dies niederschrieb. Sein Regiment befand sich seit einigen Tagen inmitten einer massiven Offensive des Feindes. Der Großkampf hatte mit einem Trommelfeuer begonnen, das von halb 10 bis um 11 Uhr gedauerte hatte. Wie viel 1000 Schuss dabei auf ihren Abschnitt heruntergeprasselt waren ließ sich schwer schätzen. Glücklicherweise war der Himmel herbstlich bedeckt gewesen, sodass die Flieger nicht eingesetzt werden konnten. Nach dem Trommelfeuer begann der Infanterieangriff mit einigen Panzern. Gegen die ungeheuren Massen, die da losstürmten war nichts zu machen gewesen mit ihren viel geringeren und durch das starke Feuer geschwächten Kräften. Es blieb ihnen nichts anderes übrig als zu versuchen, den Russen mit Artillerie und Nebelwerfern ihr Vordringen zu erschweren und so in die nächste, gut vorbereitete Stellung zu fliehen, um dort wieder eine zwar schwache aber doch noch zusammenhängende Linie zu bilden. In den nächsten drei Tagen ging es ähnlich weiter, bis sie in ein von Zivilisten vorbereitetes und von Panzern bewachtes Bunkerlager flüchten konnten, wo die jetzt schwache feindliche Artillerie ihnen nichts anhaben konnte. Das Wichtigste war, dass die Russen an keiner Stelle durchgebrochen waren. Der vierte Tag war sehr neblig gewesen. Am Abend vorher hatten sie versucht, die durcheinander geratenen Bataillons notdürftig wieder zusammenzustellen, was sehr schwierig gewesen war, da es in stockdunkler Nacht geschehen musste. Die Männer, die drei Tage und Nächte hatten kämpfen müssen, hielten dann an jenem vierten Tag dem Ansturm in einem Waldstück, nicht mehr stand. Nach sehr schweren Kämpfen war es ihnen aber dann doch gelungen, den Feind vor dem westlichen Waldrand zum Stehen zu bringen und diese Stellung hielten sie jetzt im Wesentlichen. Sie selbst waren in einem Gutshof „eingekehrt", mit großen Räumen und unheimlich vielen Fliegen, die sich in dem unvorstellbaren Dreck natürlich sehr wohl fühlten. Inzwischen hatten sie eine gründliche Säuberung vorgenommen, sodass es jetzt „ganz gemütlich" war. Er selbst hatte wieder ein richtiges Bett mit einem Strohsack auf einer Sprungfedermatratze und genoss nichts so sehr wie das ausgiebige Schlafen. „Man genießt es ja so, wenn nach schweren Tagen mal Ruhe eintritt und freut sich wie über ein großes Geschenk." Auch ihre Verpflegung war jetzt „höchst üppig". Gestern hatte es Fasan und heute Hasenbraten gegeben. Von der Gegend und den Menschen konnte mein Vater meiner Mutter nicht viel erzählen, da er nur selten vor die Türe kam. Aus dem Gebiet der schönen Wälder waren sie nun heraus. Die Dörfer waren wenig schön und sehr schmutzig, aber man konnte sehen, dass seit 1939 sehr viel gebaut worden war. Ebenso wie er würde meine Mutter sich fragen, wie es nun weitergehen könnte und es tat meinem Vater so leid sich vorzustellen in welch großer Sorge sie sein würde. Man schwankte zwischen dem ärgsten Pessimismus und dem Glauben, dass es doch glimpflicher enden könnte als es jetzt den Anschein hatte. Ach, könnte er nur bei uns sein! Immer wieder und besonders wenn er sich die Bilder von uns anschaute, überkam es ihn, wie lieb er uns alle hatte.

Es trat wieder eine Zeit der Ruhe ein, von der sie aber wussten, dass sie nicht lange anhalten würde. Mein Vater hatte eine Menge Befehle zu bearbeiten und sie waren dabei, nach den schweren Kämpfen der letzten Tage wieder ein wenig Ordnung in ihr „Häuflein" zu bringen. Die Lage war doch recht ernst an allen Fronten und sie selbst überlegten dauernd hin und her, wie sie mit ihren schon etwas geschwundenen Kräften weiter Abwehr leisten konnten. Heute hatte es den ganzen Tag über geregnet und ihre Männer in den Erdlöchern hatten es nicht leicht. Wie konnte er im Bewusstsein dessen das warme Bad genießen, das er in der dreckigen Badestube bei spärlichem Kerzenlicht genommen hatte? Mit Besorgnis hatten sie die Rede von Himmler, dem Reichsführer der SS über die Aufrufung eines Volkssturms gehört. Hitler hatte am 25. September verordnet, dass rund sechs Millionen Männer zwischen 16 und 60 Jahren, die bisher freigestellt gewesen waren, Volkssturmeinheiten zu bilden hatten, von denen viele vor allem an der Ostfront mit hohen Verlusten zum Kampfeinsatz kamen.

„Wenn man nicht gewiss wüsste, dass dieses jämmerliche Leben eines Tages mal ein Ende haben wird und dass man auch ohne Reichtum glücklich sein kann, indem man sich ungehemmt allem Schönen hingibt, das trotz aller Bitternis noch da ist, wüsste man das nicht, so könnte man leicht verzweifeln", schrieb mein Vater in einer kurzen Angriffspause. Mehr und mehr kam er dazu, all das zu lieben, was nicht von den niedrigen Instinkten der Menschheit in den Schmutz gezogen werden konnte. Dazu gehörte vor allem seine Liebe zu seiner Familie und sein großer Wunsch, einmal wieder frei und sinnvoll etwas schaffen zu können. Er hatte so große Sehnsucht nach uns! Wenn es eine bessere Zukunft wäre, die ihnen bevorstand, so wäre es gut, wenn man schon jetzt etwas von ihr wüsste. Dann wäre das Durchhalten ein Leichtes. Nun war schon ein halbes Jahr seit ihrem Abschied am Schlierseer Bahnhof vergangen. Ob es die Hälfte der Trennungszeit war oder erst ein Drittel? Mein Vater war so glücklich über die Tapferkeit meiner Mutter, denn für sie waren die Ängste, die Unsicherheiten und die vielen bitteren Enttäuschungen noch viel schwerer zu ertragen als für ihn selbst. Sie lebten an der Front viel weniger unter dem Einfluss des Gesamtgeschehens als sie daheim, denn was in unmittelbarer Nähe vor sich ging, nahm sie ganz in Anspruch, so dass sie sich um die große Lage nur am Rande kümmern konnten. Sehr belastend war natürlich der immer wieder zu verspürende Kräftemangel. Bei den riesigen Anstrengungen, die im Westen zu machen waren, mussten sie sich hier mit dem begnügen, was für sie übrig blieb. Wenn man felsenfest wüsste, dass man die Russen vollständig stoppen könnte, würden sie auch sicher den jetzt fehlenden Schwung wieder bekommen. Trotz allem musste man immer wieder darüber staunen, welche Mengen an Waffen und Munition herangeschafft wurden. Was vor allem fehlte waren Menschen, sowohl qualitativ als auch quantitativ, aber es war trotzdem erstaunlich, wie immer wieder improvisiert und ausgeholfen wurde, um irgendwelche Mängel zu überwinden. Es war so viel leichter Krieg zu führen, wenn man Erfolge sah, denn unwillkürlich zehrten die Rückschläge ja doch an der Widerstandskraft. An schweren Kampftagen wechselte die Stimmung unter ihnen zwischen arger Niedergeschlagenheit, wenn ihnen die Überlegenheit der Russen bewusst wurde und großer Begeisterung, wenn es gelungen war, einen Erfolg zustande gebracht zu haben. Solche Erfolge gaben den Männern wieder Kraft und sie gingen mit einem ganz anderen Schwung an ihre Aufgabe heran, wenn Panzer abgeschossen oder ein Angriff abgewehrt werden konnte, ohne dass der Feind erst durch einen Gegenstoß wieder aus der eigenen Stellung herausgeworfen werden musste. Wie sehr sich mein Vater wünschte, dass ihre Männer, die jetzt in ihren verregneten Erdlöchern Tag und Nacht hockten, sich wochenlang nicht waschen oder ausstrecken konnten, am Ende dieses Krieges zu ihren Lieben zurückkehren und ein einigermaßen menschenwürdiges Dasein führen dürften. Aber da „es keine Gerechtigkeit in der Geschichte gibt, kann man nicht einmal mit Gewissheit verkünden, dass diese Männer und ihre Frauen daheim, die Schwereres durchzumachen haben als irgend jemand sonst auf unserer Erde, für ihre Leistungen belohnt werden".

Bei seinem Versuch, ein wenig Klarheit in seine Zukunftsgedanken zu bringen, war mein Vater froh, in meiner Mutter ein so tapferes, einfühlsames Gegenüber zu wissen, dem er sein Herz ausschütten konnte, was bei dem trüben Alltagsdasein so nötig war. Es war gut, dass man sich in den vergangenen fünf Jahren, besonders in den letzten drei, allmählich an all das Schwere gewöhnt hatte, denn wäre es gleich zu Anfang so gekommen, hätte man es kaum ertragen können. Auch jetzt ertrugen sie es nur in der Hoffnung auf eine bessere Zeit, die schon deshalb kommen musste, weil die Menschheit diese Belastung auf Dauer gar nicht aushalten könne. „Das ist es, was in jeder Minute des Nachdenkens so sehr auf uns lastet, die Frage, ob die Menschheit noch einmal den Weg zur Vernunft finden wird. Dabei muss man wohl befürchten, dass der Höhepunkt der Zerstörungswut noch nicht einmal erreicht ist. Ein Mensch wie Christus müsste kommen, der mit einer unwiderstehlichen Glut den Menschen klarmachen würde ‚Liebet Euch untereinander'. Wir müssten es doch fertigbringen, diesem Gebot zu folgen und sinnlose Kriege wie diesen zu vermeiden, wenn wir an all das erschütternde Elend denken, das über uns gekommen ist, weil wir diese Forderung nicht befolgen wollen. Man sieht daraus doch, dass es die schönste Aufgabe eines jeden Menschen ist, seinen Mitmenschen zu helfen wo er nur kann mit Trost und materieller Unterstützung. Wenn man am Ende seines Lebens sagen kann, dass man dieses Gebot gehalten hat, dann kann man beruhigt sterben, denn ein solches Leben hat dann einen tiefen Sinn gehabt. Ich sagte es schon einmal: unsere Zeit schreit geradezu danach, den Weg zu Christus und seiner Lehre von der Liebe zurückzufinden. Gelingt uns das nicht, so ist die Menschheit verloren." Es war höchst ungewiss, ob die Menschen je zu dieser Erkenntnis kommen würden, aber so durfte man nicht denken. Allein auf den Propheten und den Aufschwung durch ihn zu warten war nicht genug. Jeder Einzelne musste ihm schon den Weg bereiten durch sein eigenes Verhalten in diesem Leben.

Keiner von den über hundert Briefen, die mein Vater über die fünf Jahre seiner Militärzeit nach Hause geschrieben hat, zeigt ein Zeichen von Zensur, außer diesem einzigem vom 21. Oktober 1944.

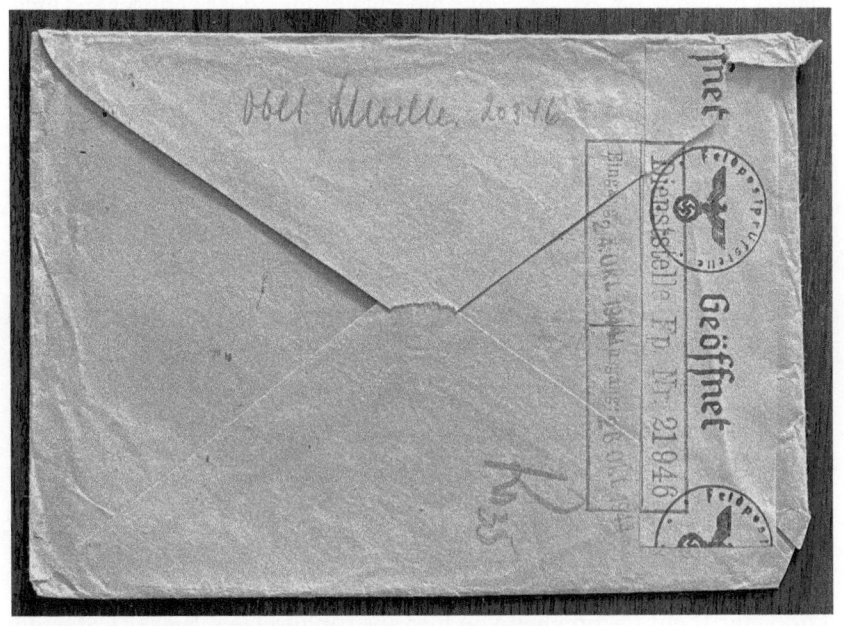

Der geöffnete Umschlag zum Brief vom 21. Oktober 1944

Die „Feldpostprüfstelle" hatte einen klaren Hakenkreuzadler auf die Rückseite des Umschlags gestempelt und ihn mit der mehrfachen Aufschrift „Geöffnet", der Nummer der Dienststelle und dem Datum von „Eingang" und „Ausgang: 26. Okt. 1944" versehen. Mein Vater hatte ab und zu die „Herren Zensoren" erwähnt, die wohl manchmal überprüften, was die Soldaten nach Hause schrieben, aber er selbst hatte nichts zu befürchten, da er nie offene Kritik an der Naziherrschaft und ihrer Politik übte. Vereinzelte Aussagen wie „dieser sinnlose Krieg" schienen durchaus annehmbar. Und so enthielt auch dieser offensichtlich geöffnete Brief nichts, was eine Weiterleitung verhindert hätte.

Die Division meines Vaters wurde zwar im Moment noch verschont aber bei der Nachbareinheit hatte der Kanonendonner seit 9 Uhr früh eingesetzt und bis zum Dunkelwerden nicht aufgehört. Außerdem kamen unentwegt Flieger, die aber trotz ihrer Quantität erstaunlich wenig ausgerichtet hatten „Gut, dass es keine amerikanischen oder englischen sind", meinte er. Das mächtige Geknattere der Flak jedoch ließ einen im ersten Augenblick immer etwas erschrecken. Bertes hatte angerufen und dieses Mal konnten sie ungestört sprechen. Wie hatte es meinen Vater gefreut, seine Stimme zu hören, auch wenn man sich ja am Telefon nicht viel Wesentliches erzählen konnte! Während dieser noch relativ ruhigen Tage kam er sich vor „wie eine Sekretärin im Vorzimmer eines Arztes", weil es zu seinen Aufgaben gehörte, die verschiedenen Offiziere, die zum General zu Besprechungen kamen zu empfangen, zu melden und dann an die höhere Stelle weiterzuleiten. Er selbst saß an einem Schreibtisch, bewaffnet mit vielen Karten, Bleistiften, Radiergummi und zwei Telefonapparaten. „Der Iwan" hatte sich auch an diesem Tag bei ihnen ruhig gezeigt und auch bei ihrem südlichen Nachbar waren seine Angriffe, die er mit sehr starken Kräften begonnen hatte, erheblich schwächer geworden. Nun beriet man hin und her, was als Nächstes geschehen würde und ob Iwan wohl neue frische Kräfte heranziehen würde, um seinen Großangriff auf Ostpreußen von hier aus fortzusetzen. Bisher waren die Kämpfe dort anscheinend erfolgreich abgewehrt worden. Aber der Gedanke, russische Truppen auf deutschem Boden und im Angriff gegen die deutsche Bevölkerung zu sehen, war meinem Vater „der trübste in dieser Zeit". Auch die Vorstellung, dass „die Iwans" demnächst in Budapest sein könnten und es sich in dieser herrlichen Stadt „bequem machten", war ihm schrecklich.

Da die Russen bis Sonntagnachmittag keinen Angriff getätigt hatten, war es meinem Vater möglich, das wöchentliche klassische Konzert im Radio zu hören. Gespielt wurde Beethovens Fünfte Symphonie. An den lyrischen Stellen drängten sich ein wenig die Tränen vor aber im Allgemeinen wirkte sie eher aufmunternd und anfeuernd auf ihn mit ihrem großen Schwung. Ihm waren beim Zuhören diesmal die scharfen Gegensätze aufgefallen zwischen ganz zarten, feinen Stellen und donnernden, fortreißenden Fortissimos. Die Gefühle, die er dabei hatte waren zwiespältig gewesen, einerseits das Bewusstsein, dass der Friede die Vorbedingung fürs Schaffen und für den reinen Genuss solcher Werke war und andererseits das Versöhnliche: „Mitten in allem irdischen Jammer gibt es solche Offenbarungen von Gottes Größe, die sich hier im Harmonischen offenbart und ich weiß dann wieder, dass es trotz der Katastrophe, die über die Menschheit hereingebrochen ist, es etwas Bleibendes gibt, an dem man sich wieder aufrichten kann."

Auf die Frage, die meine Mutter in ihrem letzten Brief gestellt hatte, ob man sich durch diese fürchterlichen Kriegserlebnisse eher mehr von Gott und dem Christentum entfernen würde, antwortete mein Vater, dass es nicht erst des Krieges bedurfte, um von der Winzigkeit des Menschen überzeugt zu werden. „Dazu genügt ein Blick zu den Sternen, deren für Menschenbegriffe unvorstellbare Weiträumigkeit der anschaulichste Beweis ist für die kleine Rolle, die die Erde und ihre Bewohner im Weltall spielen. Allerdings gibt es keinen Beweis für das Vorhandensein Gottes in dieser unfasslich großen Welt. Man kann nur glauben, dass es ihn gibt... Es bleibt die Frage, ob sich Gott um jeden einzelnen Menschen kümmert, ob es einen persönlichen Gott gibt. Auch das kann man natürlich nicht beweisen, sondern nur empfinden, und wir dürfen, wie Luther sagt, nicht warten, bis er zu uns kommt, sondern wir müssen ihn suchen und 'wer suchet, der wird finden' oder ‚wer anklopft, dem wird aufgetan'. Zwingt uns nicht diese furchtbar schwere Zeit immer wieder zum Suchen und zum Anklopfen, also zu Gott? Haben wir ihn nicht schon gefunden, wenn uns dabei klar wird, dass das Menschliche kläglich klein und schlecht ist, dass es Gottes Wille ist, der die Welt beherrscht. Es lässt sich doch alles nur ertragen und verstehen, wenn wir uns im Klaren sind, dass unser Schicksal in Gottes Hand liegt. Und nun der Weg zum Christentum. Christi Lehre zeigt uns, dass es falsch ist, in der Erkenntnis von der Gewalt Gottes die Hände in den Schoß zu legen und abzuwarten, was Gott mit uns vorhat. Er lehrt uns die Nächstenliebe, die Ehrlichkeit, die Demut vor Gott. Ich finde, dass gerade der Krieg uns von der Richtigkeit dieser Lehre überzeugt. Alles Unglück in der Welt kommt daher, dass wir Menschen anscheinend zu schwach sind diese Lehre zu befolgen. Aber das ganze Menschenleben ist ja ein ununterbrochenes Streben nach Vollkommenheit, die wir nie erreichen. Wir müssen uns da schon mit dem Goethe'schen Trost begnügen: ‚Wer immer strebend sich bemüht, den wollen wir erlösen.' Das eine ist gewiss, dass es anders auf der Welt aussähe, wenn wirklich alle Menschen bestrebt wären, das zu befolgen, was Gott uns durch Christus gelehrt hat. Und weil ich das in diesen letzten Jahren genau als richtig erkannt habe, glaube ich auch, dass das Christentum uns heute mehr zu sagen hat als vorher. Manchmal sogar könnte man so verwegen optimistisch sein zu glauben, dass die furchtbaren Qualen, die die Menschheit durchmachen muss, nur eine Station sind auf dem Wege zu mehr Menschlichkeit, wobei es leider klar ist, dass diese Entwicklung noch sehr, sehr lange dauern kann. Es gibt eigentlich nur zwei Möglichkeiten: entweder vernichten sich die Menschen bis auf kleine kümmerliche, in Höhlen lebende Überreste gegenseitig oder sie erkennen, dass die Eigenliebe und die Habgier, die ja letzten Endes die Ursachen aller Kriege sind, zur allseitigen Vernichtung führen. Muss man da nicht schon deshalb Christ sein, um hierdurch ein ganz klein wenig mitzuhelfen das Verhängnis aufzuhalten? Es ist ohne weiteres klar, dass es an der christlichen Lehre unendlich vieles Zeitgebundenes gibt, aber die Urwahrheit der Lehre bleibt, und deutlicher als durch die Geschehnisse dieser Jahre kann sie uns gar nicht vor Augen geführt werden. Man sollte viel weniger Bedenken haben, sollte sie abstreifen und sich ganz einfach sagen: ich bin dem Ertrinken nahe und greife zu dem, was meinen Großeltern und Urgroßeltern Kraft gegeben hat, denn ich weiß

Juli 1944 - April 1945

nichts Besseres, ich darf keine Zeit damit verlieren, dass ich es bekrittele und mit meinen ohnehin kümmerlichen Geisteskräften zu ergründen versuche. Das führt doch zu nichts. Ich fühle, dass es etwas Wahres und Großes ist, das mir Kraft geben kann." Am Ende dieser Betrachtungen gab mein Vater zu, dass er sich bewusst war, dass es nichts Neues war, was er meiner Mutter hier darlegte. Es handelte sich mehr um ein Ordnen seiner alten Gedanken, das von Zeit zu Zeit notwendig und wohltuend war. Dass er die Gedanken nicht wesentlich weiterentwickelt hatte, lag abgesehen von seiner nicht gerade besonderen Gedankenschärfe am Mangel an Ruhe zur Besinnung. Dazu müsste er mehr Zeit haben, alleine über die Felder zu gehen oder Gutes zu lesen, ohne dauernd durchs Telefon unterbrochen zu werden.

Augenblicklich gab es sogar genug Ruhe in ihrer Division, so dass sie, etwas zum Bedauern meines Vaters, der solche „Saufgelage" gar nicht schätzte, zwei ganze Tage lang den Geburtstag ihres Generals und die Verleihung des Eichenlaub Ordens an ihn feiern konnten. Es hatte „unverständlich gut" zu Essen gegeben, mit einer „prächtigen" Hühnersuppe, Schweinefleisch, Kartoffeln und Spargel. Als Nachtisch aßen sie einen rosa Pudding und das Beste war für meinen Vater, der so gerne Süßes aß, der Kuchen am Nachmittag, „und was für einen!" Er hatte das Gefühl, 15 Pfund zugenommen zu haben im Verlauf dieser ruhigen Zeit. Als er neulich badete, hatte er „mehrere Pölsterchen" an sich entdeckt, die wohl die Folge des „guten Stopfens" und des anhaltenden Sitzens am Schreibtisch waren. Heute hatte es für jeden eine ganze Tafel Schokolade gegeben, war das nicht üppig? Er hatte sich selbst ohne die Pölsterchen etwas besser gefallen, aber er sagte sich, dass man sie vielleicht doch noch mal gut gebrauchen können würde, wenn es wieder brenzlig um sie herum würde.

Rührend war eine Feier zu Ehren der gefallenen Kameraden in ihrer Division gewesen. Die großen Räume in ihrem Gutshaus eigneten sich gut für eine solche Andacht. Ihr Streichquartett (es gab Musikinstrumente an dieser Front?!) spielte schlecht und recht Bach und Händel vom

Akkordeon begleitet, weil sie kein Klavier hatten und sein Stubenkamerad sang dazu. Es wurden verschiedene Verse und Prosatexte gelesen und meinem Vater war es besonders weh ums Herz gewesen, weil er so fest an seinen lieben Bruder Nöll denken musste, dessen Tod nun schon etwas mehr als zwei Jahre her war und der ihm so sehr fehlte.

Mein Vater erfuhr, dass die Menschen in der Dürener Gegend durch die heranrückende Front einerseits und anhaltenden Bombenangriffe andererseits Schweres durchmachten. Sein Onkel hatte ihm mitgeteilt, dass ein ferner Verwandter von ihnen gerade bei einer Bombe auf Zerkall im Kreis Düren ums Leben gekommen war, eine erschütternde Nachricht. Bei ihnen gab es wenigstens von Zeit zu Zeit mal einige Tage oder gar Wochen Ruhe, aber daheim kamen sie durch die dauernden Luftangriffe nicht aus der Aufregung heraus. Heute war seit langem der erste wolkenlose Tag gewesen, den die russischen Flieger genutzt hatten, um sie anzugreifen. Dabei war wieder klar geworden, um wie vieles schlechter die russische Luftwaffe war im Vergleich zu der anglo-amerikanischen. Die Russen richteten mit ihren Bomben im Verhältnis zu der großen Zahl der eingesetzten Flugzeuge im Westen kaum nennenswerten Schaden an. Am Abend hatten sie genug Ruhe gehabt, um bis spät in die Nacht hinein einmal wieder Doppelkopf zu spielen und viel dabei zu lachen.

Meine Mutter hatte besorgt geschrieben, dass die Kohlenknappheit erneut beängstigend war und auch Kartoffeln waren ihnen nicht sicher. Jetzt, Anfang November, war es schon so kalt, dass genug Schnee lag, um am Kellerbauerhang Ski zu fahren. Bernd hatte Sprungschanzen gebaut, über die er sich stolz in die Luft erhob und dann zusah, wie seine kleine Schwester jedes Mal eine Bauchlandung machte. Die Schanze war für sie zu hoch, aber er hatte ihr einen Preis (Skiwachs) versprochen, wenn sie es wagen würde zu springen. Mein Vater war tief gerührt über einen Brief von Bernd, in dem er seine Frage, ob Vati zu Weihnachten käme, ganz dick unterstrichen hatte. Leider stand es mit einer Urlaubsgenehmigung sehr schlecht. Eine seiner Aufgaben war es, die ganze eingehende Post für die Divisionsführung zu lesen. Darunter waren so viele

Juli 1944 - April 1945

Urlaubsgesuche von Leuten, deren Wohnungen in allen Teilen Deutschlands durch Bomben zerstört worden waren oder die schon wochenlang ohne Nachricht von ihrer Familie waren. Wie gut sie es da im Vergleich hatten!

Und für den Moment sollte es noch besser werden. Am 26. November berichtete mein Vater von einem Umzug in eine Art Barackenstadt etwas weiter im Westen, in der sie am Vorabend angekommen waren. Wie gut es ihm ging, konnte meine Mutter nicht ahnen. „Kein Artillerieschießen, keine Flieger, keine Meldungen, keine Petroleumlampen mehr. Stattdessen für die braven Männer, die monatelang nur in Erdlöchern gehockt waren und die tagelang nichts anderes gesehen hatten als ein kleines Stückchen verschlammten Graben, die während der langen Nächte beinahe ununterbrochen wachen mussten, für die gab es jetzt wieder Betten, Waschgelegenheit, ungestörte Nachtruhe, Tische und Bänke, Kino und vielleicht für den einen oder anderen auch einen kurzen Urlaub." Mein Vater staunte, dass das im 6. Kriegsjahr und bei der ernsten Lage noch möglich war. Er selbst wohnte sehr nett in einem kleinen Zimmer unterm Dach im Haus des Generals und hatte neben einem richtigen Bett, einen Schrank, Waschtisch, Tisch und Stuhl und einen guten Ofen, der für Wärme sorgte, auch wenn man mit den Kohlen sehr sparsam sein musste. Am meisten imponierte ihnen allen das elektrische Licht. Die Arbeitszimmer waren in einer anderen Baracke untergebracht und das Mittag- und Abendessen fand für sämtliche Offiziere des Divisionstabes in einem gemeinsamen recht gemütlichen Kasino statt. Zu tun gab es vorläufig noch wenig, aber das würde sich bald ändern. Und das Allerbeste und Unglaublichste war, dass meinem Vater tatsächlich über die Weihnachtstage Urlaub zugesagt worden war! Er hatte es nie für möglich gehalten, vor Kriegsende noch einmal zu uns fahren zu können. Wenn alles klappte, würden es 10 Urlaubstage sein und zwei oder drei Reisetage. Bevor er nach Neuhaus käme, würde er gerne erst in Dresden Halt machen, denn es lag auf dem Weg und er würde Edith mit ihrer Familie sehen, auch Karin, die Frau von Bertes und seine

Mutter mit dem Konsul. Ganz vielleicht würde es sogar Bertes möglich sein, sie alle dort zu treffen. Auch hatte der Konsul dafür gesorgt, dass er jemanden aus der Geschäftsleitung der Fabrik in Dresden treffen könnte, um eine Menge geschäftlicher Angelegenheiten zu besprechen. Einen Weihnachtsbraten für Neuhaus würde er versuchen mitzubringen. Nur die Zugverbindungen von Dresden nach München waren schwierig, aber er würde es schon schaffen.

Diese große Vorfreude wurde stark getrübt durch die fürchterliche Nachricht, die mein Vater am 28. November bekam. Der Konsul hatte ihn angerufen, um ihm mitzuteilen, dass seine geliebte Heimatstadt Düren vor 12 Tagen, am 16. November durch einen einzigen Großangriff in Schutt und Asche lag. Die Alliierten, die eine deutsche Heereskonzentration in der Stadt vermuteten und die eine möglichst freie Bahn für ihren schnellen Vorstoß zum Rhein brauchten, hatten die Stadt innerhalb von 20 Minuten dem Erdboden gleich gemacht. Kaum ein Haus stand mehr und man vermutete 1200 bis 1500 Tote. Die Bevölkerung war mit der Zeit zu sorglos geworden und es gab nicht genügend Luftschutzkeller für alle. Alles war zerstört worden, das Haus am Fluss, wo mein Vater und meine Mutter ihr gemeinsames Leben begonnen hatten, das prächtige Haus seiner Großmutter, in dem ich geboren wurde und all die Schoeller-Villen um es herum, die Schulen, die mein Vater besucht und all die anderen Plätze, an denen er seine Jugend verbracht hatte. Der Konsul hatte von keinem neuen Schaden der Fabrik gesprochen, die etwas außerhalb der Stadt stand.

Die erste Reaktion meines Vaters auf dieses Unheil war unglaublich gelassen. In einem kurzen Abschnitt schrieb er meiner Mutter wie „betrüblich" die neuesten Nachrichten aus Düren seien, wie von der Stadt anscheinend nur ein Trümmerhaufen übrig geblieben sei. Gleich nach dem Urteil „Es ist ein arger Jammer um all das, was wir mit so viel Liebe in unser gemütliches Häuschen hineingestellt hatten", ging er sofort über zu der freudigen Nachricht über die Urlaubsaussichten. Am nächsten Tag jedoch schrieb mein Vater dann einen Brief an meine Mutter, in dem er sich über sich selbst und seine Ruhe bei der Nachricht über die Zerstörung Dürens und all dessen, worauf sie ihre Zukunft aufbauen wollten, wunderte. War diese Gelassenheit ein Zeichen für ein mangelndes Empfindungsvermögen oder eine Folge der Abgestumpftheit, die die Erlebnisse der letzten Jahre glücklicherweise ganz von selbst herbeigeführt hatten? Es war eigentlich erstaunlich, dass man in diesen Tagen noch ganz ruhig schlafen konnte, dass es einem schmeckte wie sonst, dass man sich freuen konnte auf einem mittäglichen Ritt in der frischen Waldluft aber es war gut so, denn sonst könnte man nicht weiterleben und die Aufgaben erfüllen, die noch bevorstanden und die erheblich schwieriger sein würden als alles, was er bisher schaffen musste.

Familientreffen in Dresden, kurz vor Weihnachten 1944. Von links nach rechts: Bertes, Dieter, der Konsul. Vorne: Bertes' Frau Karin, meine Grossmutter Paula, Edith mit Dagi

Die Aussicht, seine Familie nun in wenigen Wochen wiederzusehen, gab meinem Vater die Kraft, den Verlust seiner Heimatstadt und die sich nun anhäufende Schreibarbeit leichter zu bewältigen. Er würde tatsächlich auch Bertes in Dresden antreffen, und der Gedanke, mit uns allen in

Neuhaus Weihnachten feiern zu können, erfüllte ihn mit großer Freude. Es gab so selten etwas Erfreuliches in dieser Zeit und so empfand man das Glück umso intensiver und ließ sich durch die traurigen Nachrichten weniger bedrücken. Das Bewusstsein fest zusammen zu gehören, sollte ihnen Kraft geben. Er bat meine Mutter keine großen Vorbereitungen zu machen. Ein ganz kleines Bäumchen würde es tun und sie hatten ja die schöne Krippe dazu. „Alles ist uns doch nicht genommen", meinte er und „was uns noch blieb, wollen wir um so mehr lieben". Wie schön wäre es, wenn es über die Weihnachtstage auch Schnee in Neuhaus geben würde, damit ihm Bernd seine Heldentaten auf seinen Skiern vorführen könnte, von denen er ihm so oft geschrieben hatte. Vor lauter Vorfreude konnte mein Vater schon gar nicht mehr richtig schlafen. Alles verlief dann so wie er sich das vorgestellt hatte. Nach einem kurzen Familientreffen in Dresden verbrachten wir fast zwei kostbare gemeinsame Wochen über Weihnachten und Neujahr in Neuhaus.

Am 3. Januar musste mein Vater dann wieder zurück an die russische Front. Die erste Postkarte von unterwegs berichtet von Kälte – der Zug war nicht geheizt – von Verspätung und längerem Aufenthalt wegen zerstörter Oberleitungen. Aufgedruckt auf die Karte hieß es in roten Buchstaben:
Der Führer kennt nur Kampf,
Arbeit und Sorge.
Wir wollen ihm den Teil abnehmen,
den wir ihm abnehmen können.

In Wien, das noch fast ganz unversehrt vom Krieg war, hatte er lang genug Aufenthalt, um in der Nähe des Bahnhofs in einem sauberen Hotel, mit fließend warmem Wasser, etwas zu schlafen und zu Mittag zu essen. Aber im Ganzen hatte die Reise zurück bis zu seiner Division, die sich jetzt im östlichen Teil Ungarns befand, so lange gebraucht wie „eine Überfahrt mit der Bremen von Hamburg bis New York". Er fürchtete, dass die Post zwischen ihnen ebenso lange brauchen würde, weil die Bahnverbindungen zusammengestückelt waren. Aus den Worten, die mein Vater nach seiner Rückkehr niederschrieb, erfahren wir von den „unsagbar schönen Tagen", die wir über Weihnachten zusammen erlebt hatten. Er hatte das Gefühl, einen großen reichen Schatz mitgenommen zu haben, wenn er an den Weihnachtsabend dachte, an die Silvesternacht, in der ihm die Glocken einen so tiefen Eindruck gemacht hatten, weil sie aus der so sehr ersehnten Welt des Friedens hinüberläuteten. Er beschrieb die köstliche Sonne am Spitzing, erinnerte an den netten Abend bei Verena und den so besonders schönen vorletzten Abend des gemeinsamen Musizierens. Mein Vater dankte meiner Mutter von Herzen für all ihre Liebe, die sie ihm geschenkt hatte, inklusive des herrlichen Kuchens und der vielen Weihnachtsplätzchen, die sie ihm mitgegeben hatte und die ihm jetzt diese lange Reise erleichterten. Er wünschte ihr und sich selbst, dass der schöne klare Morgen bei strahlendem Mondschein, an dem sie voneinander Abschied genommen hatten, ein gutes Zeichen für sie sei.

Erst nach fünf Tagen war er endlich wieder bei seinen Leuten angekommen. Den ruhigen Schlaf, den er auf der langen Reise gesammelt hatte, konnte er gut gebrauchen, denn er kam mitten hinein in ein „munteres Treiben". Am Tag vorher war dem Iwan ein Panzer-Durchbruch gelungen, der ihnen viel zu schaffen machte, und die Lage hatte für eine Weile kritisch ausgesehen. Für den Anfang war es nicht ganz einfach, sich in allem Neuen zurechtzufinden bei der gespannten Lage, wo natürlich niemand Zeit hatte, sich mit seiner Einweisung zu befassen. Dann hatte er die Nachtwache übernommen, da er der am besten Ausgeruhte war. Er war dankbar, dass er seinen Kameraden auf diese Weise helfen konnte. Alle Angriffe gegen ihre Front wurden gut abgewehrt. Das hatte ihre Stimmung, die gestern nicht so rosig gewesen war, bedeutend gehoben. Sie hatten die Schlafenszeit jetzt so organisiert, dass sie sich zu viert den Nachtdienst teilten. Jeder von ihnen war drei Stunden wach und schlief sechs Stunden. Jede vierte Nacht hatte dann einer von ihnen vollständig dienstfrei. Sein Stubenkamerad, „der Sänger und Schnarcher", war mittlerweile schon so gut eingearbeitet, dass er mittags selbständig das Telefon hüten konnte, wodurch sie sich beide, wenn nicht zu viel los war, noch ein kurzes Tagesschläfchen leisten konnten.

Der fünfte Gruß meines Vaters (er hatte wieder angefangen, seine Briefe vom letzten Urlaub an zu nummerieren und meine Mutter tat das gleiche) bestand aus 14 Zeilen, offensichtlich flüchtig mit Bleistift niedergeschrieben, in denen er meiner Mutter nur schnell mitteilte, dass es ihm „gut geht" obwohl heute wieder „Hochbetrieb" war. Es war wie üblich ein „Großkampftag" allerdings bewegten sie sich nicht. Wie kann man sich die schlimmen Sorgen vorstellen, die meine Mutter empfinden musste, wenn sie einen solchen Brief bekam? Außer dem innersten, radikalsten Kreis um Hitler war es allen klar, dass Deutschland den Krieg schon lange verloren hatte, und dass der Tod der vielen Millionen Menschen zwischen November 1944 und Mai 1945 völlig sinnlos sein würde. Aber was machen, wie sich wehren? Dem Führer „Arbeit und Sorge" abzunehmen, war das ein Ziel, für das die Soldaten ihr Leben einsetzen sollten? Gegen verstärkten deutschen Widerstand drangen die Alliierten immer weiter nach Westen vor, und im Osten bestand kein Zweifel mehr, wer in der Übermacht war. Die Russen hatten sich zu einer weiteren überwältigenden Offensive gesammelt, und fielen jetzt in Ostpreußen und in den Osten Polens ein. Jeder musste sich fragen, ob nicht endlich die Zeit gekommen war, den Feinden eine bedingungslose Kapitulation anzubieten, die den Krieg beenden würde?

Von jetzt ab bis zu einem Zeitpunkt im April, an dem meine Mutter gar keine Nachrichten mehr von meinem Vater bekam, gingen seine Berichte über die militärische Lage bei ihnen in ihrer Schärfe dauernd auf und ab. Gerade jetzt folgte eine lange Zeit der Ruhe, während es im Norden von ihnen hoch herging. Nach vielen Tagen der äußersten Anstrengung war eine solche Pause wieder ein großes Geschenk für sie alle. Mein Vater dachte dabei vor allem an ihre braven Infanteristen, die für eine volle Woche lang wohl kaum Schlaf bekommen hatten, und die im Schnee und später im strömenden Regen ihre Stellungen gegen schwerste Angriffe verteidigen mussten. Ein eigener Angriff der Division un-

Juli 1944 - April 1945

mittelbar neben ihnen schien im Moment für Entlastung zu sorgen. Es war ja zu erwarten gewesen, dass ihr Bataillon in dem Frontabschnitt, in dem sie sich befanden, es nicht gerade ruhig haben würden, aber im Ganzen schien es doch, als ob mein Vater mit seiner Theorie recht behalten könnte. Die russische Offensive schien sich hier so allmählich ein wenig totzulaufen. Dafür hatte sie weiter nördlich mit der ganzen Wucht der lang angesammelten Kräfte begonnen.

Der Regen hatte aufgehört. In den klaren Nächten fror es ziemlich, aber tagsüber spürte man etwas von der Milde des Südens hier in Ungarn. Das Vogelgezwitscher ließ sogar schon eine ganz kleine Frühlingsahnung aufkommen. Nun wo es ruhiger geworden war, konnte er sich auch ein wenig in der Umgebung umschauen. Besonders reizvoll war das Dorf, in dem sie untergekommen waren nicht, aber seine weiß getünchten Häuser und die sehr viel saubereren Menschen machten doch einen freundlichen Eindruck. Es gab eine ganz eigene Bauweise hier zu Lande. Die Häuser waren sehr lang und schmal und standen mit der Schmalseite zur Straße. An den Längsseiten gab es meist Loggien in denen Paprika und Mais zum Trocknen hingen. Auch Wein schien angebaut zu werden. Die Bauern hier waren offensichtlich sehr viel wohlhabender als die in Polen und Russland, aber sie hatten sehr Schweres durchzumachen. Der Bevölkerung schien es meistens gleichgültig zu sein, ob die Deutschen oder die Russen ihr Land besetzten, und ließen den Krieg so gut wie nur möglich über sich hinwegrollen. Bei jeder der üppigen Mahlzeiten, die sie bekamen, vom Gänse- bis zum Hasenbraten, musste mein Vater an uns denken, für die es so schwer war, die notwendigen Lebensmittel auf den Tisch zu bringen. Er hatte bisher vier kleine Pakete an uns geschickt. Eines enthielt Zucker, den er hier bekommen hatte, und Tabak als Tauschware war im anderen, sowie Süßigkeiten für uns, die er sich aufgespart hatte. Bei den anhaltenden Luftangriffen auf deutsche Städte machte sich mein Vater Sorgen, wie es wohl meiner Mutter gelingen würde, die beiden Zimmer in Neuhaus freizuhalten, für den Fall dass seine Familie aus Dresden fliehen müsste. Wie gelang es nur, all die vielen Flüchtlinge unterzubringen und zu verpflegen? In seiner Division hatten sie die katastrophalen Auswirkungen des feindlichen Vormarschs und der Bombardierungen erlebt, als einer seiner Kameraden nicht mehr an seine Familie schreiben konnte, weil die Russen nur ein paar Kilometer weit vor seiner Heimatstadt standen. Ein anderer Kamerad hatte von seiner Familie kein Lebenszeichen mehr erhalten, nachdem sie aus dem brennenden Köln evakuiert worden war. Wenn er uns nur helfen könnte, schrieb mein Vater. Es war so gut gewesen, dass sie beisammen sein konnten, und dabei neue Kraft gesammelt hatten „für das, was ihnen noch bevorstand auf dem unsagbar harten Weg, den wir Deutschen gehen müssen. Mein Wunsch, bei Euch sein zu können, ist grösser als je. Ich möchte schöpfen und aufbauen können. Immer schwankt man hin und her zwischen dem Bewusstsein, ein winziges, vollkommen machtloses Lebewesen zu sein, und dem Willen, die ganze ungebrochene Kraft allen Gewalten zum Trotz zum Wiederaufbau einzusetzen. Ebenso schwanke ich, wenn ich mir die Zukunft ausmale, zwischen schwärzesten Bildern und der Hoffnung, es möge besser kommen als ich es mir ausdenke." Mein Vater hatte vor einigen Tagen ein Paket mit Stoff und Zutaten für einen feldgrauen Mantel, als Ersatz für seinen, im Befehlswagen verbrannten, an meine Mutter geschickt, und meinte in seinem ungebrochenen Humor: „Schade, dass ich Dir nicht stattdessen einen Haufen Gänse und Enten schicken kann!"

Die Ruhe an ihrer Front hielt zwar an, aber die Männer seiner Division hatten es nicht leicht. Erstens war das Gelände, in dem sie sich befanden, in seiner völligen Baumlosigkeit sehr schutzlos, und zweitens war der Boden jetzt noch so hart gefroren, dass es fast unmöglich war, kleine Wohnbunker zu bauen. Die meisten hausten bei der zunehmenden Kälte in einem Deckungsloch oder Hüttchen aus Maisstroh auf dem freien Feld.

Mein Vater wusste nicht, wie es oben, weit nördlich von ihnen, weitergehen sollte. Gerade waren die Sorgen gross, weil den Russen ein breiter Durchbruch gelungen war. Die Frage, wie sich das wohl weiterentwickeln würde, beschäftigte ihn den ganzen Tag, da sich das auch entscheidend

Juli 1944 - April 1945

auf ihr eigenes weiteres Schicksal auswirken würde. Sie standen hier momentan wohl am Rande des großen Geschehens. Der Gegensatz zwischen Großkampf- und Ruhetagen war enorm. Er hatte zwar stundenweise viel zu tun mit Telefongesprächen, aber hatte dann auch wieder Zeit für sich. Bewusst nutzte er diese, um Kräfte zu sammeln, die man demnächst sehr nötig haben würde. Die Nachricht, dass die Russen nun kurz vor Breslau, und damit nicht weit von Wilkau standen, beunruhigte meinen Vater sehr, und die Berichte über den Flüchtlingsstrom aus den bedrohten oder schon feindbesetzen Gebieten erschütterten ihn zutiefst.

Der 25. Januar 1945 war der 36. Geburtstag meines Vaters. Während die Alliierten immer weiter in Deutschland eindrangen und Städte bombardierten, die starke russische Offensive im Norden des Landes in ihrem Vormarsch nicht aufzuhalten war, und sie selbst täglich neue Angriffe zu erwarten hatten, bereitete das Bataillon meinem Vaters ein erstaunlich vielseitiges, üppiges Fest zu seinen Ehren. Es hatte mit einem herrlichen Frühstück begonnen, zu dem es echten Tee gab, Kalbsschnitzel und sein Lieblingsgericht, ein Spiegelei. Der Tag endete mit einem Abendessen, das sich bis 1 Uhr nachts ausdehnte und bei dem man sich angeregt unterhielt. Alkohol war natürlich den ganzen Tag geflossen, da immer wieder neue Gratulanten gekommen waren, mit denen man anstoßen musste. Drei Geburtstagskarten von diesem Tag gibt es noch unter den Briefen meines Vaters, weil er sie wohl an meine Mutter geschickt hatte, damit auch sie sie bewundern sollte. Zwei von ihnen geben „Ungarn" als Ortsbeschreibung an, und eine davon war höchstwahrscheinlich an eine Flasche Wein angebunden gewesen, denn auf ihr steht:
Dem 01, dem Vielgeplagten,
bei Einladungen oft Versagten,
sei zu Hilf bei Tag und Nacht
ein Glas des kühlen Trunks gebracht.
Mit Wünschen für viel Glück und reiche Jahre,
zwei Sterne, Urlaub, Post:
die zwei C-sare

Russische Offensive und letzte Kämpfe

> *Dem 01,* dem Vielgeplagten,
> bei Einladungen oft Verfagten,
> fei zu Hilf' bei Tag und Nacht
> ein Glas des kühlen Trunk's gebracht.
> Mit Wünschen für viel Glück und reiche Jahre,
> zwei Sterne, Urlaub, Post:
> die zwei C-sare

Geburtstagskarte zum 25. Januar 1945 an meinen Vater von seiner Division

Die Worte vom „Vielgeplagten" und „bei Einladungen oft Versagten" waren sicher ein liebevoller Hinweis auf das offensichtliche Unbehagen meines Vaters, wenn er an stundenlangen, spät in die Nacht hinein dauernden, Trinkgelagen teilnehmen sollte. Es muss in der Division meines Vaters einen wirklichen Künstler gegeben haben, denn die Zeichnungen, die dieses Gedicht begleiten sind erstaunlich ausdrucksvoll und fein. Eine kleine Lokomotive mit einem bedenklichen Gesicht und kräftigem Dampf arbeitet sich mühsam hoch auf einem geschwungenen Gleis. Auf der rechten Seite ist ein Tisch gezeichnet, auf den Briefe herunter wirbeln (mein Vater als der Nachrichten Offizier?), und oben gibt es ein Schulterabzeichen mit zwei Sternen. Die zweite Karte, offensichtlich von „Der Kartenstelle" angefertigt, und ebenso kunstvoll gezeichnet, zeigt einen dicht beladenen Karren, von zwei Soldaten gezogen und zwei weiteren angestossen, mit einem fünften hoch auf dem Wagen sitzend und eventuell eine Schreibfeder haltend. (Eine Anspielung auf meinen Vater, der

Juli 1944 - April 1945

dauernd schrieb und las und viel zu viel Zeug mit sich herumschleppte, wenn sie von Ort zu Ort weiterziehen mussten?) Auf dieser Karte heißt es: „Herrn Obltn. Schoeller gratuliert zum Geburtstag mit besten Wünschen für reiches Soldatenglück, weitere Erfolge und persönliches Wohlergehen. Die Kartenstelle." Die dritte Karte war ein Bild des Generals ihrer Einheit mit der Widmung: „An die Nummer Eins, Herrn Leutnant Schöller (Schoeller falsch geschrieben!) in dankbarer Anerkennung für seine unermüdlich gewissenhafte Mitarbeit und im Gedächtnis an Zeiten schwerer gemeinsam überstandener Kämpfe."

Geburtstagskarte zum 25. Januar 1945 an meinen Vater von seiner Division

Zwei Tage nach dem Geburtstag meines Vaters, am 27. Januar 1945 befreien die Russen das Konzentrationslager Auschwitz in Polen. Es gibt keinen Hinweis darauf, dass mein Vater um seine Existenz wusste, und natürlich wurde diese Nachricht nicht durch den Wehrmachtsbericht an die Fronten geschickt.

Mein Vater hatte jetzt gehört, dass sich die Russen nur noch 200

Kilometer vor Dresden befanden. Würden Edith mit Dagi, seine Mutter mit dem Konsul, und Bertes´ Frau Karin mit ihren Eltern wohl auf der Flucht nach Neuhaus oder an den Bodensee sein? Welch ein Glück, dass Verena mit ihren Kindern nicht mehr in Pommern war! Mit Schrecken dachte er an die Flüchtlinge und an die, die nicht mehr herausgekommen waren, und die nun bei dieser bitteren Kälte westwärts zogen oder unter russischer Besatzung litten. Am 13. Februar hatten die Russen Breslau eingekreist, eine Stadt, die Hitler noch vor ein paar Monaten als eine unbesiegbare militärische Festung bezeichnet hatte. Der Rest der Bevölkerung, der nicht vorher ausgewiesen worden war und die deutschen Truppen, gefangen in der Stadt, mussten durch die Luftwaffe unter Beschuss russischer Flieger versorgt werden. Es war offensichtlich, dass der Verlust Oberschlesiens an die Russen nicht nur den Beginn einer riesigen Flüchtlingswelle bedeutete, sondern auch den schnellen wirtschaftlichen und militärischen Zusammenbruch ganz Deutschlands zur Folge haben würde. Neben dem Ruhrgebiet, das sich jetzt unter starkem Angriff der Alliierten befand, war Schlesien das Zentrum für Kohle und für die deutsche Waffenindustrie gewesen. Aber mein Vater vergewisserte meiner Mutter, dass er versuchte, alle diese Katastrophen mit Fassung zu tragen, wobei ihm die Sorge um unsere Ernährung am meisten zu schaffen machte. Er schrieb: „Da wir nun einmal dazu ausersehen sind, in dieser schweren Zeit zu leben, und da es ja gar nicht anders sein kann, als dass aus dem tiefsten Jammertal, das wir allerdings wohl noch nicht vollkommen erreicht haben, auch wieder ein Weg bergan führt, lasse ich den Mut keineswegs sinken. Im Gegenteil, der Wille, diesen Weg bergauf zu finden, ist um so stärker, je trüber es ausschaut." Zu dieser Einstellung hatte ihm die Lektüre von Schopenhauer verholfen, der geschrieben hatte: „So lange der Ausgang einer gefährlichen Sache nur noch zweifelhaft ist, so lange nur noch die Möglichkeit, dass er ein glücklicher werde vorhanden ist, darf an kein Zagen gedacht werden sondern bloß an Widerstand." Tief bewegt hatte mein Vater das Zitat von Schopenhauer: „Ich weiß kein schöneres Gebet als das, womit die altindischen Schauspiele schließen: ‚Mögen alle lebenden Wesen von Schmerzen frei bleiben." Bei diesen Worten hatte er so deutlich empfunden, dass man nur dann mit aller Tragik fertigwerden konnte, wenn es einem gelang, sie von einer höheren Warte aus anzuschauen, wenn man durchdrungen war von Gottes Allmacht. Es hatte keinen Zweck, sich immer von neuem gegen sein Schicksal zu stemmen und die Frage nach dem warum zu stellen. Soweit die eigene Kraft es nicht abwenden konnte, musste man es als Gottes Wille ruhig tragen, aber da, wo einem die Möglichkeit gegeben wurde, es durch eigene Kraft zu wenden, da durfte man nicht passiv sein. Liebevoll fügte mein Vater in diesem Brief an meine Mutter hinzu: „Ich schreib Dir ein wenig über solche spärlichen Überlegungen, vor allem, um mir selbst durch größere Klarheit ein wenig zu helfen."

Es war immer noch ruhig an der Front, wo sich mein Vater befand, während die Nachrichten, die sie von weiter nördlich bekamen, immer bedrohlicher wurden. Riesige Schneeverwehungen hatten den Postbus zum Halten gebracht, aber jetzt schien eine wärmende Sonne, und weil es Sonntagmorgen war, beobachtete mein Vater, wie die Dorfbevölkerung festlich gekleidet in die Kirche ging. Es gab sogar ein „mageres Kirchenglöcklein, das sehr fleißig bimmelte". Abends wurde Doppelkopf gespielt. Zuhause war die zu erwartende Lebensmittelkürzung bekannt gegeben worden und mein Vater bat meine Mutter inständig, nicht weniger zu essen als ihr zustand, denn sie hatte es nötig, und Bernds „Vielfresserei" war zum Teil auch ein wenig Angewohnheit.

Wilkau, das Landgut der Familie, war jetzt genau auf dem Weg der russischen Truppen nach Westen. Mein Vater hatte von Bertes und von Edith Briefe bekommen, in denen sie ihren Evakuierungsversuch von Wilkau am 20. Januar beschrieben. Es war herzzerreißend, diesen Besitz, in den sie so viel Liebe und Mühe mit dem Zuckerrübenanbau gesteckt hatten, und den ihr Bruder Nöll übernommen hatte, jetzt den Russen preisgeben zu müssen. Wilkau war auch der Ort gewesen, an den Edith und Franzl die meisten ihrer Wertgegenstände gerettet hatten, bevor ihr Haus in Berlin durch einen Bombenangriff im Dezember 1943 völlig zerstört worden war. Mit einigen Gutsleuten und allen Pferden hatte Bertes einen Treck in Richtung Dresden organisiert. Alles Vieh musste zurückbleiben. Ob der Treck allerdings wirklich losgegangen war, und wo er steckte, wusste Bertes nicht. Wegen des elendigen unendlichen Flüchtlingsstroms hatten er und Edith zwanzig Stunden von Wilkau zurück nach Dresden gebraucht. An einigen Stellen waren die Straßen mit Flüchtlingen und Soldaten so verstopft gewesen, dass man kilometerweit nicht weiterkam. Edith hatte jedoch tapfer an meinen Vater geschrieben, dass sie vorhatte, es in Dresden auszuhalten, auch wenn es von dort keine Züge mehr gäbe. Sie fühlte sich in Dresden sicher, weil sie sich nicht vorstellen konnte, dass die Alliierten jemals diese „Perle aller Städte" angreifen und zerstören würden...

Meine Mutter hatte meinem Vater eine Abschrift aus den Kriegsbriefen des Malers Franz Marc geschickt, den sie beide so gerne hatten, und der im Ersten Weltkrieg gefallen war. Die Ansicht, die Marc vertrat, dass alle Beteiligten an einem Krieg schuldig waren, leuchtete meinem Vater stark ein, denn letzten Endes war er aus Habgier und dem Willen zur Macht entstanden, beides Eigenschaften, die den meisten Menschen anhafteten. Wie er selbst, war Marc davon überzeugt, dass die Menschen einen neuen Christus vonnöten hätten, der von Gott gesandt und begnadet, mit einem Feuer ohnegleichen auf die Menschen einwirken müsste, um ihnen am Beispiel dieses fürchterlichsten aller Kriege zu zeigen, dass es einen Weg gibt, auf dem wir Menschen ohne Hass und Neid nebeneinander gehen können. So wie bisher konnte es ja nicht weitergehen, wenn die Menschheit die kommenden Jahrhunderte überstehen wollte, ohne sich gegenseitig auszulöschen. Der Krieg war ein Beweis dafür, dass das Böse in eine Sackgasse führte.

Mein Vater versicherte meiner Mutter immer wieder, wie dankbar er ihr war für alles Liebe, das sie ihm mit jedem Brief und hier mit dieser Abschrift schickte. Auch wenn er in seinen Briefen nicht immer recht sagen konnte, wie dankbar er ihr war für alles Große und Liebe, das von ihr zu ihm kam, waren ihre Briefe für ihn „ein ungeheuer großer

Trost und ein Glück", die ihm die Kraft gaben, sich von jeder noch so trüben Nachricht nicht erschüttern zu lassen. Er empfand, wie sich seine Liebe zu ihr, zu uns Kindern, den Schwiegereltern Bertholet und Edith, mehr und mehr vertiefte, je mehr das Zeitgeschehen drohte, ihnen allen Grund unter den Füßen wegzuspülen. Er hatte während des ganzen Krieges ihre Standhaftigkeit und ihren Willen durchzuhalten noch nie so sehr empfunden und bewundert, wie in dieser letzten Zeit. Es musste ja eines Tages wieder bergauf gehen, obgleich ihnen gewiss vorher noch schwere Prüfungen auferlegt werden würden. Mein Vater fügte hinzu: „Ich brenne ordentlich darauf, wieder für den Aufbau zu arbeiten und glaube, dass es eine große Befriedigung geben kann, wenn man auch nur einen ganz kleinen Erfolg sieht, denn praktisch haben wir unsere Sache doch jetzt auf nichts gestellt. Das geht schon so weit, dass ich manchmal darüber nachdenke, wie weit man sich von Beeren, Pilzen und Gras ernähren könnte. Wenn wir erst mal wieder beisammen sind, werden wir mit allem fertig."

Seitdem es jetzt eine Verordnung gab, nach der kein Paket mehr aus dem Feld nachhause geschickt werden durfte, beschrieb sich mein Vater als einen „Spürhund", der am Boden schnüffelte, um herauszufinden, ob es jemand gab, der Urlaub hatte und der für ihn ein Paket an uns mit nach Deutschland nehmen könnte. Er hatte für uns einiges an unverderblichen Lebensmitteln gesammelt, inklusive eines Sacks mit Mais als Zusatznahrung. Endlich fand er einen Urlauber aus seiner Division, der auf dem Weg nach Ulm über München fuhr und dem er sein Paket mitgeben konnte. Es folgte die Angabe der Adresse in München, wo wir das Paket so bald wie möglich abholen könnten. Außer einer Flasche Schnaps hatte ein Kamerad hinter der Front für meinen Vater den Inhalt des Pakets besorgt, und der rührende Mann hatte auch alles in ein selbst gemachtes Kistchen verpackt, das mein Vater dann wiederum in seinen alten Faltbootrucksack gepackt hatte, den er nicht mehr brauchte. Die Schnüre des Rucksacks übrigens waren Lederschnürbändel, die meine Mutter vielleicht für Bernds Schuhe gebrauchen könnte. Immer wieder gelang es meinem Vater, uns kleinere Pakete zukommen zu lassen. Einmal sogar durch einen Mann, der zu seiner Familie durch Schliersee fuhr. Sie enthielten selbstgemachten Tabak, auch irgendwelche kleinen Lebensmittel und Süßigkeiten für uns Kinder.

Am 19. Februar berichtete mein Vater zum ersten Mal seit fast genau fünf Wochen über erneute Kämpfe ihrer Division. Vor zwei Tagen hatten sie zusammen mit ihrer Nachbardivision den Befehl für einen Angriff bekommen, der nicht die erhofften Erfolge gebracht hatte. Es war eine schwere (und bei der allgemein so verzweifelten Lage so unsinnige) Aufgabe, die man ihnen gestellt hatte, und die Russen verteidigten sich äußerst zäh in einer stark ausgebauten Ortschaft mit einer Unmenge an schweren Waffen. Für meinen Vater gab es sehr viel Arbeit. Dieses Krieg führen am Telefon war eine recht aufreibende und undankbare Aufgabe. Es war so schwer, sich ein richtiges Bild von der Lage zu machen, denn man war angewiesen auf die Schilderung anderer Leute, die ihrerseits ihre Meldungen aus zweiter und dritter Hand bekamen. Sie waren jetzt weiter vorne in einen Bunker umgezogen, in dem es arg eng war und es kein fließend Wasser gab. Mit der Nachtruhe war es vorbei, und auch kam er aus seinem „Mauseloch" nicht heraus, in welchem er auf engstem Platz dauernd Befehle ausführen musste. Aber klagen wollte er nicht, denn mit dem Elend, das in diesen Tagen so viele Menschen zu ertragen hatten, war seine Lage noch vergleichbar gut.

Bitter war, dass die Regelmäßigkeit des Postverkehrs aus Deutschland stark behindert wurde durch die amerikanischen und britischen Luftangriffe auf Wien, und er deshalb schon seit elf Tagen keine Briefe von zuhause mehr bekommen hatte. Meiner Mutter würde es ähnlich ergehen und ihre Sorgen um ihn nur noch erhöhen. Das wiederum war nicht zu vergleichen mit seinem armen Kameraden, der neben ihm saß und zuschauen musste, wie er schrieb, während er seit 7 Wochen ohne Nachricht von seiner Frau aus Ostpreußen war. Er hatte nur noch wenig Hoffnung, dass sie sich hatte retten können bevor die Russen eingefallen waren. Mein Vater schrieb: "Schon vor einem Monat habe ich geglaubt, dass das lange sonnenlose Tal, das wir jetzt durchwandern müssen, bald überwunden sei, aber es ist nun doch sehr viel länger als ich glaubte, und der Weg wird immer steiniger und dorniger und viele bleiben unterwegs liegen. Es ist schwer, noch etwas Freudiges zu finden." Im Allgemeinen hielt er ja den Kopf immer hoch und er bemühte sich, das auch weiterhin zu tun. Aber das, was er hier in seiner nächsten Umgebung sah, war doch recht erschütternd.

Sie waren in ein Gebiet umgezogen, das bis vor wenigen Tagen noch von den Russen besetzt gewesen war und bewohnten nun einen großen ungarischen Gutshof, der ihn an Wilkau erinnerte. Die Straßen bestanden aus einem unvorstellbar zähen Schlamm, der einem beim Marschieren die Stiefel auszog und auf ihrem Gutshof sah es nicht besser aus. Meine Mutter konnte sich von der Verwahrlosung, vom Schmutz, von der Verrohung und öden Leere dieses Hauses keine Vorstellung machen. Es war einstöckig und entlang eines langen Flurs lagen, großzügig angeordnet, viele Zimmer, welche große aber jetzt meist zerbrochene Fenster hatten, die weit ins Land herausschauten. Das Haus musste früher einmal elegant gewesen sein, aber von der Einrichtung war nichts übrig geblieben außer verdreckten Sesseln und abgerissenen Ledersofas, die vor Schmutz starrten und aus denen die Füllung herausquoll. Die Wände waren weiß getüncht und teilweise beschmiert. Um den Schmutz aus dem Haus zu schaffen, würde man ein paar Tage benötigen. In jeder Ecke lag Glas und zertrümmerte Kronleuchter. Ein paar vereinzelte Bilder hingen noch an den Wänden, darunter Familienbilder, deren Anblick meinem Vater einen Stich ins Herz gegeben hatten, denn er musste so sehr an Wilkau denken, wo das, was durch den Beschuss nicht zerstört, nun wohl willkürlich zerschlagen worden war. In den Ställen gab es kein Vieh mehr und aus den Scheunen war alles Verwertbare herausgezerrt worden. Verbrannte Autos lagen in dem einst sicher hübschen Garten, und die meisten großen Bäume waren gefällt. Was meinem Vater vielleicht am meisten weh tat und was er als „eine der ekelhaftesten Auswirkungen des Krieges" immer wieder erlebte war, dass auch die Natur, deren Anblick bei allem

Schrecklichen ihn immer wieder versöhnen konnte, durch diese jämmerlichen Lebewesen, die sich Menschen nannten, ihrer Reinheit beraubt worden war. Diese sinnlosen Zerstörungen waren etwas Furchtbares. Wie mochte es in den von ihm so geliebten Wäldern der Eifel aussehen, in denen jetzt schon wochenlang bitter gekämpft wurde? Die Menschen hier, die die sechs Wochen russischer Herrschaft miterlebt hatten, erzählten manche Schauergeschichten. Sie hatten ihre ganze Habe an die Russen abgeben müssen. Auch die vergrabenen Sachen wurden aufgestöbert und alles, was irgendwie verwendbar erschien, wurde als Paket nach Russland verfrachtet.

Und wie mochte es uns ergehen, fragte sich mein Vater? Es war jetzt drei Wochen her, dass er zuletzt von uns gehört hatte. Ob wir mehr Einquartierungen bekommen hatten und satt wurden? Sicherlich müssten doch Spaziergänge ein wenig versöhnend wirken, besonders, wenn jetzt in wenigen Wochen die Märzenbecher herauskämen. Durch alle trüben Gedanken durfte man sich diesen Genuss nicht nehmen lassen. Immer größer wurde seine Sehnsucht nach uns und nach der Berg- und Waldeinsamkeit. Es war so bitter, dass man sich nicht aussprechen konnte und neuerdings nicht einmal brieflich, obgleich er fest daran glaubte, dass das bald wieder möglich sein würde, wenn es Wien nicht von neuem treffen würde. Meine Mutter müsste bitte entschuldigen, dass er so einen „Jammerbrief" geschrieben hatte, aber heute war ihm all das tragische Geschehen ein wenig nah gegangen. Vor allem der Gedanke an die Menschen im Osten, die den Russen in die Hände gefallen waren und sich nun auf der Flucht vor ihnen befanden. Das Elend, das über die meisten deutschen Menschen gekommen war, war grösser als man es sich in den schlimmsten Vorstellungen ausmalen konnte. Es gab schon mal solche Tage, an denen die Widerstandskraft etwas geringer war als sonst. Aber mein Vater bestätigte, „wir werden die Kraft finden, trotzdem mit dem Leben fertigzuwerden". (Dieser Brief, am 10.3.45 geschrieben, hat einen Stempel „Schliersee" vom 24.3. Er musste also mit einem Urlauber aus der Gegend gereist sein).

Aber es sollte noch schrecklicher kommen. Genau eine Woche später schrieb mein Vater: „Heute ist einer der trübsten Tage meines Lebens." Von Bertes hatte er einen Brief bekommen, der die Auswirkung des Luftangriffs auf Dresden beschrieb, der nun schon vor mehr als zwei Wochen die Stadt zerstört hatte. Seine Frau Karin und ihre Eltern lebten dort und er war sofort zu ihrer Hilfe gekommen. Es war ihm möglich gewesen, die drei auf einen Flug zum Bodensee zu bringen, aber er hatte noch kein Lebenszeichen von der jetzt schwangeren Edith, und ihrer kleinen Dagi die gerade etwas über ein Jahr alt war, sowie seiner Mutter Paula und dem Konsul. Glücklicherweise hatte er dann gehört, dass sie am Leben waren, und es dem Konsul gelungen war, ein Fahrzeug zu organisieren, mit dem sie die brennende Stadt wahrscheinlich Richtung Süden, nach Neuhaus verlassen hatten. Ob sie wohl nach dem unvorstellbaren Schrecken inzwischen alle dort angekommen waren? Mein Vater stellte sich vor, wie schwierig es für meine Mutter gewesen sein musste, für sie alle Platz und Nahrung zu finden und für die notwendige Beruhigung ihrer sicher völlig fertigen Nerven zu sorgen.

Das Ausmaß der zynischen Sinnlosigkeit des Angriffsbefehls, den die Division meines Vaters am 17. Februar bekommen hatte, wird einem klar, wenn man bedenkt, dass er vier Tage nach der Bombenkatastrophe von Dresden erteilt wurde. Den Soldaten war natürlich die Vernichtung Dresdens verheimlicht worden, und auch wenn sie nicht davon überzeugt sein konnten, dass der Krieg noch zu gewinnen war, kämpften sie doch weiter in der Hoffnung, damit einen Beitrag zu einem möglichst baldigen Frieden zu leisten.

Auf der Konferenz in Jalta Anfang Februar hatten die Alliierten Stalin versprochen, seinen Ansturm nach Westen mit vollen Kräften zu unterstützen, indem sie ihre intensive Zerstörung deutscher Städte und Militäranlagen fortsetzen würden. Die Alliierten waren davon überzeugt, dass nur durch eine solche starke Zusammenarbeit der Krieg zu einem schnellen Ende geführt werden könnte. In der Nacht des 13. Februars hatte die Royal Air Force 1400 Flugzeuge nach Deutschland geschickt. Die meisten mit der Mission, Dresden zu bombardieren. Bis am Morgen hatten die Engländer 1400 Tonnen Bomben und ebenso viele Brandbomben über der Stadt abgeworfen, was einen derartigen Feuersturm zwischen den Häusern verursachte, dass eine Flucht fast unmöglich war. In den nächsten zwei Tagen hatten amerikanische Bomber dann vernichtet, was von der Stadt noch übriggeblieben war, besonders Brücken und Eisenbahnschienen. Die Anzahl der Toten war besonders hoch, weil Dresden der Zufluchtsort vieler Flüchtlinge aus dem Osten war. Wenn es die Absicht der Alliierten gewesen war, die Moral der deutschen Bevölkerung durch die Zerstörung Dresdens zu brechen und die Hitler-Regierung zu einer Kapitulation zu bringen, dann war das eine Fehleinschätzung. Trotz tiefstem Elend, Erschöpfung, Unterernährung und Mangel an Menschen und Waffen, wurde weitergekämpft. Der Krieg sollte noch drei Monate dauern und noch mehrere Millionen Tote fordern, bis Deutschland endlich aufgab.

Die Zerstörung von Dresden berührte meinen Vater mehr als der Verlust von Düren und Wilkau, schrieb er. Erst jetzt, wurde ihm das volle Ausmaß der Katastrophe, die über sie hereingebrochen war ganz klar, obgleich das alles ja im Vergleich zum Schicksal so vieler anderer Menschen, die aus Ostpreußen oder Pommern fliehen mussten oder nicht mehr herausgekommen waren, noch „harmlos" war. Für sie hier im Feld war es um vieles leichter als für uns daheim. Sie führten doch immerhin während der Kampfpausen ein beinahe geregeltes Leben, wobei es ihnen an nichts fehlte, außer dass sie in diesen Stunden der Not nicht bei ihren Lieben sein durften. Aber er war hoffentlich sehr bald wieder bei uns, um mitzuhelfen. Im Augenblick wünschte er sich nichts so sehr wie Post von uns. Es war nun schon viel zu lange her, dass er von uns gehört hatte.

Und kurz darauf war dann auch plötzlich, zur großen Freude meines Vaters, die Postverbindung mit daheim für einige Zeit wieder hergestellt, trotz neuer Bombardierungen auf Wien und auch auf München. Meine Mutter schilderte die „Einschachtelung", die in Neuhaus vor sich ging, besonders jetzt, da sie Edith mit Dagi und „das Konsulat" mitzuversorgen hatten. Sie musste wohl etwas vom „Geiz" seiner Mutter und den „lieblosen Erziehungsversuchen mit Bernd" von Seiten des Konsuls geschrieben haben, denn mein Vater antwortete in einer für ihn ganz ungewohnten Schärfe über „diese Menschen", die meiner Mutter das Leben schwer machten. In einer harten Zeit wie der heutigen, meinte mein Vater, sollte es kein mein und dein mehr geben. Sie hatte genau das gleiche Recht in Neuhaus zu leben wie sie selbst. Er konnte sich in dieser Zeit kaum ein ärgeres Verbrechen denken, als sich gegenseitig das Leben schwer zu machen, mit dessen Last man ohnedies kaum fertig wurde. Mein Vater bat meine Mutter, sich fest an Edith zu halten, die sicher unter ihnen vermitteln konnte, auch an ihre Eltern und Verena und vor allem bat er sie, ihm ja all ihre Sorgen zu schreiben. „Ich wäre unglücklich, wenn ich sie nicht mit Dir tragen dürfte."

Die Ruhe am Frontabschnitt meines Vaters hielt weiter an. Zum Teil war der Grund dafür, dass die Wege durch Überschwemmungen fast unpassierbar waren. Außerdem hatte ihr Angriff wohl die russische Division zunächst so stark durcheinander gebracht, dass es etwas dauern würde, da sie sich zum Angriff neu sortieren müssten. Ganz untätig würde der Iwan hier im Süden ja wohl nicht bleiben, aber ob er dann gerade sie treffen würde, war sehr fraglich. Zunächst, jedenfalls gab es hierfür noch keine Anzeichen. In den vergangenen zwei Wochen hatte es eine Unmenge Arbeit gegeben. So viel Papier wie in dieser Zeit hatte er wohl noch nie zu bewältigen gehabt. Stoßweise hatten sich die Befehle, Erfahrungs- und Gefechtsberichte auf seinem Tisch gestapelt und das Telefon konnte sich nicht beruhigen. Jetzt aber schien das Gröbste geschafft zu sein, und es war meinem Vater gestern gelungen, sogar mal für vier Stunden ins Gelände zu fahren. Die Umgebung war landschaftlich herrlich, schrieb er. Felder, auf denen Mais wuchs, wechselten sich ab mit steilen Höhen und hinter diesen konnte man schneebedeckte Berge ausmachen. Überall im Gelände stieß man auf die Spuren der Kämpfe: ausgebrannte und umgekippte Panzer oder Lastwagen, herumliegende Munition und tote Pferde.

Russische Offensive und letzte Kämpfe

Kannst Du Dir vorstellen, dass es manchmal schwerfällt, mit Leib und Seele bei der Arbeit zu sein, dass man gegen Interesse- und Schwunglosigkeit kämpfen muss. Wie viel leichter ist das Leben wenn man Erfolg sieht: Alles was mit dem Kampf gegen den überlegenen Gegner zusammenhängt, ist unendlich schwer, denn wo er aus dem Vollen schöpft, müssen wir uns mit allerlei Aushilfen abfinden. Dass es immer noch so funktioniert, ist erstaunlich. Manchmal verursacht es uns viel Kopfzerbrechen und Sorgen, aber das ist gar nicht der Rede wert im Vergleich zu dem was die Menschen daheim durchmachen. Geniessen kann ich nur noch Schlafen und Essen. Zum Lesen komme ich nur selten, denn es gibt unentwegt Arbeit. Leider, denn es tut wohl, sich durch etwas Schönes Gelesenes über die Trübe des Alltags zu erheben. Da ich nur ganz selten mal an die frische Luft komme und feste Schuften muss bleibt die Hauptfreue des Tages das gute Frühstück: Da gibt's nämlich jedes Mal ein Ei gebacken oder gekocht und zwei geröstete Schnitten. Auch den Schlaf geniesse ich, besonders wenn durchwachte Nächte vorausgingen. Es ist also ein armseliges Leben aber da ich weiss dass es auch mal wieder anders werden wird, sehe ich es als eine Probe an, die bestanden werden muss.

Nun will ich an Mutti noch einen Gruss schreiben. Deine Briefe sind immer für Petz und Mollen mitbestimmt. Grüss sie mir jedesmal sehr herzlich von mir. Ich komme wenig zum Schreiben aber Du weisst ja dass ich viel an Euch denke. Das gehört natürlich auch zu den Freuden des Tages, wenn auch ein bisschen mit Wehmut vermischt aber das Glücksgefühl überwiegt doch. Ich muss jetzt oft an die himmlischen Frühlingstage denken im April letzten Jahres als wir die grossen Sträusse Märzbecher sammelten und hinaufschauten zu den schneebedeckten Bergen die sich so schön vom blauen Himmel abhoben. Alles, alles Liebe und ein Küsschen vom Vati.

Juli 1944 - April 1945

Brief vom 22. März 1945, Seite 2

So ganz leicht war es nicht, gab mein Vater zu, mit allem fertigzuwerden. Es fehlte manches, das Trost geben könnte in dieser so überaus lieblosen Zeit. Es fehlte ihm vor allem die Aussprache mit meiner Mutter, die er nun um so mehr entbehrte, da Briefe von zuhause nur vereinzelt und nach langer Reisezeit zu ihm kamen. Auch fehlte eine Stunde der Ruhe und der Sammlung, die man so nötig hatte, um Abstand zu gewinnen von diesem Zeitgeschehen. Er fühlte sich wie Franz Marc, der als Soldat geschrieben hatte: „Als Soldat bin ich nicht ich selbst. Über die Haltung, die man als Soldat nach außen hin zu zeigen hat, darf es keine Zweifel geben. Im Inneren sieht es manchmal anders aus." Herrlich war ein Ausflug ins Land hinein gewesen, er auf einem Motorrad mit Beiwagen. Wie hatte er es genossen, sich die frische Frühlingsluft so recht um die Nase wehen zu lassen, und wie erfrischend war es auch gewesen, in einem „paradiesisch friedlichen Städtchen" zu sein, wo es in einer Konditorei Kaffee mit köstlichen kleinen Törtchen gegeben hatte! Mein Vater war froh, dabei festgestellt zu haben, dass er es, trotz aller schier erdrückenden Sorgen, nicht verlernt hatte, sich über eine Kleinigkeit zu freuen. Ob sie sich wohl in diesem Jahr noch einmal wiedersehen würden, fragte er sich? In einem der seltenen Briefe hatte meine Mutter geschrieben, dass sie jetzt mit uns in den dritten Stock in Neuhaus gezogen war, wo es nicht ganz so turbulent zuging wie unten. Herzbewegend fragte mein Vater sie, ob sie auch für ihn noch ein Plätzchen hätte, wenn er einmal heimkäme. Es hatte gar keinen Zweck von allen Wünschen zu schreiben, aber er dachte oft daran. „Wie könnte man auch mit allem fertigwerden, was einen so sehr bedrückt, wenn man sich nicht hin und wieder Luftschlösser bauen würde?" Wie es ihm zu Mute war, wollte meine Mutter wahrscheinlich wissen? Er erklärte: „Kannst Du Dir vorstellen, dass es manchmal schwer fällt, mit Leib und Seele bei der Arbeit zu sein, dass man gegen Interesse- und Schwunglosigkeit kämpfen muss? Wie viel leichter ist das Leben, wenn man Erfolg sieht. Alles, was mit dem Kampf gegen den überlegenen Gegner zusammenhängt, ist unendlich schwer, denn wo er aus dem Vollen schöpft, müssen wir uns mit allerlei

Aushilfen abfinden. Dass es immer noch so funktioniert, ist erstaunlich. Manchmal verursacht es uns viel Kopfzerbrechen und Sorgen, aber das ist gar nicht der Rede wert im Vergleich zu dem, was die Menschen daheim durchmachen." Da er nur selten mal an die frische Luft kam und feste schuften musste, blieb die Hauptfreude des Tages das gute Frühstück, denn da gab es jedes Mal ein gebackenes oder gekochtes Ei und zwei geröstete Schnitten. Auch den Schlaf genoss er, besonders wenn durchwachte Nächte vorausgegangen waren. Was für ein armseliges Leben. Aber da er wusste, dass es auch mal wieder anders werden würde, sah er es als eine Art Probe an, die bestanden werden musste.

Am 8. April fragte sich mein Vater, ob es überhaupt noch Sinn hatte, nachhause zu schreiben, seine liebste Tätigkeit. Seit Februar hatten die Alliierten die absolute Luftüberlegenheit gewonnen und viele der Bahnstrecken und Kommunikationszentren zerstört. Am 10. April waren die Russen in Wien eingedrungen, der Stadt, durch die bisher der Postbetrieb nach Osten den direktesten Weg gefunden hatte, sodass von einem einigermaßen funktionierenden Bahnverkehr wohl keine Rede mehr sein konnte. Die Eroberung Wiens, meinte mein Vater, sei „eine der traurigsten Nachrichten dieses Krieges. Dass die Horden in dieser schönen Stadt wüten, ohne jedes Verständnis für alle Schätze, die in Jahrhunderten aufgebaut und angesammelt worden sind, ist eine erschütternde Tatsache. Die Zerstörung aller Werte hat Formen angenommen, für die es wohl nur im Altertum Vergleiche gibt. Der 30-jährige Krieg war eine harmlose Angelegenheit im Vergleich zu den Ereignissen des Jahres 1945. Manchmal schneidet es einem tief ins Herz wenn man sich klar wird, dass nicht nur das Bestehende, sondern auch die ganze Tradition auf die wir aufgebaut haben, so vollkommen vernichtet wird... Das neue Leben, das wir wohl bis zu unserem Sterben führen müssen, wird schwer sein weil wir doch die Erinnerung an schöne Bauten, hübsche Möbel, gepflegte Kleidung und eine wohltuende Atmosphäre der Ruhe und des Friedens nie los werden können. Es wird lange dauern, bis die Spuren dieses grausamen Krieges einmal verwischt sind. Gewiss wird es Gegenden geben, wo man herrlich leben könnte, aber da müsste man Senner sein... Es bleibt uns nichts als unsere Arbeitskraft. Ich mache mir schon oft Gedanken, wie ich sie wohl am besten ausnützen kann. Zunächst muss der Wiederaufbau der Fabrik das Ziel sein, denn das, was vor 150 Jahren aufgebaut wurde, darf nicht untergehen und ich möchte an meinem Lebensende sagen können, dass wenigstens wieder eine kleine schmale Unterlage da ist, auf der die alte Schoellersche Familientradition von neuem aufbauen kann. Es wird viel Energie und Kraft dazu nötig sein. Gewöhnlich leistet man ja, wenn man muss, mehr als man glaubt schaffen zu können, und so hoffe ich es auch von mir." So allmählich zeichnete sich nun das Schicksal Deutschlands ab. Nur wusste man noch gar nicht, welche Rolle dem Einzelnen dabei zugedacht war. Man musste sich bemühen, vollkommen ruhig zu bleiben und in Geduld das abzuwarten, was kommen würde, wobei ihn die Frage wie, wann und unter welchen Umständen er einmal wieder bei uns auftauchen würde, am meisten beschäftigte.

Seit vorgestern ging es ihnen zur Abwechslung mal wieder sehr gut. Es gab genug Schlaf und sehr üppig zu essen. Dabei kam ihnen der Inhalt einiger Verpflegungslager zugute, die nicht mehr rechtzeitig geräumt werden konnten. Auch Eier gab es genügend, da die Leute hier jetzt nichts mehr abliefern mussten. Wenn er doch nur etwas von all dem an uns schicken könnte! Es gab Haferflocken und Grieß zu kaufen, ohne Marken und so viel man wollte. Auch Zucker konnte man in unbeschränkten Mengen haben. Aber was nützte das alles? Einen kleinen Vorrat hatte er sich für alle Fälle in seinen Rucksack gepackt, um ihn bei nächster Gelegenheit an uns zu schicken oder selbst als Wegzehrung zu nutzen.

Von den letzten Kampftagen, schrieb mein Vater, konnte er in einem Brief schlecht berichten. „Das Bild solcher Rückwärtsbewegungen ist halt immer ein jammervolles." Sie hatten das Glück gehabt, dass die Russen kaum Panzer sondern nur Infanterie und Kavallerie gegen sie eingesetzt hatten, sodass sie einigermaßen geschlossen herausgekommen waren. Ihre Männer hatten sich tapfer geschlagen und sie hatten nur geringe Verluste gehabt, was meinen Vater mehr als alles andere freute.

Juli 1944 - April 1945

Post von zuhause kam jetzt mal wieder gar nicht. Vor einer Woche hatte er den letzten Brief bekommen, der fast einen Monat alt war. Er ging ganz auf in seiner sehr intensiven Arbeit, die er gerne machte, wenn die Abwehr erfolgreich war.
Besonders dramatisch waren die Kämpfe in den kleinen Karpaten, einem Höhenzug zwischen Russland, Rumänien und Polen gewesen. Dies war eine wunderbar schöne Gegend mit sehr steilen schmalen Pässen und herrlichen Ausblicken in ein weites Tal, aber natürlich voller Schwierigkeiten für eine ganze Division, die sich durchkämpfen musste. Mit zwölf Pferden Vorspann war es ihnen unter unsäglichen Mühen gelungen, die schweren Geschütze über die Pässe zu bringen. Auch der Übergang über den großen Fluss, etwas weiter westlich, war keine einfache Sache gewesen, denn es drohte stets die Gefahr, dass ihnen der Weg zu der einzigen vorhandenen Brückenstelle abgeschnitten würde. Sie versuchten, die vielen Mängel, die natürlich auf allen Gebieten bestanden, so weit als möglich auszugleichen. Was weiter aus ihnen würde lag in der Zukunft. Heute war Sonntag und trotz aller Sorgen war es „ein wenig festlich" bei ihnen zugegangen. Nach dem Mittagessen hatte er einen kleinen Spaziergang in die herrliche Frühlingslandschaft gemacht, wobei seine Sehnsucht nach Frieden alle anderen Gedanken überwog. Er hatte sich auf einen Strohhaufen gelegt, der warm von der Sonne beschienen wurde und war sogar ein wenig eingeschlafen. War es nicht gerade vor einem Jahr gewesen, dass er zusammen mit uns die herrlichen Frühlingstage in Neuhaus so sehr genossen und ihr Gärtchen angelegt hatte? Er war weiter „guten Mutes". Es war gut, dass all dieses Unglück gerade in die Frühlingszeit fiel. Da war es leichter zu ertragen, weil es draußen so viel Versöhnliches gab, das vorübergehend das bittere Schicksal vergessen ließ. Ob wohl die Postverbindung zwischen ihnen noch bestehen bliebe? Aber auch ohne sie wollten sie durchhalten.
Der letzte erhaltene Brief meines Vaters von der Front hat das Datum des 13. April 1945. Seine Anrede lautet „Liebstes fernes Pitterchen", und er beginnt mit der Beobachtung: „Obgleich die kilometermässige

Entfernung so viel geringer geworden ist, kommt es mir vor, als seist Du weiter denn je weg von mir, denn ich wage es nicht zu glauben, dass Dich dieser Brief erreicht." Von ihr und seiner Schwiegermutter Moll hatte er zwar heute noch Briefe vom 27. März bekommen, aber inzwischen hatte sich auch wieder vieles ereignet. Die deutschen Truppen hatten es sehr schwer, denn sie mussten versuchen, sich weiter mit oft unzulänglichen Mitteln der andauernd angreifenden Russen zu erwehren. Bisher war der Zusammenhalt der Front, an der mein Vater kämpfte, noch erhalten und damit mussten sie zufrieden sein. Die schweren Aufgaben, die sie zu erfüllen hatten, waren natürlich mit sehr viel Arbeit und höchst angespannten Nerven verbunden. Mein Vater versuchte dies durch gutes und reichliches Essen auszugleichen, so dass er noch sehr gut bei Kräften war. Auch das Schlafen wurde so organisiert, dass man nur alle fünf Tage eine Nachtwache zu machen hatte. Es war sinnlos über das zu schreiben, was jetzt geschah. Man konnte das sowieso nicht in einem Brief ausdrücken und von seinen Zukunftsgedanken zu erzählen mochte er auch nicht. Stattdessen sollte meine Mutter wissen, dass er viel mehr noch als sonst an sie dachte und nur den einen großen Wunsch hatte, bei uns zu sein, um uns zu helfen. „Es ist so bedrückend, dass zwischen der Gegenwart und der Erfüllung dieses Wunsches ein großer gähnender Abgrund liegt, von dem ich noch nicht weiß, wie er überwunden werden soll. Ich weiß nur, dass ich meine ganze Kraft daransetzen werde, um ihn zu bewältigen. Leider fehlt mir zur Zeit etwas die Kraft, um an etwas Schönes, Hohes, Versöhnliches zu denken. Nur der Frühling draußen, von dem ich aber nicht viel habe, außer bei kleinen ganz kurzen Gängen durch die Dorfgärten, gibt ein wenig andere Gedanken. Sonst bin ich ganz gebannt von diesem gewaltigen und schaurigen Geschehen, das unsagbares Leid über Millionen Menschen bringt. Aber ich halte den Kopf hoch."

Wann meine Mutter wohl diesen letzten Brief erhalten hat wissen wir nicht. Aber sicher ist die fürchterliche Ungewissheit und die Angst um meinen Vater, die sie jetzt weiter auszuhalten hatte. Zum Glück verstand sie sich sehr gut mit ihrer Schwägerin Edith. Die beiden arbeiteten zu-

Juli 1944 - April 1945

sammen tapfer an der Heranschaffung von Lebensmitteln für die neunköpfige Familie. Aus irgendeinem Grund (meine Mutter gab dazu keine Erklärung) hatten einige der einquartierten Flüchtlinge geheime Quellen zu nahrhafteren Dingen als unsere Familie, und wenn sie diese in der gemeinsamen Küche brutzelten und die Düfte durchs ganze Haus gingen, verlangte ihr das starke Selbstkontrolle ab, um nicht neidisch zu werden. Meine Mutter und Edith pflegten dafür den Kontakt zu einem Einheimischen, der sich mit Orten zum Sammeln von Pilzen und den Beeren auskannte und mit dem lieben alten Asenbauer am See, der einige Kühe und Hühner hielt. Beide schätzten den selbstgemachten Tabak, den mein Vater aus dem Feld geschickt hatte als Tauschware. „Brot" machten die beiden aus gepressten Kartoffeln, die sie mit Mehl mischten. Honig gewannen sie aus den duftenden Spitzen der Fichtennadeln und ich erinnere mich daran, wie fasziniert ich war von der tief schwarz-violetten Farbe der Holundersuppe, die manchmal sogar mit kleinen weißen Grießknödeln auf unserem Esstisch erschien. Auch verschiedene Gräser aus unseren Wiesen und überraschenderweise die sonst gefürchteten Brennnesseln konnten zu passablen Suppen verarbeitet werden.

Eine mir unvergessliche Erinnerung an die Zeit als der Krieg zu Ende ging, war, dass wir Kinder unter der riesigen Rotbuche auf der Wiese lagen und beobachteten, wie hunderte von Flugzeugen in geordneten Formationen hoch über uns in Richtung München flogen, auf dem Weg zur Bombardierung der Stadt. Was haben uns wohl die Erwachsenen erklärt damals, als wir sie fragten, was diese faszinierenden, glitzernden Maschinen in der Höhe waren? Auf jeden Fall hatten wir nie Angst. Später würden die Flugzeuge Blätter abwerfen, auf denen die Alliierten die deutsche Bevölkerung aufforderten, sich friedlich zu ergeben.

Eine Begebenheit im Leben von Neuhaus muss hier festgehalten werden, weil sie indirekt mit unserer minimalen Ernährung zusammenhängt und ein Beispiel dafür ist, wie die politischen Geschehnisse die Erwachsenen beschäftigten und ihr Verhalten bestimmten. Bernd, der damals acht Jahre alt war, ging in Neuhaus zur Schule. Einer seiner

Klassenkameraden war der Sohn von Hans Frank, einer der schlimmsten Nazis im ganzen Reich. Im Oktober 1939 hatte Hitler Hans Frank persönlich zum General-Gouverneur von Polen ernannt und in dieser Rolle führte er Hitlers grausame Befehle über die besetzten Gebiete auf die brutalste Weise aus. Er hatte ein striktes System für die Ausbeutung des Landes organisiert und war direkt beteiligt an der Ausrottung polnischer Juden unter dem SS-Oberbefehlshaber Heinrich Himmler. Spätestens im Jahr 1944 war Hans Frank in Deutschland bekannt als der „Polen Frank" oder „Der König von Polen". Die Polen selbst nannten ihn den „Metzger von Polen".

Ich weiß nicht, inwieweit meine Familie und die Bevölkerung von Neuhaus damals über das Ausmaß von Franks Schandtaten unterrichtet waren, oder von dem schwindelerregenden Luxus wussten, mit dem Frank sich in seinem Haus in Fischhausen Neuhaus umgeben hatte. Im Jahr 1936 hatte Frank den Schoberhof, ein altes Bauernhaus auf dem Weg zum Schliersee (wir gingen ihn fast täglich), gekauft und renoviert. Allgemein bekannt war, dass zwei riesige Militär-Lastwagen, voll mit Unmengen von gehamsterten und beschlagnahmten Lebensmitteln, im November 1940 den Schoberhof versorgt hatten. Wahrscheinlich wussten nur wenige Leute von den, besonders aus Polen geraubten Kunstgegenständen, die dauernd dort deponiert wurden.

Als Bernd eine Einladung zum Geburtstag von Hans Franks Sohn erhielt, verursachte dies eine ernste Debatte in unserer Familie. Meine Mutter und meine Schweizer Großeltern wussten auf jeden Fall genug über Franks Aktionen in Polen, und fanden es äußerst fragwürdig, ob Bernd die Erlaubnis bekommen sollte, das Haus eines solchen Verbrechers überhaupt zu betreten. Meine Schweizer Großmutter, die sich von Anfang an energisch gegen das Hitlerregime ausgesprochen hatte, (es heißt, dass sie in ihrem Keller in Berlin damals eine jüdische Familie mit einer schwangeren Mutter versteckt gehalten hatte) erklärte, dass ihr Enkelsohn auf gar keinen Fall auch nur in die Nähe des Hauses dieses Verbrechers gehen dürfte. Meine Mutter andererseits war der Ansicht, dass Bernd sich doch einmal in seinem Leben rundum sattessen können sollte, ganz egal wo. Sicher aufgrund Bernds Betteln entschied man sich, dass er auf die Geburtstagsvisite gehen durfte. Die Geschichten, mit denen er zurückkam, waren wie aus dem Schlaraffenland: riesige Kuchenmengen, Süßigkeiten und ungeahnte Spielzeug-Schätze. Er hatte es fantastisch gefunden. Aber wie sehr musste er für den großen Genuss büßen! Sein Magen, gewöhnt an Kriegsrationen von Zucker und Fett, konnte die Mengen an Buttercreme und Schokolade nicht vertragen und revoltierte die ganze Nacht. Die Verbindung dieser üblen Erfahrung mit zu reichhaltigen Schleckereien hat Bernd vielleicht geholfen, die karge Kriegsnahrung eher anzunehmen Meine Vermutung ist es, dass sie ihm sogar half, nicht zu arg zu schimpfen, wenn er ab und zu abends noch hungrig ins Bett gehen musste.

Nach der Beschreibung der schweren Überquerung der Karpaten Anfang April, verlaufen sich die Spuren meines Vaters in dem „großen gähnenden Abgrund", den er vorausgesehen hatte. Es ist sehr wenig bekannt von seinem Verbleib bis zum 4. Juni, als er meiner Mutter ein kurzes Lebenszeichen aus amerikanischer Gefangenschaft schrieb, dann aber zuhause ankam, bevor meine Mutter wusste, ob er überlebt hatte.

Klar ist jedoch, dass sich mein Vater, wie alle anderen deutschen Soldaten in den letzten Kriegstagen, unter derselben Drohung befand, die Hitler am 15. April 1945 ausgesprochen hatte. Es war gerade drei Tage her, dass Roosevelt gestorben war, als Hitler eine absurde Vorstellung äußerte. Er war davon überzeugt (oder wollte es sein), dass der Tod des amerikanischen Präsidenten die Alliierten derart schwächen würde, dass die Vereinigten Staaten und England Deutschland auffordern würden, ihnen gegen den Ansturm der Bolschewisten zu helfen! Daneben hetzte er die deutschen Soldaten an der Ostfront mit den Worten auf, dass der „tödliche jüdische Feind" (!), der im letzten Kriegsjahr mehr als zwei Millionen deutsche Soldaten umgebracht hatte, mit aller Macht im Begriff sei, sie von neuem anzugreifen. Er behauptete, dass die Ostfront entschieden gestärkt worden war und dass der Feind sich von einer ungeheuren Menge an Artillerie konfrontiert fand. Verluste in ihrer eigenen Infanterie waren durch zahllose neue Einheiten ersetzt worden. Der russische Ansturm musste unter allen Umständen gebremst werden. Wenn nicht, kannte jeder die Konsequenzen: Massenmord oder Versklavung. Hitler endete seinen Befehl mit der Drohung, dass jeder, der jetzt seine Pflicht nicht tat, ein Verräter des deutschen Volkes war und sofort hingerichtet würde.

Wie zynisch dieser Befehl war, wird umso offensichtlicher und empörender, wenn man Hitlers Worte kennt, die er am 18. März an Albert Speer gerichtet hatte. Speer zitiert Hitler in seinen Erinnerungen: „Wenn der Krieg verlorengeht, wird auch das Volk verloren sein. Es ist nicht notwendig, auf die Grundlagen, die das deutsche Volk zu seinem primitivsten Weiterleben braucht, Rücksicht zu nehmen. Im Gegenteil ist es besser, selbst diese Dinge zu zerstören. Denn das Volk hat sich als das schwächste erwiesen, und dem stärkeren Ostvolk gehört ausschließlich die Zukunft. Was nach diesem Kampf übrig bleibt, sind ohnehin nur die Minderwertigen, denn die Guten sind gefallen!" Speer folgert mit Recht daraus, dass Hitler durch diese Worte an seinem eigenen Volk Hochverrat beging, Hochverrat an den Menschen, die für ihn unsagbare Opfer gebracht hatten, und denen er selbst alles schuldete.

Auch wenn Hitler mit seinem Befehl vom 15. April vor allem die Truppen im Norden angesprochen hatte, die verzweifelt versuchten, den russischen Ansturm in Richtung Berlin aufzuhalten, stand die Division meines Vaters weiter südlich unter demselben Befehl. Von einer Verstärkung der Front und der Truppen konnte keine Rede sein, außer von einigen Volkssturm-Leuten, die minimal ausgebildet waren, und die den Kämpfen als erste zum Opfer fielen. Wenn sie Glück hatten, gelang es den Soldaten mit Mühe, ohne zu große Verluste vor den Russen und ihrer überwältigenden Überzahl an Männern und Waffen weiterhin westwärts zu fliehen. Wo mein Vater sich befand, hielt die Front im Moment zwar noch einigermaßen zusammen, aber jeder wusste, dass die Lage hoffnungslos war und es sich nur noch um eine kurze Zeit handeln konnte,

Juli 1944 - April 1945

bevor sie völlig überrannt werden würden.

Es war allgemein bekannt, dass zu diesem Zeitpunkt des Krieges im Osten keine der beiden Seiten mehr Gefangene machte. Bei ihrem Aufrollen der Front waren die Russen jetzt von bitterer Rache gegen die Deutschen getrieben, durch die ihr Land verwüstet und viele Millionen ihrer Soldaten und Zivilisten umgekommen waren. Für die Deutschen bedeutete die russische Gefangenschaft den sicheren Tod. Die große Hoffnung für die deutschen Soldaten war es, so lange auszuhalten, bis sie auf die Amerikaner stoßen würden, von denen sie wussten, dass sie ganz in ihrer Nähe waren und ihnen als ihre „Befreier" von Westen her entgegenkamen.

Am 25. April waren Teile der US-Armee und der Ersten Ukrainischen Armee in Torgau an der Elbe im Norden von Dresden zusammengekommen. Ohne viel deutschen Widerstand hatten sie sich darüber geeinigt, wer von ihnen welches Gebiet erobern und besetzen sollte. Einige Teile der deutschen Truppen unternahmen den verzweifelten Versuch, die vordringenden Russen aufzuhalten, um so viele Einheiten wie möglich vor ihnen zu retten und dafür zu sorgen, dass sie sich den Amerikanern ergeben konnten.

Aus einem Gespräch meiner Mutter mit einem ihrer Enkel haben wir erfahren, dass die Soldaten, die von der Division meines Vaters noch übrig geblieben waren, von den Amerikanern Ende April aufgegriffen worden waren. Sie waren in einem primitiven, vorübergehenden Feldlager untergebracht, das an einen ausgedehnten Bauernhof angrenzte und nur von einem leichten Zaun umgeben war. Da mein Vater in den frühen 30er Jahren zwei Semester lang an dem amerikanischen College Dartmouth als Austauschstudent studiert hatte, konnte er sich fließend mit den amerikanischen Offizieren verständigen. Die Kriegslage war klar, erfuhr er. Nach Absprache mit den Russen sollte das Gebiet, in dem sie sich befanden, in den nächsten Tagen an sie abgetreten werden und die deutschen Soldaten in russische Gefangenschaft übergehen. Es war allen Beteiligten klar, was das für sie bedeutete: entweder den sofortigen

Tod oder den Abtransport nach Sibirien oder einen anderen Ort zur Zwangsarbeit. Es ist möglich, dass die persönlichen Gespräche, die die amerikanischen Offiziere mit meinem Vater führten, dazu beigetragen haben, dass sie den Deutschen ein höchst großzügiges Angebot machten. In der nächsten Nacht um Mitternacht würde es am Ausgang in Richtung Wald keine amerikanische Bewachung geben und die deutschen Soldaten könnten, ohne festgenommen zu werden, dort ausbrechen. Nach einer intensiven Diskussion mit meinem Vater über diese Situation fand sich eine kleine Gruppe seiner Leute, die dem Angebot trauten. Trotz der fürchterlichen Alternative fragten sich die anderen, ob das Ganze nicht vielleicht nur eine Falle war, in die die Amerikaner sie locken wollten, um einen Grund zu haben, sie als feindliche Soldaten zu erschießen? Mein Vater mit seinen Leuten entkam und er machte sich von dieser Nacht an zu Fuß auf den Weg Richtung Südwesten, nach Neuhaus.

Kriegsende
7. Mai 1945

Die letzten Kriegserfahrungen meines Vaters verlieren sich im allgemeinen Chaos der letzten Kriegstage. Erst kam er als völlig erschöpfter Soldat erneut in amerikanische Gefangenschaft, dann befand er sich unter den Tausenden Heimkehrern, die versuchten sich in dem Trümmerfeld ihrer Heimat zurechtzufinden und sich mit ihren Familien zu vereinen. Am 16. April hatten die Russen ihre Offensive auf Berlin begonnen. Nach der Strategie der Alliierten sollte die russische Armee die deutsche Hauptstadt erobern. Noch leisteten die Deutschen starken Widerstand, indem alle nur möglichen Kräfte eingesetzt wurden. Neben Soldaten und der Luftwaffe waren es der Volkssturm und die Zivilbevölkerung, die hier bis zum Letzten kämpfen sollten. Tausende von Leben mussten noch verloren gehen, bis am 30. April die Rote Fahne der Sowjetunion von der Kuppel des Reichstagsgebäudes und über dem Trümmerfeld der Stadt wehte, und den endgültigen Sieg der Alliierten verkündete.

Am 1. Mai wurde von England aus die Nachricht von Hitlers Selbstmord gemeldet. Am folgenden Tag machte Großadmiral Karl Doenitz, von Hitler als Reichspräsident ernannt, die unglaubliche Ansage, dass der Krieg, unter dem Vorwand Deutschland und Europa vor der Macht der Bolschewiken zu retten, weiterginge! Am 7. Mai jedoch war es endlich so weit, dass Deutschland durch Generaloberst Alfred Jodl die Bedingungslose Kapitulation unterschrieb. Der Krieg in Europa war zu Ende. Er hatte fünf Jahre, acht Monate und sechs Tage gedauert. Nie zuvor in der Geschichte der Menschheit waren so viele Menschen in einer so kurzen Zeit durch einen Krieg ums Leben gekommen.

Neuhaus
Mai 1945

Während uns nur wenig bekannt ist über die letzten Kriegs- und Nachkriegstage meines Vaters, haben sowohl meine Mutter als auch Tante Edith sehr anschauliche Aufzeichnungen über unsere Erlebnisse nach dem Waffenstillstand und dem Einzug der Amerikaner in Neuhaus gemacht. Am Tag des Waffenstillstands, am 10. Mai 1945, verfasste meine Mutter an meinen Vater einen Brief, von dem sie wusste, dass er ihn nie per Post erhalten würde, von dem sie aber hoffte, dass sie ihn eines Tages mit meinem Vater zusammen lesen könnte. Er enthält eine genaue Beschreibung davon, wie wir das Ende des Krieges und die Ergebung an die Amerikaner erlebt haben.

In den ersten Maitagen war die Kriegsfront immer näher an unser entlegenes Tal gerückt, wie wir an der Zahl der Militärs auf unseren Straßen bemerkten. Ganze militärische Einheiten, aber auch erschreckend viele kleinere Gruppen von Soldaten, auch verwirrte Einzelne, fluteten in Richtung Bayrischzell. Für den zweiten Mai war eine neue Verordnung für die Lebensmittelverteilung ankündigt worden, was zur allgemeinen Beängstigung der Bevölkerung beitrug. Am frühen Morgen des 30. Aprils, einem kalten, windigen Tag, hatten sich meine Mutter und Tante Edith auf ihren Fahrrädern auf den Weg nach Schliersee gemacht, um noch etwas Essbares zu ergattern, bevor alles ausverkauft sein würde. Wegen des großen Gedränges in den Geschäften brachten sie nicht viel heim. So fuhr meine Mutter fünf Tage später wieder mit dem Fahrrad nach Schliersee. Aber wie hatte sich die Situation auf den Straßen verändert! Wegen des dichten Verkehrs, der ihr entgegenkam, war das Radfahren fast gefährlich und sie war gezwungen, durch den tiefen, schmutzigen Schnee an der Seite zu fahren oder sogar abzusteigen. In Schliersee kämpfte sie als erstes um Brot beim Bäcker, wo sich schon eine lange Schlange gebildet hatte. Als sie im Geschäft aus dem Fenster schaute, bemerkte sie militärische Motorfahrzeuge und von Pferden gezogene Wagen, gefolgt von marschierenden Soldaten. Diese offensichtlich erschöpften Männer, von denen einige kaum vorwärtskamen, erinnerten sie an das Gerücht, das sie gehört hatte, von einer letzten Verteidigung des Schlierseer Tals. Wie sie wusste, befanden sich die amerikanischen Truppen auf einem ungehinderten Anmarsch auf ihr Gebiet, und dieser traurige Überrest an deutschen Soldaten sollte ihnen Widerstand leisten? Wie furchtbar und sinnlos das alles war! Als meine Mutter von einer Einheimischen im Geschäft hörte, dass die Deutschen bereits Kanonen auf dem Westerberg bei Neuhaus stationiert hatten, für den Fall, dass feindliche Flugzeuge sie anzugreifen versuchten, packte sie die Angst. Und tatsächlich, auf ihrem Rückweg bemerkte sie, dass entlang des Sees Flugabwehr-Kanonen aufgestellt worden waren. Aber ihr Schreck wurde noch größer, als sie zwei Kanonen in unserem eigenen Garten sah! Erst diese Monster, die unter den Tannen gleich neben unserm Haus, auf Schliersee gerichtet herausschauten, ließen meine Mutter die volle Gefahr dieser Situation erkennen. Ein Schuss von ihnen und eine feindliche Abwehr würde das Haus zertrümmern!

Als sie nach Hause kam, fand sie natürlich die Familie aufs höchste alarmiert. Alle waren damit beschäftigt, Wertsachen so schnell wie möglich in den Keller zu schaffen, Bilder wurden abgehängt, ganze Schubladen wurden herausgenommen und runtergebracht. Wir Kinder schmissen unsere liebsten Spielsachen und Bücher in Waschkörbe, um sie in Sicherheit zu bringen. Wie meine Mutter in ihrem Brief beschreibt, war sie selbst so wütend über die schiere Dummheit, zu glauben, dass man mit zwei Kanonen diesen verlorenen Weltkrieg noch retten konnte, dass sie vergaß Angst zu haben. Nur eine Sache beschäftige sie jetzt. Gerade vor ein paar Tagen, als sie davon überzeugt gewesen war, dass sie in Kürze von den Amerikanern besetzt werden würden, hatte sie ihr Silber und ihren wertvollsten Schmuck im Garten vergraben. Nicht in ihren wildesten Träumen hatte sie sich vorstellen können, dass ausgerechnet da, wo sie für diese Dinge ein Loch gegraben hatte, ein paar Tage spä-

Mai 1945

ter eine Kanone als letztes Bollwerk gegen den Feind stehen würde! Da es gut möglich war, dass dieser Platz unter Artilleriebeschuss geraten würde, musste sie schleunigst versuchen, ihre Wertsachen wieder auszugraben. Aber würde sie sie auch sofort finden, besonders unter den Augen der beiden Soldaten, die die Kanonen bewachten? Schnee und das Absägen von Zweigen zur Tarnung hatten das Terrain verändert, und was, wenn sie gerade auf ihrer Suche unter Beschuss gerieten? Meine Mutter gab zu, dass sie wohl nie in ihrem Leben so aufgeregt gewesen war, wie in dieser Viertelstunde, in der sie unter den höhnischen Blicken der Soldaten ihre Schätze wieder ausgrub. Sie hatte gerade das Haus erreicht, als eine der Kanonen einen Schuss abfeuerte. Die Erschütterung war so gewaltig, dass die Glasscheiben der Fenster an der Kellertreppe zersprangen.

Nach dem Abendessen berieten sich die Erwachsenen darüber, wie sie sich am besten verhalten sollten, und kamen zu dem Schluss, dass es das Sicherste wäre, das Haus über Nacht für den Fall zu evakuieren, dass die hiesigen Kanonen feindliches Artilleriefeuer verursachen würden, mit unserem Haus in direkter Schusslinie. Der Bollerwagen und die Fahrräder wurden mit Lebensmitteln und warmen Decken vollgepackt, und unsere ganze Familie, inklusive der Großeltern und Tante Verena mit ihren Kindern, zogen die Dürnbachstraße hinauf bis zum Waldrand, wo sich die Erwachsenen sicher fühlten. Ich erinnere mich an diese Nacht als kalt und endlos lang. Am Morgen begann es leicht zu schneien, aber wir blieben den ganzen Tag dort, bis es wieder Nacht wurde. Es war ruhig in Neuhaus und meine Mutter weigerte sich, noch eine Nacht draußen zu bleiben. So machten sie und ich es uns mehr oder weniger gemütlich auf dem großen Bügeltisch im Keller, während Bernd auf dem Boden neben uns schlief. Tante Verena war mit den Großeltern in ihr Haus im Josefstal zurückgekehrt.

Da uns gesagt worden war, dass die Kanonen womöglich durch Sprengung zerstört würden, erschreckte sich meine Mutter nicht besonders als eine Männerstimme uns warnte, dass wir gleich eine laute

Explosion hören würden. Nur war der Lärm so gewaltig, dass Bernd aus tiefem Schlaf auffuhr und mehrere Stunden beruhigt werden musste, bis er wieder einschlief.

Aber die Ruhe hielt nicht lange an. Offensichtlich waren noch Kampfflugzeuge unterwegs und es wurde geschossen. Es ist bekannt, dass Oberbayern und besonders das Gebiet um den Schliersee und den Tegernsee, der ein Tal weiter liegt, unter hohen Parteileuten und ihren SS-Getreuen besonders beliebt gewesen war. Neben Hans Frank hatte Heinrich Himmler ein Jagdhaus unweit von Neuhaus und eine Residenz in Gmund am Tegernsee. Kleine, aber fanatische Gruppen von SS-Leuten hatten den Befehl, unter allen Umständen dem Anmarsch der Amerikaner zu widerstehen, während andere Truppeneinheiten die Anweisung bekommen hatten, sie sollten sich in die Berge schlagen oder sich ergeben, um noch mehr Blutvergießen zu verhindern. In dem allgemeinen Chaos wurde weiter geschossen und es besteht die Möglichkeit, dass der letzte Widerstand dieses Krieges in unserem Tal geleistet worden ist und wir deshalb in Gefahr waren, von amerikanischen Flugzeugen angegriffen zu werden. Am frühen Morgen des 4. Mai einigten sich die Bürger von Schliersee jedoch mit den Amerikanern über ein Ende der Gewalt, und von da ab arbeiteten sich amerikanische Soldaten langsam dem See entlang in unsere Richtung vor.

Es war ungefähr um die Mittagszeit. Wir alle standen erwartungsvoll auf dem Balkon im ersten Stock, von wo aus man einen Blick in Richtung Schliersee hat, als jemand laut rief: „Die Amis kommen! Die Amis kommen!" Genauso gut hätten sie rufen können: „Die Befreier kommen!", denn als solche wurden jetzt die Amerikaner von der Mehrheit der deutschen Bevölkerung gesehen. Sofort brachten die Erwachsenen weiße Betttücher herbei, die als Zeichen der Ergebung gehisst wurden, und ich erinnere mich daran, wie rot dagegen die zwei Schweizer Fahnen leuchteten, die meine Großeltern Bertholet herausgeholt hatten. Wir beobachteten, wie sich die ersten amerikanischen Soldaten vorsichtig schutzsuchend von Baum zu Baum in unsere Richtung vorwärtsbewegten, ihre Bajonette in beiden Händen haltend. Ihre Vorsicht war berechtigt, denn sogar jetzt gab es noch Verrückte, die meinten sich den Amerikanern widersetzen zu müssen. Sie hatten einen dicken Baumstamm über die Bayrischzeller Straße gelegt, um den Einzug der Amerikaner zu verhindern! Eine offizielle Mitteilung an unserer Haustüre, die besagte, dass hier Schweizer Bürger wohnten, hat vielleicht dazu beigetragen, dass unser Haus nicht von den Amerikanern beschlagnahmt wurde, wie so viele andere große Häuser in Neuhaus, auch das der anderen Familie Schoeller im Dorf.

Für uns Kinder brachten die nächsten paar Wochen eine Fülle von fantastischen Entdeckungen und Abenteuern, aber für meine Mutter, die nun schon wochenlang nichts mehr von meinem Vater gehört hatte, wuchs natürlich täglich die fürchterliche Ungewissheit über seinen Verbleib. Die letzte Nachricht, die sie von ihm bekommen hatte, geschrieben am 13. April, hatte von immer stärker werdenden russischen Verfolgungen berichtet, von der feindlichen Übermacht und der Erschöpfung deutscher Truppen. Konnte meine Mutter hoffen, dass er in amerikanische Gefangenschaft geraten war und noch lebte?

In den ersten Maitagen waren die Wiesen, die Straßen und sogar die Wald-und Bergwege voll mit abgestellten Militärfahrzeugen aller Art. Die Soldaten waren entweder geflohen oder von den Amerikanern aufgegriffen und in ein Lager am Fuß des anderen Schoeller Hauses zusammengepfercht worden. Die Stickelwiese gegenüber von uns war vollgestellt mit großen Militär-Verpflegungswagen und heruntergekommenen Pferdewagen. Eine Menschenmenge von neugierigen und hungrigen Deutschen, unter ihnen Tante Edith und Bernd, stürzten sich auf die Lastwagen, in der Hoffnung, etwas Essbares zu ergattern, während belustigte amerikanische Soldaten über die ausgehungerte deutsche Bevölkerung Wochenschau-Filme drehten. Meine Mutter schaute angeekelt zu, war aber doch froh, dass sich Bernd an der Plünderung beteiligte. Später würde sie uns erzählen, wie stolz sie auf ihn war, als er ein riesiges Rad Schmalz nachhause rollte, ideal zum Kochen und als Tauschware. Nach diesem „grauenvollen Anblick", wie meine Mutter den Vorgang nannte, war es am Sonntag, den 6. Mai sehr still in unserem Tal geworden und zur allgemeinen Erleichterung wurde am nächsten Tag die Bedingungslose Kapitulation verkündet.

Trotz des lang ersehnten Friedens ging das unsichere, harte Leben weiter. Wir bekamen den Befehl, die ganze Familie Walter Schoeller aufzunehmen, in deren großem Haus jetzt die Amerikaner hausten. Da es bei uns keine freien Betten mehr gab, schliefen alle sechs von ihnen auf dem Boden in unserem Wohnzimmer. Wir waren jetzt zu 27 Leuten, die höchste Bewohnerzahl bisher. In der Bauernstube, unserem anderen Essraum, lebte ein altes Ehepaar aus Böhmen, von dem Tante Edith behauptete, dass sie sich seit Wochen nicht mehr gewaschen hatten!

Während das, was nun folgte, für die Erwachsenen äußerst deprimierend und verunsichernd gewesen sein musste, erlebten wir Kinder es als ein unvergessliches Abenteuer. Über Nacht war unsere ganze Umgebung zu einem sagenhaften Spielplatz und einer großartigen Schatzgrube geworden. Zurückgelassene Militärautos verschiedenster Art dienten nicht nur als aufregende Klettergestelle, auch ihr Inhalt war fantastisch für uns. Zum Schrecken meiner Mutter brachten wir stolz Ausrüstungsgegenstände von Soldaten nachhause, von Kochgeschirr und Taschenlampen bis zu aufgerollten dreckigen Decken und Kleidungsstücken. Wir „ritten" auf Kanonen und gaben vor, die riesigen Lastwagen zu steuern. Mich faszinierten am meisten die zurückgelassenen Sanitätswagen mit ihrem starken Geruch nach Äther und anderen Medikamenten. Sie hatten Pritschen darin und Schränke voll Verbandszeug, Spritzen, Flaschen, Schienen und anderen Dingen zur Behandlung verwundeter Soldaten. Ich musste an meinen Vater denken, der mit seinem zerschossenen Bein wohl an einem Ort wie diesem behandelt worden war, und ich erinnere mich an den festen Vorsatz, den ich mir als siebenjähriges Mädchen für mein Leben gemacht habe: „Sei tapfer wie ein Soldat." Meine ältere Kusine Regula war wahrscheinlich die Glücklichste unter uns. Sie liebte Pferde und von denen gab es eine Menge. Die deutsche Armee hatte bis zum Schluss Pferden gehalten, und jetzt fanden sich diese edlen Tiere ohne Herren verwirrt, abgemagert und viele von ihnen stark verwundet auf einer großen Wiese zusammengetrieben. Die letzteren und vielleicht nicht nur sie, wanderten zum Schrecken von Regula und auch meines Großvaters in die Kochtöpfe der unterernährten Bevölkerung. Der süßliche Geruch, wenn man sie kochte, trieb jedes Mal beide aus dem Haus. Regula gelang es, zwei der Pferde zu zähmen und zu reiten und konnte sie sogar behalten, lang nachdem die anderen weggeführt worden waren.

Meine glücklichsten Erinnerungen an diesen Nachkriegsmai hängen mit unserer Begegnung mit den amerikanischen Soldaten zusammen. Wir hatten in den letzten Jahren wenig Kontakt mit Männern gehabt und diese waren so voll von Lebensmut, Spaß und Großzügigkeit. Ob wir blonden blauäugigen Kinder, die wir so zutraulich mit ihnen waren, sie an ihre eigenen Kinder daheim erinnerten? Es war „Bill", mit dem ich mich besonders anfreundete. War er jung, war er älter, ich weiß es nicht mehr, aber er war offensichtlich sehr kinderlieb. Wohl während der ganzen Kriegsjahre hatte meine Mutter irgendwo, wie einen Schatz, etwas Schweizer Schokolade versteckt, die sie von Zeit zu Zeit in den kleinsten Mengen austeilte, aber jetzt hatte mir „mein Bill" ganz viel Schokolade, auch Bonbons und etwas Faszinierendes gegeben, etwas, das sich, nachdem man es genussvoll gekaut hatte, aus dem Mund ziehen ließ: Kaugummi! Auch die Erwachsenen profitierten von den amerikanischen Befreiern, die offensichtlich Zugang zu Sachen hatten, die sie jahrelang hatten entbehren müssen. Eine davon war richtiger Bohnenkaffee. Das amerikanische Hauptquartier in Neuhaus befand sich im Hotel Terofal, ganz in unserer Nähe. Jeden Morgen schickten uns die Erwachsenen mit leeren Milchkannen aus, um bei den Amerikanern Kaffee zu erbetteln. Wir standen am Fuß der breiten Eingangstreppe und die Amerikaner, die gerade ihr Frühstück beendet hatten, kamen zu uns heraus und leerten den restlichen Kaffee aus ihren Bechern in unsere Milchkannen, ganz egal ob es Kaffee mit Milch, mit Zucker oder nur schwarz war. Stolz brachten wir dann diese mit Freude erwartete Mischung unseren Hausbewohnern.

Unvergesslich für mich war unser Herumwühlen in den Abfalleimern hinter dem Hotel Terofal, in die die Amerikaner ihren Müll warfen. Was für unglaubliche, nie gesehene Schätze wir dort fanden! Es war hier, dass ich zum ersten Mal mit dem herrlichen Geschmack einer Orange bekannt wurde. Versteckt zwischen halb leeren Fleischdosen, Hühnerknochen und schmutzigen Papierservietten, entdeckten wir leuchtend orangene Fruchtstücke. Es waren halb abgeknabberte Orangenschnitze, die wir uns jetzt begeistert teilten und bis aufs Letzte aussaugten. Was für ein einmaliger Genuss! Natürlich waren unsere Mütter ein wenig entsetzt über die Beschreibungen unserer Plünderungen, aber waren diese so anders als ihre eigenen, wenn sie den übrig gebliebenen Kaffee aus den verschiedensten Tassen anderer Leute tranken oder die Zigarettenstummel aufrauchten, die wir von der Straße sammelten?

Wie ich später erfuhr, gab es einen besonders schlauen Handel mit der amerikanischen Besatzung von seiten des Konsuls, dem es durch sein gutes Englisch gelang, zu verhindern, dass unser Haus besichtigt, geplündert oder vielleicht sogar beschlagnahmt wurde. Dem Konsul war bewusst, wie scharf die Amerikaner nicht nur auf Armbanduhren, sondern auch auf alkoholische Getränke waren, und er erfand einen Trick, um sie von der Entdeckung seines eigenen gut bestückten Weinkellers abzuhalten. Er erzählte ihnen, dass er eine Quelle wüsste, durch die er „ganz vielleicht" etwas guten Wein auftreiben könnte. Die ganze Sache sei ungewiss und schwierig, aber er würde es für sie versuchen. Wenn es klappte, würde er die eine oder andere Flasche am Abend für sie unter unserer Tannenhecke verstecken. Die Amerikaner waren sehr zufrieden mit diesem Vorschlag und der Weinkeller vom Konsul wurde auf diese Weise nur ganz langsam reduziert! Tante Edith, deren Englisch auch ausgezeichnet war, weil sie als Austauschschülerin ein Jahr im Smith College verbracht hatte, befreundete sich mit einigen Amerikanern, die für sie Dosen mit Suppe, Bohnen und Fleisch in derselben Hecke deponierten.

Ein besonderes Drama, gleich nach Kriegsende, ereignete sich für meine Großmutter Paula. Ein junger Mann, ein Flüchtling, der mit seiner Mutter zu uns gekommen war, hatte aus verschiedenen der gestrandeten Militärfahrzeuge die Radioanlagen herausmontiert, die er jetzt, in der Hoffnung, sie verkaufen oder eintauschen zu können, in unserem Keller lagerte. Jemand musste die Beute gesehen und den jungen Mann angezeigt haben, denn meine Großmutter, als Besitzerin des Hauses und als Verantwortliche für alle seine Bewohner, wurde für eine Nacht inhaftiert, die sie im Miesbacher Gefängnis zubringen musste. Aber schon am nächsten Tag war es dem Konsul gelungen, durch Verbindung mit dem Büro „Property Control", die Amerikaner zu überreden, sie wieder gehen zu lassen.

Je mehr wir unser tägliches Leben in diesen letzten Maitagen als fast „normal" empfanden, desto intensiver wurde die Angst meiner Mutter um meinen Vater, von dem es keine Nachricht gab. Das Radio dröhnte von Namen der Vermissten, da Tausende von Menschen überall in Deutschland verzweifelt nach ihren Familien suchten. Durfte meine Mutter überhaupt hoffen, dass mein Vater die fürchterlichen letzten Tage des Krieges lebend überstanden hatte? Es waren nun fast zwei Monate seit dem letzten Lebenszeichen von ihm vergangen, und noch länger her, seit er von ihr etwas gehört hatte.

Unter den vielen Briefen, die ich bei meiner Mutter gefunden habe, gibt es eine kurze Notiz vom 4. Juni 1945 mit Bleistift offensichtlich flüchtig geschrieben. Es ist unwahrscheinlich, dass sie meine Mutter erreicht hat, bevor mein Vater zurückkam, aber das unscheinbare kleine Stück Papier enthält die eine, die einzig wichtige Nachricht, auf die meine Mutter so sehnlichst gewartet hatte: „Ich lebe!" Er befand sich in amerikanischer Gefangenschaft. Die letzten Tage vor dem Waffenstillstand waren fürchterlich gewesen aber er hatte sie überlebt, indem er sich am Tag in Wäldern und Bauernhöfen versteckt gehalten, und sich nachts zu Fuß in Richtung Neuhaus aufgemacht hatte. Dabei war er dann doch von den Amerikanern abgefangen worden. Jetzt musste er sich gedulden, denn die Soldaten und die unteren Offiziere wurden zuerst entlassen. Männer mit höherem Rang wie er mussten warten, bis sie einen Entnazifizierungs-Prozess durchgemacht hatten. Die Hütten, die sie sich gebaut hatten, waren gut, solange es nicht zu arg regnete. Er war ungeduldig, weil es hier nichts zu tun gab, außer dem Englischunterricht, den er den anderen Gefangenen zu geben hatte. Wenn er nur recht bald entlassen würde, um endlich nach Hause zu kommen! Tag und Nacht dachte er an uns mit der Frage, wie es uns wohl ginge und wie wir die letzten schweren Wochen bei der schlimmen Lebensmittelknappheit überstanden hatten. Wie könnte es jetzt wohl weitergehen? Aber dann würde ja alles so viel leichter sein, wenn sie erst einmal wieder beisammen wären.

Heimkehr
10. Juni 1945

Weniger als eine Woche später, am Morgen des 10. Juni, sah Bernd einen bärtigen, erschöpft aussehenden Fremden, in zerfledderten Kleidern und einem Sack auf dem Rücken, über die Stickelwiese kommen. Erst als er durch unser rotes Törchen kam, erkannte Bernd ihn als seinen Vater.

Wiederaufbau in Düren
1945 - 1949

Mit dem Frieden war endlich die Zeit gekommen für das, was sich mein Vater während der vernichtenden Kriegsjahre so innig herbeigesehnt hatte: schaffend tätig zu sein. So bald wie nur möglich wollte er mit eigenen Augen sehen und erfahren, was wohl von seiner Heimatstadt und seiner Fabrik noch übrig und zu retten war. Aber von den Ausmaßen der Zerstörung und dem Elend in Düren, dieser einst wohlhabenden kleinen Stadt, konnte er sich nicht annähernd ein Bild machen, bis er in den ersten Augusttagen 1945 dort ankam. Allein die Reise dorthin durch das verwüstete Deutschland, wo es keine durchgehenden Eisenbahnschienen oder Straßen mehr gab und er, teils auf Güterwagen, in Privatautos und auf Lastwagen mit fuhr, war äußerst mühsam und erschreckend gewesen, aber der Anblick von dem Trümmerfeld der Stadt war unvorstellbar entsetzlich.

In den frühen Wintermonaten des Jahres 1944 hatten sich die Alliierten zu einem konzentrierten gemeinsamen Vorstoß nach Osten gesammelt. Sobald wie möglich sollte der Rhein erreicht und überquert werden. Doch noch war der deutsche Widerstand stark. Hitler hatte zu einer „letzten großen Gegenoffensive" aufgerufen, um Antwerpen und ganz Belgien den Alliierten wieder zu entreißen. Die Stadt Düren und seine Umgebung befanden sich genau in der Mitte dieser beiden Kräfte. Um den deutschen Nachschub abzuschneiden und den Durchbruch der Alliierten zu erleichtern, wurde die Stadt am Nachmittag des 16. November 1944 systematisch durch einen Bombenangriff innerhalb von 21 Minuten dem Erdboden gleich gemacht. Damit lag Düren in der Bombenkriegs-Statistik mit 97,7 Prozent Zerstörung an der Spitze. Als die Amerikaner im folgenden Februar die Stadt besetzten, schrieb ein Amerikaner in der Zeitschrift The Stars and Stripes: „Ich meine, dass wenn die Deutschen nach dem Krieg darauf bestehen wollen, noch eine Stadt mit Namen „Düren" zu erhalten, sie besser daran täten, einen Ort ein paar Meilen im Norden auszuwählen und dort neu zu bauen."

Die Nachricht von der Zerstörung seiner Heimatstadt hatte meinen Vater zwar Ende Dezember an der russischen Front erreicht, aber ganz so furchtbar hatte er sie sich nicht vorgestellt. Was ihm hier begegnete, war eine Trümmerwüste, eine Totenstadt fast ohne jegliche Anhaltspunkte von noch stehenden Gebäuden oder erkennbaren Straßen. Hie und da konnte man sich an einem noch halb stehenden Kirchturm orientieren, und, ach ja, das alte Hoesch Museum war zu erkennen, ansonsten gab es nur Trampelpfade an vulkanartigen Bombentrichtern entlang und quer über weite Trümmerstätten reichend, aus denen Brandmauerfragmente, Kamine und Fassadenreste aufragten. Da sein Elternhaus, das Haus seiner Großmutter, in dem ich geboren war, und all die anderen Schoeller-Villen sich fast in der Stadtmitte befanden, konnte mein Vater auch von ihnen nur noch Reste finden.

Düren 1945. Auf dem Schild steht: „Stop - One Way Road - Do Not Enter"

Als er sich jedoch den Weg zu seiner Fabrik gebahnt hatte, die jenseits des Flusses ein wenig außerhalb lag, weckte ihr Anblick einen kleinen Funken Hoffnung in ihm. Die meisten Wände der großen Gebäude standen noch, obwohl die Dächer zum Teil schwer beschädigt und natürlich alle Fenster zertrümmert waren. An den Abschnitten, die, wie er gehört hatte, die Amerikaner als Abstellplätze für ihre Panzer benutzt hatten, waren die Wände zur Straße hin herausgebrochen und Herstellungsmaschinen zur Seite gedrückt, aber andere Maschinen sahen so aus, als ob man sie wieder reparieren könnte. Mein Vater kehrte tief erschüttert von so viel Schrecken, Elend und Verlust nach Neuhaus zurück, aber sein Wille, alle Kräfte zu sammeln, um die Fabrik wieder in Gang zu bringen, war ungebrochen.

Da es noch sehr lange dauern würde, bis es in Düren wieder einigermaßen annehmbare Wohnungen und Schulen geben würde, entschloss sich meine Eltern schweren Herzens, sich von neuem zu trennen. Mein Vater wollte alleine versuchen, am Wiederaufbau der Fabrik zu arbeiten, während meine Mutter mit uns in Neuhaus bleiben würde. Zwar war die Ernährung nach wie vor ein ernstes Problem, noch verstärkt durch den nicht abbrechenden Flüchtlingsstrom aus dem Osten in ein völlig zerstörtes Deutschland, und dem Druck, immer neue Flüchtlinge im Haus aufzunehmen. Aber wenigstens hatten wir in Neuhaus ein heiles Zuhause und einen, wenn auch nicht den besten, Schulunterricht für Bernd und mich.

Mein Vater fand in Düren Unterkunft in einem nur zum Teil zerstörten Haus einer entfernten Kusine. Sie hatte im dritten Stock ein kleines Zimmer, das er sich einrichten konnte. Es war August und ein besonders heißer Sommer. Die Stadt war ohne Elektrizität und fließendes Wasser gab es nur hier und da. Um Wasser zu holen, musste mein Vater mit einem Eimer die gebahnte Straße hinunter gehen, durch das Loch einer Mauer kriechen, und Eisenbahnschienen überqueren, bis es in einem verwilderten Garten einen Wasserhahn gab. Da die Stadt, sobald es dunkel wurde, in eine geisterhafte Finsternis verfiel und es keine Taschenlampen gab, musste er dafür sorgen, dass er alles Wasser, das sie brauchten tagsüber herbeischaffte. Kerzen konnten am Abend etwas Licht geben, aber auch sie waren schwer zu bekommen. Wenigstens gab es im Moment noch genug zu essen. Mit Lebensmittelkarten konnte man immerhin Brot, Margarine, Zucker und Marmelade erstehen.

Eine größere Schwierigkeit bestand in der Beschaffung von Möbeln, um seine Stube wohnlich zu machen. Es ist mir nicht klar, wie mein Vater damals die Transportmöglichkeiten gefunden hat, um in zwei Dörfern in der Eifel nach den eigenen Möbeln zu suchen, die er und meine Mutter dort ausgelagert hatten, als sie die Katastrophe kommen sahen. Aber mit Hilfe eines Polizisten, der die Ansprüche meines Vaters bestätigen konnte, gelang es ihm tatsächlich, ein Bett, ihr Sofa (von dem allerdings die Kissen fehlten), einen Schreibtisch und zu seiner größten Freude, einige ihrer Bücher ausfindig zu machen. Bald hatte er sich einen Platz geschaffen, den er „bequem, gemütlich" und sogar ein „kleines Paradies" nannte. Auch war es ihm gelungen, ein Fahrrad aufzutreiben, das ihm bei seinen vielen Besorgungen große Hilfe leistete. Er begann sogar, sich „an die Trümmer zu gewöhnen".

Seine größte Sorge war jetzt, wie er die Verbindung zu uns herstellen konnte. Alle Verkehrsmittel und Verbindungsmöglichkeiten in Deutschland waren zusammengebrochen. Es gab kein Telefon, keine Post. 90% der Eisenbahnschienen waren unbrauchbar, die Straßen meist zerstört und Privatautos gab es so gut wie keine. Konnte es sein, dass die Möglichkeit sich mit meiner Mutter zu verständigen jetzt geringer war als zur Zeit seines Militärdienstes, die letzten Kriegsmonate ausgenommen? Im Oktober hatte er schon seit zwei Monaten nicht mehr von uns gehört und meine Mutter hatte kein einziges Lebenszeichen von ihm bekommen, ein unerträglicher Zustand gerade jetzt, wenn es von so unendlich vielen Eindrücken zu berichten gab, so viele Pläne über eine gemeinsame, aufbauende Zukunft zu besprechen! Er wollte versuchen zu erreichen, dass meine Mutter ihn auf irgendeine Weise bald besuchen kommen könnte. Erst später erfuhr er, dass Bernd in diesen Wochen noch schwieriger zu

1945 - 1949

erziehen war und man es niemandem anderen zumuten konnte, ihn zu beaufsichtigen, weshalb meine Mutter fest an Neuhaus gebunden war. In seinem Bedürfnis, sich mit meiner Mutter zu verständigen, begann mein Vater tagebuchartige Briefe an sie zu verfassen, von denen er hoffte, dass ein Bekannter von ihm, der sich auf eine Reise in Richtung München vorbereitete, sie ihr eines Tages bringen würde. Schon Ende August erwähnte er hoffnungsvoll eine „ziemlich demolierte Ukrainer- Baracke an der linken hinteren Ecke des Fabrikhofes" gelegen, die man vielleicht als einen zukünftigen Wohnsitz für uns alle herrichten lassen könnte.

Auch der Fortschritt beim Wiederaufbau der Fabrik machte meinem Vater Mut. Bis zu dem ersten schweren Angriff auf Düren am 6. Oktober 1944 hatte man dort Tuche zur Anfertigung von Uniformen hergestellt, von denen in einem unbeschädigten Lager noch eine gute Menge entdeckt worden war. Da im Augenblick der Tauschhandel die einzige Art war, um gebrauchte Gegenstände zu bekommen, war diese Ware von großem Wert. In einer Zeit, in der sich die breite Bevölkerung wieder irgendwie einkleiden musste, ließ sich mit dem Eintauschen von Tuchen allerlei Baumaterial finden, von Dachpappe und Glas bis hin zu Maschinenteilen.

Düren befand sich zu dieser Zeit in der britischen Besatzungszone, und das bedeutete, dass jede Fabrik nur mit Genehmigung der Engländer wieder zum Laufen gebracht werden durfte. Der Vetter meines Vaters, Fritz von Eynern, mit dem er sich die Verantwortung für Leopold Schoeller & Söhne teilte, war jetzt auch nach Düren zurückgekommen und gemeinsam gelang es ihnen, von der englischen Militärbehörde in Aachen unter dem Programm „Surplus for Local Purpose" die Erlaubnis zu bekommen, ihre Spinnmaschinen so bald wie möglich in Gang zu bringen, damit sie Lohnaufträge für die Filztuchfabriken erledigen konnten. Filzfasern waren ein wichtiges Zusatzmaterial für die Herstellung von Dachpappe zur Reparatur von Dächern, also eine höchst begehrte Ware. Noch eine Zulassung ermutigte meinen Vater: seine Firma wurde beauftragt, ihre Kraftzentrale wieder in Betrieb zu setzen, um Strom für nächstliegende Betriebe und Haushalte zu liefern. Ein Teil der von ihnen erzeugten Elektrizität sollte auch an ein kleines städtisches Pumpwerk geleitet werden, das begrenzte Gebiete mit Wasser versorgen sollte. Also, meine Mutter könnte sehen, dass die Aufräumarbeiten und Reparaturen langsam vorwärts gingen. Man musste nur viel Geduld haben.

Am 18. September schrieb mein Vater in einem seiner täglichen Berichte von drei aufregenden Ereignissen: Einige ihrer Spinnmaschinen liefen wieder, in dem Haus, in dem er wohnte, gab es wieder Elektrizität und die Zuckerfabrik in Düren, auch im Besitz von Schoellers aus der Familie, hatte wieder begrenzt angefangen, Zuckerrüben für die Herstellung von Zucker zu verarbeiten! „Bald" schrieb er begeistert, „wird der Schornstein wieder rauchen und ich werde das altvertraute Geklapper der Webmaschinen wieder hören!" Es durfte nur nicht allzu viel regnen, denn bis jetzt war es ihnen noch nicht gelungen, alle so dringend notwendigen Reparaturen durchzuführen, weil es an Dachpappe fehlte. Jedes Mal nach einem Regentag, wenn er einen Rundgang durch den Betrieb machte, sank sein Mut wieder, „denn man weiß nicht, wo anfangen mit der Beseitigung der unendlich vielen Schäden an Dächern, Mauern und Maschinen." Und dann mussten er und sein Vetter erst dafür sorgen so viele der Vorkriegsmitarbeiter wie nur möglich zusammen zu sammeln, bevor sie mit einer umfangreicheren Produktion anfangen konnten. Während einige Facharbeiter bereits wiedergekommen waren, wurde es zu ihrem großen Schmerz bald offensichtlich, wie viele von ihnen im Krieg gefallen waren. Auch von ihren wichtigen Papieren, die sie für ihre Produktion brauchten, waren durch den Krieg zerstört und mussten neu verfasst werden. Mein Vater und sein Vetter, schrieb er, fühlten sich wie „Schiffsbrüchige", die von vorne anfangen mussten, aber es gab Hoffnung. Eine volle Produktionserlaubnis konnten sie aber aus Kohlenmangel nicht vor dem Frühjahr erwarten. Die britische Besatzungsmacht lieferte zur Zeit nur Kohle an Fabriken, die Baumaterial oder Nahrungsmittel herstellten.

Bis Ende Oktober hatte man viele Straßen und Bürgersteige der Stadtwüste Düren freigeräumt. Soweit das Material reichte, waren Gleise für Feldbahnen verlegt worden, auf denen Feldloren, von kleinen Diesellokomotiven gezogen, die „Entschuttung" besorgten. Beladen wurden sie vor allem von zwei riesigen Baggern, die irgendwie den Krieg überstanden hatten, aber viele Schaufeln mussten mithelfen. Außerhalb der Stadt entstand aus den Haufen von Trümmern eine Sortieranlage, wo noch verwendbare Ziegelsteine und kleinteiliger Baustahl gesammelt wurden, bevor man den Rest weitertransportierte.

Langsam stellten sich Familienmitglieder und alte Freunde wieder in Düren ein, einige Frauen als Witwen, andere hofften noch auf die Rückkehr ihrer Männer. Kriegsgefangene aus Russland würden zum Teil erst in den fünfziger Jahren wieder heimkommen. Die Vergrößerung seines Freundeskreises ließen meinen Vater seine eigene Familie nur noch mehr vermissen. Ende September schrieb er: „Die Trennung jetzt fällt mir schwerer als während des Krieges." Nach schmerzhaften, langen Überlegungen sah er sich jedoch gezwungen, meiner Mutter einen Brief zu schreiben, in dem er Punkt für Punkt erklärte, warum er es für richtig hielt, dass sie bis zu Beginn des nächsten Jahres warten sollten, bis sie mit uns Kindern nach Düren kam.

Auch wenn Teile der Stadt jetzt etwas freigelegt worden waren, gab es so gut wie keinen Auslauf für uns Kinder. Die Stadt hatte eine erste Schule eröffnen können. Sie lag im Norden und war nicht zu empfehlen. Aber dann wollten sie sich ja sowieso für Bernd nach einem geeigneten Internat umsehen. Obwohl man sich über die Ernährung nicht beklagen konnte, es gab sogar, durch die Beziehungen, die sein Vetter im Umland hatte, ausreichend Obst und Gemüse, aber kaum Milch und Fleisch. Da das Abwassersystem durch den Angriff auf die Stadt völlig zerstört worden war, bestand die Gefahr von Infektionskrankheiten. Es wimmelte von Läusen. Auch würde es sehr schwer sein, für uns alle eine Wohnung herzurichten. Seine Kusine war dabei, das Haus, in dem er jetzt wohnte, für ihre eigene Familie, die im April zurückkommen wollte, zu renovieren.

Wenn mein Vater sehnsüchtig daran dachte, wie lange es dauern würde, bis wir als Familie ein neues Leben in Düren anfangen konnten, drehten sich seine Überlegungen auch um die politische Unsicherheit der Dürener Gegend in der nahen Zukunft. Es gab Gerüchte, dass geplant war, das Rheinland aus britischem Besatzungsgebiet in belgisches oder gar französisches umzuwandeln, und wer weiß, was für neue Regelungen es dann geben würde! Gerade jetzt war er dabei, einen großen Haufen von Fragebogen auszufüllen, die mehr wirtschaftlicher als politischer Art waren. Aber das könnte sich ändern. Eines war ihm klar, und das war sehr bedrückend: allen Anzeichen nach lief es darauf hinaus, dass alle Leute, die früher etwas zu sagen hatten oder vermögend gewesen waren, ausgeschaltet werden sollten. „Darüber hinaus wird die zu erwartende Arbeitslosigkeit zu einem weiteren Anwachsen des Kommunismus führen", schrieb mein Vater. „Wir werden unser Leben lang ein Sklavendasein führen müssen, wobei gerade wir mit etwas höheren Ansprüchen ans Leben [auf] so manches, das man sich aus dem Vorkriegsleben wieder herbeiwünscht, werden verzichten müssen." Der Kurs ins Kommunistische Fahrwasser würde sich nicht aufhalten lassen, denn das Elend unter der Bevölkerung in ihrem bettelarmen Gebiet war groß. Wenn das teilweise noch vorhandene Geld aufgezehrt und durch die verzögerte Inbetriebnahme der Fabriken noch keine Arbeitsplätze geschaffen würden, käme es zu Unruhen in der Bevölkerung. „Aber man durfte sich im täglichen Leben nicht allzu sehr von solchen Gedanken beeindrucken lassen, sonst würde einem alle Schaffensfreude genommen. Glücklicherweise war es ja so, dass man, wie der Mensch nun mal war, anpassungsfähig war und man sich über jede Kleinigkeit freute, die einem aus dem Nichts, aus dem tiefen Abgrund wieder emporsteigen ließ." So hatte er für ihren zukünftigen Hausstand schon ein paar Gegenstände gefunden, die er besorgen wollte, die aber eine Überraschung für meine Mutter sein sollten. Auch hatte er aus den Trümmern seines Elternhauses und dem Haus seiner Großmutter Maam eine kleine Anzahl von heilen Tellern und Gläsern retten können, auch einige Seiten eines Familienalbums, die ihn glücklich stimmten.

1945 - 1949

Was ihn am stärksten ermutigte, war die schon vorher erwähnte Baracke, die sich tatsächlich als unser neues gemeinsames Heim eigenen würde. Sie grenzte an die Schrebergärten für die Arbeiter und auch an die große Obstwiese, von der meine Mutter die ganzen Kriegsjahre über so mutig die Ernte gepflückt, eingemacht und nach Neuhaus geschickt hatte. Sie hatte eine sonnige Lage, so dass sie sich dort einen Gemüse- und Blumengarten anlegen und vielleicht sogar ein paar Hühner züchten könnten.

Es war besonders schwer für meinen Vater, solche Zukunftspläne zu schmieden, ohne sie gleich mit meiner Mutter besprechen zu können. Nach seinen Aufzeichnungen hatte er fest vor, uns Ende Oktober in Neuhaus zu besuchen und zusammen mit meiner Mutter für ein paar Tage nach Düren zurück zu reisen, aber dieses Treffen muss wohl nicht zustande gekommen sein, denn meine Mutter erwähnt in einem Brief vom 1. Dezember an ihre Schwester, dass sie seit der Abreise meines Vaters im August nichts mehr von ihm gehört hatte! Neben den nur langsam wieder hergestellten Eisenbahnschienen und Straßen und dem Mangel an Treibstoff, erschwerte die Teilung Deutschlands in Besatzungszonen der Alliierten die Reisemöglichkeiten in hohem Maße. Um vom Rheinland nach Bayern zu reisen, musste man mehrere dieser Besatzungszonen durchqueren, für die es jeweils verschiedene Durchreisevisa zu beantragen galt. Aus Briefen meiner Mutter erfahren wir, dass wir sogar an Weihnachten 1945 von meinem Vater getrennt waren. Es muss für meine Mutter eine besonders schwere Zeit gewesen sein, weil gerade vor den Festtagen ihre Eltern nach langer Ungewissheit und ängstlichem Warten Plätze in einem Rot-Kreuz Rückwanderer-Zug bekommen konnten, der in Gang gesetzt worden war, um gebürtige Schweizer in ihre Heimat zurückzubringen. Nicht nur war meine Mutter mit uns Kindern über Weihnachten ohne meinen Vater in Neuhaus, Bernd und ich hatten zu der Zeit einen scheußlichen Keuchhusten. Trotzdem muss es nach Berichten an Weihnachten lustig hergegangen sein, besonders weil sich zwei amerikanische Soldaten mitfeierten, die von unserem Kindermädchen Ruth und

363

meiner sechzehnjährigen schönen Kusine Regula begeistert waren! Im Februar dann endlich schien es meiner Mutter gelungen zu sein, meinen Vater kurz in Düren zu besuchen. Sie beschrieb ihren Eltern die Reise dorthin als eine 26-stündige Tortur, in drei verschiedenen, völlig überfüllten Zügen.

Der Winter 1945/1946 war extrem kalt. Thermometer, mit denen man die Temperaturen hätte messen können, gab es nur wenige, sie hatten den Krieg nicht überlebt. Weil Zuckerrüben das einzig zuverlässige Nahrungsmittel war, wurde diese Zeit „Winter des Hungerns" und der „Steckrübenwinter" genannt. Die Wintersaat war erfroren und sogar in Häusern gelagerte Kartoffeln mussten vor Frost geschützt werden, weil man wegen Kohlenknappheit nur sporadisch heizen konnte und auch Gas und Elektrizität oft ausblieben. Meine Mutter schrieb davon, wie oft Bernd sich darüber beklagte, hungrig ins Bett gehen zu müssen.

Endlich, Anfang Juni 1946 erreichte die Ungeduld meiner Mutter den Höhepunkt, sie uns Kinder und so viele Sachen wie wir sie in der Bahn mitschleppen konnten, zusammenpackte und wir uns auf den Weg nach Düren machten. Wie sie an ihre Schwester geschrieben hatte, grauste es ihr zwar sehr vor dem Trümmerfeld der Stadt und „der schrecklichen Erinnerung an die Kriegskatastrophe", die sie dort erwartete, aber die Trennung von meinem Vater war bis zur Unerträglichkeit angewachsen. Die Unterkunft in einem halb zerstörten Haus bei einem unserer Verwandten war zwar eng und primitiv, aber wenigstens waren wir jetzt wieder als Familie zusammen, um die Not gemeinsam zu ertragen, aber auch um gemeinsam Pläne für unsere Zukunft zu machen. Meine Mutter hatte meinem Vater zugestimmt, dass der Ausbau der Baracke, von der er ihr berichtet hatte, ein guter Plan war. Mein Vater hatte sogar jemanden gefunden, der ihm bei einem Gartenentwurf half, und die Umgestaltung hatten sofort begonnen. Bernd wurde vorübergehend in einem Internat in Bad Godesberg bei Bonn, also nicht allzu weit entfernt, untergebracht und ich ging in einem notdürftig wieder aufgebauten riesigen Gebäude zur Schule, wo wir jeden Tag Zusatznahrung in Form von amerikanischen Haferflocken, sog. Quaker Oats bekamen, die ich hasste.

Alles sah so hoffnungsvoll aus, wie man es sich unter diesen Umständen nur denken konnte, als mein Vater plötzlich, ohne jegliche Vorwarnung, am 21. Juni den Befehl bekam, sofort aufzuhören in der Fabrik zu arbeiten. Düren stand zu dieser Zeit unter amerikanischer Besatzung und diese hatte einen strengen Entnazifizierungsprozess eingeleitet, dem auch mein Vater unterworfen war. „So ein reines politisches Gewissen wie er", schrieb meine Mutter an ihre Eltern, „können nur ganz wenige Menschen haben." Mein Vater selbst war bestürzt und deprimiert. War er doch nie auch nur im Geringsten ein Nazianhänger gewesen, und in der Fabrik gab es so unendlich viel zu tun. Gerade jetzt, wo die Firma so gut angelaufen war und seine Führung so dringend brauchte. Wie konnte man ihm verbieten, seine Tätigkeit auszuführen, die er so liebte?

Die Baracke: unser erstes Zuhause in Düren nach dem Krieg, Juli 1947

Mein Vater hatte das Glück, dass genau zu dieser Zeit der Umbau der Baracke und die Anlage des Gartens viel Arbeit bedurften, die ihm über diese Zeit hinweghalf. Meine Mutter war dankbar für seine Unterstützung, und zusammen schafften sie es, bis Ende Juli aus einem demolierten Gebäude eine „Oase inmitten von Trümmern" zu errichten. Ihr primitives, aber gemütliches neues Heim hatte eine voll ausgestattete Küche, ein hübsches Wohn-Esszimmer, ein Schlafzimmer für jeden von uns, und ein Badezimmer, in dem es sogar eine Badewanne gab. In dem eingezäunten Gelände weidete das Schaf „Minna", das uns Milch gab, und sechs Hühner liefen darin umher, denen wir alle schnell Namen gaben, damit sie für uns Eier legten statt im Kochtopf zu landen. Der umliegende große Garten mit seinen Blumen, Obstanlagen und Gemüsebeeten, gab meinem Vater Gelegenheit zu einer seiner Lieblingsbeschäftigungen: zu pflanzen, dem Wachstum zuzusehen und zu ernten. Wie herrlich war es, wieder ein eigenes Zuhause zu haben, ohne Kriegsschrecken und ohne die Störung von Fremden!

Aus einem Brief meiner Mutter an ihre Eltern erfahren wir, dass mein Vater spätestens von Dezember ab wieder in der Fabrik arbeiten durfte, denn sie beschreibt, wie er eine Weihnachtsansprache an seine Arbeiter vorbereitete. Und was für eine freudige, wenn auch ganz einfache Weihnacht dies war, die erste gemeinsame in unserem neuen Haus, frei von Sorgen über eine neue Trennungszeit! Familie wurde eingeladen und auch Freunde, von denen einige viel größere Verluste erlitten hatten als wir. Bis heute erzählen einige Kinder dieser Familien in Dankbarkeit von den Erinnerungen, die sie an die warme Gastfreundschaft meiner Eltern haben und an die lustigen Spiele, die wir damals zusammen gespielt haben.

Im neuen Jahr war Bernd aus dem Internat, in dem er sehr gelitten hatte, zu uns zurückgekehrt. Er und ich waren in provisorischen Schulen untergebracht. Aus Mangel an Lehrmaterial hatte Bernd, jetzt im Jahr 1947, in der sechsten Klasse nur vier Fächer: Deutsch, Latein, Mathematik und Erdkunde. „Der Kampf um das tägliche Leben nimmt viel Kraft und ich versuche mich an Dieters Optimismus zu stärken", schrieb meine Mutter an ihre Schwester, die nach dem plötzlichen Tod ihres Mannes durch einen Herzinfarkt bei ihren Eltern in der Schweiz lebte. Die Situation in Düren war entsetzlich und man musste um jedes Lebensmittel, vor allem aber um Milch kämpfen. Die Eltern meiner Mutter schickten uns Reis und Zucker aus der Schweiz. Mein Vater hatte einen Gärtner gefunden, der uns mit dem Anbau von Gemüse und Obst in dem völlig verwilderten, und von Trümmern umgebenen Garten seiner Großmutter Maam half. Um dorthin zu kommen, musste man jedoch über so viel Schutt und an so viel Elend vorbeigehen oder mit dem Fahrrad fahren, dass es jedes Mal eine Qual war, dorthin zu kommen. Auch war der Transport der Ernte nicht leicht. Es gab natürlich keine Einmachgläser und meine Mutter war dabei, die Haltbarkeit von Gemüse und Obst durch das Dörren zu lernen. Ermutigend für meine Eltern war die Neugründung eines Symphonieorchesters und Chors in Düren, die bald in einem aus den Trümmern errichteten größeren Gebäude, das Brahms „Requiem" aufführten, ein höchst passendes Stück für diese Zeit. Meine Mutter würde über viele Jahre hinweg diesem Chor treu bleiben und bei den regelmäßigen Konzerten mitsingen.

Im August 1948 gab es ein höchst freudiges Ereignis. Unser Bruder Christoph wurde geboren. Nach all den Jahren, in denen meine Eltern so stark unter der Zerstörungswut und Sinnlosigkeit des Krieges gelitten, und sich so sehr danach gesehnt hatten, wieder neues Leben zu schaffen, wurde ihre ausdauernde Hoffnung auf diese Weise belohnt.

Sehr bald begann dann auch die Christuskirche, eine evangelische Gemeinde in Düren, der meine Eltern vor dem Krieg angehört hatten, wieder Gottesdienste abzuhalten. Sie trafen sich in einem notdürftig ausgebesserten Saal, der zu einer Suppenküche gehört hatte, einer der vielen von den Schoeller-Familien eingerichteten Institutionen in der Stadt. Die Armenküche grenzte damals an das Grundstück der Großmutter meines Vaters und die hohe, immer noch herrliche Zeder, die als einziger überlebender Baum vor dem Kirchsaal stand, erinnerte an die üppig exotischen

Gärten der Schoeller-Villen, die meine Mutter damals, kurz vor meiner Geburt im August 1938, von der Terrasse aus so sehr bewundert hatte.

Mein Vater fühlte sich stark zu dem Pfarrer der neuen Gemeinde hingezogen. Er war ein Mann von besonderer Ausstrahlung, der offen mit der Frage rang, wie man den christlichen Glauben mit den furchtbaren Geschehnissen und Verbrechen der vergangenen Jahre vereinen konnte. Er selbst hatte zwei Söhne im Krieg verloren und nannte sich einen „glaubenden Realist". In Pfarrer Wester fand mein Vater den Gesprächspartner, nach dem er sich während seines Militärdienstes gesehnt hatte. Sie gründeten eine Diskussionsgemeinschaft, bestehend aus protestantischen und katholischen Theologen und Laien, die sich monatlich, meist bei uns zuhause, trafen, um über Glaubensfragen und Bibelinterpretationen zu diskutieren. Viele der Kondolenzbriefe aus diesem Kreis an meine Mutter, nach dem Tod meines Vaters, sprechen über die führende und verbindende Rolle, die er damals innehatte. Bis zu seinem Tod, im Jahr 1982, waren meinem Vater die aktive Mitarbeit in der Kirche und das Lesen von theologischen Texten eine bedeutende Tätigkeit seines täglichen Lebens. 1948 wurde er zum Presbyter der Christuskirche ernannt, und bis im Jahr 1973 diente er in der Synode der protestantischen Kirchen in Deutschland. Mein Vater hatte wichtige Verwaltungsaufgaben in unserer Kirche unter sich, besonders auch wenn es darum ging, junge Pfarrer einzustellen. Er war den jungen Theologen gegenüber besonders aufgeschlossen und immer bereit, von ihnen zu lernen. Wo er konnte, half mein Vater die sich mühsam erhaltenden protestantischen Kirchen in Ostdeutschland zu unterstützen, und ich erinnere mich gut daran, wie wir Pakete mit Lebensmitteln und Kleidern gepackt haben, die dann in die DDR geschickt wurden.

Im Jahr 1949 feierten Leopold Schoeller & Söhne ihr 150. Jubiläum. Es war ein besonders fröhliches Fest, weil die Firma zu dieser Zeit ihre Produktionskapazität wieder auf das Vorkriegsniveau hatte bringen können. Das Angebot von Tuchen war für eine vom Krieg verarmte Bevölkerung von großer Wichtigkeit, und auch in den nächsten Jahren ging das Geschäft sehr gut. Mein Vater litt manchmal unter den harten Lohnverhandlungen in den Arbeitgebersitzungen, denen er beiwohnte und die er auch manchmal leitete, aber die Mitarbeit bei den Entwürfen und die Herstellung äußerst feiner Wolltuche machte ihm große Freude. Er prüfte diese mit einer unvergesslichen Geste der Feinfühligkeit auf ihre Qualität, indem er die Tuche mit seinen Fingern leicht gegeneinander rieb. Aber mit der Expansion der Märkte, der wachsenden Konkurrenz in der Textilherstellung und vor allem auch dem Wandel des Geschmacks der Kunden, stand die Fabrik meines Vaters unter dem Druck, sich an die neue Lage anzupassen. In der zweiten Hälfte der 50er Jahre wuchs die Nachfrage nach Mischgeweben, die gerade entwickelt worden waren. Meinem Vater, der ein großer Verehrer von reinem Wolltuch war, fiel diese Veränderung schwer. Die Firma versuchte alles, um konkurrenzfähig zu bleiben, aber so lange wie sie an ihren höheren Qualitätsansprüchen festhielt, verringerte sich ihr Absatz. Was meinen Vater bei diesem Vorgang am meisten schmerzte war die Tatsache, dass er einige Arbeiter entlassen musste, mit denen er sich eng verbunden fühlte, und von denen einige schon mehrere Generationen lang bei Leopold Schoeller & Söhne gearbeitet hatten. Als sogar der Verkauf von verschiedenen Grundstücken, die der Familie gehörten, die finanzielle Lage der Fabrik nicht retten konnte, entschloss sich mein Vater schweren Herzens, seinen Anteil an einen größeren Textilkonzern in Aachen zu verkaufen. Im Sommer 1967 gab er seine Karriere als „Tuchmacher" offiziell auf und beendete damit eine Tradition von sieben Generationen Schoellers, die sich in dieser Industrie betätigt hatten.

Der Entschluss, seine Arbeit für die Fabrik aufzugeben, war für meinen Vater sehr schwer gewesen aber im Nachhinein empfand er ihn auch als Erleichterung, als eine „glückliche Entwicklung" und sogar als ein „freudiges Ereignis". Von Anfang an hatte er den Beruf des Geschäftsmanns nicht als seine Lebensaufgabe verstanden. Zurückhaltend wie er war, empfand er die neue Freiheit als eine Gelegenheit, das zu tun, was ihm am meisten Freude bereitete: viel und umfassend zu lesen, im Garten zu arbeiten, auf lange Spaziergänge zu gehen und bewusst die Natur zu erleben. Vor allem seine Theologie- und Philosophiebücher gaben ihm viel Stoff zum Nachdenken. Er setzte seine Arbeit für die Kirche fort und wurde der offizielle Verwalter von einigen Stiftungen, die die Schoeller-Familien vor dem Krieg gegründet hatten. Die größte dieser Stiftungen war eine 1852 gegründete „Versorgungsanstalt", die später zu einem Altenheim umgebaut, und nach der Zerstörung im Krieg außerhalb der Stadt, mit Hilfe von engagierten Presbytern der Evangelischen Gemeinde in Düren und großzügigen Spenden der Industrie, wieder aufgebaut wurde. Mein Vater wurde zum Kurator dieses Schenkel-Schoeller-Stifts ernannt, und bis zu seinem Lebensende im Juli 1982 fuhr er mindestens ein Mal die Woche mit seinem Fahrrad die 40 Minuten, die man nach Niederau brauchte, um das Altenheim zu erreichen. Er versicherte sich, dass das Heim gut lief, und er fühlte sich für jeden der 120 Anwohner persönlich verantwortlich. Wie er erzählte, waren ihm die Gespräche mit vielen von ihnen sehr wertvoll. Wie sehr seine Tätigkeit geschätzt wurde, zeigt die Tatsache, dass ein Zitat von ihm im Grundstein des Neubaus von 1982 eingemauert wurde. Als Leitbild des Schenkel-Schoeller-Stifts steht dort in den Worten meines Vaters: „Wo es Freundlichkeit, Heiterkeit, Hilfsbereitschaft und Geduld gibt, da fällt es leichter, sich geborgen zu wissen und auch im Alter das Leben zu bejahen."

Mein Vater ist wohl am besten zu verstehen, wenn man ihn als einen Menschen sieht, der trotz bitterster Erfahrungen sein Leben lang sein Vertrauen auf die Wirkkraft dieser Werte nicht verloren hat. Er war davon überzeugt, dass die Menschheit nur dann weiterbestehen kann, wenn sie lernt, nach den Lehren, die Jesus ihr gegeben hat zu leben.

Nachwort

Das hier ist ein Sachbuch. Keine Fiktion und schon gar kein Heldenepos. Dennoch ist in dieser Geschichte von Dieter Schoeller und seiner Großfamilie aus den Kriegsjahren ein Spannungsbogen verborgen. Er reicht von Karins Geburt in der luxuriösen Villa ihrer Großeltern bis zum Einzug der wieder vereinten Familie, neun Jahre später in die bescheidene Dürener Baracke am Fabrikgelände.

Nicht alle Habe ging im Krieg verloren, aber was wirklich der Vorkriegszeit angehörte, waren die Sorglosigkeit, Selbstverständlichkeit und die Bequemlichkeit ihres früheren Lebens. Für Dieter hatte sich inzwischen eine andere Einstellung zum Leben, gerade durch die Verluste, die er im Krieg erleiden musste, entwickelt. Gefallen waren schon zu Beginn der Verlobte seiner Schwester Edith, dann sein Bruder Nöll und später Kameraden, mit denen er an der Ostfront war.

Materiell und physisch war mit der Bombardierung Dürens im November 1944 alles, was zu seiner Heimat und seiner persönlichen Geschichte gehörte, zerstört worden.

Dieter ist zu Kriegsbeginn 30 Jahre alt. Die ersten Jahre in Frankreich lesen sich wie eine Lehr- und Wanderzeit, voller positiver Herausforderungen, die er selbst als charakterstärkend beschreibt. Erstaunlich ist seine Anpassungsfähigkeit, angesichts der häufig wechselnden Standorte und Aufgaben, die er militärisch auszuführen hat. Ohne naiv zu erscheinen, sieht Dieter in jeder neuen Situation zuallererst die Chance und die bereichernde Erfahrung. Zumindest schreibt er das seiner jungen Frau Ruth. Trotz der schmerzhaften Trennung von ihr und den geliebten beiden Kindern findet er, nun tatsächlich wie der Held einer Sage, das Glück im Unglück, er sucht den Sinn in den Prüfungen, die das Schicksal für ihn bereit hält und betont immer wieder, wie klein der Mensch im Gefüge der Welt doch ist. Je länger der Krieg anhält, desto mehr beschäftigen ihn Sinn- und Glaubensfragen. *„So fürchterlich, so grausam und so schwer dieser Krieg auch ist, in Wirklichkeit ist alles doch wenig, klein und selbstverständlich, wenn wir erst einmal zu der Überzeugung gekommen sind, dass wir es nur deshalb so empfinden, weil wir uns Menschen, anstatt uns als ein kleines unbedeutendes Stückchen im kosmischen Geschehen zu sehen, viel zu ernst nehmen. Es ist eben Gott, der alles lenkt. Wir müssen uns dem, was er mit uns vorhat, demütig ergeben mit der einen Einschränkung, dass wir unseren Willen zur Selbsterhaltung nicht aufgeben."* (Seite 222).

Intuitiv findet er Stärkung in der Beobachtung der Natur, beim Hören von klassischer Musik und dem Lesen von philosophischen und theologischen Schriften. Zentral ist allerdings der ständige Dialog mit seiner so geschätzten und geliebten Frau Ruth, den er immer aufrecht erhält. Sie schreiben einander fast täglich, und lassen den Partner auf Augenhöhe an allem Taten, Gedanken und Gefühlen teilhaben. Ruths Briefe, auch mit Zitaten der älter werdenden Kinder und später eigenen Briefen von „Bai", sowie beigelegten Blumen von „Webelein", sind für Dieter echte Seelennahrung und geben ihm Halt und Geborgenheit, auch tausende Kilometer entfernt an der Ostfront, wo er, alles andere als weltfremd, die verantwortungsvollen täglichen und nächtlichen Aufgaben zupackend angeht. Innerhalb seines Bataillons ist er professionell wie menschlich ganz präsent. Fast stolz berichtet er seiner Frau regelmäßig von den improvisierten Bauwerken – Unterstände und andere Behausungen – die er mit seinen Leuten immer wieder an neuen Standorten bewohnbar macht. Dieses architektonische Geschick und seine Übung im praktischen Bauen, konnte er später bestimmt beim schnellen Aufbau ihres ersten Dürener Hauses, der Baracke, nutzen. Der große schöne Bungalow an der Monschauerstrasse aus den 60er Jahren mit riesigem Obstgarten, den ich noch gut in Erinnerung habe, war schlicht und modern und alles andere als prunkvoll. Beide, Omi und Opa Düren, wie ich sie nannte, waren sehr naturverbunden. Sie liebten die Berge und ihre Aufenthalte im Engadin, und natürlich die Sommer- und Winterwochen mit der Großfamilie in

Neuhaus. Zuhause pflegten sie ihren üppigen Garten, der immer auch Nahrungsquelle blieb. Das Einmachen von Obst war jeden Sommer für Omi eine Hauptbeschäftigung: Gelees, Marmeladen, Kompott, Saft und Sirup wurden wochenlang eingekocht, sorgfältig aufbewahrt und als Köstlichkeit von allen geschätzt. Als ich Opa, damals war ich 14 Jahre alt, kurz nach seinem plötzlichen Tod im Juli 1982 sehen durfte, war eindrücklich wie gesund und lebendig sein Gesicht wirkte. Seine Fingerkuppen waren noch vom Pflücken der Himbeeren an seinem Todestag rot gefärbt.

Christiane Schoeller, im Juli 2023

Bildnachweis

Sofern nicht anders vermerkt, stammen alle Bilder und Briefe aus dem Privatarchiv von Karin Gunnemann-Schoeller.

Der Brief auf dem Frontdeckel vom 12. April 1940 ist im Kapitel „Einberufung und Einsatz in Polen: Oktober 1939 - Juli 1940" auf den Seiten 48 und 49 nachzulesen.

Das Zitat auf dem Rückdeckel vom 23. Dezember 1942 ist im Kapitel „Russland: Januar 1942 - Februar 1943" auf den Seiten 208 und 209 nachzulesen.

Seite 356: Düren 1945. Foto: Archiv Albert Trostorf ohne Quellenangabe